普通高等教育"十二五"规划教材

会计类应用型创新教材系列

# 中级财务会计

## （下）

潘　颖　主编

张　倩　程　亚　副主编

科学出版社

北　京

# 内 容 简 介

本书反映了我国企业会计准则的最新动态，并与我国税收改革相结合，具有较强的实用性；全书结构清晰，知识点全面，讲解深刻，理论与实践紧密结合，符合应用型本科人才培养的要求；精选例题和复习题，与会计职称考试和注册会计师执业资格考试内容衔接，具有较强的适用性。

本书共分 9 章，内容包括投资性房地产、非货币性资产交换、资产减值、债务重组、或有事项、借款费用、股份支付、会计政策、会计估计变更和差错更正及资产负债表日后事项。

本书适合作为应用型本科院校会计学、财务管理等相关专业教材，亦可供会计职称考试和注册会计师执业资格考试考生参考。

**图书在版编目（CIP）数据**

中级财务会计（下）/ 潘颖主编. —北京：科学出版社，2013
（普通高等教育"十二五"规划教材·会计类应用型创新教材系列）
ISBN 978-7-03-037297-0

Ⅰ. ①中… Ⅱ. ①潘… Ⅲ. ①财务会计-高等学校-教材
Ⅳ. ①F234.4

中国版本图书馆 CIP 数据核字（2013）第 073630 号

责任编辑：王彦刚 朱大益 / 责任校对：刘玉靖
责任印制：吕春珉 / 封面设计：海马书装

科 学 出 版 社 出版
北京东黄城根北街 16 号
邮政编码：100717
http://www.sciencep.com

**北京虎彩文化传播有限公司** 印刷
科学出版社发行 各地新华书店经销

\*

2013 年 5 月第 一 版 开本：787×1092 1/16
2019 年 1 月第四次印刷 印张：17 1/4
字数：409 000

**定价：55.00 元**
（如有印装质量问题，我社负责调换〈 虎彩 〉）
销售部电话：010-62134988 编辑部电话：010-62138978-2016（HF02）

**版权所有，侵权必究**
举报电话：010-64030229；010-64034315；13501151303

# 会计类应用型创新教材系列
## 编 委 会

顾　问　樊　千

主　任　吕广仁

委　员　（依姓氏拼音为序）

　　　　丁　波　李爱华　米　娟　谭旭红

　　　　许淑琴　于向慧　周　丹　周　静

# 序

目前，我国高等教育特别是本科层次的教育已经进入一个新的发展时期，面临着新的挑战。分类发展，是满足不断发展的社会对人才多样化的客观需要。对于分类发展，目前根据社会人才结构和中国高等教育进入大众化阶段的实际情况，参照联合国教科文组织《国际教育标准分类》的框架，高等学校分学术性研究型大学、专业性应用型的多科性或单科性的大学或学院、职业性技能型院校。其中，学术型人才培养在精英教育阶段已经积累了一定经验，技能型人才培养在近几年的政策推动下也取得了一定成果，唯有应用型人才的培养方式还显得不够成熟与完善，尤其是应用型教材的开发显得相对落后。

基于应用型本科人才培养目标和培养规格，应用型本科教育应面向行业和区域经济发展的需要设置专业，以适应行业和区域经济发展需要为目标组织教学，以"理论应用"为主旨构建课程和教学内容体系。教材作为教学内容体系的直接体现者，是专业人才培养的蓝本，是实现人才培养目标的载体之一，教材建设已成为应用型本科专业建设的重要组成部分。在应用型人才培养功能导向下，我们结合我国会计改革和会计教育发展变化的要求，在会计学系列教材建设方面做了大量的理论探讨和实践探索，取得了具有创新意义的阶段性成果，本次我们集中了多家优势院校的优势资源，进行了广泛深入的调研，力求摸清应用型本科教育的真实需求，开发了一套面向行业、面向应用、面向实际的应用型会计系列教材，以能力培养的系统化取代知识培养的系统化，以求全面提升人才培养质量。在编写过程中我们着力突出以下几方面特点：

第一，体现时代精神和社会发展的需要。

经济管理类学科的一个显著特点是知识更新快。面对时代进步与社会发展，本套教材力求体现新形势下社会对会计专业人才的新要求；面向行业需求构建知识体系、能力体系，注重内容更新。因而，本套教材能促进具有较强社会适应能力和竞争能力的高素质应用型人才的培养。

第二，突出与办学定位的一致性和适应性。

本套教材的编写既严格遵照教材编写的一般规律，体现学科的理论知识体系，同时，满足应用型本科人才培养目标的教学特点，科学安排内容，精心设计能力应用类题型，通过案例分析、实务展示，满足教师、学生对应用型教学资料的需要。

第三，强化理论基础，突出应用能力。

针对应用型本科教学的特点，基础理论阐述深入浅出、循序渐进；实践教学注重培养学生的应用能力。本套教材在章前均设有知识目标与能力目标，帮助学生在学习开始就明确知识点与能力点；章尾安排了练习，以帮助学生提高综合分析问题和解决问题的能力。

第四，突出案例教学与实务展示。

本套教材突出案例教学与实务展示，通过适当的案例和相应的问题，以激发学生的学习兴趣，引导学生在"角色"、"情景"中思考和分析，既深化对理论知识的理解，又开阔学生的视野。

　　本套教材能够顺利出版，要感谢来自十余所高校的领导和教师们的辛勤付出，感谢科学出版社的大力配合，感谢所有参与编写、搜集整理资料人员的通力协作。

　　我们希望通过这套教材的编写，为应用型本科会计专业的教材建设做一次探索，起到抛砖引玉的作用。尽管编写人员在编写过程中付出大量艰辛的劳动，但教材中难免有疏漏甚至差错之处，恳请读者批评指正。

会计类应用型创新教材系列编委会

2012 年 5 月

# 前　言

财务会计在会计学科体系中占有非常重要的地位，是应用会计学的重要组成部分，也是会计专业的核心课程，其基本内容是对我国现行的企业会计准则的详细解读。为了便于对我国现行企业会计准则的系统学习，本系列教材将财务会计内容分为上下两册介绍。《中级财务会计（上）》是对企业一般会计业务进行阐述，本书则针对企业特殊会计业务进行讲解，介于《中级财务会计（上）》与《高级财务会计》之间，发挥着承前启后的作用。本书在知识结构、能力训练、难易程度等方面力求符合应用型本科人才培养的要求，既强调理论知识的学习，又兼顾实践能力和操作技能的训练，从而形成本书的编写思路和特色。

（1）注重阐述企业特殊会计业务基本理论和具体会计事项。本书完全依据我国企业会计准则和最近颁布的修订及补充规定编写而成，知识点全面，讲解清晰。全书共分为9章，几乎涵盖了本系列教材《中级财务会计（上）》和《高级财务会计》中未涉及的我国企业会计具体准则，完善了财务会计教材体系，使学生对我国现行企业会计具体准则进行全面的学习和掌握。同时反映国际会计理论和实务的发展潮流，使学生放眼世界，关注会计发展的未来。

（2）立足会计专业学生的职业特征，注重会计职业综合能力的训练。本书在选材上，注重理论联系实际，各章例题及习题的选取均以股份制企业的会计实务为基础，尽量选择当前我国会计实践中行之有效的内容，结合现行的具体会计准则进行讲解，提高学生分析问题、解决问题的能力。

（3）采用一体化规范的结构层次。每章开篇设有"知识目标"、"能力目标"、"关键术语"等栏目，以明确该章的学习目的和重点内容；每章中设有"知识链接"特色栏目，以拓宽学生视野、启发思维、培养能力；每章最后设有"本章知识框架"、"复习题"、"能力训练题"等栏目，以配合学生的自学需要，加强对理论知识的理解和会计职业能力的培养。

本书由长期从事会计学研究和教学的主讲教师编写，资料丰富、通俗易懂、针对性和实用性较强。编写分工如下：哈尔滨学院的潘颖编写第1、第2、第4、第7章，负责全书的总体设计、提纲拟定和总纂修改；黑龙江科技大学的张倩编写第5、第6、第8章；四川农业大学的程亚编写第3和第9章。

由于编者水平有限，书中难免有不当之处，恳请各位读者批评指正。

编　者

2013 年 3 月

# 目　录

第1章　投资性房地产 ···········································································1

1.1　投资性房地产概述 ·········································································2
　　1.1.1　投资性房地产的定义和特征 ··················································2
　　1.1.2　投资性房地产的范围 ···························································2

1.2　投资性房地产的确认和初始计量 ·····················································5
　　1.2.1　投资性房地产的确认 ···························································5
　　1.2.2　投资性房地产的初始计量 ·····················································5
　　1.2.3　投资性房地产的后续支出 ·····················································7

1.3　投资性房地产的后续计量 ·······························································9
　　1.3.1　采用成本计量模式的会计处理 ················································9
　　1.3.2　采用公允价值计量模式的会计处理 ·········································10
　　1.3.3　投资性房地产后续计量模式的变更 ·········································11

1.4　投资性房地产与非投资性房地产的转换 ···········································13
　　1.4.1　房地产转换形式和转换日 ···················································13
　　1.4.2　成本计量模式下房地产转换的会计处理 ···································13
　　1.4.3　公允价值计量模式下房地产转换的会计处理 ····························15

1.5　投资性房地产的处置 ···································································17
　　1.5.1　成本计量模式投资性房地产的处置 ·········································17
　　1.5.2　公允价值计量模式投资性房地产的处置 ···································18

1.6　投资性房地产会计信息披露 ··························································19

本章知识框架 ················································································19

复习题 ·························································································20

能力训练题 ···················································································30

第2章　非货币性资产交换 ···································································32

2.1　非货币性资产交换概述 ································································33
　　2.1.1　非货币性资产的概念和特征 ·················································33
　　2.1.2　非货币性资产交换的认定 ···················································33
　　2.1.3　非货币性资产交换不涉及的交易和事项 ···································34

2.2　非货币性资产交换的计量 ····························································35
　　2.2.1　非货币性资产交换的计量基础 ··············································35
　　2.2.2　商业实质的判断 ······························································35

　　　　　　2.2.3　公允价值能否可靠计量的判断 ································· 37

　　2.3　非货币性资产交换的会计处理 ··································· 37

　　　　　　2.3.1　以公允价值计量的会计处理 ····························· 37

　　　　　　2.3.2　以账面价值计量的会计处理 ····························· 41

　　　　　　2.3.3　涉及多项非货币性资产交换的会计处理 ················· 43

　　2.4　非货币性资产交换会计信息披露 ································· 48

　　本章知识框架 ························································· 48

　　复习题 ······························································· 49

　　能力训练题 ··························································· 59

第 3 章　资产减值 ························································· 60

　　3.1　资产减值概述 ··················································· 61

　　　　　　3.1.1　资产减值的概念 ······································· 61

　　　　　　3.1.2　资产减值迹象与测试 ··································· 61

　　3.2　资产减值损失的确认和计量 ······································· 62

　　　　　　3.2.1　资产可收回金额的计量 ································· 62

　　　　　　3.2.2　资产减值损失确认和计量的一般原则 ··················· 69

　　　　　　3.2.3　资产减值损失的账务处理 ······························· 70

　　3.3　资产组的认定和减值处理 ········································· 70

　　　　　　3.3.1　资产组的认定 ········································· 71

　　　　　　3.3.2　资产组减值测试 ······································· 72

　　　　　　3.3.3　总部资产的减值测试 ··································· 74

　　3.4　商誉减值测试和处理 ············································· 76

　　　　　　3.4.1　商誉减值测试的基本要求 ······························· 76

　　　　　　3.4.2　商誉减值测试及账务处理 ······························· 76

　　3.5　资产减值会计信息披露 ··········································· 79

　　本章知识框架 ························································· 79

　　复习题 ······························································· 80

　　能力训练题 ··························································· 90

第 4 章　债务重组 ························································· 93

　　4.1　债务重组概述 ··················································· 94

　　　　　　4.1.1　债务重组的定义 ······································· 94

　　　　　　4.1.2　债务重组的方式 ······································· 94

　　4.2　债务重组的会计处理 ············································· 95

　　　　　　4.2.1　债务重组会计处理的基本要求 ························· 95

　　　　　　4.2.2　以资产清偿债务 ······································· 97

　　　　　　4.2.3　债务转为资本 ········································· 102

　　　　4.2.4　修改其他债务条件 ································· 103
　　　　4.2.5　混合方式清偿债务 ································· 106
　　4.3　债务重组会计信息披露 ······························· 108
　　本章知识框架 ·········································· 109
　　复习题 ··············································· 110
　　能力训练题 ············································ 120

第5章　或有事项 ··········································· 122
　　5.1　或有事项概述 ····································· 123
　　　　5.1.1　或有事项的概念和特征 ························· 123
　　　　5.1.2　或有资产和或有负债 ·························· 125
　　5.2　预计负债的确认和计量 ······························ 126
　　　　5.2.1　预计负债的确认 ······························ 126
　　　　5.2.2　预计负债的计量 ······························ 128
　　5.3　或有事项会计的具体应用 ···························· 132
　　　　5.3.1　未决诉讼或未决仲裁 ························· 132
　　　　5.3.2　债务担保 ·································· 133
　　　　5.3.3　产品质量保证 ······························· 133
　　　　5.3.4　亏损合同 ·································· 135
　　　　5.3.5　重组义务 ·································· 137
　　5.4　或有事项会计信息披露 ······························ 138
　　本章知识框架 ·········································· 140
　　复习题 ··············································· 140
　　能力训练题 ············································ 150

第6章　借款费用 ··········································· 152
　　6.1　借款费用概述 ····································· 153
　　　　6.1.1　借款费用的概念 ·························· 153
　　　　6.1.2　借款费用的内容 ·························· 153
　　6.2　借款费用的确认 ··································· 154
　　　　6.2.1　借款费用确认原则 ·························· 154
　　　　6.2.2　借款费用资本化范围的确定 ·················· 155
　　　　6.2.3　借款费用资本化期间的确定 ·················· 156
　　6.3　借款费用的计量 ··································· 160
　　　　6.3.1　借款利息资本化金额的确定 ·················· 160
　　　　6.3.2　借款辅助费用资本化金额的确定 ················ 166
　　　　6.3.3　外币专门借款汇兑差额资本化金额的确定 ·········· 166

6.4 借款费用会计信息披露 ·········································· 168

本章知识框架 ·················································· 168

复习题 ····················································· 169

能力训练题 ·················································· 178

## 第 7 章 股份支付 ···················································· 180

7.1 股份支付概述 ·················································· 181

    7.1.1 股份支付的概念和特征 ································ 181

    7.1.2 股份支付工具的主要类型 ······························ 181

    7.1.3 股份支付的环节和时点 ································ 182

    7.1.4 股份支付条件 ········································· 183

7.2 以权益结算的股份支付的确认和计量 ···················· 186

    7.2.1 以权益结算的股份支付的确认和计量原则 ············ 186

    7.2.2 权益工具公允价值的确定 ······························ 186

    7.2.3 以权益结算的股份支付的会计处理 ··················· 187

7.3 以现金结算的股份支付的确认和计量 ···················· 191

    7.3.1 以现金结算的股份支付的确认和计量原则 ············ 191

    7.3.2 以现金结算的股份支付的会计处理 ··················· 191

7.4 股份支付会计信息披露 ······································ 194

本章知识框架 ·················································· 195

复习题 ····················································· 195

能力训练题 ·················································· 204

## 第 8 章 会计政策、会计估计变更和差错更正 ··················· 205

8.1 会计政策及其变更 ············································ 206

    8.1.1 会计政策概述 ········································· 206

    8.1.2 会计政策变更 ········································· 208

    8.1.3 会计政策变更的会计处理 ······························ 209

    8.1.4 会计政策变更信息披露 ································ 217

8.2 会计估计及其变更 ············································ 217

    8.2.1 会计估计概述 ········································· 217

    8.2.2 会计估计变更 ········································· 219

    8.2.3 会计政策变更与会计估计变更的划分 ················· 220

    8.2.4 会计估计变更的会计处理 ······························ 221

    8.2.5 会计估计变更信息披露 ································ 222

8.3 前期差错及其更正 ············································ 223

    8.3.1 前期差错概述 ········································· 223

    8.3.2 前期差错更正的会计处理 ······························ 224

　　　8.3.3　前期差错更正信息披露 ……………………………………………… 227

　　本章知识框架 ………………………………………………………………………… 227

　　复习题 ………………………………………………………………………………… 227

　　能力训练题 …………………………………………………………………………… 240

第 9 章　资产负债表日后事项 …………………………………………………………… 242

　9.1　资产负债表日后事项概述 ……………………………………………………… 243

　　　9.1.1　资产负债表日后事项概念 ……………………………………………… 243

　　　9.1.2　资产负债表日后事项涵盖的期间 ……………………………………… 243

　　　9.1.3　资产负债表日后事项的内容 …………………………………………… 244

　9.2　资产负债表日后调整事项的会计处理 ………………………………………… 246

　　　9.2.1　资产负债表日后调整事项的处理原则 ………………………………… 246

　　　9.2.2　资产负债表日后调整事项的会计处理 ………………………………… 246

　9.3　资产负债表日后非调整事项的会计处理 ……………………………………… 250

　　　9.3.1　资产负债表日后非调整事项的处理原则 ……………………………… 250

　　　9.3.2　资产负债表日后非调整事项的会计处理 ……………………………… 250

　9.4　资产负债表日后事项会计信息披露 …………………………………………… 252

　　本章知识框架 ………………………………………………………………………… 252

　　复习题 ………………………………………………………………………………… 253

　　能力训练题 …………………………………………………………………………… 260

参考文献 ……………………………………………………………………………………… 261

# 第1章

# 投资性房地产

## 知识目标

- 了解投资性房地产的定义和特征；
- 了解投资性房地产的会计信息披露；
- 熟悉投资性房地产的范围；
- 熟悉投资性房地产后续支出的会计处理；
- 掌握投资性房地产的确认条件及其初始计量；
- 掌握投资性房地产的后续计量模式及其会计处理；
- 掌握投资性房地产的转换及处置的会计处理。

## 能力目标

　　具备确定投资性房地产会计核算范围的职业认定能力；具备选择投资性房地产成本与公允价值后续计量模式的职业判断能力；具备对投资性房地产各项业务进行会计处理的职业综合能力。

## 关键术语

投资性房地产　初始计量　成本计量模式　公允价值计量模式　后续支出　转换　处置

# 1.1 投资性房地产概述

## 1.1.1 投资性房地产的定义和特征

房地产是土地和房屋及其权属的总称。在我国，土地归国家或集体所有，企业只能取得土地使用权。因此，房地产中的土地是指土地使用权，房屋是指土地上的房屋等建筑物及构筑物。随着我国市场经济的持续发展和人们投资观念的改变，将房地产作为一种投资手段已是非常普遍的经济现象。在会计实务上，将投资性房地产从原有的固定资产中划分出来作为单独一类资产确定会计规范，从而产生了投资性房地产准则。投资性房地产的确认、计量和披露适用《企业会计准则第3号——投资性房地产》（以下简称投资性房地产准则）的规定，房地产租金收入的确认、计量和披露适用《企业会计准则第21号——租赁》的规定。

投资性房地产，是指为赚取租金或资本增值，或者两者兼有而持有的房地产。

投资性房地产主要有以下特征：

**1. 投资性房地产是一种经营性活动**

投资性房地产的主要形式是出租建筑物、出租土地使用权，这实质上属于一种让渡资产使用权行为。房地产租金就是让渡资产使用权取得的使用费收入，是企业为完成其经营目标所从事的经营性活动及与之相关的其他活动形成的经济利益总流入。投资性房地产的另一种形式是持有并准备增值后转让的土地使用权，尽管其增值收益通常与市场供求、经济发展等因素相关，但目的是为了增值后转让以赚取增值收益，也是企业为完成其经营目标所从事的经营性活动及与之相关的其他活动形成的经济利益总流入。因此，投资性房地产属于企业的一种经营性活动，所获得的经济利益总流入构成企业的收入。在我国实务中，持有并准备增值后转让的土地使用权这种情况较少。

**2. 投资性房地产在用途、状态、目的等方面区别于作为生产经营场所的房地产和用于销售的房地产**

企业持有的房地产除用作生产经营活动场所和对外销售之外，出现了将房地产用于赚取租金或增值收益的活动，甚至是个别企业的主营业务。这就需要将投资性房地产单独作为一项资产核算和反映，与自用的厂房、办公楼等房地产和作为存货（已建完工商品房）的房地产加以区别，从而更加清晰地反映企业所持有房地产的构成情况和盈利能力。

**3. 投资性房地产有两种后续计量模式**

根据投资性房地产准则的规定，投资性房地产的后续计量有成本计量模式和公允价值计量模式。企业通常应当采用成本模式对投资性房地产进行后续计量，只有在满足特定条件的情况下，才可以采用公允价值模式进行后续计量。

## 1.1.2 投资性房地产的范围

**1. 属于投资性房地产的范围项目**

属于投资性房地产的项目包括已出租的土地使用权、持有并准备增值后转让的土地使用权、已出租的建筑物。

（1）已出租的土地使用权

这是指企业通过出让或转让方式取得的、以经营租赁方式出租的土地使用权。企业取得的土地使用权通常包括在一级市场上以交纳土地出让金的方式取得土地使用权，也包括在二级市场上接受其他单位转让的土地使用权。但对于以经营租赁方式租入土地使用权再转租给其他单位的，不能确认为投资性房地产。例如，甲公司与乙公司签署了土地使用权租赁协议，乙公司以年租金700万元租赁使用甲公司拥有的50万平方米土地使用权。那么，自租赁协议约定的租赁期开始日起，这项土地使用权属于甲公司的投资性房地产。但如果乙公司将租入的该项土地使用权又转租给丙公司，则该项土地使用权不能确认为乙公司的投资性房地产。

（2）持有并准备增值后转让的土地使用权

这是指企业取得的、准备增值后转让的土地使用权。这类土地使用权很可能给企业带来资本增值收益，符合投资性房地产的定义。例如，企业发生转产或厂址搬迁，部分土地使用权停止自用，企业管理层作出书面决议明确继续持有这部分土地使用权，待其增值后转让以赚取增值收益，该土地使用权属于投资性房地产。

企业依法取得土地使用权后，应当按照国有土地有偿使用合同或建设用地批准书规定的期限动工开发建设。土地使用者依法取得土地使用权后，未经原批准用地的人民政府同意，超过规定的期限未动工开发建设的建设用地属于闲置土地。按照国家有关规定认定的闲置土地，不属于持有并准备增值后转让的土地使用权，也就不属于投资性房地产。

【知识链接】

**闲置土地的认定**

2012年6月1日，国土资源部发布5月22日新修订的《闲置土地处置办法》，其中关于闲置土地认定的有关规定如下：

一、认定标准

1. 国有建设用地使用权人超过国有建设用地使用权有偿使用合同或者划拨决定书约定、规定的动工开发日期满一年未动工开发的；

2. 已动工开发，但开发建设用地面积占应动工开发建设用地总面积不足三分之一，或已投资额占总投资额不足百分之二十五，中止开发建设满一年的国有建设用地。

上述认定标准中的动工开发是指：依法取得施工许可证后，需挖深基坑的项目，基坑开挖完毕；使用桩基的项目，打入所有基础桩；其他项目，地基施工完成三分之一。已投资额、总投资额均不包含国有建设用地使用权出让价款、划拨价款和国家缴纳的相关税费。

二、因政府原因导致闲置土地

1. 因未按照国有建设用地使用权有偿使用合同或者划拨决定书约定、规定的期限、条件将土地交付给国有建设用地使用权人，致使项目不具备动工开发条件的；

2. 因土地利用总体规划、城乡规划依法修改，造成国有建设用地使用权人不能按照国有建设用地使用权有偿使用合同或划拨决定书约定、规定的用途、规划和建设条件开发的；

3. 因国家出台相关政策，需要对约定、规定的用途规划和建设条件进行修改的；

4. 因处置土地上相关群众信访事项等无法动工开发的；

5. 因军事管制、文物保护等无法动工开发的；

6. 政府、政府有关部门的其他行为。

三、因自然灾害等不可抗力导致的闲置土地，依照前款规定办理。

（资料来源：国土资源部《闲置土地处置办法》，2012 年 5 月 22 日修订）

（3）已出租的建筑物

这是指企业拥有产权的、以经营租赁方式出租的建筑物，包括自行建造或开发活动完成后用于出租的建筑物。企业在判断和确认已出租的建筑物时，应当把握以下要点：

1）用于出租的建筑物是指企业拥有产权的建筑物。企业以经营租赁方式租入再转租的建筑物不属于投资性房地产。

2）已出租的建筑物是企业已经与其他方签订了租赁协议，约定以经营租赁方式出租的建筑物。一般应自租赁协议规定的租赁期开始日起，经营租出的建筑物才属于已出租的建筑物。通常情况下，对企业持有以备经营出租的空置建筑物，如董事会或类似机构作出书面决议，明确表明将其用于经营出租且持有意图短期内不再发生变化的，即使尚未签订租赁协议，也应视为投资性房地产。这里的空置建筑物，是指企业新购入、自行建造或开发完工但尚未使用的建筑物，以及不再用于日常生产经营活动且经整理后达到可经营出租状态的建筑物。但尚未开发完工的建筑物不属于"空置建筑物"，即使其建造目的是用于经营出租，也不属于投资性房地产。

3）企业将建筑物出租，按租赁协议向承租人提供的相关辅助服务在整个协议中不重大的，应当将该建筑物确认为投资性房地产。例如，企业将其办公楼出租，同时向承租人提供维护、保安等日常辅助服务，企业应当将其确认为投资性房地产。

**2. 不属于投资性房地产的项目**

不属于投资性房地产的项目包括自用房地产、作为存货的房地产。

（1）自用房地产

是指为生产商品、提供劳务或者经营管理而持有的房地产。自用房地产的特征在于服务于企业自身的生产经营活动，其价值将随着房地产的使用而逐渐转移到企业的产品或服务中去，通过销售商品或提供服务为企业带来经济利益，在产生现金流量的过程中与企业持有的其他资产密切相关。如企业生产经营用的厂房和办公楼属于固定资产；企业生产经营用的土地使用权属于无形资产；企业出租给本企业职工居住的宿舍，虽然也收取租金，但间接为企业自身的生产经营服务，因此也属于自用房地产。

（2）作为存货的房地产

通常是指房地产开发企业在正常经营过程中销售的或为销售而正在开发的商品房和土地。这部分房地产的生产、销售构成房地产开发企业的主营业务活动，产生的现金流量也与企业的其他资产密切相关。因此，具有存货性质的房地产不属于投资性房地产。特别是房地产开发企业依法取得的、用于开发后出售的土地使用权，即使房地产开发企业决定待增值后转让，也不得将其确认为投资性房地产。

在实务中，存在某项房地产部分自用或作为存货出售、部分用于赚取租金或资本增值的情形。如该项房地产不同用途的部分能够单独计量和出售的，应当分别确认为固定资产、无形资产、存货和投资性房地产；不能单独计量和出售的，用于赚取租金或资本增值的部分，不确认为投资性房地产。例如，甲房地产开发商建造了一栋商住两用楼盘，一层出租给一家大型超市，已签订经营租赁合同；其余楼层均为普通住宅，正在公开销售中。这种情况下，如果一层商铺能够单独计量和出售，应当确认为甲企业的投资性房地产，其余楼层为甲企业的存货，即开发产品。

## 1.2 投资性房地产的确认和初始计量

### 1.2.1 投资性房地产的确认

**1. 投资性房地产的确认条件**

投资性房地产只有在符合定义的前提下，并属于投资性房地产的认定范围，且同时满足下列条件的，才能予以确认：

1）与该投资性房地产有关的经济利益很可能流入企业。

2）该投资性房地产的成本能够可靠地计量。

**2. 投资性房地产的确认时点**

1）对已出租的土地使用权、已出租的建筑物，其作为投资性房地产的确认时点一般为租赁期开始日，即土地使用权、建筑物进入出租状态、开始赚取租金的日期。

2）对企业持有以备经营出租、可视为投资性房地产的空置建筑物，确认为投资性房地产的时点是董事会或类似机构正式作出书面决议的日期。

3）对持有并准备增值后转让的土地使用权，其作为投资性房地产的确认时点为企业将自用土地使用权停止自用，准备增值后转让的日期。

### 1.2.2 投资性房地产的初始计量

投资性房地产取得时均应当按照成本进行初始计量。根据投资性房地产取得渠道不同，成本的具体构成内容会有所不同。

**1. 外购投资性房地产的初始计量**

企业外购房地产的成本包括购买价款、相关税费和可直接归属于该资产的其他支出。

在采用成本计量模式下，外购的投资性房地产，按照确定的实际成本，借记"投资性房地产"科目，贷记"银行存款"等科目。企业购入的房地产，部分用于出租（或资本增值），部分自用，用于出租（或资本增值）的部分应当予以单独确认的，应按照不同部分的公允价值占公允价值总额的比例将成本在不同部分之间进行分配。

在采用公允价值计量模式下，实际成本的确定与采用成本模式计量的投资性房地产一致。企业应当在"投资性房地产"科目下设置"成本"和"公允价值变动"两个明细科目，外购的投资性房地产应当按照确定的实际成本，借记"投资性房地产——成本"科目，贷记"银行存款"等科目。

需注意的是，外购的房地产只有在购入的同时即开始出租才能直接确认为投资性房地产。如果购入时尚未对外出租，则应先将其确认为固定资产，直至对外出租时，再从固定资产转换为投资性房地产。

【例1-1】 2012年5月，腾达股份有限公司（以下简称腾达公司）计划购入一栋写字楼用于对外出租。5月15日，腾达公司与甲公司签订了经营租赁合同，约定自写字楼购买日起将该栋写字楼出租给甲公司，为期3年。6月30日，腾达公司实际购入写字楼，支付价款共计2 000万元。根据租赁合同，租赁开始日为2012年7月1日。（假设不考虑其他因素，腾达公司采用成本模式进行后续计量）

腾达公司账务处理如下：

借：投资性房地产——写字楼　　　　　　　　　　　20 000 000
　　贷：银行存款　　　　　　　　　　　　　　　　　　　20 000 000

【例1-2】 承例1-1，假设腾达公司拥有的投资性房地产符合采用公允价值计量模式的条件，采用公允价值模式进行后续计量。

腾达公司账务处理如下：

借：投资性房地产——写字楼——成本　　　　　　　　20 000 000
　　贷：银行存款　　　　　　　　　　　　　　　　　　　20 000 000

**2. 自行建造投资性房地产的初始计量**

企业自行建造投资性房地产，其成本由建造该项资产达到预定可使用状态前发生的必要支出构成，包括土地开发费、建筑成本、安装成本、应予以资本化的借款费用、支付的其他费用和分摊的间接费用等。建造过程中发生的非正常性损失，直接计入营业外支出，不计入建造成本。

采用成本模式计量的，应按照确定的实际成本，借记"投资性房地产"科目，贷记"在建工程"或"开发成本"科目。采用公允价值模式计量的，应按照确定的实际成本，借记"投资性房地产——成本"科目，贷记"在建工程"或"开发成本"科目。

需注意的是，企业只有在自行建造或开发活动完成的同时即开始出租，才能将自行建造或开发完成的房地产确认为投资性房地产。否则应先将其确认为固定资产或开发产品，直至对外出租时，再从固定资产或存货转换为投资性房地产。

【例1-3】 2011年1月，腾达公司从其他单位购入一块土地的使用权，并在这块土地上开始自行建造两栋厂房。2012年10月，腾达公司预计厂房即将完工，与甲公司签订了经营租赁合同，将其中的一栋厂房租赁给甲公司使用，另一栋厂房自用。租赁合同约定，该厂房于完工（达到预定可使用状态）时起租。2012年11月1日，两栋厂房同时完工（达到预定可使用状态）。该块土地使用权的成本为600万元，两栋厂房的实际造价均为1 000万元，能够单独出售。假设腾达公司采用成本计量模式。

腾达公司账务处理如下：

在建工程成本发生时：

借：在建工程——厂房　　　　　　　　　　　　　　　20 000 000

```
        贷：银行存款（或应付职工薪酬等）                                20 000 000
    借：在建工程——厂房                                                6 000 000
        贷：无形资产——土地使用权                                       6 000 000
    结转在建工程成本时：
    借：投资性房地产——厂房                                           13 000 000
        固定资产——厂房                                               13 000 000
        贷：在建工程                                                                26 000 000
```

【例1-4】 承例1-3，假设腾达公司拥有的投资性房地产符合采用公允价值计量模式的条件，采用公允价值模式进行后续计量。

腾达公司账务处理如下：

在建工程成本发生时的账务处理同例1-3。

结转在建工程成本时：

```
    借：投资性房地产——厂房——成本                                   13 000 000
        固定资产——厂房                                               13 000 000
        贷：在建工程                                                                26 000 000
```

**3. 非投资性房地产转换为投资性房地产的初始计量**

非投资性房地产转换为投资性房地产，实质上是因房地产用途发生改变而对房地产进行的重新分类。转换日通常为租赁期开始日。房地产转换的计量将在本章1.4节"投资性房地产与非投资性房地产的转换"中介绍。

### 1.2.3 投资性房地产的后续支出

投资性房地产的后续支出，是指已确认为投资性房地产的项目在持有期间发生的与投资性房地产使用效能直接相关的各种支出。

**1. 资本化的后续支出**

企业发生的与投资性房地产有关的后续支出，满足投资性房地产确认条件的，应当计入投资性房地产成本。例如，企业为了延长投资性房地产的使用寿命或为了提高投资性房地产的使用效能，对投资性房地产改建、扩建以使其更加坚固耐用，或者通过装修而改善其室内装潢等后续支出，如果满足投资性房地产确认条件的，应当将其资本化。

企业对某项投资性房地产进行改扩建等再开发且将来仍作为投资性房地产的，在再开发期间应继续将其作为投资性房地产，再开发期间不计提折旧或摊销。

【例1-5】 2012年4月15日，腾达公司与乙公司的一项厂房经营租赁合同到期。为了提高厂房的租金收入，腾达公司决定对厂房进行改扩建，并与甲公司签订了经营租赁合同，约定自改扩建完工时将厂房出租给甲公司。该厂房原价为3 000万元，已计提折旧600万元。2012年12月1日，厂房改扩建工程完工，共发生支出200万元，即日按照租赁合同出租给甲公司。假设该项改扩建支出符合投资性房地产的确认条件，腾达公司对投资性房地产采用成本模式进行后续计量。

腾达公司账务处理如下：

（1）2012 年 4 月 15 日，投资性房地产转入改扩建工程

借：投资性房地产——厂房——在建           24 000 000

  投资性房地产累计折旧             6 000 000

   贷：投资性房地产——厂房             30 000 000

（2）2012 年 4 月 15 日至 2012 年 12 月 1 日，发生改扩建支出

借：投资性房地产——厂房——在建           2 000 000

   贷：银行存款（或应付职工薪酬等）          2 000 000

（3）2012 年 12 月 1 日，改扩建工程完工

借：投资性房地产——厂房             26 000 000

   贷：投资性房地产——厂房——在建         26 000 000

【例 1-6】 2012 年 4 月 15 日，腾达公司与乙公司的一项厂房经营租赁合同到期。为了提高厂房的租金收入，腾达公司决定对厂房进行改扩建，并与甲公司签订了经营租赁合同，约定自改扩建完工时将厂房出租给甲公司。2012 年 4 月 15 日，厂房账面余额为 2 200 万元，其中成本 2 000 万元，累计公允价值变动 200 万元。2012 年 12 月 1 日，厂房改扩建工程完工，共发生支出 300 万元，即日起按照租赁合同出租给甲公司。假设该项改扩建支出符合投资性房地产确认条件，腾达公司对投资性房地产采用公允价值模式进行后续计量。

腾达公司账务处理如下：

（1）2012 年 4 月 15 日，投资性房地产转入改扩建工程

借：投资性房地产——厂房——在建           22 000 000

   贷：投资性房地产——厂房——成本         20 000 000

      ——厂房——公允价值变动        2 000 000

（2）2012 年 4 月 15 日至 2012 年 12 月 1 日，发生改扩建支出

借：投资性房地产——厂房——在建           3 000 000

   贷：银行存款（或应付职工薪酬等）          3 000 000

（3）2012 年 12 月 1 日，改扩建工程完工

借：投资性房地产——厂房——成本           25 000 000

   贷：投资性房地产——厂房——在建         25 000 000

## 2. 费用化的后续支出

企业发生的与投资性房地产有关的后续支出，不满足投资性房地产确认条件的，应当将其费用化（计入"其他业务成本"等科目）。例如，企业为了保持投资性房地产的正常使用效能而对其进行日常维护和修理所发生的支出，应当在发生时计入当期损益。

【例 1-7】 腾达公司对其某项投资性房地产进行日常维修，以银行存款支付维修费 2 万元。该项支出不符合投资性房地产确认条件。

腾达公司账务处理如下：

借：其他业务成本                 20 000

   贷：银行存款               20 000

# 1.3 投资性房地产的后续计量

投资性房地产后续计量模式有成本计量模式和公允价值计量模式两种。企业通常应当采用成本计量模式对投资性房地产进行后续计量，只有满足特定条件的情况下，才可以采用公允价值计量模式进行后续计量。可见，投资性房地产准则适当引入了公允价值计量模式，并且，同一企业只能选用一种模式对其所拥有的投资性房地产进行后续计量，不得同时采用两种计量模式。

在极少数情况下，采用公允价值计量模式对投资性房地产进行后续计量的企业，有证据表明，当企业首次取得某项投资性房地产（或某项现有房地产在完成建造或开发活动或改变用途后首次成为投资性房地产）时，该投资性房地产公允价值不能持续可靠取得的，应当对该投资性房地产采用成本计量模式直至处置，并假设无残值。但是，采用成本计量模式对投资性房地产进行后续计量的企业，即使有证据表明，企业首次取得某项投资性房地产时，该投资性房地产公允价值能够持续可靠取得，该企业仍应对该项投资性房地产采用成本计量模式进行后续计量。

## 1.3.1 采用成本计量模式的会计处理

企业通常应当采用成本计量模式对投资性房地产进行后续计量。采用成本模式进行后续计量的投资性房地产，应当遵循以下会计处理规定。

1）会计处理的基本要求与固定资产或无形资产相同。应当按照固定资产的有关规定，按期计提折旧，或者按照无形资产的有关规定，按期摊销成本。按期计提折旧或摊销时，借记"其他业务成本"等科目，贷记"投资性房地产累计折旧（或投资性房地产摊销）"科目。

2）取得的租金收入，借记"银行存款"等科目，贷记"其他业务收入"等科目。

3）投资性房地产存在减值迹象的，适用资产减值的有关规定。经减值测试后确定发生减值的，应当计提减值准备，借记"资产减值损失"科目，贷记"投资性房地产减值准备"科目。如果已经计提减值准备的投资性房地产的价值又得以恢复，其已计提的减值损失在以后的会计期间不得转回。

【例 1-8】 2012 年 1 月 1 日，腾达公司一栋办公楼出租给甲公司使用，已确认为投资性房地产，采用成本计量模式进行后续计量。假设这栋办公楼的成本为 3 600 万元，按照直线法计提折旧，使用寿命为 30 年，预计净残值为零。按照经营租赁合同约定，甲公司每月支付给腾达公司租金 12 万元。当年 12 月 31 日，该栋办公楼发生减值迹象，经减值测试，其可收回金额为 3 300 万元，此时办公楼的账面价值为 3 480 万元，以前未计提减值准备。

腾达公司账务处理如下：

（1）计提折旧

每月计提的折旧＝3 600÷30÷12＝10（万元）

借：其他业务成本　　　　　　　　　　　　　　　　　　　　　100 000

　　贷：投资性房地产累计折旧　　　　　　　　　　　　　　　　　　　100 000

（2）确认租金收入

借：银行存款（或其他应收款等）　　　　　　　　　　　120 000

　　贷：其他业务收入　　　　　　　　　　　　　　　　　　　120 000

（3）计提减值准备

借：资产减值损失　　　　　　　　　　　　　　　　　1 800 000

　　贷：投资性房地产减值准备　　　　　　　　　　　　　　1 800 000

### 1.3.2　采用公允价值计量模式的会计处理

投资性房地产的公允价值是指在公平交易中，熟悉情况的当事人之间自愿进行房地产交换的价格。企业存在确凿证据表明其投资性房地产的公允价值能够持续可靠取得的，可以对投资性房地产采用公允价值计量模式进行后续计量。

**1. 采用公允价值计量模式进行后续计量的投资性房地产应满足的条件**

1）投资性房地产所在地有活跃的房地产交易市场。所在地，通常指投资性房地产所在的城市。对于大中型城市，应当为投资性房地产所在的城区。

2）企业能够从活跃的房地产交易市场上取得同类或类似房地产的市场价格及其他相关信息，从而对投资性房地产的公允价值作出合理的估计。

确定投资性房地产的公允价值时，应当参照活跃市场上同类或类似房地产的现行市场价格（市场公开报价）；无法取得同类或类似房地产现行市场价格的，应当参照活跃市场上同类或类似房地产的最近交易价格，并考虑交易情况、交易日期、所在区域等因素，从而对投资性房地产的公允价值作出合理的估计；也可以基于预计未来获得的租金收益和相关现金流量的现值计量。"同类或类似"的房地产，对建筑物而言，是指所处地理位置和地理环境相同、性质相同、结构类型相同或相近、新旧程度相同或相近、可使用状况相同或相近的建筑物；对土地使用权而言，是指同一位置区域、所处地理环境相同或相近、可使用状况相同或相近的土地。

**2. 采用公允价值计量模式进行后续计量的投资性房地产应遵循的会计处理规定**

1）不对投资性房地产计提折旧或摊销。企业应当以资产负债表日的公允价值计量，公允价值的变动计入当期损益。资产负债表日，投资性房地产的公允价值高于原账面余额的差额，借记"投资性房地产——公允价值变动"科目，贷记"公允价值变动损益"科目；公允价值低于原账面余额的差额借记"公允价值变动损益"科目，贷记"投资性房地产——公允价值变动"科目。

2）取得的租金收入，借记"银行存款"等科目，贷记"其他业务收入"等科目。

【例1-9】　2010年12月15日，腾达公司与甲公司签订租赁协议，约定将腾达公司自建的一栋精装修的写字楼于完工交付使用的同时开始租赁给甲公司使用，租赁期为5年，年租金为300万元，甲公司于每年年底交付。2011年1月1日，该写字楼交付使用并起租，写字楼的造价为8 000万元。2011年12月31日，该写字楼的公允价值为8 200万元。2012年12月31日，该写字楼的公允价值为7 900万元。假设腾达公司对投资性房地产采用公允价值计量模式进行后续计量。

腾达公司账务处理如下：

（1）2011 年 1 月 1 日，写字楼完工并出租

借：投资性房地产——写字楼——成本      80 000 000

    贷：开发成本      80 000 000

（2）2011 年 12 月 31 日，公允价值与原账面余额之间的差额计入当期损益

借：投资性房地产——写字楼——公允价值变动      2 000 000

    贷：公允价值变动损益      2 000 000

收到租金：

借：银行存款      3 000 000

    贷：其他业务收入      3 000 000

（3）2012 年 12 月 31 日，公允价值与原账面余额之间的差额计入当期损益

借：公允价值变动损益      3 000 000

    贷：投资性房地产——写字楼——公允价值变动      3 000 000

收到租金：

借：银行存款      3 000 000

    贷：其他业务收入      3 000 000

### 1.3.3 投资性房地产后续计量模式的变更

为保证会计信息的可比性，企业对投资性房地产的计量模式一经确定，不得随意变更。只有在房地产市场比较成熟、能够满足采用公允价值计量模式条件的情况下，才允许企业对投资性房地产从成本计量模式变更为公允价值计量模式。已采用公允价值计量模式的投资性房地产，不得从公允价值计量模式转为成本计量模式。

成本计量模式转为公允价值计量模式的，应当作为会计政策变更处理，并按计量模式变更时公允价值与账面价值的差额调整期初留存收益。

【知识链接】

**在投资性房地产后续计量中，为什么公允价值计量模式不能转为成本计量模式？**

开始采用公允价值计量代表活跃市场的形成，一般来说活跃市场一旦形成通常很难消失。成本计量模式转公允价值计量模式是一个市场进化的过程，通常反方向的退化不会存在，另外为了防止来回转换调节利润，反方向处理被禁止。

【例 1-10】 2011 年，腾达公司将一栋写字楼对外出租，采用成本计量模式进行后续计量。2012 年 8 月 1 日，腾达公司持有的投资性房地产满足公允价值模式计量条件，决定采用公允价值计量模式对该写字楼进行后续计量。2012 年 8 月 1 日，该写字楼的原价为 5 000 万元，已计提折旧 200 万元，账面价值为 4 800 万元，公允价值为 5 200 万元。腾达公司按净利润的 10%计提盈余公积。假定除上述对外出租的写字楼外，腾达公司无其他的投资性房地产。

腾达公司账务处理如下：

借：投资性房地产——写字楼——成本      52 000 000

|  |  |
|---|---|
| 　　投资性房地产累计折旧 | 2 000 000 |
| 　贷：投资性房地产——写字楼 | 50 000 000 |
| 　　　利润分配——未分配利润 | 3 600 000 |
| 　　　盈余公积 | 400 000 |

【知识链接】

### 我国投资性房地产会计准则与国际会计准则的比较

1. 投资性房地产初始计量

在投资性房地产的初始计量方面，我国规定投资性房地产应当按照成本进行初始计量。这与国际会计准则保持一致。

2. 投资性房地产后续计量

（1）计量模式运用数量方面。我国规定，一个企业只能采用一种计量模式对其所有的投资性房地产进行后续计量，不得同时采用两种模式。国际会计准则规定，可以采用公允价值计量模式或成本计量模式对投资性房地产进行后续计量，并且将选定的计量模式用于其全部投资性房地产。两者规定都是二选一。

（2）计量模式选用侧重点方面。我国规定，投资性房地产后续计量通常采用成本计量模式，只有企业有确凿证据证明其投资性房地产的公允价值能够持续可靠取得的，才可以对投资性房地产采用公允价值模式进行后续计量。可见我国更倾向于成本计量模式，只有在公允价值能够可靠取得时采用公允价值计量模式。国际会计准则虽然对公允价值模式和成本价值模式的选用并未规定优先顺序，但认为从公允价值模式变更为成本模式通常不大可能导致更恰当的列报；对于选用成本计量模式的企业，仍应对投资性房地产的公允价值进行披露；公允价值计量模式还被作为一些房地产归为投资性房地产的一个必备条件。可见，国际会计准则更侧重于使用公允价值作为投资性房地产的后续计量。

（3）计量模式转换方面。我国规定，企业对投资性房地产的计量模式一经确定，不得随意变更。存在确凿证据表明投资性房地产的公允价值能够持续可靠取得且能够满足采用公允价值模式条件的情况下，才允许企业对投资性房地产从成本模式计量变更为公允价值模式计量。成本模式转为公允价值模式的，应当作为会计政策变更处理。已采用公允价值计量模式的投资性房地产，不得从公允价值计量模式转为成本计量模式。《国际会计准则第8号——本期净损益、基本错误和会计政策的变更》规定，只有能够导致在企业财务报表中对交易、其他事项或情况进行更恰当的列报的情况下，才能自愿变更会计政策。而从公允价值计量模式变更为成本计量模式不大可能导致更恰当的列报。由此看出，国际会计准则不主张从公允价值计量模式变更为成本计量模式对投资性房地产进行后续计量，但是并没有明确禁止，在特殊条件下，还是存有一定变更的空间，而我国则明确禁止。

（资料来源：《企业会计准则第3号——投资性房地产》、《国际会计准则第40号——投资性房地产》、《国际会计准则第8号——本期净损益、基本错误和会计政策的变更》）

# 1.4　投资性房地产与非投资性房地产的转换

## 1.4.1　房地产转换形式和转换日

### 1. 房地产转换的含义

房地产的转换，是因房地产用途发生改变而对房地产进行的重新分类。这里所说的房地产转换是针对房地产用途发生改变而言，而不是后续计量模式的转变。企业必须有确凿证据表明房地产用途发生改变，才能将投资性房地产转换为非投资性房地产或者将非投资性房地产转换为投资性房地产。这里的确凿证据包括两个方面，一是企业董事会或类似机构应当就改变房地产用途形成正式的书面决议，二是房地产因用途改变而发生实际状态上的改变，如从自用状态改为出租状态。

### 2. 房地产的转换形式及转换日

房地产的转换形式包括投资性房地产转换为非投资性房地产和非投资性房地产转换为投资性房地产两大类。转换日是指房地产的用途发生改变、状态相应发生改变的日期。转换日的确定关系到资产的确认时点和入账价值，因此非常重要。

（1）投资性房地产转换为自用房地产

投资性房地产转换为自用房地产是指企业将原来用于赚取租金或资本增值的房地产改为用于生产商品、提供劳务或者经营管理。相应地由投资性房地产转换为固定资产或无形资产。在这种情况下，转换日是房地产达到自用状态，企业开始将房地产用于生产商品、提供劳务或者经营管理的日期。

（2）投资性房地产转换为存货

投资性房地产转换为存货是指房地产企业将用于经营出租的房地产重新开发用于对外销售。在这种情况下，转换日为租赁期届满，企业董事会或类似机构作出书面决议，明确表明将其重新开发用于对外销售的日期。

（3）自用房地产转换为投资性房地产

自用房地产转换为投资性房地产是指企业将自用土地使用权停止自用，用于赚取租金或资本增值，相应地由无形资产转换为投资性房地产；或企业将自用建筑物停止自用，改为出租，相应地由固定资产转换为投资性房地产。在这两种情况下，转换日通常为租赁期开始日。租赁期开始日是指承租人有权行使其使用租赁资产权利的日期。

（4）作为存货的房地产转换为投资性房地产

作为存货的房地产转换为投资性房地产是指房地产开发企业将其持有的开发产品以经营租赁的方式出租，相应地由存货转换为投资性房地产。在这种情况下，转换日通常为租赁期开始日。

## 1.4.2　成本计量模式下房地产转换的会计处理

### 1. 投资性房地产转换为自用房地产

企业将采用成本计量模式的投资性房地产转换为自用房地产，应当按该项投资性房地产在转换日的账面余额、累计折旧或摊销、减值准备等，分别转入"固定资产"、"累计折旧"、

"固定资产减值准备"等科目。按投资性房地产的账面余额，借记"固定资产"或"无形资产"科目，贷记"投资性房地产"科目；按已计提的折旧或摊销，借记"投资性房地产累计折旧（摊销）"科目，贷记"累计折旧"或"累计摊销"科目；原已计提减值准备的，借记"投资性房地产减值准备"科目，贷记"固定资产减值准备"或"无形资产减值准备"科目。

**【例 1-11】** 2012 年 8 月 31 日，腾达公司将租赁期满的厂房收回，公司董事会形成了书面决议，从 2012 年 9 月 1 日开始，将该厂房用于本公司生产经营。该项房地产转换前采用成本计量模式，截至 2012 年 8 月 31 日，该项房地产账面价值为 2 200 万元，其中，原价 3 000 万元，累计已提折旧 500 万元，已计提资产减值准备 300 万元。

2012 年 9 月 1 日，腾达公司账务处理如下：

借：固定资产——厂房　　　　　　　　　　　　　　　　30 000 000
　　投资性房地产累计折旧　　　　　　　　　　　　　　 5 000 000
　　投资性房地产减值准备　　　　　　　　　　　　　　 3 000 000
　　贷：投资性房地产——厂房　　　　　　　　　　　　　　　　30 000 000
　　　　累计折旧　　　　　　　　　　　　　　　　　　　　　　 5 000 000
　　　　固定资产减值准备　　　　　　　　　　　　　　　　　　 3 000 000

**2. 投资性房地产转换为存货**

企业将采用成本计量模式的投资性房地产转换为存货时，应当按照该项房地产在转换日的账面价值，借记"开发产品"科目，按照已计提的折旧或摊销，借记"投资性房地产累计折旧（摊销）"科目，原已计提减值准备的，借记"投资性房地产减值准备"科目，按其账面余额，贷记"投资性房地产"科目。

**【例 1-12】** 腾达公司将其开发的一栋写字楼以经营租赁方式出租给其他单位使用。2012 年 8 月 31 日，租赁期满，腾达公司将出租的写字楼收回。公司董事会作出书面决议，从 2012 年 9 月 1 日开始，将写字楼重新开发用于对外销售。写字楼在转换前采用成本计量模式，账面原价为 5 000 万元，累计已提折旧为 400 万元。

2012 年 9 月 1 日，腾达公司账务处理如下：

借：开发产品　　　　　　　　　　　　　　　　　　　46 000 000
　　投资性房地产累计折旧　　　　　　　　　　　　　 4 000 000
　　贷：投资性房地产——写字楼　　　　　　　　　　　　　　 50 000 000

**3. 自用房地产转换为投资性房地产**

企业将自用建筑物或土地使用权转换为以成本计量模式的投资性房地产时，应当按该项建筑物或土地使用权在转换日的原价、累计折旧、减值准备等，分别转入"投资性房地产"、"投资性房地产累计折旧（摊销）"、"投资性房地产减值准备"科目。按自用房地产的账面余额，借记"投资性房地产"科目，贷记"固定资产"或"无形资产"科目；按已计提的折旧或摊销，借记"累计折旧"或"累计摊销"科目，贷记"投资性房地产累计折旧（摊销）"科目；原已计提减值准备的，借记"固定资产减值准备"或"无形资产减值准备"科目，贷记"投资性房地产减值准备"科目。

**【例 1-13】** 腾达公司拥有一栋本公司总部办公使用的办公楼，由于打算搬迁至新建办公楼，公司董事会决定将原办公楼用于出租。2012 年 3 月 1 日，腾达公司与甲公司签订了经营租赁协议，将办公楼整体出租给甲公司使用，租赁期开始日为2012年4月1日，为期5年。2012年4月1日，办公楼的账面余额为4 000万元，已计提折旧300万元。

2012年4月1日，腾达公司账务处理如下：

借：投资性房地产——办公楼　　　　　　　　　　　　　　40 000 000
　　累计折旧　　　　　　　　　　　　　　　　　　　　　3 000 000
　　贷：固定资产——办公楼　　　　　　　　　　　　　　40 000 000
　　　　投资性房地产累计折旧　　　　　　　　　　　　　3 000 000

**4. 作为存货的房地产转换为投资性房地产**

企业将作为存货的房地产转换为成本计量模式的投资性房地产，应当按该项存货在转换日的账面价值，借记"投资性房地产"科目，原已计提跌价准备的，借记"存货跌价准备"科目，按其账面余额，贷记"开发产品"等科目。

【例1-14】 2012年3月10日，腾达公司董事会形成书面决议，将其开发的一栋写字楼不再出售，改作出租。腾达公司与甲公司签订了出租写字楼的租赁协议，租赁期开始日为2012年4月1日。2012年4月1日，该写字楼的账面余额5 000万元，未计提存货跌价准备，转换后采用成本计量模式进行后续计量。

2012年4月1日，腾达公司账务处理如下：

借：投资性房地产——写字楼　　　　　　　　　　　　　　50 000 000
　　贷：开发产品　　　　　　　　　　　　　　　　　　　50 000 000

### 1.4.3　公允价值计量模式下房地产转换的会计处理

**1. 投资性房地产转为自用房地产**

企业将采用公允价值计量模式的投资性房地产转换为自用房地产时，应当以其转换当日的公允价值作为自用房地产的账面价值，公允价值与投资性房地产账面价值的差额计入当期损益。转换日，按该项投资性房地产的公允价值，借记"固定资产"或"无形资产"科目，按该项投资性房地产的成本，贷记"投资性房地产——成本"科目，按该项投资性房地产的累计公允价值变动，贷记或借记"投资性房地产——公允价值变动"科目，按其差额，贷记或借记"公允价值变动损益"科目。

【例1-15】 2012年8月31日，腾达公司将租赁期满的厂房收回。公司董事会形成了书面决议，从2012年9月1日开始，将该厂房用于本公司生产经营。截至2012年8月31日，该厂房的公允价值为5 800万元，转换前采用公允价值计量模式，账面价值为5 750万元，其中，成本为5 500万元，公允价值变动为增值250万元。

2012年9月1日，腾达公司账务处理如下：

借：固定资产——厂房　　　　　　　　　　　　　　　　　58 000 000
　　贷：投资性房地产——厂房——成本　　　　　　　　　55 000 000
　　　　　　　　　　——厂房——公允价值变动　　　　　2 500 000
　　　　公允价值变动损益　　　　　　　　　　　　　　　500 000

**2. 投资性房地产转换为存货**

企业将采用公允价值计量模式的投资性房地产转换为存货时，应当以其转换当日的公允价值作为存货的账面价值,公允价值与投资性房地产账面价值的差额计入当期损益。转换日,按该项投资性房地产的公允价值,借记"开发产品"等科目,按该项投资性房地产的成本,贷记"投资性房地产——成本"科目,按该项投资性房地产的累计公允价值变动,贷记或借记"投资性房地产——公允价值变动"科目;按其差额,贷记或借记"公允价值变动损益"科目。

**【例1-16】** 腾达公司将其开发的一栋写字楼以经营租赁方式出租给其他单位使用。2012年8月31日,租赁期满,腾达公司将出租的写字楼收回。公司董事会作出书面决议,从2012年9月1日开始,将写字楼重新开发用于对外销售。该写字楼当日的公允价值为5 400万元,转换前采用公允价值计量模式,账面价值为5 600万元,其中,成本为5 000万元,公允价值增值为600万元。

2012年9月1日,腾达公司账务处理如下:

| | |
|---|---|
| 借:开发产品 | 54 000 000 |
| 　公允价值变动损益 | 2 000 000 |
| 　贷:投资性房地产——写字楼——成本 | 50 000 000 |
| 　　　　　　　　——写字楼——公允价值变动 | 6 000 000 |

**3. 自用房地产转换为投资性房地产**

企业将自用房地产转换为采用公允价值计量模式的投资性房地产,应当按该项土地使用权或建筑物在转换日的公允价值,借记"投资性房地产——成本"科目,按已计提的累计摊销或累计折旧,借记"累计摊销"或"累计折旧"科目;原已计提减值准备的,借记"无形资产减值准备"、"固定资产减值准备"科目;按其账面余额,贷记"固定资产"或"无形资产"科目。同时,转换日的公允价值小于账面价值的,按其差额,借记"公允价值变动损益"科目;转换日的公允价值大于账面价值的,按其差额,贷记"资本公积——其他资本公积"科目。当该项投资性房地产处置时,因转换计入资本公积的部分应转入当期损益。

**【例1-17】** 腾达公司拥有一栋本公司总部办公使用的办公楼,由于打算搬迁至新建办公楼,公司董事会形成了书面协议,将原办公楼用于出租。2012年3月1日,腾达公司与甲公司签订了经营租赁协议,将原办公楼整体出租给甲公司使用,租赁期开始日为2012年4月1日,租期5年。2012年4月1日,该办公楼原价为5 000万元,已提折旧400万元。假设腾达公司对投资性房地产采用公允价值计量模式。

腾达公司账务处理如下:

(1) 假定2012年4月1日,出租办公楼的公允价值为 4 500万元

| | |
|---|---|
| 借:投资性房地产——办公楼——成本 | 45 000 000 |
| 　累计折旧 | 4 000 000 |
| 　公允价值变动损益 | 1 000 000 |
| 　贷:固定资产——办公楼 | 50 000 000 |

(2) 假定2012年4月1日,出租办公楼的公允价值为 4 800万元

| | |
|---|---|
| 借:投资性房地产——办公楼——成本 | 48 000 000 |
| 　累计折旧 | 4 000 000 |

|  | 贷：固定资产——办公楼 | 50 000 000 |
|---|---|---|
|  | 资本公积——其他资本公积 | 2 000 000 |

**4. 作为存货的房地产转换为投资性房地产**

企业将作为存货的房地产转换为采用公允价值计量模式的投资性房地产，应当按该项房地产在转换日的公允价值入账，借记"投资性房地产——成本"科目，原已计提跌价准备的，借记"存货跌价准备"科目；按其账面余额，贷记"开发产品"等科目。同时，转换日的公允价值小于账面价值的，按其差额，借记"公允价值变动损益"科目；转换日的公允价值大于账面价值的，按其差额，贷记"资本公积——其他资本公积"科目。当该项投资性房地产处置时，因转换计入资本公积的部分应转入当期损益。

【例 1-18】 2012 年 3 月 10 日，腾达公司董事会形成书面决议，将其开发的一栋写字楼不再出售，改作出租。腾达公司与甲公司签订了出租写字楼的租赁协议，租赁期开始日为 2012 年 4 月 1 日。2012 年 4 月 1 日，该写字楼的账面余额 5 000 万元，未计提存货跌价准备，公允价值为 5 700 万元。2012 年 12 月 31 日，该项投资性房地产的公允价值为 5 800 万元。转换后采用公允价值计量模式进行后续计量。

腾达公司账务处理如下：

（1）2012 年 4 月 1 日

| 借：投资性房地产——写字楼——成本 | 57 000 000 |
|---|---|
| 贷：开发产品 | 50 000 000 |
| 资本公积——其他资本公积 | 7 000 000 |

（2）2012 年 12 月 31 日

| 借：投资性房地产——写字楼——公允价值变动 | 1 000 000 |
|---|---|
| 贷：公允价值变动损益 | 1 000 000 |

## 1.5 投资性房地产的处置

投资性房地产处置主要指投资性房地产的出售、报废和毁损，也包括对外投资、非货币资产交换、债务重组等原因转出投资性房地产的情形。当投资性房地产被处置，或者永久退出使用且预计不能从其处置中取得经济利益时，应当终止确认该项投资性房地产。

企业处置投资性房地产时会发生处置损益。出售、报废或毁损的投资性房地产，其处置损益是指取得的处置收入扣除其账面价值和相关税费后的金额；对外投资、非货币资产交换、债务重组等原因转出投资性房地产，其处置损益是指该投资性房地产的公允价值与账面价值之间的差额。投资性房地产的处置损益，应当计入处置当期损益。

### 1.5.1 成本计量模式投资性房地产的处置

处置采用成本计量模式进行后续计量的投资性房地产时，应当按实际收到的金额，借记"银行存款"等科目，贷记"其他业务收入"科目；按该项投资性房产的账面价值，借记"其他业务成本"科目，按其账面余额，贷记"投资性房地产"科目，按照已计提的折旧或摊销，借记"投资性房地产累计折旧（摊销）"科目，原已计提减值准备的，借记"投资性房地产减值准备"科目。

【例 1-19】 腾达公司将其出租的一栋写字楼确认为投资性房地产，采用成本计量模式。租赁期届满后，腾达公司将该栋写字楼出售给甲公司，合同价款为 9 000 万元，甲公司已用银行存款付清。出售时，该栋写字楼的成本为 10 000 万元，已计提折旧 2 000 万元，已计提减值准备金 500 万元。腾达公司出售写字楼适用的营业税税率为 5%，假设不考虑其他相关税费。

腾达公司账务处理如下：

借：银行存款　　　　　　　　　　　　　　　　　　90 000 000
　　贷：其他业务收入　　　　　　　　　　　　　　　　90 000 000
借：其他业务成本　　　　　　　　　　　　　　　　75 000 000
　　投资性房地产累计折旧　　　　　　　　　　　　20 000 000
　　投资性房地产减值准备　　　　　　　　　　　　 5 000 000
　　贷：投资性房地产——写字楼　　　　　　　　　100 000 000
借：营业税金及附加　　　　　　　　　　　　　　　 4 500 000
　　贷：应交税费——应交营业税　　　　　　　　　 4 500 000

### 1.5.2　公允价值计量模式投资性房地产的处置

处置采用公允价值计量模式的投资性房地产，应当按实际收到的金额，借记"银行存款"等科目，贷记"其他业务收入"科目；按该项投资性房地产的账面余额，借记"其他业务成本"科目，按其成本，贷记"投资性房地产——成本"科目，按其累计公允价值变动，贷记或借记"投资性房地产——公允价值变动"科目。同时结转投资性房地产累计公允价值变动。若存在原转换日计入资本公积的金额，也一并结转。

【例 1-20】 2011 年 3 月 1 日，腾达公司与甲公司签订了租赁协议，将其自用的一栋写字楼出租给甲公司使用，租赁期开始日为 2011 年 4 月 1 日，租期为 1 年，年租金 400 万元，租金于 2011 年 4 月 1 日收讫。2011 年 4 月 1 日，该写字楼的账面余额为 45 000 万元，已提折旧 5 000 万元，公允价值为 47 000 万元。2011 年 12 月 31 日，该项投资性房地产的公允价值为 48 000 万元。2012 年 3 月 31 日，租赁期届满，腾达公司收回该项投资性房地产。2012 年 4 月以 55 000 万元出售，出售款项已收讫。腾达公司采用公允价值计量模式，假定不考虑相关税费。

腾达公司账务处理如下：

（1）2011 年 4 月 1 日，自用固定资产转换为投资性房地产

借：投资性房地产——写字楼——成本　　　　　　470 000 000
　　累计折旧　　　　　　　　　　　　　　　　　 50 000 000
　　贷：固定资产——写字楼　　　　　　　　　　450 000 000
　　　　资本公积——其他资本公积　　　　　　　 70 000 000

（2）2011 年 12 月 31 日，公允价值变动

借：投资性房地产——写字楼——公允价值变动　　 10 000 000
　　贷：公允价值变动损益　　　　　　　　　　　 10 000 000

（3）2012 年 4 月，出售投资性房地产

借：银行存款 　　　　　　　　　　　　550 000 000
　　贷：其他业务收入 　　　　　　　　　　　　550 000 000
借：其他业务成本 　　　　　　　　　　480 000 000
　　贷：投资性房地产——写字楼——成本 　　　　　　470 000 000
　　　　　　　　——写字楼——公允价值变动 　　　10 000 000
借：公允价值变动损益 　　　　　　　　10 000 000
　　贷：其他业务成本 　　　　　　　　　　　　10 000 000
借：资本公积——其他资本公积 　　　　70 000 000
　　贷：其他业务成本 　　　　　　　　　　　　70 000 000

# 1.6 投资性房地产会计信息披露

企业应当在会计报表附注中披露与投资性房地产有关的下列信息：

1）投资性房地产的种类、金额和计量模式。

2）采用成本计量模式的，投资性房地产的折旧、摊销以及减值准备的计提情况。

3）采用公允价值计量模式的，公允价值的确定依据、方法以及公允价值变动对损益的影响。

4）投资性房地产与非投资性房地产房的转换情况、理由以及对损益或所有者权益的影响。

5）当期处置的投资性房地产及其对损益的影响。

## 本章知识框架

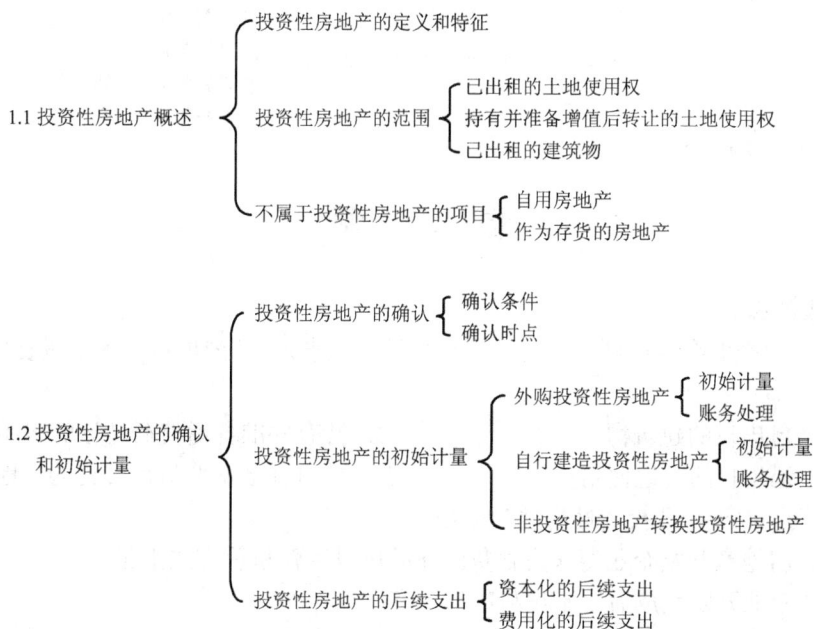

投资性房地产概述 1.1
- 投资性房地产的定义和特征
- 投资性房地产的范围
  - 已出租的土地使用权
  - 持有并准备增值后转让的土地使用权
  - 已出租的建筑物
- 不属于投资性房地产的项目
  - 自用房地产
  - 作为存货的房地产

1.2 投资性房地产的确认和初始计量
- 投资性房地产的确认
  - 确认条件
  - 确认时点
- 投资性房地产的初始计量
  - 外购投资性房地产
    - 初始计量
    - 账务处理
  - 自行建造投资性房地产
    - 初始计量
    - 账务处理
  - 非投资性房地产转换投资性房地产
- 投资性房地产的后续支出
  - 资本化的后续支出
  - 费用化的后续支出

```
                            ┌ 成本计量模式 ┤ 计提折旧或摊销
                            │              └ 减值测试
           1.3 投资性房地产的 ┤ 公允价值计量模式 ┤ 采用条件
                  后续计量    │                  └ 会计处理——公允价值变动
                            │              ┌ 一经确定，不得随意变更
                            └ 后续计量模式变更 ┤ 成本模式可转为公允价值模式
                                           └ 公允价值模式不可转为成本模式

                            ┌ 转换形式 ┤ 投资性房地产转换为自用房地产
                            │          │ 投资性房地产转换为存货
                            │          │ 自用房地产转换为投资性房地产
                            │          └ 存货转换为投资性房地产
           1.4 投资性房地产与非 ┤ 转换日的确定 ┤ 投资性房地产转为自用房地产或存货
             投资性房地产的转换 │            └ 自用房地产或存货转为投资性房地产
                            │          ┌ 成本计量模式 ┤ 投资性房地产转换为自用房地产
                            │          │ 下的转换    │ 投资性房地产转换为存货
                            │          │            │ 自用房地产转换为投资性房地产
                            └ 会计处理 ┤            └ 存货转换为投资性房地产
                                       │          ┌ 投资性房地产转换为自用房地产
                                       │ 公允价值计量 │ 投资性房地产转换为存货
                                       └ 模式下的转换 ┤ 自用房地产转换为投资性房地产
                                                    └ 存货转换为投资性房地产

                            ┌ 成本计量模式投资性房地产的处置 ┤ 出售价款
                            │                              └ 结转账面价值
           1.5 投资性房地产的处置 ┤                          ┌ 出售价款
                            │                              │ 结转账面价值
                            └ 公允价值计量模式投资性房地产的处置 ┤ 结转公允价值变动损益
                                                            └ 结转资本公积

           1.6 投资性房地产会计信息披露
```

# 复 习 题

## 一、单项选择题

1. 根据《企业会计准则第 3 号——投资性房地产》，下列项目不属于投资性房地产的是（    ）。

　　A. 已出租的建筑物　　　　　　　B. 持有并准备增值后转让的房屋建筑物

　　C. 已出租的土地使用权　　　　　D. 持有并准备增值后转让的土地使用权

2. 下列不属于企业投资性房地产的是（    ）。

　　A. 房地产开发企业将作为存货的商品房以经营租赁方式出租

　　B. 企业开发完成后用于出租的房地产

    C．企业持有并准备增值后转让的土地使用权

    D．房地产企业拥有并自行经营的饭店

3．关于企业租出并按出租协议向承租人提供保安和维修等其他服务的建筑物，是否属于投资性房地产的说法正确的是（　　　）。

    A．所提供的其他服务在整个协议中不重大的，该建筑物应视为企业的经营场所，应当确认为自用房地产

    B．所提供的其他服务在整个协议中如为重大的，应将该建筑物确认为投资性房地产

    C．所提供的其他服务在整个协议中如为不重大的，应将该建筑物确认为投资性房地产

    D．所提供的其他服务在整个协议中无论是否重大，均不将该建筑物确认为投资性房地产

4．投资性房地产的后续支出，不满足资本化条件的，应当在发生时记入（　　　）。

    A．管理费用    B．其他业务成本    C．制造费用    D．销售费用

5．在对企业外购或自行建造的投资性房地产进行初始计量时，其不正确的处理方法是（　　　）。

    A．无论采用公允价值模式还是成本模式进行后续计量的投资性房地产，均应按照成本进行初始计量

    B．采用公允价值模式进行后续计量的投资性房地产，取得时按照公允价值进行初始计量

    C．自行建造投资性房地产的成本，由建造该项资产达到预定可使用状态前所发生的必要支出构成

    D．外购投资性房地产的成本，包括购买价款、相关税费和可直接归属于该资产的其他支出

6．下列投资性房地产初始计量的表述不正确的有（　　　）。

    A．外购的投资性房地产按照购买价款、相关税费和可直接归属于该资产的其他支出

    B．自行建造投资性房地产的成本，由建造该项资产达到可销售状态前所发生的必要支出构成

    C．债务重组取得的投资性房地产按照债务重组的相关规定处理

    D．非货币性资产交换取得的投资性房地产按照非货币性资产交换准则的规定处理

7．企业对成本模式进行后续计量的投资性房地产摊销时，应该借记（　　　）科目。

    A．投资收益    B．其他业务成本    C．营业外收入    D．管理费用

8．2012年1月1日，甲公司购入一幢建筑物用于出租，取得发票上注明的价款为100万元，款项以银行存款支付。购入该建筑物发生的契税为2万元也以银行存款支付。该投资性房地产的入账价值为（　　　）万元。

    A．102    B．100    C．98    D．104

9. 假定甲公司 2012 年 1 月 1 日以 9 360 000 元购入的建筑物预计使用寿命为 20 年，预计净残值为零，采用直线法按年计提折旧。2012 年应计提的折旧额为（　　　）元。

    A．468 000　　　　B．429 000　　　　C．439 000　　　　D．478 000

10. 存货转换为采用公允价值计量模式的投资性房地产，投资性房地产应当按照转换当日的公允价值计量。转换当日的公允价值小于原账面价值的其差额通过（　　　）科目核算。

    A．营业外支出　　B．公允价值变动损益　C．投资收益　　　　D．其他业务收入

11. 企业出售、转让、报废投资性房地产时，应当将处置收入计入（　　　）。

    A．公允价值变动损益　　　　　　　　B．营业外收入

    C．其他业务收入　　　　　　　　　　D．资本公积

12. 甲公司的投资性房地产采用公允价值计量模式。2012 年 7 月 1 日，甲公司将一项固定资产转换为投资性房地产。该固定资产的账面余额为 200 万元，已提折旧 20 万元，已经计提的减值准备为 10 万元。该投资性房地产的公允价值为 190 万元。转换日投资性房地产的入账价值为（　　　）万元。

    A．200　　　　　B．190　　　　　C．170　　　　　D．180

13. 甲公司将一栋写字楼转换为采用成本计量模式的投资性房地产，该写字楼的账面原值为 2 500 万元，已计提的累计折旧为 50 万元，已计提的固定资产减值准备 150 万元，转换日的公允价值为 3 000 万元，不考虑其他因素，则转换日计入"投资性房地产"科目的金额是（　　　）万元。

    A．3 000　　　　　B．2 300　　　　　C．2 500　　　　　D．2 800

14. 关于投资性房地产后续计量模式的变更，下列说法正确的是（　　　）。

    A．已经采用公允价值计量模式的投资性房地产，不得从公允价值计量模式转为成本计量模式

    B．企业对投资性房地产的计量模式可以随意选择

    C．成本计量模式转为公允价值计量模式的，应当作为会计估计变更

    D．已经采用成本计量模式的投资性房地产，不得从成本计量模式转为公允价值计量模式

15. 下列有关投资性房地产的会计处理，说法不正确的有（　　　）。

    A．采用公允价值计量模式的投资性房地产，不计提折旧或进行摊销，应当以资产负债表日投资性房地产的公允价值为基础调整其账面价值

    B．采用公允价值计量模式的投资性房地产转为成本模式，应当作为会计政策变更

    C．采用公允价值计量模式的投资性房地产转换为自用房地产时，应当以转换日的公允价值作为自用房地产的账面价值

    D．存货转换为采用公允价值计量模式的投资性房地产，应当按照该项房地产转换当日的公允价值计量

16. 自用房地产转换为采用公允价值计量模式的投资性房地产，投资性房地产应当按照转换当日的公允价值计量。转换当日的公允价值大于原账面价值的差额通过（　　　）科目核算。

    A. 营业外收入                B. 公允价值变动损益

    C. 资本公积                   D. 其他业务收入

17. 关于投资性房地产的定义，下列说法中不正确的是（　　　）。

    A. 投资性房地产不包括以融资租赁方式出租的建筑物

    B. 企业不拥有产权的建筑物一般不能划分为投资性房地产

    C. 只有已出租的房地产才能划分为投资性房地产

    D. 不能单独计量和出售的房地产不能划分为投资性房地产

18. 2012 年 8 月 1 日，A 公司将一项采用公允价值计量模式的投资性房地产转换为固定资产。转换日，该投资性房地产的账面余额为 860 万元，其中成本为 700 万元，公允价值变动为借方余额 160 万元。当日，该项房地产的公允价值为 900 万元，不考虑其他因素，则转换日，该项房地产计入"固定资产"科目的金额为（　　　）万元。

    A. 700          B. 860          C. 900          D. 740

19. 2010 年 1 月 1 日，A 公司将其一栋写字楼租赁给 B 公司使用，并一直采用成本模式进行后续计量，年租金为 70 万元，租赁期为 5 年。2012 年 1 月 1 日，A 公司认为该项房地产具备了采用公允价值计量模式的条件，决定将该项投资性房地产从成本计量模式转换为公允价值计量模式。该项房地产的原价为 800 万元，已计提折旧 200 万元，未计提减值准备。变更当日，该项房地产的公允价值为 850 万元。2012 年 12 月 31 日，该项房地产的公允价值为 900 万元。不考虑所得税等其他因素，该项房地产对 A 公司 2012 年度损益的影响金额为（　　　）万元。

    A. 50          B. 70          C. 370          D. 120

20. 丙公司采用公允价值模式对投资性房地产进行后续计量，2012 年 1 月 1 日将一项投资性房地产出售，售价为 520 万元，出售时的该项投资性房地产的账面余额为 500 万元，其中成本为 520 万元，公允价值变动（贷方）为 20 万元，该项投资性房地产是由自用固定资产转换而来的，转换时公允价值大于原账面价值的差额为 30 万元，不考虑其他因素，则处置时影响损益的金额合计是（　　　）万元。

    A. 0          B. 20          C. 50          D. 30

**二、多项选择题**

1. 企业出售、转让投资性房地产时，不应将所处置投资性房地产的收入计入（　　　）。

    A. 投资收益                 B. 公允价值变动损益

    C. 营业外收入              D. 其他业务收入

2. 下列情况下，属于企业将其他资产转换为投资性房地产的有（　　　）。

    A. 房地产企业将开发的原准备对外出售的商品房改为对外经营出租

    B. 投资性房地产由成本计量模式改按公允价值计量模式进行计量

    C. 原自用土地使用权停止自用改为对外经营出租

    D. 自用的厂房停止自用并以融资租赁方式对外出租

3. 关于投资性房地产的后续计量，下列说法正确的有（　　　）。

    A. 采用公允价值计量模式的，不对投资性房地产计提折旧或进行摊销

  B. 一般情况下，已采用公允价值计量模式的投资性房地产，不得从公允价值计量模式转为成本计量模式

  C. 已经采用成本计量模式的投资性房地产，可以转为采用公允价值计量模式

  D. 采用公允价值计量模式的，不需对投资性房地产进行减值测试

4. 下列事项中，影响企业当期损益的有（　　）。

  A. 采用公允价值计量模式的投资性房地产期末公允价值高于账面价值

  B. 采用公允价值计量模式的投资性房地产期末公允价值低于账面价值

  C. 采用成本计量模式的投资性房地产期末可收回金额高于账面价值

  D. 采用成本计量模式的投资性房地产期末可收回金额低于账面价值

5. 关于投资性房地产的后续计量模式，下列说法中正确的有（　　）。

  A. 一般情况下，已经采用公允价值计量模式的同一项投资性房地产，不得从公允价值计量模式转为成本计量模式

  B. 采用成本计量模式的投资性房地产，在一定条件下可以转为按照公允价值模式来计量

  C. 采用公允价值计量模式的，不对投资性房地产计提折旧或进行摊销

  D. 企业对投资性房地产计量模式一经确定不得随意变更

6. 下列表述正确的有（　　）。

  A. 按照国家有关规定认定的闲置土地不属于持有并准备增值后转让的土地使用权

  B. 企业将某项房地产部分用于出租，部分用于自用，不能够区分出租部分和自用部分进行分别核算，企业应将该房地产整体确认为投资性房地产

  C. 企业将某项房地产部分用于出租，部分用于自用，能够区分出租部分和自用部分并对两者分别进行核算，则企业可以将出租部分确认为投资性房地产

  D. 企业将某项房地产整体对外经营出租，并负责提供日常维护、保安服务，企业应将其确认为投资性房地产

7. 下列各项中，不影响企业当期损益的有（　　）。

  A. 采用成本计量模式，期末投资性房地产的可收回金额低于其账面价值

  B. 采用公允价值计量模式计量的投资性房地产在期末的公允价值低于其账面价值

  C. 自用的房地产转换为采用公允价值计量模式的投资性房地产时，转换日房地产的公允价值大于其账面价值

  D. 采用成本计量模式，期末投资性房地产的可收回金额高于其账面价值

8. 下列有关投资性房地产不正确的会计处理方法有（　　）。

  A. 采用公允价值模式对投资性房地产进行后续计量，将作为存货的房地产转换为投资性房地产的，应按其在转换日的公允价值，借记"投资性房地产——成本"科目，按其账面余额，贷记"开发产品"等科目，按其差额，贷记或借记"投资收益"科目。已计提跌价准备的，还应同时结转跌价准备

  B. 无论采用公允价值模式，还是采用成本模式对投资性房地产进行后续计量，取得的租金收入，均应借记"银行存款"等科目，贷记"其他业务收入"科目等

C. 采用公允价值模式对投资性房地产进行后续计量，将投资性房地产转为自用时，应按其在转换日的公允价值，借记"固定资产"等科目，按其账面余额，贷记"投资性房地产——成本、公允价值变动"科目，按其差额，贷记或借记"投资收益"科目

D. 处置投资性房地产时，与处置固定资产和无形资产的核算方法相同，其处置损益均计入营业外收入或营业外支出

9. 投资性房地产的转换日确定的方法正确的有（　　　）。

A. 投资性房地产转为自用房地产，其转换日为房地产达到自用状态，企业开始将房地产用于生产商品、提供劳务或者经营管理的日期

B. 作为存货的房地产改为出租，其转换日为租赁期开始日

C. 作为自用建筑物停止自用改为出租，其转换日为租赁期开始日

D. 作为土地使用权停止自用改为出租，其转换日为租赁期开始日

10. 下列有关投资性房地产后续支出的表述中，不正确的有（　　　）。

A. 成本模式下，当月增加的房屋当月不计提折旧

B. 公允价值模式下，当月增加的房屋下月开始计提折旧

C. 公允价值模式下，当月增加的土地下月开始摊销

D. 成本模式下，当月增加的土地当月不进行摊销

11. 采用公允价值模式进行后续计量的投资性房地产，应当同时满足（　　　）条件。

A. 投资性房地产所在地有活跃的房地产交易市场

B. 企业能够从活跃的房地产交易市场上取得同类或类似房地产的市场价格及其他相关信息，从而对投资性房地产的公允价值作出合理的估计

C. 所有的投资性房地产有活跃的房地产交易市场

D. 企业能够取得交易价格的信息

12. 下列各项应该记入一般企业"其他业务收入"科目的有（　　　）。

A. 出售投资性房地产的收入

B. 出租建筑物的租金收入

C. 出售自用房屋的收入

D. 将持有并准备增值后转让的土地使用权予以转让所取得的收入

13. 2012 年 1 月，甲公司在乙地自行建造了一座大型仓库，2012 年 12 月 31 日，该仓库达到预定可使用状态，甲公司于当日将其以经营方式对外租出，租赁期为 3 年。因乙地房地产市场不活跃，有证据表明该项投资性房地产的公允价值不能持续可靠取得，则下列说法正确的有（　　　）。

A. 甲公司对该项投资性房地产应采用公允价值计量模式

B. 甲公司对该项投资性房地产应采用成本计量模式直至处置

C. 甲公司对该项投资性房地产可暂时采用成本计量模式，等其公允价值能够持续可靠计量时，再改按公允价值计量模式

D. 甲公司应对该项投资性房地产按期计提折旧

14. 企业将自用房地产或存货转换为采用公允价值计量模式的投资性房地产，下列说法正确的有（    ）

    A. 自用房地产或存货的房地产为采用公允价值计量模式的投资性房地产，该项投资性房地产应当按照转换当日的公允价值计量

    B. 自用房地产或存货转换为采用公允价值计量模式的投资性房地产，该项投资性房地产应当按照转换当日的账面价值计量

    C. 转换当日的公允价值小于原账面价值的差额作为公允价值变动损益

    D. 转换当日的公允价值小于原账面价值的差额计入"资本公积——其他资本公积"

15. 关于投资性房地产的处理，下列说法正确的是（    ）。

    A. 一般情况下，同一企业只能采用一种模式对所有投资性房地产进行后续计量，不得同时采用两种计量模式

    B. 已采用公允价值计量模式的投资性房地产，不得从公允价值计量模式转为成本计量模式

    C. 投资性房地产计量模式的变更属于会计政策变更

    D. 只有在有确凿证据表明其投资性房地产的公允价值能持续可靠取得时，才可以对投资性房地产采用公允价值计量模式进行后续计量

### 三、判断题

1. 投资性房地产采用公允价值计量模式进行后续计量的，不需计提折旧或摊销，但应于每期期末进行减值测试，如果可收回金额小于账面价值，应计提减值准备。（    ）

2. 已对外经营出租但仍由本企业提供日常维护的建筑物，不属于投资性房地产。（    ）

3. 采用公允价值计量模式的投资性房地产转换为自用房地产时，转换日公允价值与原账面价值的差额应计入公允价值变动损益。（    ）

4. 企业自行建造房地产达到预定可使用状态后一段时间才对外出租或用于资本增值的，可于工程完工时直接将其作为投资性房地产进行核算。（    ）

5. 已采用公允价值计量模式的投资性房地产，不得从公允价值计量模式转为成本计量模式。（    ）

6. 企业可随意选择成本计量模式或公允价值计量模式对投资性房地产进行后续计量。（    ）

7. 自用房地产或存货转换为采用公允价值计量模式的投资性房地产时，投资性房地产应当按照转换当日的公允价值计量，公允价值与原账面价值的差额计入当期损益（其他业务收入）。（    ）

8. 只有能够单独计量和出售的房地产，才能划分为投资性房地产。（    ）

9. 企业出售、转让、报废投资性房地产或者发生投资性房地产毁损时，应当将处置收入扣除其账面价值和相关税费后的金额计入当期损益即投资收益。（    ）

10. 期末企业将投资性房地产的账面余额单独列示在资产负债表上。（    ）

11. 企业以融资租赁方式出租建筑物是作为投资性房地产进行核算的。（    ）

12．企业不论在成本计量模式下，还是在公允价值计量模式下，投资性房地产取得的租金收入，均确认为其他业务收入。 （　　）

13．企业采用公允价值模式进行后续计量的，不对投资性房地产计提折旧或进行摊销，应当以资产负债表日投资性房地产的公允价值为基础调整其账面价值，公允价值与原账面价值之间的差额计入其他业务成本或其他业务收入。 （　　）

14．企业出租的建筑物或土地使用权，只有能够单独计量和出售的才能确认为投资性房地产。 （　　）

15．采用公允价值计量模式的投资性房地产转为成本计量模式时，按照会计政策变更处理。 （　　）

16．当投资性房地产被处置，或者永久退出使用且预计不能从其处置中取得经济利益时，应当终止确认该项投资性房地产。 （　　）

17．按照国家有关规定认定的闲置土地属于企业的投资性房地产。 （　　）

18．一项房地产，部分用于赚取租金或资本增值，部分用于生产商品、提供劳务或经营管理，用于赚取租金或资本增值的部分，如果能够单独计量和出售的，可以确认为投资性房地产。 （　　）

19．投资性房地产的计量模式一经确定，不得随意变更，只有存在确凿证据表明其公允价值能够持续可靠取得的，才允许采用公允价值计量模式。 （　　）

20．投资性房地产采用公允价值模式进行后续计量的，资产负债表日，投资性房地产的公允价值高于其账面余额的差额，借记"投资性房地产——公允价值变动"科目，贷记"公允价值变动损益"科目；公允价值低于其账面余额的差额，做相反的会计分录。 （　　）

## 四、简答题

1．什么是投资性房地产？投资性房地产具有哪些特征？

2．投资性房地产包括哪些内容？

3．如何确定外购投资性房地产和自行建造投资性房地产的成本？

4．投资性房地产有哪些后续计量模式？计量模式变更有哪些规定？

5．采用公允价值计量模式对投资性房地产进行后续计量需满足哪些条件？

6．在成本计量模式下，如何对投资性房地产转换业务进行会计处理？

7．在公允价值计量模式下，如何对投资性房地产转换业务进行会计处理？

8．如何对投资性房地产的后续支出进行会计处理？

9．在不同的后续计量模式下，投资性房地产处置的会计处理有何不同？

## 五、计算分录题

1．甲公司主要从事房地产开发业务。2010 年 12 月 31 日，甲公司与乙公司签订了经营租赁协议，将其开发的一栋写字楼整体出租给乙公司使用，租赁期开始日为 2011 年 1 月 1 日，租赁期为 3 年，每年年末收取租金 250 万元。甲公司此前将该项房地产作为存货管理，账面余额为 3 600 万元，已计提存货跌价准备 600 万元。甲公司对该投资性房地产采用成本计量模式进行后续计量，预计使用年限为 30 年，预计净残值为 0，采用直线法计提折旧。2012 年 12 月 31 日，写字楼出现减值迹象，经减值测试，确定其可收回金额为 2 500 万元。假定各年租金均能按期收到。

**要求：**

（1）编制甲公司将作为存货的房地产转换为投资性房地产的会计分录。

（2）编制甲公司 2011 年 12 月 31 日确认租金收入的会计分录。

（3）编制甲公司 2011 年 12 月 31 日计提投资性房地产折旧的会计分录。

（4）编制甲公司 2012 年 12 月 31 日计提减值准备的会计分录。

（答案中的金额单位以万元表示）

2．新华股份有限公司 2011 年 12 月 31 日将一幢自用的办公楼作为投资性房地产对外出租。截至 2011 年底该办公楼的账面余额为 3 500 万元，已计提折旧 1 600 万元，已计提减值准备 150 万元。

**要求：**

（1）假定转换后采用成本计量模式进行后续计量，采用直线法计提折旧，净残值为零，尚可使用 5 年，分别做转换日和 2012 年计提折旧业务的会计处理。

（2）假定转换后采用公允价值计量模式进行后续计量，并且假设转换当日该办公楼的公允价值为 1 900 万元，做出相关业务的会计处理。

（3）假定转换后采用公允价值计量模式进行后续计量，并且假设转换当日该办公楼的公允价值为 1 600 万元，做出相关业务的会计处理。

（答案中的金额单位以万元表示）

3．甲股份有限公司为华北地区的一家上市公司，甲公司 2010 年至 2012 年与投资性房地产有关的业务资料如下：

（1）2010 年 1 月，甲公司购入一幢建筑物，取得的增值税专用发票上注明的价款为 800 万元，款项以银行存款转账支付。不考虑其他相关税费。

（2）甲公司购入的上述用于出租的建筑物预计使用寿命为 15 年，预计净残值为 36 万元，采用年限平均法按年计提折旧。

（3）甲公司将取得的该项建筑物自当月起用于对外经营租赁，甲公司对该房地产采用成本计量模式进行后续计量。

（4）甲公司该项房地产 2010 年取得租金收入为 90 万元，已存入银行。假定不考虑其他相关税费。

（5）2012 年 12 月，甲公司将原用于出租的建筑物收回，作为企业经营管理用固定资产处理。

**要求：**

（1）编制甲公司 2010 年 1 月取得该项建筑物的会计分录。

（2）计算 2010 年度甲公司对该项建筑物计提的折旧额，并编制相应的会计分录。

（3）编制甲公司 2010 年取得该项建筑物租金收入的会计分录。

（4）计算甲公司该项房地产 2011 年末的账面价值。

（5）编制甲公司 2012 年收回该项建筑物的会计分录。

（答案中的金额单位用万元表示）

4．甲公司采用公允价值模式计量投资性房地产。有关资料如下：

（1）2009 年 12 月 1 日甲公司与 A 公司签订协议，将自用的办公楼出租给 A 公司，租期为 3 年，每年租金为 1 000 万元，于每年初收取，2010 年 1 月 1 日为租赁期开始日，2012 年 12 月 31 日到期。转换日的公允价值为 30 000 万元，该固定资产账面原值为 20 000 万元，已计提的累计折旧为 10 000 万元，未计提减值准备。各年 1 月 1 日均收到租金。

（2）2010 年 12 月 31 日该投资性房地产的公允价值为 30 500 万元。

（3）2011 年 12 月 31 日该投资性房地产的公允价值为 30 200 万元。

（4）2012 年 12 月 31 日租赁协议到期，甲公司收回办公楼作为自有办公楼，该办公楼的公允价值为 30 700 万元。

要求：

（1）编制 2010 年 1 月 1 日转换日转换房地产的有关会计分录。

（2）编制收到租金的相关会计分录。

（3）编制 2010 年 12 月 31 日调整投资性房地产的会计分录。

（4）编制 2011 年 12 月 31 日调整投资性房地产的会计分录。

（5）编制 2012 年 12 月 31 日租赁协议到期的相关会计分录。

（答案中的金额单位用万元表示）

## 六、综合题

1．A 公司为增值税一般纳税企业，适用的增值税税率为 17%，营业税税率为 5%。不考虑除增值税、营业税以外的其他税费。A 公司对投资性房地产采用公允价值计量模式。A 公司有关房地产的相关业务资料如下：

（1）2008 年 1 月，A 公司自行建造办公大楼。在建设期间，A 公司购进一批工程物资，价款为 1 800 万元，增值税为 306 万元。该批物资已验收入库，款项以银行存款支付。该批物资全部用于办公楼工程项目。A 公司为建造该项工程，领用本企业生产的库存商品一批，成本 280 万元，计税价格 300 万元，另支付在建工程人员薪酬 263 万元。

（2）2008 年 9 月，该办公楼的建设达到了预定可使用状态并投入使用。该办公楼预计使用寿命为 30 年，预计净残值为零，采用直线法计提折旧。

（3）2009 年 12 月，A 公司与 B 公司签订了租赁协议，将该办公大楼经营租赁给 B 公司，租赁期为 10 年，年租金为 340 万元，租金于每年年末结清。租赁期开始日为 2009 年 12 月 31 日。

（4）该办公楼采用公允价值计量模式进行后续计量，与该办公大楼同类的房地产在 2009 年年末的公允价值为 2 700 万元，2010 年年末的公允价值为 3 000 万元，2011 年年末的公允价值为 2 900 万元。

（5）2012 年 1 月，A 公司与 B 公司达成协议并办理过户手续，以 3 300 万元的价格将该项办公大楼转让给 B 公司，全部款项已收到并存入银行。

要求：

（1）编制 A 公司自行建造办公大楼有关业务的会计分录。

（2）计算 A 公司该项办公大楼 2009 年年末累计折旧的金额。

（3）编制 A 公司将该项办公大楼停止自用改为出租的有关会计分录。

（4）编制 A 公司与该项办公大楼有关的 2010 年末后续计量的会计分录。

（5）编制 A 公司与该项办公大楼有关的 2010 年租金收入的会计分录。

（6）编制 A 公司与该项办公大楼有关的 2011 年末公允价值变动的会计分录。

（7）编制 A 公司 2012 年处置该项办公大楼的有关会计分录。

（答案中的金额单位用万元表示）

2．甲公司系一上市的房地产开发企业。2007 年 1 月 1 日，甲公司开发的一栋全装修写字楼达到预定可使用状态，当即出租给乙公司使用。该写字楼总造价为 6 000 万元（含符合资本化条件的借款利息 500 万元），预计使用寿命为 20 年，假定没有净残值。乙公司的租赁期为 5 年，每年租金为 800 万元（假定乙公司均能于各年末按期支付）。甲公司起初对投资性房地产采用成本计量模式进行后续计量，并采用年限平均法计提折旧。后来，由于该写字楼所在城区的房地产交易市场发展得比较成熟，使甲公司的投资性房地产满足了采用公允价值模式进行后续计量的条件。甲公司自 2010 年 2 月 1 日起，决定对投资性房地产的后续计量由成本模式变更为公允价值模式。变更当日，该写字楼的公允价值为 6 500 万元。2010 年 12 月 31 日和 2011 年 12 月 31 日，该写字楼的公允价值分别为 6 600 万元和 6 550 万元。租赁期届满日，甲公司立即将该写字楼出售给丙公司，出售价款 8 000 万元，已收存银行。假定甲公司按净利润的 10% 提取盈余公积，不考虑所得税及其他相关税费。

要求：编制甲公司如下业务的会计分录。

（1）2007 年 1 月 1 日自建取得投资性房地产。

（2）2007 年 12 月 31 日计提投资性房地产折旧并确认租金收入。

（3）2008 年 12 月 31 日计提投资性房地产折旧。

（4）2010 年 1 月 31 日计提投资性房地产折旧。

（5）2010 年 2 月 1 日由成本模式变更为公允价值模式。

（6）2010 年 12 月 31 日，以当日公允价值为基础调整账面价值并确认租金收入。

（7）2011 年 12 月 31 日，以当日公允价值为基础调整账面价值。

（8）2012 年 1 月 1 日出售投资性房地产。

（答案中的金额单位用万元表示）

# 能力训练题

1．请阅读下面资料，分析后面的问题。

【资料】甲企业在 2007 年 11 月以前是从事苗木栽培的。2007 年 11 月获得房地产开发资质。甲企业 2006 年财务报表总资产为 1 000 万元，所有者权益为 800 万元。2007 年财务报表上显示企业总资产为 9 000 万元，负债 200 万元，所有者权益 8 800 万元，其中 8 000 万元为资本公积。会计报表经会计师事务所审计，对于增加的 8 000 万元资本公积无任何附注说明。甲企业对此的解释是：企业在 2004 年以 700 万元取得一块约 150 亩土地的使用权，当时该土地用途为苗圃种植，列入存货科目，2006 年通过补交部分出让金，将该土地用途转为住房。2007 年初新会计准则实施以后，企业将该土地转到投资性房地产科目,并对土地价值进行评估后以公允价值计量。账务处理是:借:投资性房地产 8 700 万元;贷:存货 700 万元、资本公积 8 000 万元。2007 年末,企业又将该投资性房地产转为自用,账务处理是:借:存货 8 700 万元;贷:投资性房地产 8 700 万元。

【问题】

(1)甲企业该项土地使用权是否属于投资性房地产?

(2)甲企业对该项土地使用权采用公允价值计量模式,是否符合会计准则的规定?

2.探索式讨论:收集相关资料,讨论如下问题:

企业在对投资性房地产进行后续计量时,采用成本计量模式和公允价值计量模式会对企业产生怎样不同的影响?(请从企业资产状况、企业盈利能力、企业税负三个方面加以分析)

# 第2章

# 非货币性资产交换

### 知识目标

- 了解货币性资产与非货币性资产的概念;
- 了解非货币性资产交换的会计信息披露;
- 熟悉非货币性资产交换具有商业实质的条件;
- 掌握非货币性资产交换的特征和认定;
- 掌握换入资产或换出资产公允价值能够可靠计量的情形;
- 掌握不涉及补价情况下的非货币性资产交换的会计处理;
- 掌握涉及补价情况下的非货币性资产交换的会计处理。

### 能力目标

　　具备确定非货币性资产交换会计核算范围的职业认定能力; 具备确认非货币性资产交换是否具备商业实质的职业判断能力; 具备对非货币性资产交换各项业务进行会计处理的职业综合能力。

### 关键术语

　　货币性资产　非货币性资产　非货币性资产交换　商业实质　补价

# 2.1 非货币性资产交换概述

## 2.1.1 非货币性资产的概念和特征

非货币性资产是相对于货币性资产而言的。所谓货币性资产，是指企业持有的货币资金和将以固定或可确定的金额收取的资产，包括现金、银行存款、应收账款和应收票据，以及准备持有至到期的债券投资等；所谓非货币性资产是指货币性资产以外的资产，包括存货（原材料、包装物、低值易耗品、库存商品、委托加工物资、委托代销商品等）、固定资产、无形资产、投资性房地产、长期股权投资、不准备持有至到期的债券投资等。

非货币性资产有别于货币性资产的最基本特征是其在将来为企业带来的经济利益，即货币金额是不固定的或不可确定的。例如，企业持有的存货通常能够在正常生产经营过程中被销售或耗用，并最终转换为货币资金。但由于存货的价值易受市场价格及其他因素变动的影响，其能够转换的货币资金数额不是固定的，具有较大的不确定性，因此，存货属于非货币性资产。

## 2.1.2 非货币性资产交换的认定

非货币性资产交换，是指交易双方主要以存货、固定资产、无形资产和长期股权投资等非货币性资产进行的交换。该交换不涉及或只涉及少量的货币性资产（即补价）。我国非货币性资产交换准则规定，如果补价占整个资产交换金额的比例低于 25%，则认定所涉及的补价为"少量"，该交换为非货币性资产交换。

以公允价值计量非货币性资产交换时，涉及少量货币性资产的非货币性资产交换的认定条件可以用下列公式表示：

$$\frac{\text{支付的货币性资产}}{\text{换入资产公允价值（或换出资产公允价值＋支付的货币性资产）}} < 25\%$$

或

$$\frac{\text{收到的货币性资产}}{\text{换出资产公允价值（或换入资产公允价值＋收到的货币性资产）}} < 25\%$$

【例 2-1】 假定以下交易除补价外，涉及的资产均为非货币性资产。判断下列事项是否属于非货币性资产交换业务。

（1）A 公司换出资产的公允价值为 100 万元，A 公司收到补价 10 万元。

补价÷换出资产公允价值＝10/100＝10%，小于 25%，属于非货币性资产交换。

（2）A 公司换出资产的公允价值为 100 万元，A 公司支付补价 10 万元。

补价÷（换出资产公允价值＋补价）＝10/（100＋10）＝9.09%，小于 25%，属于非货币性资产交换。

（3）A 公司换入资产的公允价值为 100 万元，A 公司收到补价 10 万元。

补价÷（换入资产公允价值＋补价）＝10/（100＋10）＝9.09%，小于 25%，属于非货币性资产交换。

（4）A 公司换入资产的公允价值为 100 万元，A 公司支付补价 10 万元。

补价÷换入资产公允价值＝10/100＝10%，小于 25%，属于非货币性资产交换。

以账面价值计量非货币性资产交换时，涉及少量货币性资产的非货币性资产交换的认定条件可以用下列公式表示：

$$\frac{\text{支付的货币性资产}}{\text{换入资产账面价值（或换出资产账面价值＋支付的货币性资产）}} < 25\%$$

或

$$\frac{\text{收到的货币性资产}}{\text{换出资产账面价值（或换入资产账面价值＋收到的货币性资产）}} < 25\%$$

### 2.1.3　非货币性资产交换不涉及的交易和事项

为规范非货币性资产交换业务的确认、计量和相关信息的披露，财政部根据《企业会计准则——基本准则》，于 1998 年制定了《企业会计准则——非货币性资产交换》，并于 2001 年进行了修订；2006 年 2 月财政部在制定新的会计准则体系时，对该准则再次进行了修订，发布了《企业会计准则第 7 号——非货币性资产交换》。本章所指非货币性资产交换就是《企业会计准则第 7 号——非货币性资产交换》所规范的内容，但不涉及以下的交易和事项：

**1. 补价占整个资产交换金额的比例高于 25%**

一般认为，如果补价占整个资产交换金额的比例高于 25%（含 25%）的，视为货币性资产交换，适用《企业会计准则第 14 号——收入》等相关准则的规定。

**2. 与所有者或所有者以外方面的非货币性资产非互惠转让**

所谓非互惠转让，是指企业将其拥有的非货币性资产无代价地转让给其所有者或其他企业，或由其所有者或其他企业将非货币性资产无代价地转让给企业。本章所述的非货币性资产交换是企业之间主要以非货币性资产形式的互惠转让，即企业取得一项非货币性资产，必须以付出自己拥有的非货币性资产作为代价，而不是单方向的非互惠转让。非互惠转让的会计处理，适用其他相关会计准则。例如，以非货币性资产作为股利发放给股东，是与所有者发生的非互惠转让，属于资本性交易，适用《企业会计准则第 37 号——金融工具列报》。再如，政府无偿提供非货币性资产给企业建造固定资产，是企业与所有者以外方面发生的非互惠转让，属于政府以非互惠方式提供非货币性资产，适用《企业会计准则第 16 号——政府补助》。

**3. 企业合并、债务重组中和发行股票取得的非货币性资产**

在企业合并、债务重组中取得的非货币性资产，其成本确定分别适用《企业会计准则第 20 号——企业合并》和《企业会计准则第 12 号——债务重组》；企业以发行股票形式取得的非货币性资产，相当于以权益工具换入非货币性资产，其成本确定适用《企业会计准则第 37 号——金融工具列报》。

【知识链接】

**我国非货币资产交换准则与国际会计准则的差异**

我国会计准则强调非货币交易要同时满足两个条件时，才能以公允价值计量；不满足两个条件之一时，以换出资产的账面价值计量。两个条件为：交易应具有商业实质；换入或换出资产至少两者之一的公允价值能够可靠计量。

国际会计准则规定所有的资产交换交易均应以公允价值计量，除非该项交易不具有商业实质，或者所收到资产和所放弃资产的公允价值均不能可靠地计量。此时，以所放弃资产的账面金额作为收到资产的成本。如果主体能可靠决定收到资产或放弃资产的公允价值，应按所放弃资产的公允价值作为收到资产的成本，除非取得资产的成本更加可靠。

（资料来源：全国首期高级会计人才培训班：《三十九项企业会计准则应用指南》，http://www.doc88.com/p-58566025405.html）

## 2.2　非货币性资产交换的计量

### 2.2.1　非货币性资产交换的计量基础

非货币性资产交换形式包括一项资产换入一项资产，一项资产换入多项资产，多项资产换入一项资产和多项资产换入多项资产。无论采用何种形式进行非货币性资产交换，换入资产的成本都有公允价值和账面价值两种计量基础。

**1. 公允价值**

非货币性资产交换同时满足下列两个条件的，应当以公允价值和应支付的相关税费作为换入资产的成本，换出资产公允价值与换出资产账面价值的差额计入当期损益。

1）该项交换具有商业实质。

2）换入资产或换出资产的公允价值能够可靠地计量。

换入资产和换出资产公允价值均能够可靠计量的，应当以换出资产公允价值作为确定换入资产成本的基础。一般来说，取得资产的成本应当按照所放弃资产的对价来确定，在非货币性资产交换中，换出资产就是放弃的对价，如果其公允价值能够可靠确定，应当优先考虑按照换出资产的公允价值作为确定换入资产成本的基础；如果有确凿证据表明换入资产的公允价值更加可靠的，应当以换入资产公允价值为基础确定换入资产的成本。

**2. 账面价值**

不具有商业实质或交换涉及资产的公允价值均不能可靠计量的非货币性资产交换，应当按照换出资产的账面价值和应支付的相关税费，作为换入资产的成本，无论是否支付补价，均不确认损益。

### 2.2.2　商业实质的判断

**1. 判断条件**

企业发生的非货币性资产交换，符合下列条件之一的，视为具有商业实质：

（1）换入资产的未来现金流量在风险、时间和金额方面与换出资产显著不同

该条件通常包括但不仅限于以下几种情况：

1）未来现金流量的风险、金额相同，时间不同。换入资产和换出资产产生的未来现金流量总额相同，获得这些现金流量的风险相同，但现金流量流入企业的时间不同。

例如，某企业以一批存货换入一项设备，因存货流动性强，能够在较短的时间内产生现金流量，设备作为固定资产要在较长的时间内为企业带来现金流量，两者产生现金流量的时间相差较大，上述存货与固定资产产生的未来现金流量显著不同。

2）未来现金流量的时间、金额相同，风险不同。风险不同是指企业获得现金流量的不确定性程度存在差异。

例如，某企业以其不准备持有至到期的国库券换入一幢房屋以备出租，该企业预计未来每年收到的国库券利息与房屋租金在金额和流入时间上相同，但取得国库券利息通常风险很小，而房屋租金的取得则取决于承租人的财务及信用情况等，两者现金流量的风险或不确定性程度存在明显差异，上述国库券与房屋的未来现金流量显著不同。

3）未来现金流量的风险、时间相同，金额不同。换入资产和换出资产的现金流量总额相同，预计为企业带来现金流量的时间跨度相同，但各年产生的现金流量金额存在明显差异。

例如，某企业以其商标权换入另一企业一项专利技术，预计两项无形资产的使用寿命相同，在使用寿命内预计为企业带来的现金流量总额相同，但是换入的专利技术是新开发的，预计在使用该专利技术初期产生的未来现金流量明显少于后期，而该企业拥有的商标每年产生的现金流量比较均衡，两者产生的现金流量金额差异明显，上述商标权与专利技术的未来现金流量显著不同。

（2）换入资产与换出资产的预计未来现金流量现值不同，且其差额与换入资产和换出资产的公允价值相比是重大的

企业如按照上述第一个条件难以判断某项非货币性资产交换是否具有商业实质，即可根据第二个条件，通过计算换入资产和换出资产的预计未来现金流量现值进行比较后判断。资产预计未来现金流量现值，应当按照资产在持续使用过程和最终处置时预计产生的税后未来现金流量，选择恰当的折现率对预计未来现金流量折现后的金额加以确定。

例如，某企业以一项非专利技术换入另一企业拥有的长期股权投资，该项非专利技术与该项长期股权投资的公允价值相同，两项资产未来现金流量的风险、时间和金额亦相同，但对换入企业而言，换入该项长期股权投资使其对被投资方由重大影响变为控制关系，从而对换入企业的特定价值，即预计未来现金流量现值与换出的非专利技术有较大差异；对方换入的非专利技术能够解决生产中的技术难题，从而对其特定价值，即预计未来现金流量现值与换出的长期股权投资存在明显差异，因而两项资产的交换具有商业实质。

**2. 关联方之间交换资产与商业实质的关系**

在确定非货币性资产交换是否具有商业实质时，企业应当关注交易各方之间是否存在关联方关系。关联方关系的存在可能导致发生的非货币性资产交换不具有商业实质。

【知识链接】

**国际会计准则商业实质的判断标准**

2003 年，商业实质概念首次出现在国际会计准则中。根据《国际会计准则第 16 号——不动产、厂房和设备》，主体确定一项非货币性资产交换是否具有"商业实质"，主要考虑由于该项交换的发生预期使主体未来现金流量变动的程度，并进一步指出，如果一项非货币性资产交换符合以下标准，则可认为具有"商业实质"：（1）换入资产的现金流量的指标（风险、时间和金额）与换出资产的现金流量指标不同；（2）由于交换发生，主体经营中受该项交换影响的主体特定价值部分发生了改变；（3）上述第一条标准与第二条标准之间的差额主要与被交换资产的公允价值相关。由此可见，国际会计准则和我国会计准则都按照实质重于形式的信息质量要求，对商业实质的判断标准作出了大同小异的规定。

（资料来源：《国际会计准则第 16 号——不动产、厂房和设备》）

### 2.2.3　公允价值能否可靠计量的判断

资产存在活跃市场，是资产公允价值能够可靠计量的明显证据，但不是唯一要求。属于以下三种情形之一的，公允价值视为能够可靠计量：

1）换入资产或换出资产存在活跃市场。对于此类非货币性资产，应当以该资产的市场价格为基础确定其公允价值。

2）换入资产或换出资产不存在活跃市场，但同类或类似资产存在活跃市场。对于此类非货币性资产，应当以同类或类似资产市场价格为基础确定其公允价值。

3）换入资产或换出资产不存在同类或类似资产可比市场交易，可以采用估值技术确定公允价值。采用估值技术确定公允价值时，要求采用估值技术确定的公允价值估计数的变动区间很小，或者在公允价值估计数变动区间内，各种用于确定公允价值估计数的概率能够合理确定。

# 2.3　非货币性资产交换的会计处理

## 2.3.1　以公允价值计量的会计处理

### 1. 换出资产公允价值与账面价值差额的处理

换出资产以公允价值为基础进行计量，不论是否涉及补价，只要换出资产的公允价值与其账面价值不相同，就一定会产生非货币性资产交换损益，即通过非货币性资产交换而实现的换出资产公允价值与其账面价值之间的差额。换出资产公允价值与其账面价值的差额，应当分别不同情况处理：

1）换出资产为存货的，应当作为销售处理，按换出资产公允价值确认收入，同时按换出资产的账面价值结转相应的成本。

2）换出资产为固定资产、无形资产的，换出资产公允价值与其账面价值的差额，计入营业外收入或营业外支出。

3）换出资产为长期股权投资、可供出售金融资产的，换出资产公允价值与其账面价值的差额，计入投资收益，并将长期股权投资和可供出售金融资产持有期间形成的"资本公积——其他资本公积"转入投资收益。

**2. 换入资产入账价值的确定**

（1）不涉及补价的情况

换入资产成本＝换出资产公允价值＋支付的应计入换入资产成本的相关税费

（2）涉及补价的情况

支付补价情况：

换入资产成本＝换出资产公允价值＋支付的应计入换入资产成本的相关税费＋支付的补价

收到补价情况：

换入资产成本＝换出资产公允价值＋支付的应计入换入资产成本的相关税费－收到的补价

**3. 相关税费的会计处理**

在以公允价值计量的情况下，交易双方遵循市场交易原则：为换入资产而发生的税费支出，与购入资产相关税费的会计处理相同，通常计入换入资产的成本；为换出资产而发生的税费支出，与出售资产相关税费的会计处理相同，通常计入换出资产处置损益。

【知识链接】

**在非货币资产交换中，交易双方发生的印花税的处理**

交易双方发生的印花税都是直接借记"管理费用"，贷记"银行存款"，不入成本。

**4. 不涉及补价非货资产交换会计处理举例**

【例2-2】 2012年9月1日，腾达公司以其生产的一批钢材交换甲公司2010年3月购入的生产经营过程中使用的一台设备，腾达公司换入的设备继续用于生产钢材，甲公司换入的钢材作为原材料用于生产。腾达公司钢材的账面价值为150万元，在交换日的市场价格为180万元（不含增值税），计税价格等于市场价格，腾达公司此前没有为该批钢材计提存货跌价准备。甲公司设备的账面原价为200万元，在交换日的累计折旧为45万元，公允价值为180万元（不含增值税），甲公司此前没有为该项设备计提资产减值准备。

腾达公司、甲公司均为增值税一般纳税人，适用的增值税税率为17%。假设在整个交易过程中，除甲公司以银行存款支付设备清理费10 000元外，没有发生其他相关费用，并且在整个交易过程中没有发生除增值税以外的其他税费。腾达公司和甲公司均开具了增值税专用发票。

**分析**：整个资产交换过程没有涉及收付货币性资产，因此，该项交换属于非货币性资产交换。本例是以存货换入固定资产，对腾达公司来讲，换入的设备是生产钢材过程中必须使用的机器；对甲公司来讲，换入的钢材是经营过程中必需的资产，两项资产交换后对换入企业的特定价值显著不同，两项资产的交换具有商业实质；同时，两项资产的公允价值都能够可靠地计量，符合以公允价值计量的两个条件。因此，腾达公司和甲公司均应当以换出资产的公允价值为基础确定换入资产的成本，并确认产生的相关损益。

腾达公司账务处理如下：

根据增值税的有关规定，企业以库存商品换入其他资产，视同销售行为发生，应计算增值税销项税额，缴纳增值税。

> 换出钢材的增值税销项税额＝1 800 000×17%＝306 000（元）
> 换入设备的增值税进项税额＝1 800 000×17%＝306 000（元）

借：固定资产——设备            1 800 000
 应交税费——应交增值税（进项税额）   306 000
  贷：主营业务收入           1 800 000
    应交税费——应交增值税（销项税额）  306 000
借：主营业务成本             1 500 000
  贷：库存商品——钢材         1 500 000

甲公司的账务处理如下：

> 换出设备的增值税销项税额＝1 800 000×17%＝306 000（元）
> 换入钢材的增值税进项税额＝1 800 000×17%＝306 000（元）

借：固定资产清理             1 550 000
 累计折旧              450 000
  贷：固定资产——设备         2 000 000
借：固定资产清理             10 000
  贷：银行存款            10 000
借：原材料——钢材            1 800 000
 应交税费——应交增值税（进项税额）   306 000
  贷：固定资产清理          1 560 000
    应交税费——应交增值税（销项税额）  306 000
    营业外收入          240 000

**【例 2-3】** 2012 年 10 月，为了提高产品质量，腾达公司以其持有的对乙公司的长期股权投资交换甲公司拥有的一项专利技术。在交换日，腾达公司持有的长期股权投资账面余额为 800 万元，已计提长期股权投资减值准备为 60 万元，在交换日的公允价值为 600 万元；甲公司专利技术的账面原价为 800 万元，累计已摊销金额为 160 万元，已计提减值准备为 30 万元，在交换日的公允价值为 600 万元。甲公司原已持有对乙公司的长期股权投资，从腾达公司换入对乙公司的长期股权投资后，使乙公司成为甲公司的联营企业。税务机关核定甲公司交换专利技术需要缴纳营业税为

$$6\ 000\ 000×5\%＝300\ 000（元）$$

**分析：** 该项资产交换没有涉及收付货币性资产，因此属于非货币性资产交换。本例属于以长期股权投资换入无形资产。对腾达公司来讲，换入专利技术能够大幅度改善产品质量，相对于对乙公司的长期股权投资来讲，预计未来现金流量的时间、金额和风险均不相同；对甲公司来讲，换入对乙公司的长期股权投资，使其对乙公司的关系由既无控制、共同控制或重大影响，改变为具有重大影响，因而可通过参与乙公司的财务和经营政策等方式对其施加重大影响，增加了藉此从乙公司经营活动中获取经济利益的权利，

与专利技术预计产生的未来现金流量在时间、风险和金额方面都有所不同。因此，该两项资产的交换具有商业实质；同时，两项资产的公允价值都能够可靠地计量，符合以公允价值计量的条件。腾达公司和甲公司均应当以公允价值为基础确定换入资产的成本，并确认产生的损益。

腾达公司账务处理如下：

借：无形资产——专利权           6 000 000

  长期股权投资减值准备         600 000

  投资收益              1 400 000

  贷：长期股权投资            8 000 000

甲公司账务处理如下：

借：长期股权投资            6 000 000

  累计摊销              1 600 000

  无形资产减值准备          300 000

  营业外支出             400 000

  贷：无形资产——专利权         8 000 000

    应交税费——应交营业税       300 000

**5. 涉及补价的非货币性资产交换会计处理举例**

【例2-4】 腾达公司经协商以其拥有的一幢自用写字楼与甲公司持有的对乙公司长期股权投资交换，从而使乙公司成为腾达公司的联营企业。在交换日，该幢写字楼的账面原价为9 000万元，已提折旧1 500万元，未计提减值准备，在交换日的公允价值和计税价格均为8 000万元，营业税税率为5%；甲公司持有的长期股权投资账面价值为6 000万元，没有计提减值准备，在交换日的公允价值为7 500万元，甲公司支付了500万元给腾达公司。甲公司换入写字楼后用于经营出租目的，并拟采用成本计量模式。腾达公司换入对乙公司投资仍然作为长期股权投资，并采用成本法核算。腾达公司转让写字楼的营业税尚未支付，假定除营业税外，该项交易过程中不涉及其他相关税费。

**分析**：该项资产交换涉及收付货币性资产，即补价500万元。

对腾达公司而言，收到的补价500万元÷换出资产的公允价值8 000万元＝6.25%＜25%，属于非货币性资产交换。

对甲公司而言，支付的补价500万元÷换入资产的公允价值8 000万元＝6.25%＜25%，属于非货币性资产交换。

本例属于以固定资产换入长期股权投资。对腾达公司来讲，换入对乙公司的长期股权投资，使其对乙公司的关系由既无控制、共同控制或重大影响，改变为具有重大影响，因而可通过参与乙公司的财务和经营政策等方式对其施加重大影响，增加了藉此从乙公司经营活动中获取经济利益的权力，与写字楼预计产生的未来现金流量在时间、风险和金额方面都有所不同。对甲公司来讲，换入用于经营出租目的的写字楼，可以获得稳定均衡的租金。两项资产交换后对换入企业的特定价值显著不同，两项资产的交换具有商业实质；同时，长期股权投资和写字楼的公允价值均能够可靠地计量。因此，腾达公司、甲公司均应当以公允价值为基础确定换入资产的成本，并确认产生的损益。

腾达公司账务处理如下：

借：固定资产清理　　　　　　　　　　　　　　　　　75 000 000

　　累计折旧　　　　　　　　　　　　　　　　　　　15 000 000

　　　贷：固定资产——写字楼　　　　　　　　　　　　　　　90 000 000

借：固定资产清理　　　　　　　　　　　　　　　　　4 000 000

　　　贷：应交税费——应交营业税　　　　　　　　　　　　　4 000 000

借：长期股权投资——乙公司　　　　　　　　　　　　75 000 000

　　银行存款　　　　　　　　　　　　　　　　　　　5 000 000

　　　贷：固定资产清理　　　　　　　　　　　　　　　　　　80 000 000

借：固定资产清理　　　　　　　　　　　　　　　　　1 000 000

　　　贷：营业外收入　　　　　　　　　　　　　　　　　　　1 000 000

甲公司的账务处理如下：

借：投资性房地产——写字楼　　　　　　　　　　　　80 000 000

　　　贷：长期股权投资——乙公司　　　　　　　　　　　　　60 000 000

　　　　　银行存款　　　　　　　　　　　　　　　　　　　　5 000 000

　　　　　投资收益　　　　　　　　　　　　　　　　　　　15 000 000

### 2.3.2　以账面价值计量的会计处理

非货币性资产交换如不满足以公允价值计量的条件，应当以换出资产账面价值为基础确定换入资产成本，无论是否支付补价，均不确认损益。

**1. 换入资产入账价值的确定**

（1）不涉及补价的情况

换入资产成本＝换出资产账面价值＋支付的应计入换入资产成本的相关税费

（2）涉及补价的情况

支付补价情况：

换入资产成本＝换出资产账面价值＋支付的应计入换入资产成本的相关税费＋支付
　　　　　　　的补价

收到补价情况：

换入资产成本＝换出资产账面价值＋支付的应计入换入资产成本的相关税费－收到
　　　　　　　的补价

**2. 相关税费的会计处理**

为换入资产而发生的税费支出，计入换入资产的成本；为换出资产而发生的税费支出，直接计入当期损益。

【知识链接】

**以账面价值计量情况下，为换出资产而发生的相关税费的会计处理**

关于为换出资产而发生税费支出的会计处理，目前是一个存在争议的问题。第一种观点主张将为换出资产而发生的税费支出计入换入资产的成本，持该观点的理由源于《企业会计准则第7号——非货币性资产交换》第六条的规定：以换出资产账面价值作为换入资产计量基础的情况下，应当以换出资产的账面价值和应支付的相关税费作为换入资产的成本，不确认损益；第二种观点主张将为换出资产而发生的税费支出计入当期损益。中级会计师考试和CPA考试均采用第二种观点对此问题进行解读，考虑到与学生未来会计相关资格考试接轨，所以本教材采纳了第二种观点进行讲解。

### 3. 不涉及补价的非货币性资产交换会计处理举例

**【例2-5】** 腾达公司以其持有的对乙公司的一项长期股权投资交换甲公司拥有的专利权。在交换日，腾达公司持有的长期股权投资账面余额为 6 000 000 元，已计提长期股权投资减值准备为 2 000 000 元，该长期股权投资在市场没有公开报价，公允价值不能可靠计量；甲公司商标权的账面原值为 5 600 000 元，累计已摊销金额为 1 600 000 元，其公允价值也不能可靠计量，甲公司没有为该项专利权计提减值准备，税务机关核定甲公司为交换该专利权需要缴纳营业税 180 000 元。甲公司将换入的投资作为长期股权投资，并采用成本法核算。甲公司尚未缴纳营业税，假设除营业税以外，整个交易过程中没有发生其他相关费用。

**分析：**本例中，该项资产交换没有涉及收付货币性资产，因此属于非货币性资产交换。本例属于以长期股权投资交换无形资产。由于换出资产和换入资产公允价值无法可靠计量，因此，腾达公司和甲公司换入资产的成本均应当按照换出资产的账面价值确定，不确认损益。

腾达公司账务处理如下：

借：无形资产——专利权                      4 000 000

    长期股权投资减值准备——乙公司股权投资        2 000 000

    贷：长期股权投资——乙公司                    6 000 000

甲公司的账务处理如下：

借：长期股权投资——乙公司                  4 000 000

    累计摊销                              1 600 000

    营业外支出                            180 000

    贷：无形资产——专利权                     5 600 000

        应交税费——应交营业税              180 000

### 4. 涉及补价的非货币性资产交换会计处理举例

**【例2-6】** 腾达公司拥有一台 2009 年 1 月购入的专有设备，该设备账面原价 450 万元，已计提折旧 330 万元，甲公司拥有一项长期股权投资，账面价值 90 万元，两项资产均未计提减值准备。腾达公司决定以其专有设备交换甲公司的长期股权投资，该专有设备是生产某种产品必需的设备。由于专有设备系当时专门制造、性质特殊，其公允价值不能可靠计量；甲公司拥有的长期股权投资在活跃市场中没有报价，其公允价值也不能可靠计量。经双方商定，甲公司支付了 20 万元补价。假定交易不考虑相关税费。

　　**分析**：该项资产交换涉及收付货币性资产，即补价 20 万元。对腾达公司而言，收到的补价 20 万元÷换出资产账面价值 120 万元＝16.7%＜25%。因此，该项交换属于非货币性资产交换，甲公司的情况也类似。由于两项资产的公允价值不能可靠计量，因此，腾达公司和甲公司换入资产的成本均应当按照换出资产的账面价值确定。

　　腾达公司账务处理如下：

| | | |
|---|---|---|
| 借：固定资产清理 | 1 200 000 | |
| 　　累计折旧 | 3 300 000 | |
| 　　贷：固定资产——专有设备 | | 4 500 000 |
| 借：长期股权投资 | 1 000 000 | |
| 　　银行存款 | 200 000 | |
| 　　贷：固定资产清理 | | 1 200 000 |

　　甲公司的账务处理如下：

| | | |
|---|---|---|
| 借：固定资产——专有设备 | 1 100 000 | |
| 　　贷：长期股权投资 | | 900 000 |
| 　　　　银行存款 | | 200 000 |

　　从上例可以看出，尽管甲公司支付了 20 万元补价，但由于整个非货币性资产交换是以账面价值为基础计量的，支付补价方和收到补价方均不确认损益。对腾达公司而言，换入资产是长期股权投资和银行存款 20 万元，换出资产专有设备的账面价值为 120 万元（450－330），因此，长期股权投资的成本就是换出设备的账面价值减去货币性补价的差额，即 100 万元（120－20）；对甲公司而言，换出资产是长期股权投资和银行存款 20 万元，换入资产专有设备的成本等于换出资产的账面价值加上支付的补价，即 110 万元（90＋20）。由此可见，在以账面价值计量的情况下，发生的补价是用来调整换入资产的成本，不涉及确认损益问题。

### 2.3.3　涉及多项非货币性资产交换的会计处理

　　非货币性资产交换有时涉及多项资产，例如，企业以一项非货币性资产同时换入另一企业的多项非货币性资产，或同时以多项非货币性资产换入另一企业的一项非货币性资产，或以多项非货币性资产同时换入多项非货币性资产，在交换过程中，还可能涉及补价。涉及多项资产的非货币性资产交换与单项非货币性资产之间的交换一样，企业也应当首先判断是否符合以公允价值计量的两个条件，再分别情况确定各项换入资产的成本。所以，涉及多项资产交换需要解决的两个关键问题是换入资产总成本的确定和分摊率的选择。

　　**1. 以公允价值计量的多项非货币性资产交换的会计处理**

　　（1）换入资产总成本的确定

　　对于多项资产交换，换入资产成本总额的确定基础，应依以下情形确定：

　　1）资产交换具有商业实质且各项换出资产和各项换入资产的公允价值均能够可靠计量，换入资产的总成本应当按照换出资产的公允价值总额为基础确定。

　　2）资产交换具有商业实质且换出资产的公允价值总额不能可靠计量或换入资产的公允价值总额更可靠，换入资产的总成本应当按照换入资产的公允价值总额为基础确定。

（2）单项换入资产入账价值的分摊率的计算

分摊率＝单项换入资产的公允价值÷换入资产公允价值总额

（3）单项换入资产入账价值的确定

单项换入资产的入账价值＝换入资产成本总额×分摊率

＝换入资产成本总额×（单换入项资产的公允价值÷
换入资产公允价值总额）

【例2-7】 腾达公司和甲公司均为增值税一般纳税人，适用的增值税税率均为17%。2012年8月，为适应业务发展的需要，经协商，腾达公司决定以生产经营过程中使用的厂房和库存商品换入甲公司生产经营过程中使用的办公楼和设备。腾达公司厂房的账面原价为1 500万元，在交换日的累计折旧为300万元，公允价值为1 000万元；库存商品的账面余额为400万元，交换日的市场价格为450万元，市场价格等于计税价格。甲公司办公楼的账面原价为2 000万元，在交换日的累计折旧为1 000万元，公允价值为1 100万元；设备的账面原价为600万元，在交换日的累计折旧为370万元；公允价值为310万元。甲公司另外向腾达公司支付银行存款63.8万元，其中包括由于换出和换入资产公允价值不同而支付的补价40万元，以及换出资产销项税额与换入资产进项税额的差额23.8万元。

假定腾达公司和甲公司都没有为换出资产计提减值准备；营业税税率为5%；腾达公司换入甲公司的办公楼和设备均作为固定资产使用和管理；甲公司换入腾达公司的厂房作为固定资产使用和管理，换入的库存商品作为原材料使用和管理。交易双方均向对方开具了增值税专用发票。

分析：本例涉及收付货币性资产，应当计算腾达公司收到的货币性资产占腾达公司换出资产公允价值总额的比例，即

40万元÷（1 000＋450）万元＝2.76%＜25%

可以认定这一涉及多项资产的交换行为属于非货币性资产交换。对于腾达公司而言，为了拓展运输业务，需要办公楼及设备；甲公司为了扩大产品生产，需要厂房和原材料，换入资产对换入企业均能发挥更大的作用。因此，该项涉及多项资产的非货币性资产交换具有商业实质；同时，各单项换入资产和换出资产的公允价值均能可靠计量，因此，腾达公司、甲公司均应当以公允价值为基础确定换入资产的总成本，确认产生的相关损益。同时，按照各单项换入资产的公允价值占换入资产公允价值总额的比例，确定各单项换入资产的成本。

腾达公司账务处理如下：

（1）根据税法的有关规定

换出库存商品的增值税销项税额＝450×17%＝76.5（万元）

换入设备的增值税进项税额＝310×17%＝52.7（万元）

换出厂房的营业税税额＝1 000×5%＝50（万元）

（2）计算换入资产、换出资产公允价值总额

换出资产公允价值总额＝1 000＋450＝1 450（万元）

换入资产公允价值总额＝1 100＋310＝1 410（万元）

（3）计算换入资产总成本

$$换入资产总成本＝1\,450－40＝1\,410（万元）$$

（4）计算确定换入各项资产的公允价值占换入资产公允价值总额的比例

办公楼公允价值占换入资产公允价值总额的比例＝1 100÷1 410＝78%

设备公允价值占换入资产公允价值总额的比例＝310÷1 410＝22%

（5）计算确定换入各项资产的成本

$$办公楼的成本＝1\,410×78\%＝1\,099.8（万元）$$

$$设备的成本＝1\,410×22\%＝310.2（万元）$$

（6）会计分录

| | | |
|---|---|---|
| 借：固定资产清理 | 12 000 000 | |
| 　累计折旧 | 3 000 000 | |
| 　　贷：固定资产——厂房 | | 15 000 000 |
| 借：固定资产清理 | 500 000 | |
| 　　贷：应交税费——应交营业税 | | 500 000 |
| 借：固定资产——办公楼 | 10 998 000 | |
| 　　　　　——设备 | 3 102 000 | |
| 　应交税费——应交增值税（进项税额） | 527 000 | |
| 　银行存款 | 638 000 | |
| 　营业外支出 | 2 500 000 | |
| 　　贷：固定资产清理 | | 12 500 000 |
| 　　　主营业务收入 | | 4 500 000 |
| 　　　应交税费——应交增值税（销项税额） | | 765 000 |
| 借：主营业务成本 | 4 000 000 | |
| 　　贷：库存商品 | | 4 000 000 |

甲公司账务处理如下：

（1）根据税法的有关规定

换入原材料的增值税进项税额＝450×17%＝76.5（万元）

换出设备的增值税销项税额＝310×17%＝52.7（万元）

换出办公楼的营业税税额＝1 100×5%＝55（万元）

（2）计算换入资产、换出资产公允价值总额

$$换入资产公允价值总额＝1\,000＋450＝1\,450（万元）$$

$$换出资产公允价值总额＝1\,100＋310＝1\,410（万元）$$

（3）确定换入资产总成本

$$换入资产总成本＝1\,410＋40＝1\,450（万元）$$

（4）计算确定换入各项资产的公允价值占换入资产公允价值总额的比例

厂房公允价值占换入资产公允价值总额的比例＝1 000÷1 450＝69%

原材料公允价值占换入资产公允价值总额的比例＝450÷1 450＝31%

（5）计算确定换入各项资产的成本

厂房的成本＝1 450×69%＝1 000.5 万元）

原材料的成本＝1 450×31%＝449.5（万元）

（6）会计分录

| | | |
|---|---|---|
| 借：固定资产清理 | | 12 300 000 |
| 累计折旧 | | 13 700 000 |
| 贷：固定资产——办公楼 | | 20 000 000 |
| ——设备 | | 6 000 000 |
| 借：固定资产清理 | | 550 000 |
| 贷：应交税费——应交营业税 | | 550 000 |
| 借：固定资产——厂房 | | 10 005 000 |
| 原材料 | | 4 495 000 |
| 应交税费——应交增值税（进项税额） | | 765 000 |
| 贷：固定资产清理 | | 12 850 000 |
| 应交税费——应交增值税（销项税额） | | 527 000 |
| 银行存款 | | 638 000 |
| 营业外收入 | | 1 250 000 |

**2. 以账面价值计量的多项非货币性资产交换的会计处理**

（1）换入资产总成本的确定

换入资产的总成本按照换出资产的账面价值总额为基础确定。

（2）单项换入资产入账价值分摊率的计算

分摊率＝单项换入资产的账面价值÷换入资产账面价值总额

（3）单项换入资产入账价值的确定

单项换入资产的入账价值＝换入资产成本总额×分摊率

＝换入资产成本总额×（单项换入资产的账面价值÷换入资产账面价值总额）

**【例 2-8】** 2012 年 5 月，腾达公司因经营战略发生较大转变，产品结构发生较大调整，原生产其产品的专有设备、生产该产品的专利技术等已不符合生产新产品的需要，经与甲公司协商，将其专用设备连同专利技术与甲公司正在建造过程中的一幢建筑物和甲公司对丙公司的长期股权投资进行交换。腾达公司换出专有设备的账面原价为 1 200 万元，已提折旧 750 万元；专利技术账面原价为 450 万元，已摊销金额为 270 万元。甲公司在建工程截至交换日的成本为 525 万元，对丙公司的长期股权投资账面余额为 150 万元。由于腾达公司持有的专有设备和专利技术市场上已不多见。因此，公允价值不能可靠计量。甲公司的在建工程因完工程度难以合理确定，其公允价值不能可靠计量，由于丙公司不是上市公司，甲公司对丙公司长期股权投资的公允价值也不能可靠计量。假定腾达公司、甲公司均未对上述资产计提减值准备；税务机关核定的计税价格与换出资产的账面价值相同；腾达公司适用的增值税税率为 17%，营业税税率为 5%，甲公司适用的营业税税率为 5%。

　　**分析**：本例不涉及收付货币性资产，属于非货币性资产交换。由于换入资产、换出资产的公允价值均不能可靠计量，腾达公司、甲公司均应当以换出资产账面价值总额作为换入资产的成本，各项换入资产的成本，应当按各项换入资产的账面价值占换入资产账面价值总额的比例分配后确定。

　　腾达公司账务处理如下：

（1）根据税法有关规定

换出专用设备的增值税销项税额＝（1 200－750）×17%＝76.5（万元）

换出专利技术的营业税＝（450－270）×5%＝9（万元）

（2）计算换入资产、换出资产账面价值总额

换入资产账面价值总额＝525＋150＝675（万元）

换出资产账面价值总额＝（1 200－750）＋（450－270）＝630（万元）

（3）确定换入资产总成本

换入资产总成本＝换出资产的账面价值＝630（万元）

（4）计算各项换入资产账面价值占换入资产账面价值总额的比例

在建工程占换入资产账面价值总额的比例＝525÷675＝77.8%

长期股权投资占换入资产账面价值总额的比例＝150÷675＝22.2%

（5）确定各项换入资产成本

在建工程成本＝630×77.8%＝490.14（万元）

长期股权投资成本＝630×22.2%＝139.86（万元）

（6）会计分录

| | | |
|---|---|---|
| 借：固定资产清理 | 4 500 000 | |
| 　　累计折旧 | 7 500 000 | |
| 　　　贷：固定资产——专有设备 | | 12 000 000 |
| 借：在建工程 | 4 901 400 | |
| 　　长期股权投资 | 1 398 600 | |
| 　　累计摊销 | 2 700 000 | |
| 　　营业外支出 | 765 000 | |
| 　　　贷：固定资产清理 | | 4 500 000 |
| 　　　　应交税费——应交增值税（销项税额） | | 765 000 |
| 　　　　无形资产——专利技术 | | 4 500 000 |
| 借：营业外支出 | 90 000 | |
| 　　　贷：应交税费——应交营业税 | | 90 000 |

甲公司账务处理如下：

（1）根据税法有关规定

换入专用设备的增值税进项税额＝（1 200－750）×17%＝76.5（万元）

换出在建建筑物的营业税＝5 250 000×5%＝26.25（万元）

（2）计算换入资产、换出资产账面价值总额

换入资产账面价值总额＝（1 200－750）＋（450－270）＝630（万元）

换出资产账面价值总额＝525＋150＝675（万元）

（3）确定换入资产总成本

换入资产总成本＝换出资产账面价值＝675（万元）

（4）计算各项换入资产账面价值占换入资产账面价值总额的比例

专有设备占换入资产账面价值总额的比例＝450÷630＝71.4%

专有技术占换入资产账面价值总额的比例＝180÷630＝28.6%

（5）确定各项换入资产成本

专有设备成本＝675×71.4%＝481.95（万元）

专利技术成本＝675×28.6%＝193.05（万元）

（6）会计分录

| | | |
|---|---|---|
| 借：固定资产——专有设备 | 4 819 500 | |
| 　　无形资产——专利技术 | 1 930 500 | |
| 　　应交税费——应交增值税（进项税额） | 765 000 | |
| 　　贷：在建工程 | | 5 250 000 |
| 　　　　长期股权投资 | | 1 500 000 |
| 　　　　应交税费——应交营业税 | | 262 500 |
| 　　　　营业外收入 | | 502 500 |

# 2.4　非货币性资产交换会计信息披露

企业应当在会计报表附注中披露与非货币性资产交换有关的下列信息：

1）换入资产、换出资产的类别。

2）换入资产成本的确定方式。

3）换入资产、换出资产的公允价值及换出资产的账面价值。

4）非货币性资产交换确认的损益。

## 本章知识框架

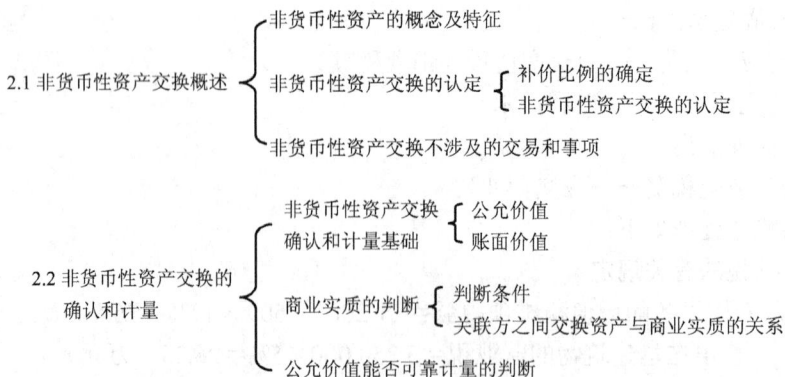

```
                      ┌─ 非货币性资产的概念及特征
                      │
2.1 非货币性资产交换概述 ┤  非货币性资产交换的认定 ┌─ 补价比例的确定
                      │                      └─ 非货币性资产交换的认定
                      │
                      └─ 非货币性资产交换不涉及的交易和事项

                      ┌─ 非货币性资产交换    ┌─ 公允价值
                      │  确认和计量基础      └─ 账面价值
2.2 非货币性资产交换的 ┤
    确认和计量         │  商业实质的判断      ┌─ 判断条件
                      │                    └─ 关联方之间交换资产与商业实质的关系
                      │
                      └─ 公允价值能否可靠计量的判断
```

```
                                    ┌ 换出资产公允价值与账面价值差额的会计处理
                        以公允价值计量的会计 │ 换入资产入账价值的确定
                        处理              ┤ 相关税费的会计处理
                                    │ 不涉及补价的非货币性资产会计处理举例
                                    └ 涉及补价的非货币性资产会计处理举例

                                    ┌ 换入资产入账价值的确定
2.3 非货币性资产交换的    以换出资产账面价值计量 │ 相关税费的会计处理
    会计处理            的会计处理         ┤ 不涉及补价的非货币性资产会计处理举例
                                    └ 涉及补价的非货币性资产会计处理举例

                                    以公允价值计量的  ┌ 换入资产总成本的确定
                        多项非货币性资产交换的  会计处理       ┤ 单项换入资产入账价值分摊率的计算
                        会计处理                        └ 单项换入资产入账价值的确定

                                    以账面价值计量的  ┌ 换入资产总成本的确定
                                    会计处理       ┤ 单项换入资产入账价值分摊率的计算
                                                 └ 单项换入资产入账价值的确定
```

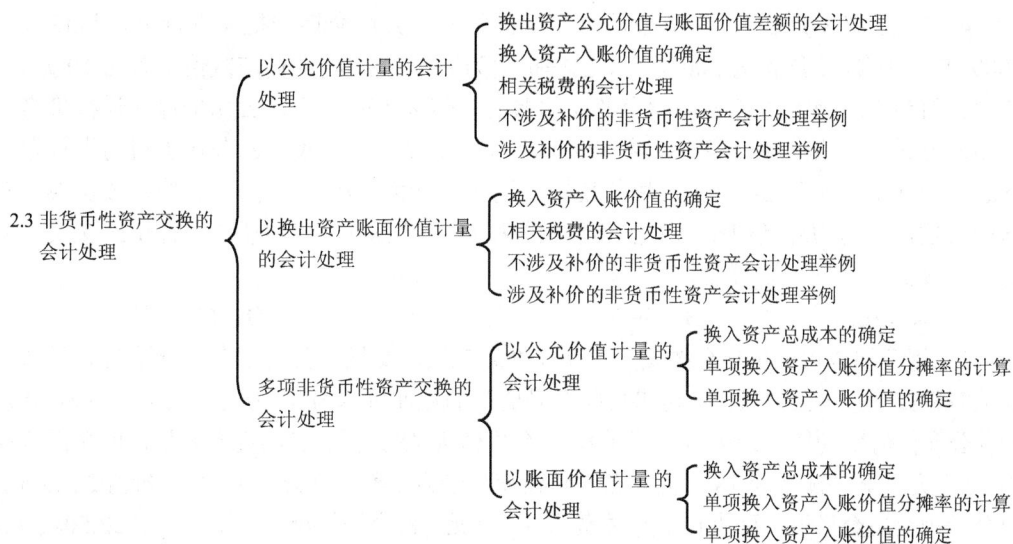

2.4 非货币性资产交换会计信息披露

# 复 习 题

## 一、单项选择题

1. 下列项目中，属于货币性资产的是（　　）。

    A．作为交易性金融资产的股票投资

    B．准备持有至到期的债券投资

    C．可转换公司债券

    D．作为可供出售金融资产的权益工具

2. 企业进行具有商业实质且公允价值能够可靠计量的非货币性资产交换，同一事项可能同时影响双方换入资产入账价值的因素是（　　）。

    A．企业支付的补价或收到的补价

    B．企业为换出资产支付的运杂费

    C．企业换出资产计提的资产减值准备

    D．企业换出资产的账面价值

3. 甲公司为增值税一般纳税人，于 2012 年 12 月 5 日以长期股权投资和专利权，与乙公司的交易性金融资产进行非货币性资产交换，甲公司换出长期股权投资的账面原价为 80 万元，已计提减值准备 10 万元，公允价值为 70 万元，专利权的账面原价为 50 万元，已摊销金额为 20 万元，公允价值为 60 万元，未计提过减值准备；乙公司换出交易性金融资产的账面价值为 100 万元，公允价值为 130 万元，假设该交换具有商业实质，甲公司为换入资产支付相关税费 2 万元，则甲公司换入交易性金融资产的入账价值为（　　）万元。

    A．132　　　　　　B．130　　　　　　C．102　　　　　　D．112

4. 2012 年 3 月 24 日，甲公司以一台设备与乙公司交换一批库存商品，该设备系 2009 年 4 月购入，原价为 300 万元，已提折旧为 80 万元，固定资产减值准备为 10 万元，公允价值为 250 万元；乙公司库存商品的账面价值为 160 万元，公允价值（计税价格）为 200 万元，适用的增值税税率为 17%。甲公司于交换当日收到乙公司支付的银行存款 58.5 万元（其中补价 50 万元，增值税销项税和进项税差额 8.5 万元）。假定该交换具有商业实质，不考虑除增值税以外的其他相关税费。甲公司在该项非货币性资产交换时应确认的收益为（　　）万元。

　　A. 16　　　　　　B. 30　　　　　　C. 40　　　　　　D. 50

5. 甲公司以可供出售金融资产和交易性金融资产交换乙公司生产经营用的 C 设备。有关资料如下：甲公司换出：可供出售金融资产的账面价值为 35 万元（其中成本为 40 万元、公允价值变动贷方余额为 5 万元），公允价值为 45 万元；交易性金融资产的账面价值为 20 万元（其中成本为 18 万元、公允价值变动借方余额为 2 万元），公允价值 30 万元，甲公司因换出金融资产而支付的相关费用 0.5 万元。乙公司换出：C 设备原值 22.50 万元，已计提折旧 9 万元，公允价值为 75 万元。假定该项交换具有商业实质，不考虑其他相关税费影响。则甲公司因该资产交换而计入利润表"投资收益"项目的金额为（　　）万元。

　　A. 20　　　　　　B. 25　　　　　　C. 17　　　　　　D. 16.5

6. 天山公司用一台已使用 2 年的甲设备从海洋公司换入一台乙设备，为换入乙设备支付相关税费 10 000 元，从海洋公司收取银行存款 30 000 元。甲设备的原账面原价为 500 000 元，原预计使用年限为 5 年，原预计净残值为 5%，并采用双倍余额递减法计提折旧，未计提减值准备；乙设备的原账面原价为 240 000 元，已提折旧 30 000 元。假设两公司资产置换具有商业实质。置换时，甲、乙设备的公允价值分别为 250 000 元和 220 000 元。假定不考虑换入、换出资产的增值税因素的影响。天山公司换入乙设备的入账价值为（　　）元。

　　A. 160 000　　　B. 230 000　　　C. 168 400　　　D. 200 000

7. 下列关于非货币性资产交换的说法中，不正确的是（　　）。

　　A. 在同时换入多项资产，具有商业实质且换入资产的公允价值能够可靠计量的情况下，应当按照换入各项资产的公允价值占换入资产账面价值总额的比例，对换入资产的成本总额进行分配，确认各项换入资产的成本

　　B. 企业持有的应收账款、应收票据及持有至到期投资，均属于企业的货币性资产

　　C. 在具有商业实质且其公允价值能够可靠计量的非货币性资产交换中，换出资产的公允价值和账面价值之间的差额计入当期损益

　　D. 在不具有商业实质的情况下，交换双方不确认损益

8. 某企业 2012 年 1 月 10 日用一批库存商品换入一台设备，并收到对方支付的银行存款 30 万元。该批库存商品的账面价值为 120 万元，不含增值税的公允价值为 150 万元，计税价格为 140 万元，适用的增值税税率为 17%；换入设备的原账面价值为 160 万元，公允价值为 143.8 万元，假设该交换具有商业实质，则该企业因此项交换影响损益的金额为（　　）万元。

　　A. 30　　　　　　B. 31.2　　　　　　C. 150　　　　　　D. 140

9. 甲公司以一台设备与乙公司厂房进行交换，甲公司换出的设备系 2011 年 2 月购入，原价为 200 万元，已提折旧 80 万元，未计提减值准备。乙公司换出厂房账面原价 150 万元，已提折旧 30 万元，支付营业税 5 万元。假设该项交换不具有商业实质，不考虑增值税。则甲公司换入厂房的入账价值为（　　）万元。

  A．125    B．115    C．120    D．150

10. 企业对具有商业实质且换入或换出资产的公允价值能够可靠计量的非货币性资产交换，在换出库存商品且其公允价值包含增值税的情况下，下列会计处理中，正确的是（　　）。

  A．按库存商品不含税的公允价值确认营业收入

  B．按库存商品不含税的公允价值确认主营业务收入

  C．按库存商品公允价值高于账面价值的差额确认营业外收入

  D．按库存商品公允价值低于账面价值的差额确认资产减值损失

11. 长安公司以一项交易性金融资产换入时代公司的一项固定资产，该项交易性金融资产的账面价值为 35 万元，其公允价值为 38 万元，时代公司该项固定资产的账面原价为 60 万元，已计提折旧的金额为 18 万元，计提减值准备的金额为 7 万元，公允价值为 35 万元，同时假定时代公司支付长安公司补价 3 万元，换入的金融资产仍作为交易性金融资产核算。假设两公司资产交换不具有商业实质，则时代公司换入交易性金融资产的入账价值为（　　）万元。

  A．38    B．40    C．35    D．33

12. 甲公司将其持有的一项固定资产换入乙公司一项专利技术，该项交易不涉及补价。假设具有商业实质。甲公司该项固定资产的账面价值为 150 万元，公允价值为 200 万元。乙公司该项专利技术的账面价值为 160 万元，公允价值为 200 万元。甲公司在此交易中为换入资产发生了 20 万元的税费。甲公司换入该项资产的入账价值为（　　）万元。

  A．150    B．220    C．160    D．170

13. A 公司和 B 公司均为增值税一般纳税人，适用的增值税税率均为 17%。2012 年 4 月 6 日，A 公司以一批库存商品和固定资产与 B 公司持有的长期股权投资进行交换，A 公司该批库存商品的账面价值为 80 万元，不含增值税的公允价值为 100 万元；固定资产原价为 300 万元，已计提折旧 190 万元，未计提减值准备，该项固定资产的公允价值为 160 万元，交换中发生固定资产清理费用 10 万元。B 公司持有的长期股权投资的账面价值为 260 万元，公允价值为 277 万元，假设该项非货币性资产交换具有商业实质。则 A 公司该项交易计入损益的金额为（　　）万元。

  A．20    B．40    C．60    D．100

14. 甲公司以生产经营用的客车和货车交换乙公司生产经营用的 C 设备和 D 设备。甲公司换出客车原值 45 万元，已计提折旧 3 万元，公允价值 45 万元；货车原值 37.50 万元，已计提折旧 10.50 万元，公允价值 30 万元。乙公司换出：C 设备原值 22.50 万元，已计提折旧 9 万元，公允价值 15 万元；D 设备原值 63 万元，已计提折旧 7.50 万元，公允价值 60 万元。假定该项交换具有商业实质，不考虑增值税等相关税费。则甲公司取得的 C 设备的入账价值为（　　）万元。

A. 15        B. 63        C. 60        D. 55.20

15. 甲公司以生产经营用的客车和货车交换乙公司生产经营用的 C 设备和 D 设备。甲公司换出：客车原值 45 万元，已计提折旧 3 万元；货车原值 37.50 万元，已计提折旧 10.50 万元。乙公司换出：C 设备原值 22.50 万元，已计提折旧 9 万元；D 设备原值 63 万元，已计提折旧 7.50 万元。假定该项交换不具有商业实质（不考虑增值税问题）。则甲公司取得的 C 设备的入账价值为（    ）万元。

     A. 14.67       B. 63        C. 60        D. 13.5

16. 甲股份有限公司发生的下列非关联交易中，属于非货币性资产交换的是（    ）。

     A. 以公允价值为 260 万元的固定资产换入乙公司账面价值为 320 万元的无形资产，并支付补价 80 万元

     B. 以公允价值为 280 万元的固定资产换入丙公司公允价值为 200 万元的一项专利权，并收到补价 80 万元

     C. 以公允价值为 320 万元的长期股权投资换入丁公司账面价值为 460 万元的短期股票投资，并支付补价 140 万元

     D. 以账面价值为 420 万元准备持有至到期的债券投资换入戊公司公允价值为 390 万元的一台设备，并收到补价 30 万元

17. 以下事项中，属于非货币性资产交换的是（    ）。

     A. 用货币资金 100 万元购入原材料

     B. 用应收账款 100 万元抵偿债务

     C. 用银行存款 30 万元购入汽车

     D. 用价值 30 万元的机器设备换取等值的汽车

18. 甲、乙公司均为一般纳税人，增值税税率 17%。甲公司本期以自产 A 产品交换乙公司的 B 产品，甲公司的 A 产品成本 300 万元，公允价值和计税价格均为 270 万元，已计提存货跌价准备 30 万元。乙公司的 B 产品成本 230 万元，公允价值和计税价格均为 280 万元，交换过程中甲公司向乙公司支付补价 10 万元。该交换不具有商业实质，且假定不考虑其他税费。甲公司换入 B 产品的入账价值是（    ）万元。

     A. 278.30      B. 280       C. 276.80     D. 249.81

19. 甲公司和乙公司均为增值税一般纳税人，适用的增值税税率均为 17%，计税价格等于公允价值。甲公司以一台原价为 200 万元的设备进行交换，累计折旧为 80 万元，未计提减值准备，交换中发生固定资产清理费用 5 万元。乙公司以自产的一批钢材进行交换，钢材的账面价值为 80 万元。钢材不含增值税的公允价值为 70 万元，并支付甲公司补价为 15 万元。假设该交换不具有商业实质，则甲公司换入资产的入账价值为（    ）万元。

     A. 63.1        B. 93.1       C. 105       D. 120

20. 在非货币性资产交换中，如果同时换入多项资产，非货币性资产交换具有商业实质，且换入资产的公允价值能够可靠计量的，应当按照（    ）的比例，对换入资产的成本总额进行分配，确定各项换入资产的入账价值。

     A. 换入各项资产的公允价值与换入资产公允价值总额

     B. 换出各项资产的公允价值与换出资产公允价值总额

    C. 换入各项资产的账面价值与换入资产账面价值总额

    D. 换出各项资产的账面价值与换出资产账面价值总额

## 二、多项选择题

1. 非货币性资产交换具有商业实质的条件是（　　）。

    A. 未来现金流量的风险、金额相同，时间不同

    B. 未来现金流量的时间、金额相同，风险不同

    C. 未来现金流量的风险、时间相同，金额不同

    D. 只要换入资产与换出资产的预计未来现金流量现值不同即可

2. 下列说法可以表明换入资产或换出资产的公允价值能够可靠计量的有（　　）。

    A. 换入资产或换出资产存在活跃市场

    B. 换入资产或换出资产不存在活跃市场但同类或类似资产存在活跃市场

    C. 不存在同类或类似资产的可比市场交易，应当采用估值技术确定其公允价值，采用估值技术确定的公允价值估计数的变动区间很小，视为公允价值能够可靠计量

    D. 不存在同类或类似资产的可比市场交易，在公允价值估计数变动区间内，各种用于确定公允价值估计数的概率能够合理确定，视为公允价值能够可靠计量

3. 甲公司与乙公司（均为一般纳税企业）进行非货币性资产交换，具有商业实质且其换入或换出资产的公允价值能够可靠地计量，以下影响甲公司换入资产入账价值的项目有（　　）。

    A. 乙公司支付的补价

    B. 甲公司为换入资产支付的相关税费

    C. 甲公司换出资产的公允价值

    D. 甲公司换出资产支付的营业税

4. 非货币性资产交换中，在满足下列（　　）条件中的任何一个时，应以账面价值和应支付的相关税费作为换入资产的成本。

    A. 该项交换不具有商业实质

    B. 换入资产或换出资产的公允价值不能够可靠地计量

    C. 该项交换具有商业实质

    D. 换入资产或换出资产的公允价值能够可靠地计量

5. 在非货币性资产交换中，根据换出资产的不同，换入资产的成本与换出资产的账面价值、支付的补价和支付的相关税费之和的差额，可能计入的科目有（　　）。

    A. 营业外收入　　B. 营业外支出　　C. 投资收益　　D. 资本公积

6. 某公司以库存原材料交换一座库房，该原材料的账面成本为90万元，不含税售价100万元，增值税税率17%，已计提的存货跌价准备5万元。该库房在原企业的账面价值为75万元，公允价值为100万元，该公司收到银行存款17万元。假设该交换具有商业实质，该公司以下正确的会计处理有（　　）。

    A. 固定资产（库房）入账价值为80万元

    B. 固定资产（库房）入账价值为75万元

C. 固定资产（库房）入账价值为 100 万元

D. 存货账面余额减少 90 万元

7. 下列关于非货币性资产交换的表述中，正确的有（    ）。

　　A. 货币性资产是指企业持有的货币资金和将以固定或可确定的金额收取的资产，如应收账款、预付账款等

　　B. 非货币性资产交换具有商业实质的情况下，可以确认损益

　　C. 如果换入与换出资产的预计未来现金流量的现值不同，且其差额与换入资产和换出资产公允价值相比是重大的，则说明该项交换具有商业实质

　　D. 非货币性交换可以涉及少量的货币性资产，即货币性资产占整个资产交换金额的比例低于 10%

8. 非货币性资产交换同时换入多项资产的，在确定各项换入资产的成本时，下列说法中不正确的有（    ）。

　　A. 非货币性资产交换不具有商业实质，或者虽具有商业实质但换入资产的公允价值不能可靠计量的，应当按照换入各项资产的原账面价值占换入资产原账面价值总额的比例，对换入资产的成本总额进行分配，确定各项换入资产的成本

　　B. 均按各项换入资产的账面价值确定

　　C. 均按各项换入资产的公允价值确定

　　D. 非货币性资产交换不具有商业实质，或者虽具有商业实质但换入资产的公允价值不能可靠计量的，应当按照换入各项资产的公允价值占换入资产公允价值总额的比例，对换入资产的成本总额进行分配，确定各项换入资产的成本

9. 在收到补价的具有商业实质并且公允价值能够可靠计量的非货币性资产交换业务中，如果换入单项固定资产，影响固定资产入账价值的因素可能有（    ）。

　　A. 收到的补价　　　　　　　　B. 换入资产的公允价值

　　C. 换出资产的公允价值　　　　D. 换出资产的账面价值

10. 在非货币性资产交换中，以换出资产的公允价值和应支付的相关税费作为换入资产的入账价值，其应同时满足的条件有（    ）。

　　A. 该项交换具有商业实质

　　B. 换入资产或换出资产的公允价值能够可靠地计量

　　C. 换入资产的公允价值大于换出资产的公允价值

　　D. 换入资产的公允价值小于换出资产的公允价值

11. 对于涉及多项资产、收到补价的非货币性资产交换（具有商业实质），在确定换入资产的入账价值时需要考虑的因素有（    ）。

　　A. 换入资产的进项税　　　　　B. 换出资产的销项税

　　C. 收到对方支付的补价　　　　D. 换入资产的公允价值

12. 在具有商业实质且公允价值能够可靠计量的非货币性资产交换中，对换出资产公允价值与其账面价值的差额，下列会计处理错误的有（    ）。

A. 换出资产为可供出售金融资产的，换出资产公允价值和换出资产账面价值的差额，计入资本公积

B. 换出资产为投资性房地产的，换出资产公允价值和换出资产账面价值的差额，计入投资收益

C. 换出资产为库存商品的，应当视同销售处理，按其公允价值确认商品销售收入，同时结转商品销售成本

D. 换出资产为无形资产的，换出资产公允价值和换出资产账面价值的差额，计入营业外收入或营业外支出

13. 下列关于非货币性资产交换说法正确的有（　　）。

A. 如果换入与换出资产的预计未来现金流量的现值不同，且其差额与换入资产和换出资产公允价值相比是重大的，则说明该项交换具有商业实质

B. 企业持有的不准备持有至到期的债券投资属于货币性资产

C. 以银行本票购买固定资产不属于非货币性资产交换

D. 具有商业实质且其换入或换出资产的公允价值能够可靠计量的非货币性资产交换，应当以换出资产的公允价值为基础确定换入资产的成本，有确凿证据表明换入资产公允价值更加公允的，可以按照换入资产公允价值为基础来确定换入资产的成本

14. 在不具有商业实质、涉及补价的非货币性资产交换中，影响换入资产入账价值的因素有（　　）。

A. 换出资产的账面价值　　　　　　B. 换出资产计提的减值损失
C. 为换入资产支付的相关税费　　　D. 换出资产收到的补价

15. 在换入资产按公允价值计量的情况下，换出资产为固定资产、无形资产的，其换出资产公允价值和换出资产账面价值的差额，可计入（　　）。

A. 营业外收入　　　　　　　　　　B. 其他业务收入
C. 营业外支出　　　　　　　　　　D. 其他业务成本

## 三、判断题

1. 无论是为换出资产而发生的相关税费，还是为换入资产而发生的相关税费，均计入换入资产的成本。（　　）

2. 当换入资产的未来现金流量在风险、时间和金额方面与换出资产显著不同时，则说明该项非货币性资产交换具有商业实质。（　　）

3. 当具有商业实质且换入或换出资产的公允价值能够可靠计量的情况下，换出的长期股权投资账面价值和公允价值之间的差额，计入营业外收支。（　　）

4. 非货币性资产交换不具有商业实质，或虽具有商业实质但所涉及资产的公允价值不能可靠计量的，无论是否支付补价，均不确认损益。（　　）

5. 在不具有商业实质的情况下，涉及补价的多项资产交换与单项资产交换的主要区别在于单项资产交换按照公允价值确定入账价值；多项资产交换按照账面价值确定入账价值。（　　）

6. 在非货币性资产交换中，具有商业实质且换出资产的公允价值能够可靠计量的情况下，支付补价方应当以换出资产的公允价值加上支付的补价和应支付的相关税费作为换入资产的成本。　　　　　　　　　　　　　　　　　　　　　　　　　　（　　）

7. 不具有商业实质且换入资产的公允价值不能可靠计量的非货币性资产交换，在同时换入多项资产的情况下，在确定各项换入资产的入账价值时，需要按照换入资产各项资产的原账面价值占换入资产的原账面价值总额的比例，确定各项换入资产的成本。
　　　　　　　　　　　　　　　　　　　　　　　　　　　　　　　　　（　　）

8. 关联方关系的存在可能会导致发生的非货币性资产交换不具有商业实质。　（　　）

9. 在具有商业实质且公允价值能够可靠计量的情况下，如果换出的资产为固定资产、无形资产和投资性房地产的，则换出资产的账面价值和公允价值之间的差额，计入营业外收入或营业外支出。　　　　　　　　　　　　　　　　　　　　　　　　（　　）

10. 在不具有商业实质的非货币性资产交换中，收到补价方应当按照换出资产的账面价值减去收到的补价加上为换入资产支付的相关税费，作为换入资产的入账价值。
　　　　　　　　　　　　　　　　　　　　　　　　　　　　　　　　　（　　）

11. 在非货币性资产交换中，企业可以自行确定是采用换出资产的公允价值，还是换出资产的账面价值对换入资产的成本进行计量。　　　　　　　　　　　　　　（　　）

12. 在具有商业实质且换入或换出资产公允价值能够可靠计量的情况下，无论是否涉及补价，只要换出资产的公允价值与其账面价值不相同，通常会涉及损益的确认。
　　　　　　　　　　　　　　　　　　　　　　　　　　　　　　　　　（　　）

13. 非货币性资产交换具有商业实质且公允价值能够可靠计量的，在发生补价的情况下，支付补价方应当以换入资产的公允价值和应支付的相关税费，作为换入资产的成本。　　　　　　　　　　　　　　　　　　　　　　　　　　　　　　　（　　）

14. 在非货币性资产交换中，只要该项交换具有商业实质，就可以按照公允价值计量换入资产的成本。　　　　　　　　　　　　　　　　　　　　　　　　　　（　　）

15. 某企业以其不准备持有至到期的国库券换入一幢房屋以备出租，该项交易具有商业实质。　　　　　　　　　　　　　　　　　　　　　　　　　　　　　　（　　）

16. A 公司以一台设备交换 B 公司的一项无形资产，该设备账面原价为 30 万元，累计折旧为 7.50 万元，公允价值为 18 万元；无形资产的账面价值和公允价值均为 23.25 万元。A 公司另行向 B 公司支付现金 5.25 万元，则该交易属于非货币性资产交换。
　　　　　　　　　　　　　　　　　　　　　　　　　　　　　　　　　（　　）

17. 当非货币性资产交换同时满足"交换具有商业实质"和"换入资产或换出资产的公允价值能够可靠地计量"两个条件时，应当以公允价值和应支付的相关税费作为换入资产的成本，公允价值与换出资产账面价值的差额计入当期损益。　　　　　（　　）

18. 非货币性资产交换具有商业实质，且换入资产的公允价值能够可靠计量的，应当按照换入各项资产的账面价值占换入资产账面价值总额的比例，对换入资产的成本总额进行分配，确定各项换入资产的成本。　　　　　　　　　　　　　　　　（　　）

19. 对于非货币性资产交换，应以换出资产的公允价值与换入资产的公允价值孰低作为换入资产的入账价值。　　　　　　　　　　　　　　　　　　　　　　（　　）

20．非货币性资产交换具有商业实质且公允价值能够可靠计量的，应按公允价值计量换入资产成本，换出资产公允价值大于其账面价值的差额，均应计入营业外收入。

（　　）

## 四、简答题

1．什么是非货币性资产？具有哪些特征？

2．什么是非货币资产交换？如何认定非货币性资产交换？

3．我国《企业会计准则第 7 号——非货币资产性交换》不涉及的交易和事项包括哪些？

4．简述非货币性资产交换采用公允价值计量的条件。

5．简述公允价值可靠计量的判断条件。

6．简述商业实质的判断条件。

7．采用公允价值对非货币性资产交换计量时，换出资产公允价值与账面价值的差额如何进行会计处理？

8．采用公允价值对非货币性资产交换计量时，如何确定换入资产的入账价值？

9．采用以换出资产账面价值对非货币资产交换计量时，如何确定换入资产的入账价值？

10．涉及多项非货币性资产交换时如何确定换入资产的总成本？

## 五、计算分录题

1．甲公司以账面余额为 60 万元（未计提减值准备）的专利权，公允价值和计税价格均为 70 万元，营业税税率 5%，换回乙公司使用过的设备一台，公允价值和计税价格均为 65 万元，账面原价为 80 万元，已提折旧为 30 万元（未计提减值准备），乙公司另支付给甲公司 5 万元，假设以上交换不具有商业实质，不考虑营业税以外的其他税金。

**要求**：分别计算甲、乙公司换入资产的入账价值并进行账务处理。

2．甲公司为增值税一般纳税人，经协商用一批液晶电视交换 ABC 公司的一项长期股权投资。该批库存商品的账面余额 2 000 万元，计提存货跌价准备 150 万元，公允价值和计税价格均为 1 800 万元，增值税率 17%；长期股权投资的账面余额为 2 000 万元，计提减值准备 50 万元，公允价值为 2 000 万元。ABC 公司支付给甲公司补价 106 万元。假定不考虑其他税费，该项交易具有商业实质。

**要求**：分别计算甲、ABC 公司换入资产的入账价值并进行账务处理。

3．2011 年 12 月 1 日，正保公司与东大公司经协商用一项交易性金融资产交换东大公司的固定资产和无形资产。该项交易性金融资产的成本为 1 300 万元，公允价值变动为借方余额 200 万元，公允价值为 1 600 万元。固定资产的账面余额为 800 万元，累计折旧额为 200 万元，已提固定资产减值准备 100 万元，公允价值为 600 万元。无形资产的账面原价为 2 000 万元，已计提摊销 1 000 万元，减值准备为 100 万元，公允价值为 1 000 万元，税务核定营业税为 5 万元。正保公司换入的固定资产和无形资产仍作为固定资产和无形资产核算，东大公司换入的交易性金融资产作为可供出售金融资产核算，假定该项交易不具有商业实质，不考虑与固定资产有关的增值税。

**要求**：分别计算正保、东大公司换入资产的入账价值并进行账务处理。

4．甲公司以一项长期股权投资与乙公司交换一台设备和一项无形资产，甲公司的长期股权投资账面余额为 250 万元，计提减值准备 30 万元，公允价值为 190 万元；乙公司的设备原价为 80 万元，累计折旧 40 万元，公允价值为 50 万元；无形资产账面价值为 170 万元，公允价值为 150 万元，甲公司支付给乙公司补价 10 万元。乙公司发生固定资产清理费用 5 万元。假设该项交换具有商业实质且换出资产和换入资产的公允价值均能够可靠计量。（假定不考虑设备的增值税）

要求：

（1）判断本题是否属于非货币性资产交换，如是非货币性资产交换，计算甲公司换入的各项资产的入账价值。

（2）编制甲公司相关业务的会计分录。

（3）假设上述交易不具有商业实质，编制甲公司相关业务的会计分录。

## 六、综合题

1. 甲公司和乙公司均为增值税一般纳税企业，适用的增值税税率均为 17%，2012 年 3 月 1 日，甲公司与乙公司进行资产交换，甲公司将其持有的库存商品、交易性金融资产、专利权同乙公司的原材料、固定资产（厂房）进行交换，甲公司持有的库存商品的账面价值为 100 万元，不含增值税的公允价值为 150 万元，交易性金融资产的账面价值为 180 万元，公允价值为 200 万元，专利权的账面原价为 400 万元，已累计摊销的金额 100 万元，已计提减值准备为 20 万元，公允价值为 260 万元；乙公司原材料的账面价值为 300 万元，不含增值税的公允价值为 350 万元，固定资产的账面原价为 500 万元，已计提折旧为 200 万元，公允价值为 230 万元，同时，甲公司支付给乙公司的补价为 4 万元，甲公司换入原材料、固定资产仍作为原材料和固定资产核算，乙公司换入的库存商品、交易性金融资产和专利权均作为库存商品、交易性金融资产和无形资产核算。假设该项交换具有商业实质且换出资产和换入资产的公允价值均能够可靠计量。

要求：

（1）判断本题是否属于非货币性资产交换并计算甲、乙公司换出资产的公允价值。

（2）计算甲、乙公司换入资产的总成本。

（3）计算甲、乙公司各项换入资产的入账价值。

（4）编制甲、乙公司相关的会计分录。

2. 长城股份有限公司（以下简称长城公司）为增值税一般纳税人，适用的增值税税率为 17%。长城公司的固定资产采用双倍余额递减法计提折旧，期末采用账面价值与可收回金额孰低计价；存货采用实际成本法核算，期末采用成本与可变现净值孰低计价，按单个存货项目计提存货跌价准备。假定不考虑除增值税以外的其他税费。

长城公司 2011～2012 年部分经济业务如下：

（1）2011 年 4 月 1 日长城公司开发一个新项目，乙公司以一台新设备作投资，用于新项目。本设备在乙公司的账面原值为 200 万元，未计提折旧，投资合同约定的价值为 200 万元（假定是公允的）。按照投资协议规定，长城公司接受投资后，乙公司占增资后注册资本 800 万元中的 20%。该设备预计使用年限 5 年，假设净残值率为 4%，采用双倍余额递减法计提折旧。

（2）2011 年 5 月 1 日，新项目投产，生产 A 产品。长城公司购入生产 A 产品的新型材料 117 万元，收到的增值税专用发票上注明的价款为 100 万元，增值税为 17 万元。

另外支付运杂费 3 万元，其中运费为 2 万元，可按 7%的扣除率计算进项税额抵扣。

（3）2011 年 12 月，计提相应资产减值准备。已知新型材料年末实际成本为 150 万元，市场购买价格为 145 万元，该新型材料只能用于生产 A 产品；A 产品的估计售价为 225 万元，预计销售费用及税金为 10 万元，生产 A 产品尚需投入 100 万元，生产 A 产品的总成本为 250 万元。

（4）2011 年 12 月 31 日，由于生产的 A 产品销售不佳，上述设备的可收回金额为 140 万元，计提资产减值准备。重新预计该设备的尚可使用年限为 4 年，折旧方法没有发生变化。

（5）2012 年 7 月 1 日，由于新项目经济效益很差，长城公司决定停止生产 A 产品，将不需用的新型材料全部对外销售。已知剩余部分的新型材料出售前的账面余额为 70 万元。新型材料销售后，取得收入 50 万元，增值税 8.5 万元，收到的货款已存入银行。

（6）2012 年 7 月 1 日 A 产品停止生产后，设备已停止使用。9 月 5 日长城公司将设备与丁公司的钢材相交换，换入的钢材用于建造新的生产线。该设备的公允价值为 100 万元，长城公司收到丁公司支付的补价 6.4 万元。假定交易不具有商业实质。

**要求**：编制长城公司接受投资、购买新型材料、计提资产减值准备、存货出售和非货币性资产交换相关的会计分录。

# 能力训练题

1.【资料】。甲公司为增值税一般纳税人，因急需乙公司经营过程中使用的一台设备，遂与乙公司协商，用一栋自用的房产与乙公司设备进行交换。该项房产的账面余额 2 300 万元，已计提折旧 300 万元，公允价值为 2 440 万元，营业税率为 5%；设备的账面余额为 1 550 万元，已提折旧 50 万元，公允价值为 2 340 万元（含增值税），增值税率 17%。乙公司向甲公司支付银行存款 100 万元。假定不考虑除增值税和营业税以外的其他税费，该项交易具有商业实质。

【问题】根据资料回答下列问题：

（1）计算甲公司换入资产的入账价值和交换损益，并进行账务处理。

（2）计算乙公司换入资产的入账价值和交换损益，并进行账务处理。

（以万元为单位）

2.探索式讨论：结合上述案例，分析非货币性资产交换对企业现金流量和资产结构产生的影响。

# 第3章

## 资 产 减 值

### 知识目标

- 了解资产减值的概念及其范围;
- 熟悉资产减值迹象及资产减值测试;
- 掌握资产减值损失的确认与计量;
- 掌握资产组的认定及减值处理;
- 掌握商誉减值测试与处理。

### 能力目标

具备确定资产减值会计核算范围的职业判断能力; 具备资产减值各项业务会计处理的职业综合能力。

### 关键术语

资产减值  资产可收回金额  预计未来现金流量的现值  资产组总部资产  商誉减值

# 3.1　资产减值概述

## 3.1.1　资产减值的概念

资产减值是指企业资产的可收回金额低于其账面价值，即表明资产发生了减值，企业应当确认资产减值损失，并把资产的账面价值减记至可收回金额。

企业所有的资产在发生减值时，原则上都应当对所发生的减值损失及时加以确认和计量，因此，资产减值包括所有资产的减值。然而，由于企业不同资产特性不同，其减值会计处理也有所差别，因而所适用的具体准则也不一样，如存货、消耗性生物资产、建造合同形成的资产、递延所得税资产、融资租赁中出租人未担保余值、采用公允价值后续计量的投资性房地产、由金融工具确认和计量准则所规范的金融资产等的减值，分别适用存货、生物资产、建造合同、所得税、租赁、投资性房地产、金融工具确认等会计准则。

本章涉及的主要是企业的非流动资产，具体包括：

1）对子公司、联营企业和合营企业的长期股权投资。

2）采用成本模式进行后续计量的投资性房地产。

3）固定资产。

4）生产性生物资产。

5）无形资产。

6）商誉。

7）探明石油天然气矿区权益和井及相关设施。

【知识链接】

### 我国资产减值会计准则与国际会计准则主要差异

第一，在减值测试时间上，我国与《国际会计准则第 36 号——资产减值》不尽相同。我国准则要求主体定期（在会计期末）根据有关迹象核查减值，对商誉特别明确每年至少进行一次减值测试，但对特别规定的资产没有相应的特殊规定。

第二，在资产减值能否转回的问题上，《国际会计准则第 36 号——资产减值》规定可以转回，我国准则明确规定了"已经计提减值准备不允许转回"。

第三，与国际准则比较，我国准则没有采用现金产出单元的定义，结合我国实际情况采用资产组和资产组组合的定义，但是没有规定减值迹象判断和计量确认操作过程。《国际会计准则第 36 号——资产减值》的现金产出单元更详细地规定了减值操作。

（资料来源：刘丽娟. 我国资产减值会计准则与国际会计准则的实质性差异. 山东纺织经济. 2008，04）

## 3.1.2　资产减值迹象与测试

### 1. 减值迹象的判定

通常资产存在减值迹象是进行资产减值测试的必要前提。企业在资产负债表日应当判断资产是否存在可能发生减值的迹象，主要可从外部信息来源和内部信息来源两方面加以判断。

从企业外部信息来源来看，以下情况均属于资产可能发生减值的迹象，企业需要据此估计资产的可收回金额，决定是否需要确认减值损失：

1）资产的市价在当期大幅度下跌，其跌幅明显高于因时间的推移或者正常使用而预计的下跌。

2）企业经营所处的经济、技术或者法律等环境以及资产所处的市场在当期或者将在近期发生重大变化，从而对企业产生不利影响。

3）市场利率或者其他市场投资报酬率在当期已经提高，从而影响企业计算资产预计未来现金流量现值的折现率，导致资产可收回金额大幅度降低。

4）企业所有者权益（净资产）的账面价值远高于其市值。

从企业内部信息来源来看，以下情况均属于资产可能发生减值的迹象，企业需要据此估计资产的可收回金额，决定是否需要确认减值损失：

1）有证据表明资产已经陈旧过时或者其实体已经损坏。

2）资产已经或者将被闲置、终止使用或者计划提前处置。

3）企业内部报告的证据表明资产的经济绩效已经低于或者将低于预期。如资产所创造的净现金流量或者实现的营业利润远远低于原来的预算或者预计金额、资产发生的营业损失远远高于原来的预算或者预计金额、资产在建造或者收购时所需的现金支出远远高于最初的预算、资产在经营或者维护中所需的现金支出远远高于最初的预算。

**2. 资产减值测试**

有确凿证据表明资产存在减值迹象的，应当在资产负债表日进行减值测试，估计资产的可收回金额。资产存在减值迹象是资产是否需要进行减值测试的必要前提，但是以下资产除外：

1）商誉和使用寿命不确定的无形资产。因企业合并所形成的商誉和使用寿命不确定的无形资产在后续计量中不再进行摊销，但是考虑到这两类资产的价值和产生的未来经济利益有较大的不确定性，对于这些资产，无论是否存在减值迹象，企业至少应当于每年年度终了进行减值测试。

2）对于尚未达到可使用状态的无形资产，由于其价值通常具有较大的不确定性，也应当每年进行减值测试。

## 3.2　资产减值损失的确认和计量

### 3.2.1　资产可收回金额的计量

**1. 估计资产可收回金额的基本要求**

当资产存在可能发生减值迹象时，企业应当对其进行减值测试，估计资产的可收回金额，然后将所估计的资产可收回金额与其账面价值相比较，以确定资产是否发生了减值，以及是否需要计提资产减值准备并确认相应的减值损失。

（1）在估计资产可收回金额时，原则上应当以单项资产为基础

如果企业难以对单项资产的可收回金额进行估计的，应当以该资产所属的资产组为基础确定资产组的可收回金额。本章中的资产除特别指明外，既包括单项资产，也包括资产组。有关资产组的认定将在本章第3.3节中阐述。

（2）资产可收回金额的估计

根据其公允价值减去处置费用后的净额与资产预计未来现金流量的现值两者之间较高者确定资产可回收金额。因此，要估计资产的可收回金额，通常需要同时估计该资产的公允价值减去处置费用后的净额和资产预计未来现金流量的现值。但是，在下列情况下，可以有例外或者作特殊考虑：

1）如果资产的公允价值减去处置费用后的净额与资产预计未来现金流量的现值，只要有一项超过了资产的账面价值，就表明资产没有发生减值，不需再估计另一项金额。

2）如果没有确凿证据或者理由表明，资产预计未来现金流量现值显著高于其公允价值减去处置费用后的净额的，可以将资产的公允价值减去处置费用后的净额视为资产的可收回金额。企业持有待售的非流动资产往往属于这种情况，即该资产在持有期间（处置之前）所产生的现金流量可能很少，其最终取得的未来现金流量往往就是资产的处置净收入，在这种情况下，以资产公允价值减去处置费用后的净额作为其可收回金额是适宜的，因为该类资产的未来现金流量现值通常不会显著高于其公允价值减去处置费用后的净额。

假定企业于2012年6月1日签订销售一项机器设备的合同，2012年8月1日办完法律手续。则按照资产减值准则，2012年6月1日至2012年8月1日为该固定资产的持有待售期间，该期间按照准则规定不能再计提折旧，而要考虑以公允价值减去处置费用后的净额与账面价值二者孰低来进行计量。

3）以前报告期间的计算结果表明，资产可收回金额远高于其账面价值，之后又没有发生消除这一差异的交易或者事项，企业在资产负债表日可以不需重新估计该资产的可收回金额。如某企业有一办公楼，2010年没有发生减值迹象，2011年政策对住宅持续调控，投资资金流入商业地产，导致商业地产急速升温，写字楼价不降反升，在2011年末也无须进行减值测试。

4）以前报告期间的计算与分析表明，资产可收回金额对于资产减值准则中所列示的一种或者多种减值迹象反应不敏感（出现的减值迹象对本企业没有影响），在本报告期间又发生了这些减值迹象的，在资产负债表日，企业可以不需因为上述减值迹象的出现而重新估计该资产的可收回金额。比如在当期市场利率或者其他市场投资报酬率提高的情况下，如果企业计算资产未来现金流量现值时所采用的折现率不大可能受到该市场利率或者其他市场投资报酬率提高的影响；或者即使会受到影响，但以前期间的可收回金额敏感性分析表明，该资产预计未来现金流量也很可能相应增加，因而不大可能导致资产的可收回金额大幅度下降的，企业可以不必对资产可收回金额进行重新估计。

**2. 资产的公允价值减去处置费用后的净额的估计**

资产的公允价值减去处置费用后的净额，通常反映的是资产如果被出售或者处置时可以收回的净现金收入。其中，资产的公允价值是指在公平交易中，熟悉情况的交易双

方自愿进行资产交换的金额；处置费用是指可以直接归属于资产处置的增量成本，包括与资产处置有关的法律费用、相关税费、搬运费，以及为使资产达到可销售状态所发生的直接费用等，值得注意的是，财务费用和所得税费用等不包括在处置费用之内。

企业在估计资产的公允价值减去处置费用后的净额时，应当按照下列顺序进行：

1）在资产存在销售协议的情况下，应当根据公平交易中资产的销售协议价格减去可直接归属于该资产处置费用的金额确定资产的公允价值减去处置费用后的净额。这是估计资产的公允价值减去处置费用后的净额的最佳方法，企业应当优先采用这一方法。然而，在实务中，企业的资产往往都是内部持续使用的，取得资产的销售协议价格并不容易，在这种情况下，需要采用其他方法估计资产的公允价值减去处置费用后的净额。

2）在资产不存在销售协议但存在活跃市场的情况下，应当根据该资产的市场价格减去处置费用后的金额确定。资产的市场价格通常应当按照资产的买方出价确定。如果难以获得资产在估计日的买方出价的，企业可以以资产最近的交易价格作为其公允价值减去处置费用后的净额的估计基础，其前提是资产的交易日和估计日之间，有关经济、市场环境等没有发生重大变化。

3）在既不存在资产销售协议又不存在资产活跃市场的情况下，企业应当以可获取的最佳信息为基础，根据资产负债表日熟悉情况的交易双方自愿进行公平交易，愿意提供的交易价格减去资产处置费用后的金额，估计资产的公允价值减去处置费用后的净额。在实务中，该净额可以参考同行业类似资产的最近交易价格进行估计。

企业按照上述要求仍然无法可靠估计资产的公允价值减去处置费用后的净额的，应当以该资产预计未来现金流量的现值作为其可收回金额。

**3. 资产预计未来现金流量现值的估计**

资产预计未来现金流量的现值，应当按照资产在持续使用过程中和最终处置时所产生的预计未来现金流量，选择恰当的折现率对其进行折现后的金额加以确定。因此，预计资产未来现金流量的现值，主要应当综合考虑以下因素：资产的预计未来现金流量、折现率、资产的使用寿命。下面重点阐述资产未来现金流量和折现率的预计方法，至于资产使用寿命的预计，参照固定资产和无形资产准则等规定的使用寿命预计方法。

（1）资产未来现金流量的预计

预计资产未来现金流量，要考虑四个方面的因素，分别是资产未来现金流量的预计基础、资产未来现金流量的预计内容、资产未来现金流量预计应当考虑的因素、资产未来现金流量预计采用的方法。

1）资产未来现金流量的预计基础。预计资产的未来现金流量，企业管理层应当在合理和有依据的基础上对资产剩余使用寿命内整个经济状况进行最佳估计，并将资产未来现金流量的估计，建立在经企业管理层批准的最近财务预算或者预测数据之上。出于数据可靠性和便于操作等方面的考虑，建立在该预算或者预测基础上的预计现金流量最多涵盖 5 年，企业管理层如能证明更长的期间是合理的，可以涵盖更长的期间。

如果资产未来现金流量的预计还包括最近财务预算或者预测期之后的现金流量，一般选择稳定的或者递减的增长率为基础进行估计。特殊情况下，如企业管理层能证明递增的增长率是合理的，可以用递增的增长率为基础进行估计，所使用的增长率除了企业能够证明更高的增长率是合理的之外，不应当超过企业经营的产品、市场、所处的行业或者所在国家或者地区的长期平均增长率，或者该资产所处市场的长期平均增长率。在恰当、合理的情况下，增长率可以是零或者负数。

在经济环境经常都在变化的情况下，资产的实际现金流量往往会与预计数有出入，而且预计资产未来现金流量时的假设也有可能发生变化，因此，企业管理层在每次预计资产未来现金流量时，应当首先分析以前期间现金流量预计数与现金流量实际数出现差异的情况，以评判当期现金流量预计所依据的假设的合理性。通常，企业管理层应当确保当期现金流量预计所依据的假设与前期实际结果相一致。

2）资产未来现金流量的预计内容。资产未来现金流量预计内容包括：①资产持续使用过程中预计产生的现金流入。②为实现资产持续使用过程中产生的现金流入所必需的预计现金流出（包括为使资产达到预定可使用状态所发生的现金流出）。该现金流出应当是可直接归属于或者可通过合理和一致的基础分配到资产中的现金流出，后者通常是指那些与资产直接相关的间接费用。对于在建工程、开发过程中的无形资产等，企业在预计其未来现金流量时，就应当包括预期为使该类资产达到预定可使用（或者可销售状态）而发生的全部现金流出数。③资产使用寿命结束时，处置资产所收到或者支付的净现金流量。该现金流量应当是在公平交易中，熟悉情况的交易双方自愿进行交易时，企业预期可从资产的处置中获取或者支付的减去预计处置费用后的金额。

3）预计资产未来现金流量应当考虑的因素。预计资产未来现金流量应当考虑的因素包括：①以资产的当前状况为基础预计资产未来现金流量。企业资产在使用过程中有时会因为修理、改良、重组等原因而发生变化，在预计资产未来现金流量时，企业应当以资产的当前状况为基础，不应当包括与将来可能会发生的、尚未作出承诺的重组事项或者与资产改良有关的预计未来现金流量。②预计资产未来现金流量不应当包括筹资活动和所得税收付产生的现金流量。主要是因为筹资活动和经营活动性质不同，并且筹集资金的货币时间价值已经通过折现因素考虑在内。同时预计未来现金流量的现值所采用的折现率建立在所得税前基础的之上，可以有效避免在资产未来现金流量现值的计算过程中可能出现的重复计算等问题。③对通货膨胀因素的考虑应当和折现率相一致。如果折现率考虑了因一般通货膨胀而导致的物价上涨影响因素，资产预计未来现金流量也应予以考虑；反之，如果折现率没有考虑因一般通货膨胀而导致的物价上涨影响因素，资产预计未来现金流量也应当剔除这一影响因素。④内部转移价格应当予以调整。在部分企业集团里，如果内部转移价格与市场交易价格不同，为了如实测算企业资产的价值，应当采用在公平交易中企业管理层能够达成的最佳的未来价格估计数进行预计。

4）预计资产未来现金流量的方法。预计资产未来现金流量的方法包括传统法和期望现金流量法。

① 传统法。指根据资产未来每期最有可能产生的现金流量进行预测资产未来现金流量的现值。即：使用的是单一的未来每期预计现金流量和单一的折现率计算资产未来现金流量的现值。

【例3-1】腾达公司管理层2011年末批准财务预算中与产品P生产线预计未来现金流量有关的资料如表3.1所示。2012～2014年产品销售收入中有60%能在当年收到款项，

20%于次年收到款项，20%能在第三年收到款项；制造费用中包含折旧等非付现费用分别为 200 万元、300 万元和 400 万元；有关现金流量均发生在年末，收入支出均不含增值税，假定计算现金流时不考虑 2011 年 12 月 31 日前的交易。

表3.1　腾达公司预计未来现金流量资料　　　　单位：万元

| 项　　目 | 2012 年 | 2013 年 | 2014 年 |
|---|---|---|---|
| P 产品销售收入 | 4 000 | 3 000 | 3 000 |
| 购买材料支付的现金 | 500 | 400 | 400 |
| 以现金支付职工薪酬 | 400 | 300 | 500 |
| 制造费用 | 800 | 900 | 1 000 |
| 其他现金支出 | 200 | 300 | 600 |
| 处置生产线净流入 | | | 50 |

腾达公司各年现金流量计算如表 3.2 所示：

表3.2　腾达公司各年现金流量计算　　　　单位：万元

| 项　　目 | 2012 年 | 2013 年 | 2014 年 |
|---|---|---|---|
| 销售收入 | 2 400 | 2 600 | 3 200 |
| 采购材料 | 500 | 400 | 450 |
| 人工工资 | 400 | 300 | 500 |
| 制造费用 | 600 | 600 | 600 |
| 其他支出 | 200 | 300 | 600 |
| 处置生产线流入 | | | 50 |
| 现金流量合计 | 700 | 1 000 | 1 000 |

其中，

$$2012 年销售收入 = 4\,000 \times 60\% = 2\,400（万元）$$
$$2013 年销售收入 = 4\,000 \times 20\% + 3\,000 \times 60\% = 2\,600（万元）$$
$$2014 年销售收入 = 4\,000 \times 20\% + 3\,000 \times 20\% + 3\,000 \times 60\% = 3\,200（万元）$$

【例 3-2】　腾达公司的 P 生产线剩余使用年限为 3 年，腾达公司预计未来 3 年内在正常情况下，该生产线每年可以为企业产生净现金流量为 700 万元、900 万元、800 万元。该现金流量通常即为 P 生产线最有可能产生的现金流量，腾达公司应以该现金流量的预计数为基础计算 P 生产线的现值。

②　期望现金流量法。指资产未来现金流量应当根据每期现金流量期望值进行预计，每期现金流量期望值按照各种可能情况下的现金流量与其发生概率加权计算。在实务中，如果影响资产未来现金流量的因素较多，不确定性较大，使用单一的现金流量可能并不会如实反映资产创造现金流量的实际情况。在这种情况下，采用期望现金流量法比传统法更为合理。

【例 3-3】　承例 3-2，假设利用 P 生产线生产的 M 产品受市场因素影响较大，M 产品在市场行情好、市场行情一般和市场行情差三种情况下实现的现金流量有较大的不同，预计未来现金流量情况如表 3.3 所示：

表 3.3　P 生产线预计未来现金流量　　　　　　　　　　单位：万元

| 年度 | 市场行情好（10%的可能性） | 市场行情一般（70%的可能性） | 市场行情较差（20%的可能性） |
| --- | --- | --- | --- |
| 2012 | 800 | 700 | 500 |
| 2013 | 2 000 | 900 | 800 |
| 2014 | 1 500 | 800 | 400 |

腾达公司运用期望现金流量法估计 2012～2014 年各年现金流量如下：

2012 年现金流量＝800×10%＋700×70%＋500×20%＝670（万元）

2013 年期望现金流量＝2 000×10%＋900×70%＋800×20%＝990（万元）

2014 年期望现金流量＝1 500×10%＋800×70%＋400×20%＝790（万元）

（2）折现率的估计

计算资产未来现金流量现值时所使用的折现率应当是反映当前市场货币时间价值和资产特定风险的税前利率。该折现率是企业在购置或者投资资产时所要求的必要报酬率。折现率的估计基础应当与资产未来现金流量的估计基础相一致。如果在预计资产的未来现金流量时已经对资产特定风险的影响作了调整的，折现率的估计不需要考虑这些特定风险；如果用于估计折现率的基础是税后的，应当将其调整为税前的折现率。

企业在确定折现率时，应当首先以该资产的市场利率为依据。如果该资产的利率无法从市场获得，可以使用替代利率估计。在估计替代利率时，企业应当充分考虑资产剩余寿命期间的货币时间价值和其他相关因素，比如资产未来现金流量金额及其时间的预计离异程度、资产内在不确定性的定价等，如果资产预计未来现金流量已经对这些因素作了有关调整的，应当予以剔除。企业在估计替代利率时，可以根据企业加权平均资金成本、增量借款利率或者其他相关市场借款利率作适当调整后确定。调整时，应当考虑与资产预计现金流量有关的特定风险以及其他有关政治风险、货币风险和价格风险等。

企业在估计资产未来现金流量现值时，通常应当使用单一的折现率。但是，如果资产未来现金流量的现值对未来不同期间的风险差异或者利率的期间结构反应敏感的，企业应当在未来各不同期间采用不同的折现率。

（3）资产未来现金流量现值的确定

在预计了资产的未来现金流量和折现率后，资产未来现金流量的现值只需将该资产的预计未来现金流量按照预计的折现率在预计的资产使用寿命里加以折现即可确定。其一般计算公式如下：

资产未来现金流量的现值（PV）

$$= \sum \left[ \text{第 } t \text{ 年预计资产未来现金流量（NCF}_t) \div (1+\text{折现率 } R)^t \right] \qquad (3\text{-}1)$$

【例 3-4】　承例 3-2、例 3-3，已知确定 10% 为人民币适用的折现率（税前），相关复利现值系数如下：

$(P/F, 10\%, 1)=0.909\,1$；$(P/F, 10\%, 2)=0.826\,4$；$(P/F, 10\%, 3)=0.751\,3$

传统法下 P 生产线未来现金流量的现值：

NCF $=700 \times (P/F, 10\%, 1)+1\,000 \times (P/F, 10\%, 2)+1\,000 \times (P/F, 10\%, 3)$

$=700 \times 0.909\,1+1\,000 \times 0.826\,4+1\,000 \times 0.751\,3$

$=2\,214.07$（万元）

期望现金流量法下 P 生产线未来现金流量的现值：

$$NCF=670×(P/F，10\%，1)+990×(P/F，10\%，2)+790×(P/F，10\%，3)$$
$$=670×0.909\ 1+990×0.826\ 4+790×0.751\ 3$$
$$=2\ 020.77（万元）$$

（4）外币未来现金流量及其现值的预计

随着我国企业日益融入世界经济体系和国际贸易的大幅度增加，企业使用资产所收到的未来现金流量有可能为外币，在这种情况下，企业应当按照下列顺序确定资产未来现金流量的现值：

1）以该资产所产生的未来现金流量的结算货币为基础预计其未来现金流量，并按照该货币适用的折现率计算资产的现值。

2）将该外币现值按照计算资产未来现金流量现值当日的即期汇率进行折算，从而折现成按照记账本位币表示的资产未来现金流量的现值。

3）在该现值基础上，比较资产公允价值减去处置费用后的净额以及资产的账面价值，以确定是否需要确认减值损失以及确认多少减值损失。

【例 3-5】 腾达公司为一物流企业，经营国际货物运输业务。由于拥有的专门用于国际货物运输的货轮出现了减值迹象，腾达公司于 2010 年 12 月 31 日对其进行减值测试，相关资料如下：

（1）腾达公司以人民币为记账本位币，国际货物运输采用美元结算。

（2）2010 年 12 月 31 日，货轮的账面价值为人民币 10 000 万元，尚可使用 5 年，腾达公司拟继续经营使用货轮直至报废。

（3）腾达公司预计货轮未来 5 年产生的净现金流量如表 3.4 所示：

表 3.4　未来 5 年产生的净现金流量　　　　　　　　　单位：万美元

| 年　　度 | 2011 | 2012 | 2013 | 2014 | 2015 |
|---|---|---|---|---|---|
| 净现金流量 | 380 | 342 | 324 | 354 | 372 |

（4）腾达公司无法可靠估计货轮的公允价值减去处置费用后的净额。

（5）腾达公司确定 10% 为人民币适用的折现率，确定 12% 为美元的折现率，相关复利现值系数如下：

$$（P/F，10\%，1）=0.909\ 1；（P/F，12\%，1）=0.892\ 9$$
$$（P/F，10\%，2）=0.826\ 4；（P/F，12\%，2）=0.797\ 2$$
$$（P/F，10\%，3）=0.751\ 3；（P/F，12\%，3）=0.711\ 8$$
$$（P/F，10\%，4）=0.683\ 0；（P/F，12\%，4）=0.635\ 5$$
$$（P/F，10\%，5）=0.620\ 9；（P/F，12\%，5）=0.567\ 4$$

（6）2010 年 12 月 31 日的汇率为 1 美元=6.57 元人民币。

腾达公司的账务处理如下：

（1）计算货轮未来 5 年外币现金流量的现值（使用美元折现率）

$$380×0.892\ 9+342×0.797\ 2+324×0.711\ 8+354×0.635\ 5+372×0.567\ 4$$
$$=1\ 278.61（万美元）$$

（2）将外币现值折算人民币

$$1\,278.61 \times 6.57 = 8\,400.47（万元）$$

（3）计算货轮应计提的减值准备

由于无法可靠估计货轮的公允价值减去处置费用后的净额，所以其可收回金额就是未来现金流量现值 8 400.47 万元。

货轮的账面价值是 10 000 万元，可回收金额是 8 400.47 万元，所以应该计提的减值金额是 10 000－8 400.47＝1 599.53（万元）。

【知识链接】

本章所探讨的非流动资产的减值和其他章节探讨的资产减值的异同（见表3.5）：

表 3.5　各类资产减值的异同

| 资产类别 | 适用准则 | 计提标准 | 能否转回 |
|---|---|---|---|
| 存货（存货跌价准备） | "存货"准则 | 成本高于可变现净值 | 可以转回 |
| 贷款和应收款项（坏账准备） | "金融工具确认和计量"准则 | 账面价值大于未来现金流量 | 可以转回 |
| 固定资产、无形资产（固定资产、无形资产减值准备） | "资产减值"准则 | 账面价值大于可收回金额 | 不得转回 |
| 长期股权投资（长期股权投资减值准备） | "资产减值"准则 | 账面价值大于可收回金额 | 不得转回 |
| 采用成本模式计量的投资性房地产；商誉 | "资产减值"准则 | 账面价值大于可收回金额 | 不得转回 |
| 不具重大影响、在活跃市场中没有报价、公允价值不能可靠计量的长期股权投资 | "金融工具确认和计量"准则 | 账面价值大于未来现金流量 | 不得转回 |
| 建造合同形成的资产（存货跌价准备） | "建造合同"准则 | 预计总成本超过预计总收入，未完工部分应计提减值准备 | 可以转回 |
| 持有至到期投资 | "金融工具确认和计量"准则 | 账面价值大于未来现金流量 | 可以转回 |

### 3.2.2　资产减值损失确认和计量的一般原则

企业在对资产进行减值测试后，如果可收回金额的计量结果表明，资产的可收回金额低于其账面价值的，应当将资产的账面价值减记至可收回金额，减记的金额确认为资产减值损失，计入当期损益，同时计提相应的资产减值准备。资产的账面价值是指资产成本扣减累计折旧（或累计摊销）和累计减值准备后的金额。

公式如下：

$$减值损失＝可收回金额－账面价值 \qquad (3\text{-}2)$$

$$账面价值＝账面余额－累计折旧（或累计摊销）－减值准备$$

$$（本期末计提减值前的余额） \qquad (3\text{-}3)$$

资产减值损失确认后，减值资产的折旧或者摊销费用应当在未来期间作相应调整，以使该资产在剩余使用寿命内，系统地分摊调整后的资产账面价值（扣除预计净残值）。比如，固定资产计提了减值准备后，固定资产账面价值将根据计提的减值准备相应抵减，因此，在以后会计期间对固定资产计提折旧时，应当以新的固定资产账面价值（扣除预计净残值）为基础计提每期折旧。

资产减值准则规定资产减值损失一经确认，在以后会计期间不得转回。原因主要有两个：一是考虑到固定资产、无形资产、商誉等资产发生减值后，一方面价值回升的可能性比较小，通常属于永久性减值；二是从会计信息稳健性要求考虑，为了避免确认资产重估增值和操纵利润。

当资产报废、出售、对外投资等符合资产终止确认条件时，企业应将资产减值准备予以转销。

### 3.2.3　资产减值损失的账务处理

企业应设置"资产减值损失"科目，按照资产类别进行明细核算，核算各类资产在当期确认的资产减值损失金额；同时，应当根据不同的资产类别，分别设置"固定资产减值准备"、"在建工程减值准备"、"投资性房地产减值准备"、"无形资产减值准备"、"商誉减值准备"、"长期股权投资减值准备"、"生产性生物资产减值准备"等科目。

当企业确定资产发生了减值时，应当根据所确认的资产减值金额，借记"资产减值损失"科目，贷记"固定资产减值准备"、"在建工程减值准备"、"投资性房地产减值准备"、"无形资产减值准备"、"商誉减值准备"、"长期股权投资减值准备"、"生产性生物资产减值准备"等科目。在期末，企业应当将"资产减值损失"科目余额转入"本年利润"科目，结转后该科目应无余额。各资产减值准备科目累积每期计提的资产减值准备，直至相关资产被处置时才予以转出。

【例 3-6】　腾达公司 2010 年 12 月 1 日购买不需要安装的设备，取得增值税专用发票，注明价款 50 000 元，增值税额 8 500 元。预计该设备使用五年，预计净残值为 0，采用直线法计提折旧。2012 年 12 月，改设备出现了减值迹象，对设备进行减值测试，预计该设备公允价值为 30 000 元，处置费用为 5 000 元，未来现金流量的现值 20 000 元。

腾达公司账务处理如下：

设备年折旧额＝50 000/5＝10 000（元）

2012 年年末设备账面价值＝50 000－10 000×2＝30 000（元）

公允价值减去处置费用的金额＝30 000－5 000＝25 000（元）

未来现金流量现值＝20 000（元）

应计提减值准备＝30 000－25 000＝5 000（元）

借：资产减值损失　　　　　　　　　　　　　　　　　　　　5 000

　　贷：固定资产减值准备　　　　　　　　　　　　　　　　　　　5 000

## 3.3　资产组的认定和减值处理

根据规定，如果有迹象表明一项资产可能发生减值的，企业应当以单项资产为基础估计其可收回金额。但是，在企业难以对单项资产的可收回金额进行估计的情况下，应当以该资产所属的资产组为基础确定资产组的可收回金额。因此，资产组的认定就显得十分重要。

### 3.3.1　资产组的认定

**1. 资产组的定义**

资产组是企业可以认定的最小资产组合，其产生的现金流入应当基本上独立于其他资产或者资产组。资产组应当由创造现金流入相关的资产组成。

**2. 认定资产组应当考虑的因素**

1）资产组的认定，应当以资产组产生的主要现金流入是否独立于其他资产或者资产组的现金流入为依据。因此，资产组能否独立产生现金流入是认定资产组的最关键因素。

**【例 3-7】** 腾达公司有一个铁矿，与铁矿的生产和运输相配套，建有一条专用铁路。该铁路除非报废出售，其在持续使用过程中，难以脱离铁矿相关的其他资产而产生单独的现金流入，因此，公司对专用铁路的可收回金额进行单独估计，专用铁路和铁矿其他相关资产必须结合在一起，成为一个资产组，以估计该资产组的可回收金额。

2）资产组的认定，应当考虑企业管理层对生产经营活动的管理或者监控方式（如是按照生产线、业务种类还是按照地区或者区域等）和对资产的持续使用或者处置的决策方式等。比如，企业各生产线都是独立生产、管理和监控的，那么各生产线很可能应当认定为单独的资产组；如果某些机器设备是相互关联、互相依存的，其使用和处置是一体化决策的，那么，这些机器设备很可能应当认定为一个资产组。

**【例 3-8】** 腾达公司生产汽车，并且只拥有甲、乙、丙三家工厂，三家工厂分别位于中国、美国和英国。工厂甲生产一种组件，由工厂乙或者工厂丙进行组装，最终产品由乙或者丙销往世界各地，比如工厂乙的产品可以在本地销售，也可以在丙所在地销售（如果将产品从乙运到丙所在地更加方便的话）。乙和丙的生产能力合在一起尚有剩余，并没有被完全利用。乙和丙生产能力的利用程度依赖于腾达公司对于销售产品在两地之间的分配。

情况一：假定甲生产的产品（即组件）存在活跃市场。

在这种情况下，甲很可能可以认定为一个单独的资产组，原因是它生产的产品尽管主要用于乙或者丙，但是，由于该产品存在活跃市场，可以带来独立的现金流量，因此，通常应当认定为一个单独的资产组。在确定其未来现金流量的现值时，公司应当调整其财务预算或预测，将未来现金流量的预计建立在公平交易的前提下甲所生产产品的未来价格最佳估计数，而不是其内部转移价格。

对于乙和丙而言，即使乙和丙组装的产品存在活跃市场，由于乙和丙的现金流入依赖于产品在两地之间的分配，乙和丙的未来现金流入不可能单独地确定。因此乙和丙组合在一起是可以认定的、可产生基本上独立于其他资产或者资产组的现金流入的资产组合。乙和丙应当被认定为一个资产组。在确定该资产组未来现金流量的现值时，公司也应当调整其财务预算或预测，将未来现金流量的预计建立在公平交易的前提下从甲所购入产品的未来价格的最佳估计数，而不是其内部转移价格。

情况二：假定甲生产的产品不存在活跃市场。

在这种情况下由于甲生产的产品不存在活跃市场，它的现金流入依赖于乙或者丙生产的最终产品的销售，因此，甲很可能难以单独产生现金流入，其可收回金额很可能难以单独估计。

对于乙和丙而言，其生产的产品虽然存在活跃市场，但是，乙和丙的现金流入依赖于产品在两个工厂之间的分配，乙和丙在产能和销售上的管理是统一的，因此，乙和丙也难以单独产生现金流量，因而也难以单独估计其可收回金额。因此，只有甲、乙、丙三个工厂组合在一起（即将腾达公司作为一个整体）才很可能是一个可以认定的、能够基本上独立产生现金流入的最小的资产组合，从而将甲、乙、丙的组合认定为一个资产组。

**3. 资产组认定后不得随意变更**

资产组一经确定后，在各个会计期间应当保持一致，不得随意变更。但是，由于企业重组、变更资产用途等原因，导致资产组构成确需变更的，企业可以进行变更，但企业管理层应当证明该变更是合理的，并应当在附注中作相应说明。

### 3.3.2　资产组减值测试

资产组减值测试的原理和单项资产是一致的，即企业需要预计资产组的可收回金额和计算资产组的账面价值，并将两者进行比较，如果资产组的可收回金额低于其账面价值的，表明资产组发生了减值损失，应当予以确认。

**1. 资产组账面价值和可收回金额的确定基础**

在确定资产组的可收回金额时，应当按照该资产组的公允价值减去处置费用后的净额与其预计未来现金流量的现值两者之间较高者确定。

资产组账面价值的确定基础应当与其可收回金额的确定方式相一致。资产组的账面价值则包括可直接归属于资产组与可以合理和一致地分摊至资产组的资产账面价值，通常不应当包括已确认负债的账面价值，但如不考虑该负债金额就无法确定资产组可收回金额的除外。

资产组在处置时如要求购买者承担一项负债，该负债金额已经确认并计入相关资产账面价值，而且企业只能取得包括上述资产和负债在内的单一公允价值减去处置费用后的净额的，为了比较资产组的账面价值和可收回金额，在确定资产组的账面价值及其预计未来现金流量现值时，应当将已确认的负债金额从中扣除。

【例 3-9】　腾达公司在山西经营了一座煤矿山，假定法律要求矿产的主业必须在完成开采后将该地区恢复原貌。恢复费用包括表土覆盖层的复原，因为表土覆盖层在矿山开发前必须搬走。表土覆盖层一旦移走，企业就应为其确认一项负债，其有关费用计入矿山成本，并在矿山使用寿命内计提折旧。假定该公司为恢复费用确认的预计负债的账面金额为 1 500 万元。2011 年 12 月 31 日，腾达公司对矿山进行价值测试，矿山的资产组是整座矿山，矿山的账面价值为 8 600 万元（包括确认恢复山体原貌的预计负债）。矿山（资产组）于 2011 年 12 月 31 日对外出售，甲公司愿意出价 5 600 万元（包括恢复山体原貌成本，即已经扣减这一成本因素），预计处置费用为 600 万元。矿山预计未来现金流量的现值为 6 500 万元，不包括恢复费用，假定不考虑矿山的处置费用。

在本例中，资产组的公允价值减去处置费用后净额为 5 000 万元，该金额已经考虑了恢复费用。该资产组预计未来现金流量现值在考虑了恢复费用后为 5 900 万元。因此，按照公允价值减去处置费用净额与预计未来现金流量现值孰高原则确定资产组可回收金额为 5 900 万元。资产组的账面价值在扣除了已确认恢复原貌预计负债后的金额为 8 000 万元，这样，资产组的可回收金额低于账面价值，资产组发生了减值损失，应确认 2 100 万元的减值损失。

**2. 资产组减值的会计处理**

资产组减值测试的原理和单项资产相同，即需要估计资产组（包括资产组组合）的可收回金额并计算资产组的账面价值，并将两者进行比较，如资产组的可收回金额低于其账面价值的，应当按照差额确认减值损失。减值损失金额应当按照下列顺序进行分摊：

1）抵减分摊至资产组中商誉的账面价值。

2）根据资产组中除商誉之外的其他各项资产的账面价值所占比重，按比例抵减其他各项资产的账面价值。

以上资产账面价值的抵减，应当作为各单项资产（包括商誉）的减值损失处理，计入当期损益。抵减后的各资产的账面价值不得低于以下三者之中最高者：

1）该资产的公允价值减去处置费用后的净额（如可确定的）。

2）该资产预计未来现金流量的现值（如可确定的）。

3）零。

因此而导致的未能分摊的减值损失金额，应当按照相关资产组中其他各项资产的账面价值所占比重进行分摊。

**【例 3-10】** 腾达公司 2012 年末对资产组 WW 进行减值测试，该资产组除包括固定资产 A、B、C、D、E 设备，还包括一项负债，同时规定该资产组在处置时如要求承担该负债，该负债金额已经确认并计入相关资产账面价值。2011 年年末固定资产账面价值为 4 350 万元，其中 A、B、C、D、E 设备账面价值分别为 885 万元、1 170 万元、1 425 万元、270 万元、600 万元；要求购买者承担该负债的账面价值为 225 万元。五个设备无法单独使用，不能单独产生现金流量，因此作为一个资产组，E 设备的公允价值减去处置费用后的净值为 575.86 万元，其余四个设备的公允价值减去处置费用后的净额及预计未来现金流量现值均无法单独确定，但腾达公司确定该资产组的公允价值减去处置费用后的净额为 3 225 万元，预计未来现金流量的现值为 3 075 万元。

**要求：**

（1）计算资产组的减值损失。

（2）根据该资产组固定资产账面价值，按比例分摊减值损失至资产组内的各项固定资产。

（3）编制计提资产减值准备的会计分录。

腾达公司的账务处理如下：

（1）资产组公允价值减去处置费用后的净额（3 225 万元）＞预计未来现金流量的现值〔3 075－225＝2 850（万元）〕，所以，资产组的可收回金额为 3 225 万元，资产组减值损失＝4 350－225－3 225＝900（万元）。

（2）根据该资产组固定资产账面价值，按比例分摊减值损失至资产组内的各项固定资产（见表 3.6）：

表 3.6   一次分摊表             单位：万元

| 固定资产 | 分摊损失前账面价值<br>（1） | 分摊的减值损失<br>（2）=900×（1）/4350 | 分摊减值损失后账面价值<br>（3）=（1）-（2） |
|---|---|---|---|
| A 设备 | 885 | 183.10 | 701.9 |
| B 设备 | 1 170 | 242.07 | 927.93 |
| C 设备 | 1 425 | 294.83 | 1 130.17 |
| D 设备 | 270 | 55.86 | 214.14 |
| 小计 | 3 750 | 775.86 | 2974.14 |

E 设备应分摊减值损失＝900×600/4 350＝124.14（万元），而 600－124.14＝475.86（万元）。因为抵减后的各资产账面价值不得低于以下三者之最高者：该资产公允价值减去处置费用后的净额（如可确定）、该资产预计未来现金流量的现值（如可确定）和零。所以，E 设备账面价值为 575.86 万元，E 设备只能分摊 600－575.86＝24.14（万元）。未分担减值损失＝124.14－24.14＝100（万元）。应对减值损失进行二次分摊（见表 3.7）。

表 3.7   二次分摊表             单位：万元

| 固定资产 | 二次分摊损失前<br>账面价值 | 分摊的减值损失<br>（2）=100×（1）/2974.14 | 二次分摊前分摊的<br>减值损失 | 分摊减值损失总额 |
|---|---|---|---|---|
| A 设备 | 701.9 | 23.60 | 183.10 | 206.7 |
| B 设备 | 927.93 | 31.20 | 242.07 | 273.27 |
| C 设备 | 1 130.17 | 38 | 294.83 | 332.83 |
| D 设备 | 214.14 | 7.20 | 55.86 | 63.06 |

（3）编制会计分录

借：资产减值损失                             9 000 000

    贷：固定资产减值准备——A 设备             2 067 000

                    ——B 设备             2 732 700

                    ——C 设备             3 328 300

                    ——D 设备                630 600

                    ——E 设备                241 400

### 3.3.3   总部资产的减值测试

企业总部资产包括企业集团或其事业部的办公楼、电子数据处理设备、研发中心等资产。总部资产的显著特征是难以脱离其他资产或者资产组产生独立的现金流入，而且其账面价值难以完全归属于某一资产组。因此，总部资产通常难以单独进行减值测试，需要结合其他相关资产组或者资产组组合进行。资产组组合，是指由若干个资产组组成的最小资产组组合，包括资产组或者资产组组合，以及按合理方法分摊的总部资产部分。

在资产负债表日，如果有迹象表明某项总部资产可能发生减值的，企业应当计算确定该总部资产所归属的资产组或者资产组组合的可收回金额，然后将其与相应的账面价值相比较，据以判断是否需要确认减值损失，分别下列情况处理：

**1. 对于相关总部资产能够按照合理和一致的基础分摊至该资产组的处理步骤**

1）先将总部资产分摊到各个资产组中去，按照账面价值所占比重分摊，如果使用寿命不同，还要考虑权重。

2）计算各个资产组（含分摊进的总部资产的账面价值）的减值损失，即按资产组（含分摊进的总部资产的账面价值）的账面价值与可收回金额比较。

3）将各个资产组的资产减值损失在总部资产和各个资产组之间按照账面价值的比例进行分摊。

**【例 3-11】** 腾达公司在 A、B、C 三地拥有三家分公司，这三家分公司的经营活动由一个总部负责运作。由于 A、B、C 三家分公司均能产生独立于其他分公司的现金流入，所以该公司将这三家分公司确定为三个资产组。2012 年 12 月 1 日，企业经营所处的技术环境发生了重大不利变化，出现减值迹象，需要进行减值测试。假设总部资产的账面价值为 500 万元，能够按照各资产组账面价值的比例进行合理分摊，A、B、C 分公司和总部资产的使用寿命均为 20 年。减值测试时，A、B、C 三个资产组的账面价值分别为 450 万元、250 万元和 300 万元。腾达公司计算得出 A 分公司资产的可收回金额为 450 万元，B 分公司资产的可收回金额为 360 万元，C 分公司资产的可收回金额为 180 万元。

**要求**：计算 A、B、C 三个资产组和总部资产计提的减值准备。

腾达公司账务处理如下：

（1）将总部资产分摊到资产组

总部资产应分配给 A 资产组的数额＝500×450/1 000＝225（万元）；

总部资产应分配给 B 资产组的数额＝500×250/1 000＝125（万元）；

总部资产应分配给 C 资产组的数额＝500×300/1 000＝150（万元）。

（2）分配后各资产组的账面价值为

A 资产组的账面价值＝450＋225＝675（万元）；

B 资产组的账面价值＝250＋125＝375（万元）；

C 资产组的账面价值＝300＋150＝450（万元）。

（3）进行减值测试

A 资产组的账面价值＝675 万元，可收回金额＝450 万元，发生减值 225 万元；

B 资产组的账面价值＝375 万元，可回收金额＝360 万元，发生减值 15 万元；

C 资产组的账面价值＝450 万元，可收回金额＝180 万元，发生减值 270 万元。

（4）将减值损失在总部资产与资产组之间分配

A 资产组减值损失分配给总部资产的数额＝225×225/（450＋225）＝75（万元）；

分给 A 资产组本身＝225×450/（450＋225）＝150（万元）。

B 资产组减值损失分配给总部资产的数额＝15×125/（250＋125）＝5（万元）；

分给 B 资产组本身＝15×250/（250＋125）＝10（万元）。

C 资产组减值损失分配给总部资产的数额＝270×150/（300＋150）＝90（万元）；

分给 C 资产组本身＝270×300/（300＋150）＝180（万元）。

**2. 对于相关总部资产难以按照合理和一致的基础分摊至该资产组的处理步骤**

1）在不考虑相关总部资产的情况下，估计和比较资产组的账面价值和可收回金额，并按照前述有关资产组减值测试的顺序和方法处理。

2）认定由若干个资产组组成的最小的资产组组合，该资产组组合应当包括所测试的资产组与可以按照合理和一致的基础将该部分总部资产的账面价值分摊其上的部分。

3）比较所认定的资产组组合的账面价值（包括已分摊的总部资产的账面价值部分）和可收回金额，并按照前述有关资产组减值测试的顺序和方法处理。

# 3.4  商誉减值测试和处理

## 3.4.1  商誉减值测试的基本要求

**1. 企业合并所形成的商誉，至少应当在每年年度终了进行减值测试**

由于商誉难以独立产生现金流量，因此商誉应当结合与其相关的资产组（或者资产组组合）进行减值测试。这些相关的资产组（或者资产组组合）应当是能够从企业合并的协同效应中受益的资产组（或者资产组组合），但不应当大于按照《企业会计准则第 35 号——分部报告》和《企业会计准则解释第 3 号》所确定的报告分部。

**2. 企业应当自购买日起，合理分摊商誉账面价值至相关的资产组或资产组组合**

为了进行商誉减值测试，因企业合并形成的商誉的账面价值，应当自购买日起按照合理的方法分摊至相关的资产组；难以分摊至相关的资产组的，应当将其分摊至相关的资产组组合。将商誉的账面价值分摊至相关的资产组组合时，应当按照各资产组的公允价值占相关资产组公允价值总额的比例进行分摊。公允价值难以可靠计量的，按照资产组的账面价值占相关资产组账面价值总额的比例进行分摊。

对于已分摊商誉的资产组或资产组组合，无论是否存在资产组或资产组组合减值的迹象，每年都应进行减值测试。

企业因重组等原因改变了其报告结构，从而影响已分摊商誉的一个或若干个资产组构成，应当按合理的分摊方法，重新将商誉分摊至受影响的资产组。

## 3.4.2  商誉减值测试及账务处理

**1. 非同一控制下的吸收合并产生的商誉的减值测试及账务处理**

在对包含商誉的相关资产组或者资产组组合进行减值测试时，如与商誉相关的资产组或者资产组组合存在减值迹象的，应当按照下列步骤处理：

首先，对不包含商誉的资产组或者资产组组合进行减值测试，计算可收回金额，并与相关账面价值相比较，确认相应的减值损失。

其次，对包含商誉的资产组或者资产组组合进行减值测试，比较这些相关资产组或者资产组组合的账面价值（包括所分摊的商誉的账面价值部分）与其可收回金额，如相关资产组或者资产组组合的可收回金额低于其账面价值的，应当确认相应的减值损失。

减值损失金额应当先抵减分摊至资产组或者资产组组合中商誉的账面价值，再根据资产组或者资产组组合中除商誉之外的其他各项资产的账面价值所占比重，按比例抵减其他各项资产的账面价值。相关减值损失的处理顺序和方法与本章有关资产组减值损失的处理顺序和方法相一致。

**【例3-12】** 腾达股份有限公司（以下简称腾达公司）有关商誉及其他资料如下：

（1）腾达公司在 2011 年 12 月 20 日以 1 120 万元的价格吸收合并了甲公司，在购买日，甲公司可辨认资产的公允价值为 3 000 万元，负债的公允价值为 2 000 万元（应付账款），腾达公司确认了商誉 120 万元。甲公司的全部资产为一条生产线（包括有 A、B、C 三台设备）生产线的公允价值为 3 000 万元（其中：A 设备为 800 万元、B 设备 1 000 万元、C 设备为 1 200 万元），腾达公司在合并甲公司后，将该条生产线认定为一个资产组。该条生产线的各台设备预计尚可使用年限均为 5 年，预计净残值均为 0，采用直线法计提折旧。

（2）2012 年，由于生产线所生产的产品市场竞争激烈，导致生产的产品销路锐减，因此，腾达公司于年末进行减值测试。2012 年末，腾达公司无法合理估计生产线公允价值减去处置费用后的净额，经估计生产线未来 5 年现金流量及其折现率，计算确定的生产线的现值为 2 000 万元。腾达公司无法合理估计 A、B、C 公允价值减去处置费用后的净额及未来现金流量的现值。

**要求**：编制腾达公司 2012 年计提减值准备的会计分录。

腾达公司账务处理如下：

（1）腾达公司在 2011 年 12 月 20 日购买日的会计处理

| | |
|---|---|
| 借：固定资产——A 设备 | 800 |
| ——B 设备 | 1 000 |
| ——C 设备 | 1 200 |
| 商誉 | 120 |
| 贷：应付账款 | 2 000 |
| 银行存款 | 1 120 |

（2）计算资产组和各设备的账面价值

资产组不包含商誉的账面价值＝3 000－3 000/5＝2 400（万元）

其中，

A 设备的账面价值＝800－800/5＝640（万元）

B 设备的账面价值＝1 000－1 000/5＝800（万元）

C 设备的账面价值＝1 200－1 200/5＝960（万元）

（3）减值测试

1）对不包含商誉的资产组进行减值测试，计算减值损失：

不包含商誉的账面价值 2 400 万元

资产组的可收回金额为 2 000 万元

应确认资产减值损失 400 万元

2）对包含商誉的资产组进行减值测试，计算减值损失：

资产组包含商誉的账面价值＝2 400＋120＝2 520（万元）

资产组的可收回金额为 2 000 万元

应确认资产减值损失 520 万元

应先抵减分摊到资产组的商誉的账面价值 120 万元

借：资产减值损失　　　　　　　　　　　　　　　　　　　　　120

　　贷：商誉减值准备　　　　　　　　　　　　　　　　　　　　　　120

3）其余减值损失 400 万元再在 A、B、C 设备之间按账面价值的比例进行分摊。

A 设备应分摊的减值损失＝400×640/2 400＝106.67（万元）

B 设备应分摊的减值损失＝400×800/2 400＝133.33（万元）

C 设备应分摊的减值损失＝400×960/2 400＝160（万元）

借：资产减值损失　　　　　　　　　　　　　　　　　　　　　400

　　贷：固定资产减值准备——A 设备　　　　　　　　　　　　　106.67

　　　　　　　　　　　　　——B 设备　　　　　　　　　　　　　133.33

　　　　　　　　　　　　　——C 设备　　　　　　　　　　　　　160

**2. 非同一控制下的控股合并产生的商誉的减值测试及账务处理**

在非同一控制下的控股合并中，如果是非全资子公司，由于可收回金额的预计包括归属于少数股东的商誉价值部分，为了使减值测试建立在一致的基础上，企业应当调整资产组的账面价值，将归属于少数股东权益的商誉包括在内；然后根据调整后的资产组（或者资产组组合）账面价值与其可收回金额进行比较，以确定资产组（包括商誉）是否发生了减值。

**【例 3-13】** 腾达公司在 2012 年 1 月 1 日以 3 200 万元的价格收购了甲公司 80%股权。在购买日，甲公司可辨认资产的公允价值为 3 000 万元（股本为 1 000 万元、资本公积为 1 000 万元、盈余公积为 100 万元、未分配利润为 900 万元），没有负债和或有负债。因此，腾达公司在购买日编制的合并资产负债表中确认商誉 800 万元（3 200－3 000×80%）、甲公司可辨认净资产 3 000 万元和少数股东权益 600 万元（3 000×20%）。

购买日编制的合并资产负债表，抵销分录如下（单位：万元）：

借：股本　　　　　　　　　　　　　　　　　　　　　　　　　1 000

　　资本公积　　　　　　　　　　　　　　　　　　　　　　　　1 000

　　盈余公积　　　　　　　　　　　　　　　　　　　　　　　　　100

　　未分配利润　　　　　　　　　　　　　　　　　　　　　　　　900

　　商誉　　　　　　　　　　　　　　　　　（3 200－3 000×80%）800

　　贷：长期股权投资　　　　　　　　　　　　　　　　　　　　3 200

　　　　少数股东权益　　　　　　　　　　　　　　（3 000×20%）600

假定甲公司的所有资产被认定为一个资产组，而且甲公司的所有可辨认资产均未发生资产减值迹象，由于该资产组包括商誉，因此，它至少应当于每年年度终了进行减值测试。

在 2012 年末，腾达公司确定该资产组的可收回金额为 2 000 万元，可辨认净资产的账面价值为 2 700 万元。

腾达公司的账务处理如下：

（1）计算 2012 年合并报表确认商誉

商誉＝3 200－3 000×80%＝800（万元）

（2）计算 2012 年 12 月 31 日总商誉

$$总商誉＝800/80\%＝1\,000（万元）$$

（3）计算腾达公司包含商誉的资产组账面价值

腾达公司包含商誉的资产组账面价值＝可辨认资产的账面价值 2\,700＋总商誉 1\,000

$$＝3\,700（万元）$$

（4）可收回金额为 2\,000 万元

（5）计算资产组的减值损失

$$资产组的减值损失＝3\,700－2\,000＝1\,700（万元）$$

（6）计算腾达公司商誉应计提的减值准备

$$腾达公司商誉应计提的减值准备＝1\,000×80\%＝800（万元）$$

（7）计算腾达公司其他资产（假定为固定资产）应计提的减值准备

$$固定资产应计提的减值准备＝1\,700－1\,000＝700（万元）$$

| | |
|---|---|
| 借：资产减值损失——商誉 | 800 |
| 　　　　　　——固定资产 | 700 |
| 　贷：商誉减值准备 | 800 |
| 　　固定资产减值准备 | 700 |

## 3.5　资产减值会计信息披露

企业应当在会计报表附注中披露与资产减值有关的下列信息：

1）当期确认的各项资产减值损失金额。

2）计提的各项资产减值准备累计金额。

3）提供分部报告信息的，应当披露每个报告分部当期确认的减值损失金额。

## 本章知识框架

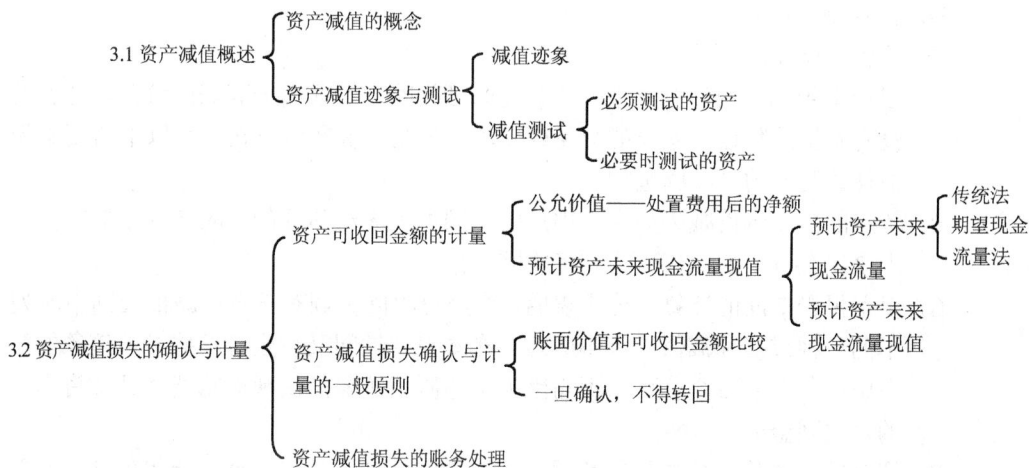

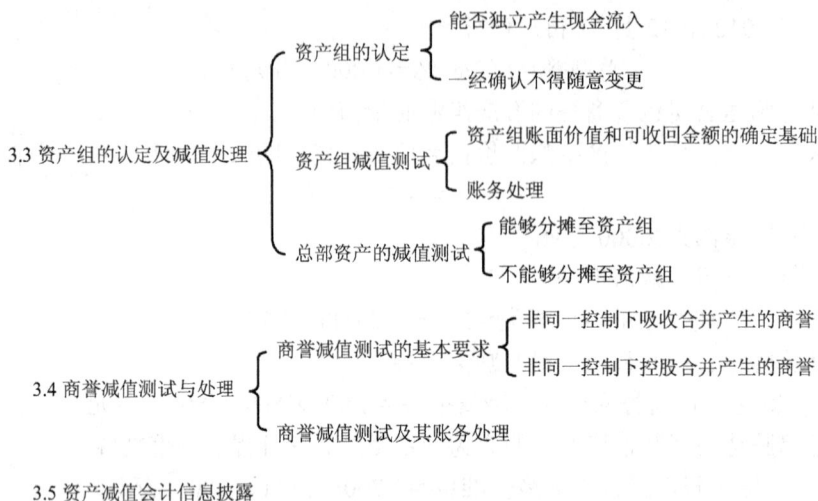

3.3 资产组的认定及减值处理
- 资产组的认定
  - 能否独立产生现金流入
  - 一经确认不得随意变更
- 资产组减值测试
  - 资产组账面价值和可收回金额的确定基础
  - 账务处理
- 总部资产的减值测试
  - 能够分摊至资产组
  - 不能够分摊至资产组

3.4 商誉减值测试与处理
- 商誉减值测试的基本要求
  - 非同一控制下吸收合并产生的商誉
  - 非同一控制下控股合并产生的商誉
- 商誉减值测试及其账务处理

3.5 资产减值会计信息披露

# 复 习 题

## 一、单项选择题

1. 当（　　）时，说明资产发生了减值。
   - A．资产的可回收金额高于账面价值
   - B．资产的可回收金金额低于账面价值
   - C．资产的公允价值高于账面价值
   - D．资产的公允价值低于账面价值

2. 下列资产项目中，应按资产减值准则的有关规定进行会计处理的有（　　）。
   - A．对子公司的长期股权投资
   - B．采用公允价值模式进行后续计量的投资性房地产
   - C．存货
   - D．消耗型生物资产

3. 下列说法中，错误的是（　　）。
   - A．以前报告期间的计算结果表明，资产可收回金额远高于其账面价值，之后又没有发生消除这一差异的交易或事项，企业在资产负债表日可以不需要重新估计该资产的可收回金额
   - B．资产的公允价值减去处置费用后的净额如果无法估计的，应当以该资产预计未来现金流量的现值作为其可收回金额
   - C．以前报告期间的计算与分析表明，资产可收回金额对于资产减值准则中所列示的一种或多种减值迹象不敏感，在本报告期间又发生了这些减值迹象的，在资产负债表日企业可以不需因为上述减值迹象的出现而重新估计该资产的可收回金额
   - D．资产的公允价值减去处置费用后的净额与资产预计未来现金流量的现值，必须都超过资产的账面价值，才表明资产没有发生减值

4. 资产可回收金额计量的原则是（　　）。

　　A. 资产公允价值与未来现金流量现值较高者确定

　　B. 以资产未来现金流量的现值来确定

　　C. 以资产公允价值减去处置费用的净额与未来现金流量现值较高者来确定

　　D. 以资产公允价值减去处置费用的净额与未来现金流量现值较低者来确定

5. 2011 年 12 月 31 日，甲公司对购入的时间相同、型号相同、性能相似的设备进行检查时发现该类设备可能发生减值。该类设备公允价值总额为 18 000 万元，直接归属于该类设备的处置费用为 2 000 万元，尚可使用 3 年。预计其在未来 2 年内产生的现金流量分别为：6 000 万元、5 500 万元，第三年产生的现金流量及使用寿命结束时处置形成的现金流量合计为 5 000 万元；在考虑相关因素的基础上，公司决定采用 3% 的折现率，则其可回收金额为（　　）万元。（计算结果取整数）

$[(P/F，3\%，1)=0.970\,98，(P/F，3\%，2)=0.942\,60，(P/F，3\%，3)=0.915\,14]$

　　A. 16 000　　　　B. 15 586　　　　C. 15 000　　　　D. 15 580

6. 企业对资产未来现金流量的预计，应建立在企业管理层批准的最近财务预算或者预测基础上，但预算涵盖的期间最多不超过（　　）年。

　　A. 5　　　　　　B. 4　　　　　　C. 3　　　　　　D. 10

7. 甲公司采用期望现金流量法估计未来现金流量，2011 年 VD 设备在不同的经营情况下产生的现金流量分别为：该公司经营好的可能性是 20%，产生的现金流量为 100 万元；经营一般的可能性是 60%，产生的现金流量是 70 万元，经营差的可能性是 20%，产生的现金流量是 50 万元，则该公司 VD 设备 2012 年预计的现金流量是（　　）万元。

　　A. 70　　　　　　B. 72　　　　　　C. 80　　　　　　D. 82

8. 关于折现率的预计，下列说法不正确的是（　　）。

　　A. 企业在估计资产未来现金流量现值时，应当使用单一折现率

　　B. 折现率应当是反映当前市场货币时间价值和资产特定风险的税后利率

　　C. 折现率的确定，应当首先以该资产的市场利率为依据

　　D. 如果企业在预计资产未来现金流量时已经对资产特定风险的影响做了调整，折现率的估计可以不需要考虑这些特定风险

9. 甲公司记账本位币为人民币，2011 年 12 月 31 日，甲公司对一项固定资产进行减值测试，该项固定资产原价为 800 万元人民币，已提折旧 150 万元人民币，因专门用于国际业务，其未来现金流量现值以美元计价，尚可使用 3 年，各年的现金流量（均发生在年末）分别为 30 万美元、40 万美元、20 万美元。无法可靠估计其公允价值减去处置费用后的净额。甲公司确定 10% 为人民币适用的折现率，确定 12% 为美元的折现率，相关复利现值系数如下：

| 项　　目 | 第 1 年 | 第 2 年 | 第 3 年 |
| --- | --- | --- | --- |
| 10% 复利现值系数 | 0.9091 | 0.8264 | 0.7513 |
| 12% 复利现值系数 | 0.8929 | 0.7972 | 0.7118 |

假定每年年末的即期汇率均为 1 美元＝6.85 元人民币，则甲公司应计提的减值准备为（　　）万元。

  A．150.56   B．0   C．133.82   D．300.56

10．下列资产项目中，每年年末必须进行减值测试的是（　　）。

  A．使用寿命不确定的固定资产

  B．长期股权投资

  C．使用寿命有限的无形资产

  D．使用寿命不确定的无形资产

11．企业已经计提了减值准备的无形资产，当有迹象表明减值因素消失价值回升时，其计提的减值准备应该（　　）。

  A．以计提减值准备金额为限将价值回升的金额转回

  B．按照账面价值超过可收回金额的差额补提资产减值准备

  C．不进行账务处理

  D．按照账面价值超过可收回金额的差额在原来计提的减值准备范围内予以转回

12．2012 年 12 月 31 日，甲公司对其拥有的一台机器设备进行减值测试时发现，该资产如果立即出售了，则可以获得 1 200 万元的价款，发生的处置费用预计为 200 万元；如果继续使用，那么在该资产使用寿命终结时的现金流量现值为 1 500 万元。该资产目前的账面价值是 1 200 万元，甲企业在 2012 年 12 月 31 日应该计提的固定资产减值准备是（　　）万元。

  A．10   B．20   C．12   D．0

13．甲公司 2011 年 7 月初增加无形资产一项，实际成本 720 万元，预计受益年限 10 年。2012 年年末对该项无形资产进行检查后，估计其可收回金额为 610 万元，则至 2012 年年末该项无形资产的账面价值为（　　）万元。

  A．500   B．550   C．600   D．610

14．关于资产组的概念和认定原则，以下说法错误的是（　　）。

  A．资产组能否独立产生现金流入是认定资产组的最关键因素

  B．由于企业重组、变更资产用途等原因，导致资产组构成确需变更的，企业可以进行变更，但企业管理层应当证明该变更是合理的，并应当在附注中作相应说明

  C．资产组是指企业同类资产的组合

  D．在认定资产组产生的现金流入是否基本上独立于其他资产组时，应当考虑企业管理层管理生产经营活动的方式和对资产持续使用或者处置的方式

15．下列有关资产组的表述中不正确的是（　　）。

  A．甲公司拥有一个煤矿，与煤矿的生产和运输相配套，建有一条专用铁路。该铁路除非报废时出售，其在持续使用中，难以脱离煤矿相关的其他资产而产生单独的现金流入，因此，企业难以对专用铁路的可收回金额进行单独估计，专用铁路和煤矿其他相关资产必须结合在一起，成为一个资产组，以估计该资产组的可收回金额

B. 甲公司有空调、电冰箱、洗衣机三个工厂（流水线），每个工厂在核算、考核和管理等方面都相对独立，在这种情况下，三个工厂通常为一个资产组

C. 甲公司有A车间、B车间、C车间三个车间，A车间专门生产零件，B车间专门生产部件，该零部件不存在活跃市场，A车间、B车间生产完后由C车间负责组装产品，该企业对A车间、B车间、C车间资产的使用和处置等决策是一体的，在这种情况下，A车间、B车间、C车间通常应当认定为一个资产组

D. 甲公司有一条生产线，生产某精密仪器，该生产线由A、B、C三部机器构成，均无法单独产生现金流量，但整条生产线构成完整的产销单位，属于一个资产组

16. 甲公司属于矿业生产企业。假定法律要求矿产的业主必须在完成开采后将该地区恢复原貌。恢复费用包括表土覆盖层的复原，因为表土覆盖层在矿山开发前必须搬走。表土覆盖层一旦移走，企业就应为其确认一项负债，其有关费用计入矿山成本，并在矿山使用寿命内计提折旧。2012年12月31日，甲公司正在对矿山进行减值测试，矿山的资产组是整座矿山。此时，甲公司为恢复费用确认的预计负债的账面价值为800万元。甲公司已收到愿意以4 000万元的价格购买该矿山的合同，这一价格已经考虑了复原表土覆盖层的成本。矿山预计未来现金流量的现值为5 000万元，不包括恢复费用；矿山不包括恢复费用的账面价值为6 000万元。假定不考虑矿山的处置费用。该资产组2012年12月31日的可收回金额为（    ）万元。

A. 4 500　　　　B. 4 800　　　　C. 4 600　　　　D. 4 200

17. 2010年1月1日，腾达公司以2 000万元的对价取得甲公司15%的股权（公允价值不能可靠计量），采用成本法核算。2010年，甲公司实现的净利润为50万元，2011年5月20日，甲公司宣告分配现金股利100万元，2011年，甲公司发生净亏损20万元。2011年下半年，经济环境的变化对甲公司的经营活动产生重大不利影响，腾达公司于2011年末对该项长期股权投资进行减值测试，其可收回金额为1 500万元，不考虑其他因素，则2011年12月31日，腾达公司对该项长期股权投资应计提的减值准备为（    ）万元。

A. 500　　　　B. 492.5　　　　C. 470　　　　D. 0

18. 下列有关商誉减值的说法中，正确的是（    ）。

A. 商誉能够单独产生现金流量

B. 商誉能独立存在，但是应分摊到相关资产组后进行减值测试

C. 测试商誉减值的资产组的账面价值应包括分摊的商誉的价值

D. 商誉应与资产组内的其他资产一样，按比例分摊减值损失

19. 腾达公司2012年年末对一项专利权的账面价值进行检测时，发现市场上已存在类似专利技术所生产的产品，对腾达公司产品的销售造成重大不利影响。在2012年之前腾达公司未对该项专利权计提减值准备，2012年年末该专利权的账面净值为3 000万元，剩余摊销年限为5年。2012年年末如果腾达公司将该专利权予以出售，则在扣除发生的

律师费和其他相关税费后可以获得 2 000 万元。但是，如果腾达公司打算持续利用该专利权进行产品生产，则在未来 5 年内预计可以获得的未来现金流量的现值为 1 500 万元，则专利权在 2012 年年末应计提的无形资产减值准备为（　　）万元。

  A．1 000　　　　　　B．1 500　　　　　　C．2 000　　　　　　D．0

  20．腾达公司在 2012 年 1 月 1 日与甲企业进行企业合并，以 1 500 万元为代价收购了甲企业 80% 的股权，当日甲企业可辨认资产的公允价值为 1 500 万元，假设没有负债。假定甲企业的全部资产是产生现金流量的最小组合，腾达公司将其作为一个包含商誉的资产组。2012 年末甲资产组可辨认资产按照购买日公允价值持续计算的账面价值为 1 400 万元，甲资产组资产包括商誉在内的可收回金额为 1 500 万元。腾达公司下述确认计量不正确的是（　　）。

  A．2012 年 12 月 31 日应将归属于少数股权的商誉包括在内对资产组进行减值测试

  B．2012 年 12 月 31 日甲资产组资产的账面价值（包含少数股权商誉）为 1 775 万元

  C．在 2012 年 12 月 31 日腾达公司编制的合并报表上商誉的账面价值为 300 万元

  D．在 2012 年 12 月 31 日腾达公司编制的合并报表上商誉的账面价值为 80 万元

## 二、多项选择题

  1．下列（　　）项属于《企业会计准则第 8 号——资产减值》的计提减值准备范围。

  A．采用公允价值模式进行后续计量的投资性房地产

  B．商誉

  C．固定资产

  D．存货

  2．在计算确定资产公允价值减去处置费用后的净额时，资产的处置费用包括（　　）。

  A．与资产处置有关的法律费用

  B．与资产处置有关的所得税费用

  C．与资产处置有关的搬运费用

  D．与资产处置有关的财务费用

  3．下列资产中，（　　）无论是否存在减值迹象，都应当至少于每年年度终了进行减值测试。

  A．存货

  B．企业合并形成的商誉

  C．使用寿命不确定的无形资产

  D．尚未达到可使用状态的无形资产

  4．资产减值的迹象包括（　　）。

  A．资产市价当期正常下跌

  B．企业经营所处的经济、技术或者法律等环境虽发生重大变化，但对企业产生有利影响

  C．市场利率或者其他市场投资报酬率在当期已经提高，从而影响企业计算资产预计未来现金流量现值的折现率，导致资产可回收金额大幅降低

  D．有证据表明资产已经陈旧过时或者其实体已经损坏

5. 关于资产可收回金额的计量，下列说法中不正确的有（　　）。
   A. 可收回金额应当根据资产的销售净价减去处置费用后的净额与资产预计未来现金流量的现值两者之间较高者确定
   B. 可收回金额应当根据资产的销售净价减去处置费用后的净额与资产预计未来现金流量的现值两者之间较低者确定
   C. 资产的公允价值减去处置费用后的净额与资产预计未来现金流量的现值，只要有一项超过了资产的账面价值，就表明资产没有发生减值，不需再估计另一项金额
   D. 资产的公允价值减去处置费用后的净额如果无法可靠估计的，应当以该资产预计未来现金流量的现值作为其可收回金额

6. 预计资产未来现金流量需要综合考虑的因素有（　　）。
   A. 与将来可能会发生的尚未作出承诺的重组事项有关或者与资产改良有关的预计未来现金流量
   B. 预计资产未来现金流量不应当包括筹资活动和所得税收付产生的现金流量
   C. 对通货膨胀因素的考虑应当和折现率相一致
   D. 涉及内部转移价格的需要作调整

7. 下列各项资产减值准备中，在相应资产的持有期间内不能转回的是（　　）。
   A. 无形资产减值准备　　　　B. 贷款损失准备
   C. 商誉减值准备　　　　　　D. 固定资产减值准备

8. 资产预计未来现金流量应当包括（　　）。
   A. 资产持续使用过程中预计产生的现金流入
   B. 为实现资产持续使用过程中所产生的现金流入所必需的预计现金流出（包括为使资产达到预计可使用状态所发生的现金流出）
   C. 企业预期可从资产的处置中获取或者支付的减去预计处置费用后的金额
   D. 筹资活动和所得税收付产生的现金流量

9. 企业在计提了固定资产减值准备后，下列会计处理不正确的有（　　）。
   A. 固定资产预计使用寿命变更的，应当改变固定资产折旧年限
   B. 固定资产所含经济利益预期实现方式变更的，应改变固定资产折旧方法
   C. 固定资产预计净残值变更的，应当改变固定资产的折旧方法
   D. 以后期间如果该固定资产的减值因素消失，可以按不超过原来计提减值准备的金额予以转回

10. 下列有关资产组减值的说法中，不正确的是（　　）。
    A. 在可确定单项资产可收回金额和资产组可收回金额的情况下，应该按照资产组计提减值
    B. 资产组是指企业可以认定的最小资产组合，其产生的现金流入应当基本上独立于其他资产或资产组产生的现金流入
    C. 资产组的可收回金额应当按照该资产组的账面价值减去处置费用后的净额与其预计未来现金流量的现值两者之间较高者确定

D．资产组减值损失金额应当直接冲减资产组内的各项资产

11．下列关于资产组账面价值和可回收金额确定基础的说法中正确的是（　　）。

A．资产组账面价值的确定基础应当与其可回收金额的确定方式相一致

B．资产组的可回收金额在确定时，应当按照该资产组的公允价值减去处置费用后的净额与其预计未来现金流量的现值二者之间较高者确定

C．资产组的账面价值通常不应当包括已确认负债的账面价值，但如不考虑该负债的金额就无法确定资产组可回收金额的除外

D．资产组的可回收金额在确定时，应当按照该资产组的公允价值减去处置费用后的净额与其预计未来现金流量的现值二者之间较低者确定

12．对某一资产组减值损失的金额需要（　　）。

A．抵减分摊至该资产组中商誉的账面价值

B．根据该资产组中的商誉及其他各项资产所占比重直接进行分摊

C．将抵减商誉后的减值金额，根据该资产组中除商誉之外的其他各项资产的公允价值所占比重，按照比例抵减其他各项资产的账面价值

D．将抵减商誉后的减值金额，根据该资产组中除商誉之外的其他各项资产的账面价值所占比重，按照比例抵减其他各项资产的账面价值

13．对于相关总部资产难以按照合理和一致的基础分摊至该资产组的，应当按照下列步骤处理（　　）。

A．在不考虑相关总部资产的情况下，估计和比较资产组的账面价值和可收回金额，并按照资产组减值损失处理顺序和方法进行处理

B．认定由若干个资产组组成的最小的资产组组合，该资产组组合应当包括所测试的资产组与可以按照合理和一致的基础将该总部资产的账面价值分摊其上的部分

C．比较所认定的资产组组合的账面价值（包括已分摊的总部资产的账面价值部分）和可收回金额，并按照资产组减值损失处理顺序和方法进行处理

D．直接将减值全部分摊至总部资产

14．企业对于资产组的减值损失，应先抵减分摊至资产组中商誉的账面价值，再根据资产组中除商誉之外的其他各项资产的账面价值所占比重，按比例抵减其他各项资产的账面价值，但抵减后的各资产的账面价值不得低于以下（　　）中的最高者。

A．该资产的公允价值

B．该资产的公允价值减去处置费用后的净额

C．该资产预计未来现金流量的现值

D．零

15．下列说法中不正确的有（　　）。

A．资产组是指企业可以认定的最小资产组合，应当由创造现金流入的相关资产组成

B．资产组一经确定，不得变更

C．只要是某企业的资产，则其中任意两项或两项以上都可以组成企业的资产组

　　D. 企业难以对单项资产的可收回金额进行估计的，应当以该资产所属的资产组为基础确定资产组的可收回金额

### 三、判断题

1. 资产减值是指资产的账面价值低于其可回收金额。　　　　　　　　　　（　　）

2. 以公允价值模式进行后续计量的投资性房地产、存货、固定资产、商誉需要按《企业会计准则第 8 号——资产减值》有关规定进行会计处理。　　　　　　　　（　　）

3. 企业合并形成的商誉和使用寿命确定的无形资产，无论是否存在减值迹象，都应当至少于每年年度终了进行减值测试。　　　　　　　　　　　　　　　　（　　）

4. 以前报告期间的计算结果表明，资产可收回金额远高于其账面价值，之后又没有发生消除这一差异的交易或者事项的，企业在资产负债表日仍然需重新估计该资产的可收回金额。　　　　　　　　　　　　　　　　　　　　　　　　　　（　　）

5. 在进行减值测试时，需要同时确定资产的公允价值减去处置费用后的净额和资产预计未来现金流量的现值。　　　　　　　　　　　　　　　　　　　（　　）

6. 可收回金额应当根据资产的市场价格减去处置费用后的净额与资产预计未来现金流量两者之间较低者确定。　　　　　　　　　　　　　　　　　　（　　）

7. 资产的处置费用是指可以直接归属于资产处置的增量成本，包括与资产处置有关的法律费用、相关税费、搬运费以及为使资产达到可销售状态所发生的直接费用等，也包括财务费用和所得税费用。　　　　　　　　　　　　　　　　　　（　　）

8. 企业在估计资产的公允价值减去处置费用后的净额时，公允价值应按照公平交易中资产的销售协议价格、资产的市场价格以及熟悉情况的交易双方自愿进行公平交易愿意提供的交易价格这一顺序进行估计。　　　　　　　　　　　　　　　（　　）

9. 资产预计未来现金流量的现值，应当按照资产在持续使用过程中和最终处置时所产生的预计未来现金流量，选择恰当的折现率对其进行折现后的金额加以确定。（　　）

10. 资产预计未来现金流量包括为维持资产正常运转发生的现金流出、资产持续使用过程中产生的现金流入、未来年度为改良资产发生的现金流出以及未来年度因实施已承诺重组减少的现金流出。　　　　　　　　　　　　　　　　　（　　）

11. 计算资产未来现金流量现值时所使用的折现率应当是反映当前市场货币时间价值和资产特定风险的税后利率。　　　　　　　　　　　　　　　　　（　　）

12. 预计资产未来的现金流量应当包括筹资活动和所得税收付产生的现金流量。
　　　　　　　　　　　　　　　　　　　　　　　　　　　　　　　　　（　　）

13. 企业已经计提了减值准备的固定资产，当有迹象表明减值因素消失价值回升时，其计提的减值准备应该按照账面价值超过可收回金额的差额在原来计提的减值准备范围内予以转回。　　　　　　　　　　　　　　　　　　　　　　　　　（　　）

14. 资产组的认定，主要以资产组产生的主要现金流入是否独立于其他资产或者资产组的现金流入为依据。　　　　　　　　　　　　　　　　　　　（　　）

15. 认定资产组时，不用考虑管理层对生产经营活动的管理或者监控方式和对资产的持续使用或者处置的决策方式。　　　　　　　　　　　　　　　　（　　）

16. 资产组一经确定后，在各个会计期间应当保持一致，不能变更。　　（　　）

17. 资产组的可收回金额在确定时，应当按照该资产组的公允价值减去处置费用后的净额与其预计未来现金流量的现值两者之间较高者确定。　　　　（　　）

18. 资产组的账面价值应当包括可直接归属于资产组与可以合理和一致地分摊至资产组的资产账面价值，也包括已确认负债的账面价值。　　　　（　　）

19. 商誉发生减值时，应将商誉减值损失在可归属于母公司和少数股东权益之间按比例进行分配，但合并报表中仅反映归属于母公司的商誉减值损失。　　　　（　　）

20. 企业对资产未来现金流量的预计，应建立在企业管理层批准的最近财务预算或者预测基础上，但预算涵盖的期间最多不超过 10 年。　　　　（　　）

**四、简答题**

1. 什么是资产减值？《企业会计准则第 8 号——资产减值》中涉及资产减值的范围包括哪些？

2. 如何判断资产减值迹象？

3. 估计资产可回收金额的基本方法有哪些？

4. 如何估计资产公允价值减去处置费用后的净额？

5. 预计资产未来现金流量应包括的内容有哪些？需要考虑哪些因素？

6. 预计资产未来现金流量的方法有哪些？请简要说明。

7. 什么是资产组？认定资产组应当考虑的因素有哪些？

8. 如何对资产组减值损失的金额进行分摊？

9. 什么是总部资产？如何对总部资产进行减值测试？

10. 商誉减值的基本要求有哪些？如何进行商誉减值测试？

**五、计算分录题**

1. 假设利用甲生产线生产的 D 产品受市场因素影响较大，D 产品在市场行情好、市场行情一般和市场行情差三种情况下实现的现金流量有较大的不同，预计未来现金流量情况如下表所示：

甲生产线预计未来现金流量　　　　　　　　　　单位：万元

| 年度 | 市场行情好（20%的可能性） | 市场行情一般（50%的可能性） | 市场行情较差（30%的可能性） |
|------|------|------|------|
| 2012 | 600 | 200 | 50 |
| 2013 | 500 | 100 | 80 |
| 2014 | 400 | 300 | 100 |

**要求：**

（1）运用期望现金流量法估预计 2012～2014 年各年现金流量。

（2）已知确定 10%为人民币适用的折现率，计算期望现金流量法下甲生产线未来现金流量的现值。

2. 甲公司 2012 年末对资产组 P 进行减值测试，该资产组除包括固定资产 A、B、C、D、E 设备外，还包括一项负债，同时规定该资产组在处置时如要求承担该负债，该负债金额已经确认并计入相关资产账面价值。2012 年年末固定资产账面价值为 5 200 万元，其中 A、B、C、D、E 设备账面价值分别为 2 080 万元、650 万元、910 万元、520

万元、1 040 万元；要求购买者承担该负债的账面价值为 200 万元。五个设备无法单独使用，不能单独产生现金流量，因此作为一个资产组，E 设备的公允价值减去处置费用后的净值为 320 万元，其余四个设备的公允价值减去处置费用后净额以及预计未来现金流量现值均无法单独确定，但甲公司确定该资产组的公允价值减去处置费用后的净额为 4 000 万元，预计未来现金流量的现值为 3 800 万元。

**要求：**

（1）计算甲公司资产组的减值损失。

（2）根据该资产组固定资产账面价值，按比例分摊减值损失至资产组内的各项固定资产。

（3）编制甲公司资产减值准备的会计分录。

（答案中的金额单位用万元表示）

3. 腾达公司在甲、乙、丙三地拥有三家分公司，其中，乙分公司是上年吸收合并的公司。这三家分公司的经营活动由一个总部负责运作。由于甲、乙、丙三家分公司均能产生独立于其他分公司的现金流入，所以，腾达公司将这三家公司确定为一个资产组。2012 年 12 月 31 日，公司经营所处技术环境发生重大不利变化，出现减值迹象，需要减值测试。假设总部资产的账面价值为 2 250 万元，能够按照个资产组账面价值的比例进行合理分摊，甲分公司资产使用寿命为 10 年，乙、丙分公司和总部资产使用寿命为 20 年。减值测试时，甲、乙、丙三个资产组的账面价值为 1 500 万元、2 250 万元和 3 000 万元（其中合并商誉为 225 万元）。腾达公司计算的甲分公司的可收回金额为 2 000 万元，乙分公司资产的可收回金额为 2 340 万元，丙分公司资产的可收回金额为 3 000 万元。

**要求：**计算腾达公司的甲、乙、丙三家分公司应计提的减值准备。

（答案中的金额单位以万元表示）

4. A 公司于 2012 年 1 月 1 日以 6 000 万元的价格收购了甲公司 80%的股权。在收购日，甲公司可辨认资产的公允价值为 5 000 万元，没有负债和或有负债。假定甲公司所有资产被认定为一个资产组，且该资产组包括商誉，需要至少于每年年度终了进行减值测试。甲公司 2012 年末可辨认净资产的账面价值为 2 500 万元。资产组（甲公司）在 2012 年末的可收回金额为 2 000 万元。假定甲公司 2011 年末可辨认资产包括一台 M 设备以及一项专利权，其账面价值分别为 300 万元和 200 万元。

**要求：**

（1）确认 A 公司 2012 年 12 月 31 日合并财务报表中商誉减值损失。

（2）计算资产组（甲公司）减值损失并确认每一项资产减值损失。

（答案中的金额单位以万元表示）

**六、综合题**

1. 腾达公司 2010 年 12 月 1 日购入一台需要安装的 NX 设备，增值税专用发票上注明的设备买价 600 000 元，增值税额为 102 000 元，支付运输费为 10 000 元（运费按 7%抵扣进项税额）。安装设备时，支付安装人员工资为 700 元。款项均以银行存款付清。NX 设备于当日安装完毕，安装完毕后即可达到可使用状态。已知该设备预计使用寿命为 5 年，预计净残值 10 000 元，采用年限平均法计提折旧。2011 年 12 月因出现减值现象，对该设备进行减值测试，预计该设备的公允价值为 450 000 元，处置费用为 50 000 元；NX 设备生产的 W 产品未来受市场因素影响较大，W 产品在市场行情好、市场行情一般和市场行情差三种情况下实现的现金流量有较大的不同，预计未来现金流量情况如下表所示：

W 产品预计未来现金流量 单位：万元

| 年度 | 市场行情好（10%的可能性） | 市场行情一般（70%的可能性） | 市场行情较差（20%的可能性） |
|------|------|------|------|
| 2012 | 40 | 20 | 10 |
| 2013 | 30 | 25 | 20 |
| 2014 | 50 | 40 | 30 |
| 2015 | 30 | 20 | 10 |

已知折现率为 10%。

**要求：**

（1）编制腾达公司购入固定资产的会计分录。

（2）计算 NX 设备 2011 年应计提的折旧额。

（3）使用期望现金流量法计算 NX 设备未来 3 年每年的现金流量。

（4）在期望现金流量法下计算 NX 设备未来 3 年现金流量的现值。

（5）计算 NX 设备可回收金额。

（6）判断 NX 设备是否减值，如果减值请写出减值的分录，如果没有减值，请说明理由。

2. 2009 年 12 月 31 日，腾达公司支付银行存款 1 240 万元吸收合并甲公司，甲公司在购买日各项资产的公允价值为 2 000 万元，各项负债的公允价值之和为 800 万元。腾达公司取得与商誉相关的资产组由 A、B、C 三台设备构成，其取得成本分别 40 万元、60 万元和 100 万元。使用年限为 10 年，采用年限平均法计提折旧，净残值为零。A、B、C 三台设备均无法单独产生现金流量。至 2011 年 12 月 31 日前，每年末对由 A、B、C 三台设备构成的资产组减值测试都未出现过减值迹象。2012 年 12 月 31 日，包含商誉在内的该资产组发生减值迹象。A、B、C 三台设备的账面价值分别为 20 万元、30 万元和 50 万元；A 设备公允价值减去处置费用后的净额为 15 万元，B、C 设备无法合理估计公允价值和处置费用。该资产组未来现金流量的现值为 60 万元。

**要求：**计算各项资产减值损失，并编制会计分录。

（答案中的金额单位以万元表示）

# 能力训练题

1. 腾达公司系一家上市公司，其拥有一条由专利权 M、设备 N 以及设备 L 组成的生产线，专门用于生产产品 P。该生产线于 2005 年 1 月投产，至 2011 年 12 月 31 日已连续生产 7 年，腾达公司按照不同的生产线进行管理，产品 P 存在活跃市场。生产线生产的产品 P，经包装机 Q 进行外包装后对外出售。

（1）产品 P 生产线及包装机 Q 的有关资料如下：

1）专利权 M 于 2005 年 1 月以 400 万元取得，专门用于生产产品 P。腾达公司预计该专利权的使用年限为 10 年，采用直接法摊销，预计净残值为 0。该专利权除用于生产产品 P 外，无其他用途。

2）专用设备 N 和 L 是为生产产品 P 专门订制的，除生产产品 P 外，无其他用途。专用设备 N 系腾达公司于 2004 年 12 月 10 日购入，原价 1 400 万元，购入后即可达到预定可使用状态。设备 N 的预计使用年限为 10 年，预计净残值为 0，采用年限平均法计提折旧。

专用设备 L 系腾达公司于 2004 年 12 月 20 日购入，原价 200 万元，购入后即达到预定可使用状态，设备 L 的预计使用年限为 10 年，预计净残值为 0，采用年限平均法计提折旧。

3）包装机 Q 系腾达公司于 2004 年 12 月 18 日购入，原价 180 万元，用于对公司生产的部分产品（包括产品 P）进行外包装，该包装机由独立核算的包装车间使用。公司生产的产品进行包装时需按照市场价格向包装车间内部结算包装费，除用于本公司产品的包装外，腾达公司还用该机器承接其他企业产品外包装，收取包装费。该机器的预计使用年限为 10 年，预计净残值为 0，采用年限平均法计提折旧。

（2）2011 年，市场上出现了产品 P 的替代产品，产品 P 市价下跌，销量下降，出现减值迹象。2011 年 12 月 31 日，腾达公司对有关资产进行减值测试。

1）2011 年 12 月 31 日，专利权 M 的公允价值为 118 万元，如将其处置，预计将发生相关费用 8 万元，无法独立确定其未来现金流量现值；设备 N 和设备 L 的公允价值减去处置费用后的净额以及预计未来现金流量的现值均无法确定；包装机 Q 的公允价值为 62 万元，如处置，预计将发生的费用为 2 万元，根据其预计提供包装服务的收费情况计算，其未来现金流量现值为 63 万元。

2）腾达公司管理层 2011 年年末批准的财务预算中与产品 P 生产线预计未来现金流量有关的资料如下表所示（有关现金流量均发生于年末，各年末不存在与产品 P 相关的存货，收入、支出均不含增值税）：

单位：万元

| 项　　目 | 2012 年 | 2013 年 | 2014 年 |
|---|---|---|---|
| 产品 P 销售收入 | 1 200 | 1 100 | 720 |
| 上年销售产品 P 产生应收账款本年收回 | 0 | 20 | 100 |
| 本年销售产品 P 产生应收账款将于下年收回 | 20 | 100 | 0 |
| 购买生产产品 P 的材料支付现金 | 600 | 550 | 460 |
| 以现金支付职工薪酬 | 180 | 160 | 140 |
| 其他现金支出（包括支付的包装费） | 100 | 160 | 120 |

3）腾达公司的增量借款年利率为 5%（税前），公司认为 5% 是产品 P 生产线的最低必要报酬率。复利现值系数如下：

| 项目 | 1 年 | 2 年 | 3 年 |
|---|---|---|---|
| 5%的复利现值系数 | 0.952 4 | 0.907 0 | 0.863 8 |

（3）其他有关资料：

1）腾达公司与生产产品 P 相关的资产在 2011 年以前未发生减值。

2）腾达公司不存在可分摊至产品 P 生产线的总部资产和商誉价值。

3）本题中有关事项均具有重要性。

4）本题中不考虑中期报告及所得税影响。

**要求：**

（1）判断腾达公司与生产产品 P 相关的各项资产中，哪些资产构成资产组，并说明理由。

（2）计算确定腾达公司与生产产品 P 相关的资产组未来每一期间的现金净流量及 2011 年 12 月 31 日预计未来现金流量的现值。

（3）计算包装机 Q 在 2011 年 12 月 31 日的可收回金额。

（4）编制腾达公司 2011 年 12 月 31 日与生产产品 P 相关的资产组减值测试表。

（5）编制腾达公司 2011 年 12 月 31 日计提资产减值准备的会计分录。

（答案中的金额单位以万元表示）

2．探索式讨论：企业已经确认的资产减值损失在以后会计期间转回，将会对企业、投资者等会计信息使用者产生哪些影响？

# 第4章

# 债务重组

**知识目标**

- 了解债务重组的定义和特征;
- 了解债务重组会计信息的披露;
- 熟悉债务重组的前提条件;
- 熟悉债务重组的方式;
- 掌握资产清偿债务的会计处理;
- 掌握债务转资本的会计处理;
- 掌握修改其他债务条件的会计处理;
- 掌握混合重组的会计处理。

**能力目标**

具备确定债务重组会计核算范围的职业认定能力;具备对各种方式下的债务重组进行会计处理的职业综合能力。

**关键术语**

债务重组　债务重组方式　债务重组损失　债务重组利得

# 4.1 债务重组概述

在市场经济条件下，竞争日趋激烈，由于各种因素的影响，企业可能出现一些暂时性或严重的财务困难，致使资金周转不灵，难以按期偿还债务。在此情况下，债权人和债务人可以经过协商，通过债务重组的方式，使债务人减轻负担，渡过难关。债务重组对于改善我国企业不合理的债务结构，减轻企业的债务负担有着积极的作用，同时又避免了破产程序费时耗资和社会震荡等消极因素，在当下的中国经济生活中具有显著的意义。

## 4.1.1 债务重组的定义

债务重组，是指在债务人发生财务困难的情况下，债权人按照其与债务人达成的协议或法院的裁定作出让步的事项。债务重组涉及债权人和债务人，于债权人而言，即为"债权重组"，但为便于表述，将"债权重组"和"债务重组"统称为"债务重组"。

债务是指企业由于过去的交易或事项而发生的现存义务，这种义务的结算将会引起企业经济资源的流出，如银行借款、应付账款、应付票据、应付工资、应付福利费、应付债券等。

债务人发生财务困难是指债务人出现资金周转困难或经营陷入困境，没有能力按原定条件偿还债务。债务人发生财务困难，是债务重组的前提条件。

让步是指债权人同意发生财务困难的债务人现在或将来以低于重组债务账面价值的金额偿还债务。债权人作出让步的主要原因是为缓解债务人暂时的财务困难，避免由于采取立即求偿的措施致使债权上的损失更大。这种让步是根据双方自愿达成的协议或法院裁定作出的。让步的结果是债权人发生债务重组损失，债务人获得债务重组利得。让步是债务重组的重要特征。

## 4.1.2 债务重组的方式

债务重组主要有以下几种方式：

**1. 以资产清偿债务**

以资产清偿债务，是指债务人转让其资产给债权人以清偿债务的债务重组方式。债务人通常用于偿债的资产主要有现金、存货、金融资产、固定资产、无形资产等。这里的现金，是指货币资金，即库存现金、银行存款和其他货币资金。

债务人以现金清偿债务，通常是指以低于债务的账面价值的现金清偿债务，如果以等量的现金偿还所欠债务，则不属于本章所指的债务重组。债务人转让非现金资产给债权人以清偿债务，但同时又与债权人签订了资产回购协议的，应按《企业会计准则第14号——收入》的有关规定处理。

**2. 债务转为资本**

以债务转为资本，是指债务人将债务转为资本，同时债权人将债权转为股权的债务重组方式。债务转为资本时，对股份有限公司而言是将债务转为股本；对其他企业而言，是将债务转为实收资本。债务转为资本的结果是债务人因此而增加股本（或实收资本），债权人因此而增加股权。

债务人根据转换协议将应付可转换公司债券转为资本，属于正常情况下的转换，不能作为债务重组处理。

**3. 修改其他债务条件**

修改其他债务条件，是指修改不包括上述两种方式在内的债务条件进行债务重组的方式，如减少债务本金、降低利率、减少或免去应付未付的利息、延长偿还期限等。

**4. 混合重组**

混合重组，是指采用以上三种方式共同清偿债务的债务重组形式。例如，以转让资产清偿某项债务的一部分，另一部分债务通过修改其他债务条件进行债务重组。主要包括以下可能的方式：

1）债务的一部分以资产清偿，另一部分则转为资本。

2）债务的一部分以资产清偿，另一部分则修改其他债务条件。

3）债务的一部分转为资本，另一部分则修改其他债务条件。

4）债务的一部分以资产清偿，一部分转为资本，另一部分则修改其他债务条件。

为规范债务重组的确认、计量和相关信息的披露，财政部根据《企业会计准则——基本准则》于1998年制定了《企业会计准则——债务重组》，并于2001年进行了修订。2006年2月财政部在制定新的准则体系时，对该准则再次进行了修订，发布了《企业会计准则第12号——债务重组》。本章主要根据《企业会计准则第12号——债务重组》，讲解债务重组的确认、计量和信息披露。

---

**【知识链接】**

**我国债务重组准则与国际会计准则的比较**

在现行国际会计准则中没有单独的债务重组具体准则，但在《国际会计准则第39号——金融工具：确认和计量》中，对于金融资产和金融负债的终止确认有类似我国会计准则中债务重组的规定：现有借款人和出借人之间交换条款存在显著差异的债务工具，应当作为原金融负债的消除和一项新金融负债的确认进行核算。类似地，对现有金融负债或部分金融负债的条款的重大修改（无论是否归属于债务人的财务困难）应作为原金融负债的消除和一项新金融负债的确认进行核算。消除的或转让给另一方的金融负债（或金融负债的一部分）的账面金额和所支付对价之间的差额，包括转让的所有非现金资产或承担的所有负债，应当计入损益。这些规定与我国准则的规定是一致的。

国际会计准则规定金融资产和金融负债以公允价值计量且其变动计入损益，这与我国会计准则采用公允价值的规定一致。

（资料来源：《企业会计准则第12号——债务重组》、《国际会计准则第39号——金融工具：确认和计量》）

---

## 4.2 债务重组的会计处理

### 4.2.1 债务重组会计处理的基本要求

**1. 明确持续经营条件下的债务重组和非持续经营条件下的债务重组的界限**

持续经营条件下的债务重组，是指债务重组双方在可预见的将来仍然会继续经营下去的情况下所进行的债务重组。非持续经营条件下的债务重组，则指债务人处于破产清算或企业改组等状态时与债权人之间进行的债务重组。

持续经营条件下的债务重组可按债权人是否作出了让步，再分为债权人作出了让步的债务重组和债权人未作出让步的债务重组。债权人作出了让步的债务重组，是指债权人同意债务人现在或将来以低于重组债务账面价值的金额偿还债务。债权人未作出让步的债务重组是指债务人现在或将来偿还债务的金额不低于重组债务的账面价值。

本章对债务重组的确认、计量和披露的会计处理事项仅涉及持续经营条件下债权人作出让步的债务重组。

【知识链接】

**我国债务重组准则的限定范围**

我国债务重组准则的范围限定在持续经营条件下，当债务人发生财务困难时债权人作出了让步的债务重组，原因有以下几点：（1）债务人没有发生财务困难时发生的债务重组的会计核算问题，属于捐赠的，适用其他准则；重组债务未发生账面价值变动的，不必进行会计处理。（2）企业清算或改组时的债务重组，属于非持续经营条件下的债务重组，有关的会计核算应遵循特殊的会计准则。（3）债务人发生财务困难时所进行的债务重组，如果债权人没有让步，而是采取以物抵账或诉讼方式解决，没有直接发生权益或损益变更，不涉及会计的确认和披露，也不必进行会计处理。

**2．正确确定债务重组日**

企业应正确确定每一项债务重组业务的债务重组日，在债务重组日对有关重组事项进行相应的会计处理。

债务重组可能发生在债务到期前、到期日或到期后。债务重组日，是指债务人履行协议或法院裁定，将相关资产转让给债权人、将债务转为资本或修改后的偿债条件开始执行的日期。以资产方式进行抵偿的债务重组日为资产已经到达债权人手里或已经交付债权人使用，并办理了有关债务解除手续的日期；债权转股权的债务重组日为债务人已经办妥增资批准手续，向债权人出具出资证明，并办理了有关债务解除手续的日期；修改其他债务条件的债务重组日为旧的债务解除，新债务开始日。

例如：

1）甲企业欠乙企业货款1 000万元，到期日为2012年5月1日。甲企业发生财务困难，2012年5月15日经协商，乙企业同意甲企业以价值900万元的商品抵债。甲企业于2012年5月20日将商品运抵乙企业并办理有关债务解除手续。在此项债务重组交易中，2012年5月20日即为债务重组日，而不是2012年5月15日的协商日。

如果甲企业是分批将商品运往乙企业，最后一批运抵的日期为2012年5月30日，且在这一天办理有关债务解除手续，则债务重组日应为2012年5月30日。

2）沿用1）资料，如果乙企业同意甲企业以一项工程总造价为900万元的在建工程偿债，但要求甲企业继续按计划完成在建工程，那么债务重组日应为该项工程完工并交付使用，且办理有关债务清偿手续的当日。

3）沿用1）资料，如果乙企业同意甲企业将所欠债务转为资本，甲企业于2012年5月25日办妥增资批准手续并向乙企业出具出资证明，则2012年5月25日即为债务重组日。

**3. 根据债务重组方式的不同，确认和计量债务重组损益**

债务重组损益应于债务重组日确认和计量。以非现金资产清偿债务的，债务人应分清债务重组收益和转让资产损益的界限。转让资产损益，是指转让的非现金资产的公允价值与其账面价值之间的差额。转让非现金资产时涉及相关税费的，在计算转让资产损益时，还要区别相关税费的不同性质，考虑是否将其计入转让资产损益。

**4. 将债务重组损益与企业日常活动损益区分核算**

债务重组是企业的偶发经济业务，债务人因此而产生的收益属于与其日常活动无直接关系的收益，应在"营业外收入"科目下单独设置"债务重组收益"明细科目进行核算；债权人因此而发生的损失属于与其日常活动无直接关系的损失，应在"营业外支出"科目下单独设置"债务重组损失"明细科目进行核算。

以非现金资产清偿债务的，债务人应将债务重组收益和转让资产损益分开核算。转让资产损益一般不需要单独设置科目进行核算。例如，转让的存货作为销售处理，销售收入与其成本及相关准备之间的差额为转让资产损益，该损益不需要单独设置科目核算。又如，转让的无形资产作为其他业务收入处理，该项收入与其相关成本之间的差额为转让资产损益，该损益不需要单独设置科目核算。再如，转让的固定资产作为固定资产清理处理，固定资产清理收入与清理支出之间的差额为转让资产损益，如为收益，在"营业外收入"科目下的"处置固定资产净收益"明细科目核算，不需要单独设置"转让资产收益"明细科目核算；如为损失，在"营业外支出"科目下的"处置固定资产净损失"明细科目核算，不需要单独设置"转让资产损失"明细科目核算。

### 4.2.2 以资产清偿债务

在债务重组中，企业以资产清偿债务的，通常包括以现金清偿债务和以非现金资产清偿债务等方式。

**1. 以现金清偿债务**

（1）债权人会计处理

债务人以现金清偿债务的，债权人应当在满足金融资产终止确认条件时，终止确认重组债权，并将重组债权的账面余额与收到的现金之间的差额确认为债务重组损失，计入营业外支出。重组债权已经计提减值准备的，应当先将上述差额冲减已计提的减值准备，冲减后仍有损失的，计入营业外支出；冲减后减值准备仍有余额的，应予转回并抵减当期资产减值损失。

（2）债务人会计处理

以现金清偿债务的，债务人应当在满足金融负债终止确认条件时，终止确认重组债务，并将重组债务的账面价值与支付的现金之间的差额确认为债务重组利得，计入营业外收入。重组债务的账面价值，一般为债务的面值或本金，如有利息的，还应计未付利息。

【例4-1】腾达公司于2011年4月1日销售一批材料给甲公司，开具的增值税发票上的价款为400 000元，增值税税额为68 000元，按合同规定，甲公司应于2011年10

月 1 日前偿付货款。由于甲公司发生财务困难，无法按合同规定的期限偿还债务，经双方协议于 2012 年 3 月 1 日进行债务重组。债务重组协议规定，腾达公司同意减免甲公司 50 000 元债务，余额用现金立即偿清。甲公司于当日通过银行转账支付了该笔剩余款项，腾达公司随即收到了通过银行转账偿还的款项。腾达公司已为该项应收债权计提了 40 000 元的坏账准备。

（1）腾达公司（债权人）账务处理

计算债务重组损失：

| | |
|---|---:|
| 应收账款账面余额 | 468 000 |
| 减：收到的现金 | 418 000 |
| 　已计提坏账准备 | 40 000 |
| 　债务重组损失 | 10 000 |

会计分录如下：

| | |
|---|---:|
| 借：银行存款 | 418 000 |
| 　坏账准备 | 40 000 |
| 　营业外支出——债务重组损失 | 10 000 |
| 　　贷：应收账款——甲公司 | 468 000 |

（2）甲公司（债务人）账务处理

计算债务重组利得：

| | |
|---|---:|
| 应付账款账面余额 | 468 000 |
| 减：支付的现金 | 418 000 |
| 　债务重组利得 | 50 000 |

会计分录如下：

| | |
|---|---:|
| 借：应付账款——腾达公司 | 468 000 |
| 　　贷：银行存款 | 418 000 |
| 　　　营业外收入——债务重组利得 | 50 000 |

**2. 以非现金资产清偿债务**

（1）债权人会计处理

以非现金资产清偿某项债务的，债权人应当在满足金融资产终止确认条件时，终止确认重组债权，对受让的非现金资产按其公允价值入账，重组债权的账面余额与受让的非现金资产的公允价值之间的差额，确认为债务重组损失，计入营业外支出。重组债权已经计提减值准备的，应当先将上述差额冲减已计提的减值准备，冲减后仍有损失的，计入营业外支出；冲减后减值准备仍有余额的，应予转回并抵减当期资产减值损失。对于增值税应税项目，如债权人不向债务人另行支付增值税，则增值税进项税额可以作为冲减重组债权的账面余额处理；如债权人向债务人另行支付增值税，则增值税进项税额不能作为冲减重组债权的账面余额处理。债权人收到非现金资产时发生的有关运杂费等，应当计入相关资产的价值。

（2）债务人会计处理

以非现金资产清偿某项债务的，债务人应当在满足金融负债终止确认条件时，终止确认重组债务，并将重组债务的账面价值与转让的非现金资产的公允价值之间的差额确认为债务重组利得，计入营业外收入。转让的非现金资产的公允价值与其账面价值的差额作为转让资产损益，计入当期损益。债务人在转让非现金资产的过程中发生的一些税费，如资产评估费、运杂费等，直接计入转让资产损益。对于增值税应税项目，如债权人不向债务人另行支付增值税，则债务重组利得应为转让非现金资产的公允价值和该非现金资产的增值税销项税额与重组债务账面价值的差额；如债权人向债务人另行支付增值税，则债务重组利得应为转让非现金资产的公允价值与重组债务账面价值的差额。

企业以非现金资产清偿债务的，非现金资产类别不同，其会计处理也略有不同：

1）以存货清偿债务。债务人以库存材料、商品、产品等存货抵偿债务，应视同销售进行核算。债务人可将该项业务分为两部分：一是将库存材料、商品、产品等存货出售给债权人，取得货款。出售库存材料、商品、产品等存货业务与企业正常的销售业务处理相同，其发生的损益计入当期损益；二是以取得的货币清偿债务。当然在这项业务中实际上并没有发生相应的货币资金流入与流出。债权人收到的存货按公允价值计量。

【例 4-2】 腾达公司应收甲公司购货款 550 000 元，由于甲公司财务发生困难，短期内不能支付已于 2012 年 5 月 1 日到期的货款。2012 年 7 月 1 日，经双方协商，腾达公司同意甲公司以其生产的产品偿还债务。该产品的公允价值（不含增值税）为 400 000 元，实际成本为 340 000 元。甲公司为增值税一般纳税人，适用的增值税税率为 17%。腾达公司于 2012 年 8 月 1 日收到甲公司抵债的产品，并作为库存商品入库；腾达公司对该项应收账款计提了 50 000 元的坏账准备。

（1）腾达公司（债权人）账务处理

计算债务重组损失：

| | |
|---|---|
| 应收账款账面余额 | 550 000 |
| 减：受让资产的公允价值 | 400 000 |
| 增值税进项税额 | 68 000 |
| 已计提坏账准备 | 50 000 |
| 债务重组损失 | 32 000 |

会计分录如下：

| | | |
|---|---|---|
| 借：库存商品 | 400 000 | |
| 应交税费——应交增值税（进项税额） | 68 000 | |
| 坏账准备 | 50 000 | |
| 营业外支出——债务重组损失 | 32 000 | |
| 贷：应收账款——甲公司 | | 550 000 |

（2）甲公司（债务人）的账务处理

计算债务重组利得：

| | | |
|---|---|---|
| 应付账款的账面余额 | | 550 000 |
| 减：所转让产品的公允价值 | | 400 000 |
| 增值税销项税额 | （400 000×17%） | 68 000 |
| 债务重组利得 | | 82 000 |

会计分录如下：

借：应付账款——腾达公司 550 000

　　贷：主营业务收入 400 000

　　　　应交税费——应交增值税（销项税额） 68 000

　　　　营业外收入——债务重组利得 82 000

借：主营业务成本 340 000

　　贷：库存商品 340 000

2）以固定资产清偿债务。债务人以固定资产抵偿债务，应将固定资产的公允价值与该项固定资产账面价值和清理费用的差额作为转让固定资产的损益处理。同时，将固定资产的公允价值与应付债务的账面价值的差额，作为债务重组利得，计入营业外收入。债权人收到的固定资产应按公允价值计量。

【例4-3】腾达公司2011年1月1日销售给甲公司一批材料，价值500 000元（包括应收取的增值税额），按购销合同约定，甲公司应于2011年10月31日前支付货款，但至2012年1月31日甲公司尚未支付货款。由于甲公司财务发生困难，短期内不能支付货款。2012年2月3日，甲公司与腾达公司协商，腾达公司同意甲公司以一台2010年10月购入的生产用设备偿还债务。该项设备的账面原价为350 000元，已提折旧50 000元，设备的公允价值（不含增值税）为360 000元，适用的增值税的税率为17%。

甲公司对该项应收账款已提取坏账准备20 000元。抵债设备已于2012年2月10日运抵腾达公司。

（1）腾达公司（债权人）账务处理

计算债务重组损失：

应收账款账面余额 500 000

减：受让资产的公允价值 360 000

　　增值税进项税额 61 200

　　已计提坏账准备 20 000

　　债务重组损失 58 800

会计分录如下：

借：固定资产——××设备 360 000

　　应交税费——应交增值税（进项税额） 61 200

　　坏账准备 20 000

　　营业外支出——债务重组损失 58 800

　　贷：应收账款——甲公司 500 000

（2）甲公司（债务人）账务处理

计算固定资产清理损益：

固定资产公允价值 360 000

减：固定资产净值 300 000

　　处置固定资产净收益 60 000

计算债务重组利得：

| | |
|---|---|
| 应付账款的账面余额 | 500 000 |
| 减：固定资产公允价值 | 360 000 |
| 　　增值税销项税额 | 61 200 |
| 　　债务重组利得 | 78 800 |

会计分录如下：

将固定资产净值转入固定资产清理：

| | |
|---|---|
| 借：固定资产清理——××设备 | 300 000 |
| 　　累计折旧 | 50 000 |
| 　　贷：固定资产——××设备 | 350 000 |

确认债务重组利得：

| | |
|---|---|
| 借：应付账款——腾达公司 | 500 000 |
| 　　贷：固定资产清理——××设备 | 360 000 |
| 　　　　应交税费——应交增值税（销项税额） | 61 200 |
| 　　　　营业外收入——债务重组利得 | 78 800 |

确认固定资产处置收益：

| | |
|---|---|
| 借：固定资产清理——××设备 | 60 000 |
| 　　贷：营业外收入——处置固定资产利得 | 60 000 |

3）以股票、债券等金融资产清偿债务。债务人以股票、债券等金融资产清偿债务，应按相关金融资产的公允价值与其账面价值的差额，作为转让金融资产的利得或损失处理；相关金融资产的公允价值与重组债务的账面价值的差额，作为债务重组利得。债权人收到的相关金融资产应按公允价值计量。

【例4-4】 腾达公司于2012年7月1日销售给甲公司一批产品，价值450 000元（包括应收取的增值税额），按购销合同约定，甲公司应于2012年10月1日前支付货款。至2012年10月20日，甲公司尚未支付货款。由于甲公司财务发生困难，短期内无法偿还债务。经过协商，腾达公司同意甲公司以其所持有作为可供出售金融资产的某公司股票抵偿债务。甲公司该股票的账面价值为400 000元（假定该资产账面公允价值变动额为零），当日的公允价值380 000元。假定腾达公司为该项应收账款提取了坏账准备40 000元。用于抵债的股票于当日即办理相关转让手续，甲公司将取得的股票作为可供出售金融资产核算。假定不考虑相关税费和其他因素。

（1）腾达公司（债权人）账务处理

计算债务重组损失：

| | |
|---|---|
| 应收账款账面余额 | 450 000 |
| 减：受让股票的公允价值 | 380 000 |
| 　　已计提坏账准备 | 40 000 |
| 　　债务重组损失 | 30 000 |

会计分录如下：

| | |
|---|---|
| 借：可供出售金融资产——××股票——成本 | 380 000 |

| | |
|---|---|
| 　营业外支出——债务重组损失 | 30 000 |
| 　坏账准备 | 40 000 |
| 　　贷：应收账款——甲公司 | 450 000 |

（2）甲公司（债务人）账务处理

计算债务重组利得：

| | |
|---|---|
| 应付账款的账面余额 | 450 000 |
| 减：股票的公允价值 | 380 000 |
| 　　债务重组利得 | 70 000 |

计算转让股票损益：

| | |
|---|---|
| 股票的公允价值 | 380 000 |
| 减：股票的账面价值 | 400 000 |
| 　　转让股票损益 | −20 000 |

会计分录如下：

| | |
|---|---|
| 借：应付账款——腾达公司 | 450 000 |
| 　投资收益 | 20 000 |
| 　　贷：可供出售金融资产——××股票——成本 | 400 000 |
| 　　　营业外收入——债务重组利得 | 70 000 |

### 4.2.3　债务转为资本

**1. 债权人会计处理**

债权人应当在满足金融资产终止确认条件时，终止确认重组债权，并将因放弃债权而享有股份的公允价值确认为对债务人的投资，重组债权的账面余额与因放弃债权而享有的股权的公允价值之间的差额，先冲减已提取的减值准备，减值准备不足冲减的部分，或未提取减值准备的，将该差额确认为债务重组损失，计入营业外支出。发生的相关税费，分别按照长期股权投资或者金融工具确认和计量等准则的规定进行处理。

**2. 债务人会计处理**

债务人为股份有限公司时，债务人应将债权人因放弃债权而享有股份的面值总额确认为股本；股份的公允价值总额与股本之间的差额确认为资本公积。重组债务的账面价值与股份的公允价值总额之间的差额确认为债务重组利得，计入营业外收入。债务人为其他企业时，债务人应将债权人因放弃债权而享有的股权份额确认为实收资本；股权的公允价值与实收资本之间的差额确认为资本公积。重组债务的账面价值与股权的公允价值之间的差额作为债务重组利得，计入营业外收入。

【例 4-5】　2011 年 7 月 1 日，腾达公司应收甲公司账款的账面余额为 600 000 元。由于甲公司发生财务困难，无法偿付对腾达公司的欠款，经双方协商同意，采取将甲公司所欠债务转为甲公司股本的方式进行债务重组。假定甲公司普通股的面值为 1 元，甲公司以 200 000 股抵偿该项债务，股票每股市价为 2.6 元。腾达公司对该项应收账款计提了坏账准备 30 000 元。股票登记手续已办理完毕，腾达公司将其作为长期股权投资处理。

（1）腾达公司（债权人）账务处理

计算债务重组损失：

| | |
|---|---|
| 应收账款账面余额 | 600 000 |
| 减：所转股权的公允价值 | 520 000 |
| 　　已计提坏账准备 | 30 000 |
| 　　债务重组损失 | 50 000 |

会计分录如下：

| | |
|---|---|
| 借：长期股权投资——甲公司 | 520 000 |
| 　　营业外支出——债务重组损失 | 50 000 |
| 　　坏账准备 | 30 000 |
| 　　贷：应收账款——甲公司 | 600 000 |

（2）甲公司（债务人）账务处理

计算应计入资本公积的金额：

| | |
|---|---|
| 股票的公允价值 | 520 000 |
| 减：股票的面值总额 | 200 000 |
| 　　应计入资本公积 | 320 000 |

计算债务重组利得：

| | |
|---|---|
| 债务账面价值 | 600 000 |
| 减：股票的公允价值 | 520 000 |
| 　　债务重组利得 | 80 000 |

会计分录如下：

| | |
|---|---|
| 借：应付账款——腾达公司 | 600 000 |
| 　　贷：股本 | 200 000 |
| 　　　　资本公积——股本溢价 | 320 000 |
| 　　　　营业外收入——债务重组利得 | 80 000 |

### 4.2.4　修改其他债务条件

企业以修改其他债务条件进行债务重组的，应当区分是否涉及或有应付（或应收）金额分别进行会计处理。或有应付（或应收）金额，是指需要根据未来某种事项出现而发生的应付（或应收）金额，而且该未来事项的出现具有不确定性。例如债务重组协议规定，"将××公司债务 1 000 000 元免除 200 000 元，剩余债务展期两年，并按 2%的年利率计收利息。如该公司第一年盈利，则第二年将按 5%的利率计收利息"。根据此项债务重组协议，债务人依未来是否盈利而发生的 24 000 元（800 000×3%）支出，为或有应付金额。相对于债权人来说，这 24 000 元（800 000×3%）为或有应收金额。但债务人是否盈利，在债务重组时不能确定，具有不确定性。

**1. 不涉及或有应付（或应收）金额的债务重组**

（1）债权人会计处理

以修改其他债务条件进行债务重组的，如果修改后的债务条款中不涉及或有应收金额，则债权人应当将修改其他债务条件后的债权的公允价值作为重组后债权的账面价值，重组债权的账面余额与重组后债权账面价值之间的差额确认为债务重组损失，计入营业外支出。如果债权人已对该项债权计提了减值准备，应当首先冲减已计提的减值准备，减值准备不足以冲减的部分，作为债务重组损失，计入营业外支出。

（2）债务人会计处理

以修改其他债务条件进行债务重组的，如果修改后的债务条款中不涉及或有应付金额，则债务人应将修改其他债务条件后的债务的公允价值作为重组后债务的入账价值。重组债务的账面价值与重组后债务的入账价值之间的差额确认为债务重组利得，计入营业外收入。

【例4-6】　腾达公司 2011 年 12 月 31 日应收甲公司货款的账面余额为 65 400 元。由于甲公司连年亏损，资金周转困难，不能偿付应于 2011 年 12 月 31 日前支付腾达公司的货款。经双方协商，于 2012 年 1 月 5 日进行债务重组。腾达公司同意将甲公司的债务减至 50 000 元，并将债务到期日延至 2012 年 6 月 30 日。该项债务重组协议从协议签订日起开始实施。腾达公司已为该项应收款项计提了 5 000 元坏账准备。

（1）腾达公司（债权人）账务处理

计算债务重组损失：

| | |
|---|---:|
| 应收账款账面余额 | 65 400 |
| 减：重组后债权公允价值 | 50 000 |
| 　　已计提坏账准备 | 5 000 |
| 　　债务重组损失 | 10 400 |

会计分录如下：

| | | |
|---|---:|---:|
| 借：应收账款——债务重组——甲公司 | 50 000 | |
| 　　营业外支出——债务重组损失 | 10 400 | |
| 　　坏账准备 | 5 000 | |
| 　　　贷：应收账款——甲公司 | | 65 400 |

（2）甲公司（债务人）账务处理

计算债务重组利得：

| | |
|---|---:|
| 应付账款的账面余额 | 65 400 |
| 减：重组后债务公允价值 | 50 000 |
| 　　债务重组利得 | 15 400 |

会计分录如下：

| | | |
|---|---:|---:|
| 借：应付账款——腾达公司 | 65 400 | |
| 　　贷：应付账款——债务重组——腾达公司 | | 50 000 |
| 　　　　营业外收入——债务重组利得 | | 15 400 |

**2. 涉及或有应付（或应收）金额的债务重组**

（1）债权人会计处理

以修改其他债务条件进行债务重组，修改后的债务条款中涉及或有应收金额的，债权人不应当确认或有应收金额，不得将其计入重组后债权的账面价值。或有应收金额属于或有资产，根据谨慎性原则，或有资产不予确认，只有在或有应收金额实际发生时，才计入当期损益（冲减财务费用）。债权人应当将修改其他债务条件后的债权的公允价值作为重组后债权的账面价值，重组债权的账面余额与重组后债权账面价值之间的差额确认为债务重组损失，计入营业外支出。如果债权人已对该项债权计提了减值准备，应当首先冲减已计提的减值准备，减值准备不足以冲减的部分，作为债务重组损失，计入营业外支出。

（2）债务人会计处理

以修改其他债务条件进行的债务重组，修改后的债务条款中涉及或有应付金额的，且该或有应付金额符合或有事项中有关预计负债确认条件的，债务人应当将该或有应付金额确认为预计负债。重组债务的账面价值与重组后债务的入账价值和预计负债金额之和的差额，作为债务重组利得，计入营业外收入。需要说明的是，在附或有支出的债务重组方式下，债务人应当在每期末，按照或有事项确认和计量要求，确定其最佳估计数，期末所确定的最佳估计数与原预计数的差额，计入当期损益。或有应付金额最终没有发生的，冲减已确认的预计负债，同时确认营业外收入。

【例4-7】 2010年8月8日，腾达公司应收甲公司货款为1 500 000元。由于甲公司资金周转发生困难，于2011年1月1日，双方协商进行债务重组，协议豁免全部债务的20%，剩余债务延长至2012年1月1日支付，同时规定2011年如果甲公司盈利，甲公司还将归还豁免债务部分的50%。腾达公司已经计提了40 000元的坏账准备，假定2011年甲公司很可能实现盈利。

（1）腾达公司（债权人）账务处理

计算债务重组损失：

| | |
|---|---:|
| 应收账款账面余额 | 1 500 000 |
| 减：重组后债权公允价值 | 1 200 000 |
| 　　已计提坏账准备 | 40 000 |
| 　　债务重组损失 | 260 000 |

会计分录如下：

| | |
|---|---:|
| 借：应收账款——债务重组——甲公司 | 1 200 000 |
| 　　营业外支出——债务重组损失 | 260 000 |
| 　　坏账准备 | 40 000 |
| 　　贷：应收账款——甲公司 | 1 500 000 |

假如2011年甲公司盈利，腾达公司的会计分录：

| | |
|---|---:|
| 借：银行存款 | 150 000 |
| 　　贷：财务费用 | 150 000 |

假如2011年甲公司亏损，腾达公司不需进行账务处理。

（2）甲公司（债务人）账务处理

计算债务重组利得：

| | |
|---|---:|
| 应付账款的账面余额 | 1 500 000 |
| 减：重组后债务公允价值 | 1 200 000 |
| 　　预计负债 | 150 000 |
| 　　债务重组利得 | 150 000 |

会计分录如下：

借：应付账款——腾达公司　　　　　　　　　　　　　　　1 500 000
　　贷：应付账款——债务重组——腾达公司　　　　　　　　　1 200 000
　　　　预计负债——腾达公司　　　　　　　　　　　　　　　150 000
　　　　营业外收入——债务重组利得　　　　　　　　　　　　150 000

假如 2011 年甲公司盈利，甲公司的会计分录：

借：预计负债——腾达公司　　　　　　　　　　　　　　　　150 000
　　贷：银行存款　　　　　　　　　　　　　　　　　　　　　150 000

假如 2011 年甲公司亏损，甲公司的会计分录：

借：预计负债——腾达公司　　　　　　　　　　　　　　　　150 000
　　贷：营业外收入——债务重组利得　　　　　　　　　　　　150 000

### 4.2.5　混合方式清偿债务

以上三种方式的组合方式进行债务重组，主要有以下几种情况：

**1. 债务人以现金、非现金资产两种方式的组合清偿某项债务**

重组债务的账面价值与支付的现金、转让的非现金资产的公允价值的差额作为债务重组利得。非现金资产的公允价值与其账面价值的差额作为转让资产损益。

债权人重组债权的账面余额与收到的现金、受让的非现金资产的公允价值，以及已提减值准备的差额作为债务重组损失。

**2. 债务人以现金、债务转为资本两种方式的组合清偿某项债务**

重组债务的账面价值与支付的现金、债权人因放弃债权而享有的股权的公允价值的差额作为债务重组利得。股权的公允价值与股本（或实收资本）的差额作为资本公积。

债权人重组债权的账面余额与收到的现金、因放弃债权而享有的公允价值，以及已提减值准备的差额作为债务重组损失。

**3. 债务人以非现金资产、债务转为资本两种方式的组合清偿某项债务**

重组债务的账面价值与转让的非现金资产的公允价值、债权人因放弃债权而享有的股权的公允价值的差额为债务重组利得。非现金资产的公允价值与账面价值的差额作为转让资产损益；股权的公允价值与股本（或实收资本）的差额作为资本公积。

债权人重组债权的账面余额与受让的非现金资产的公允价值、因放弃债权而享有的股权的公允价值，以及已提减值准备的差额为债权重组损失。

**4. 债务人以现金、非现金资产、债务转为资本三种方式的组合清偿某项债务**

重组债务的账面价值与支付的现金、转让的非现金资产的公允价值、债权人因放弃债权而享有股权的公允价值的差额作为债务重组利得；非现金资产的公允价值与其账面价值的差额作为转让资产损益；股权的公允价值与股本（或实收资本）的差额作为资本公积。

债权人重组债权的账面余额与收到的现金、受让的非现金资产的公允价值、因放弃债权而享有的股权的公允价值，以及已提减值准备的差额作为债权重组损失。

**5. 债务人以资产、债务转为资本等方式清偿某项债务的一部分，并对该项债务的另一部分以修改其他债务条件进行债务重组**

在这种方式下，债务人应先以支付的现金、转让的非现金资产的公允价值、债权人因放弃债权而享有的股权的公允价值冲减重组债务的账面价值，余额与重组后债务的公允价值进行比较，据此计算债务重组利得。债权人因放弃债权而享有的股权的公允价值与股本（或实收资本）的差额作为资本公积；非现金资产的公允价值与其账面价值的差额作为转让资产损益，于当期确认。

债权人应先以收到的现金、受让非现金资产的公允价值、因放弃债权而享有的股权的公允价值冲减重组债权的账面价值，差额与重组后债务的公允价值进行比较，据此计算债务重组损失。

**【例4-8】** 2011年1月15日，腾达公司销售一批材料给甲公司，开出的增值税专用发票上注明的销售价款为100 000元，增值税销项税额为17 000元，款项尚未收到。2011年3月10日，甲公司财务发生困难，无法按合同规定偿还债务。经双方协议，腾达公司同意甲公司支付银行存款30 000元，余额用一台设备立即偿还，并于当日办理了相关债务解除手续。该设备是2010年1月购入，账面原价为100 000元，已提折旧20 000元，已提减值准备5 000元，公允价值为70 000元。腾达公司已对该应收账款计提了8 000元的坏账准备。假设腾达公司另外支付增值税11 900给甲公司。腾达公司适用的增值税税率是17%

（1）腾达公司（债权人）账务处理

计算债务重组损失：

| | |
|---|---:|
| 应收账款账面余额 | 117 000 |
| 减：实际收到的现金 | 18 100 |
| 受让资产的公允价值 | 70 000 |
| 增值税进项税额 | 11 900 |
| 已计提坏账准备 | 8 000 |
| 债务重组损失 | 9 000 |

会计分录如下：

| | |
|---|---:|
| 借：银行存款 | 18 100 |
| 固定资产 | 70 000 |
| 应交税费——应交增值税（进项税额） | 11 900 |
| 坏账准备 | 8 000 |
| 营业外支出——债务重组损失 | 9 000 |
| 贷：应收账款——甲公司 | 117 000 |

（2）甲公司（债务人）账务处理

计算固定资产清理损益：

| | |
|---|---:|
| 固定资产公允价值 | 70 000 |
| 减：固定资产净值 | 80 000 |
| 加：固定资产减值准备 | 5 000 |
| 处置固定资产净损失 | 5 000 |

计算债务重组利得：

| | |
|---|---:|
| 应付账款的账面余额 | 117 000 |
| 减：实际付出的现金 | 18 100 |

| | |
|---|---|
| 固定资产公允价值 | 70 000 |
| 增值税销项税额 | 11 900 |
| 债务重组利得 | 17 000 |

会计分录如下：

借：固定资产清理　　　　　　　　　　　　　　　　　　75 000
　　累计折旧　　　　　　　　　　　　　　　　　　　　20 000
　　固定资产减值准备　　　　　　　　　　　　　　　　5 000
　　　贷：固定资产　　　　　　　　　　　　　　　　　　　　100 000
借：应付账款——腾达公司　　　　　　　　　　　　　117 000
　　营业外支出——处置非流动资产损失　　　　　　　5 000
　　　贷：固定资产清理　　　　　　　　　　　　　　　　　　75 000
　　　　　应交税费——应交增值税（销项税额）　　　　　　11 900
　　　　　营业外收入——债务重组利得　　　　　　　　　　17 000
　　　　　银行存款　　　　　　　　　　　　　　　　　　　18 100

# 4.3　债务重组会计信息披露

**1. 债权人债务重组会计信息的披露**

1）债务重组方式。债务重组方式包括以资产清偿债务、债务转为资本、修改其他债务条件以及混合方式等。债权人需要披露债务重组是以哪一种方式进行的。

2）确认的债务重组损失总额。债权人可能发生多项债务重组，并产生多项债务重组损失。债权人披露产生的债务重组损失总额，不要求分别披露每项债务重组的损失金额。

3）债权转为股份所导致的投资增加额及该投资占债务人股份总额的比例。在债权转股权的方式下，债权人需要披露因此而导致的长期股权投资增加额及长期股权投资总额占债务人股份总额的比例。

4）或有应收金额。债权人可能有多项债务重组涉及或有应收金额，债权人需要汇总披露或有应收金额，不要求分别披露每项或有应收金额。

5）债务重组中受让的非现金资产的公允价值、由债权转成的股份的公允价值和修改其他债务条件后债权的公允价值的确定方法及依据。

**2. 债务人债务重组会计信息的披露**

1）债务重组方式。债务重组方式包括以资产清偿债务、债务转为资本、修改其他债务条件以及混合方式等。债务人需要披露债务重组是以哪一种方式进行的。

2）确认的债务重组利得总额。债务人可能发生多项债务重组，并产生多项债务重组利得。债务人需要披露产生的债务重组利得总额，不要求分别披露每项债务重组的利得金额。

3）将债务转为资本所导致的股本（或者实收资本）增加额。债务人可能有多项债务重组涉及债务转为资本，债务人需要披露债务转为资本所导致的股本（实收资本）总增加额，不要求分别披露每项债务重组所导致的股本（实收资本）增加额。

4）或有应付金额。债务人可能有多项债务重组涉及或有应付金额，债务人需要汇总披露或有应付金额，不要求分别披露每项或有应付金额。

5）债务重组中转让的非现金资产的公允价值、由债务转成的股份的公允价值和修改其他债务条件后债务的公允价值的确定方法及依据。

## 本章知识框架

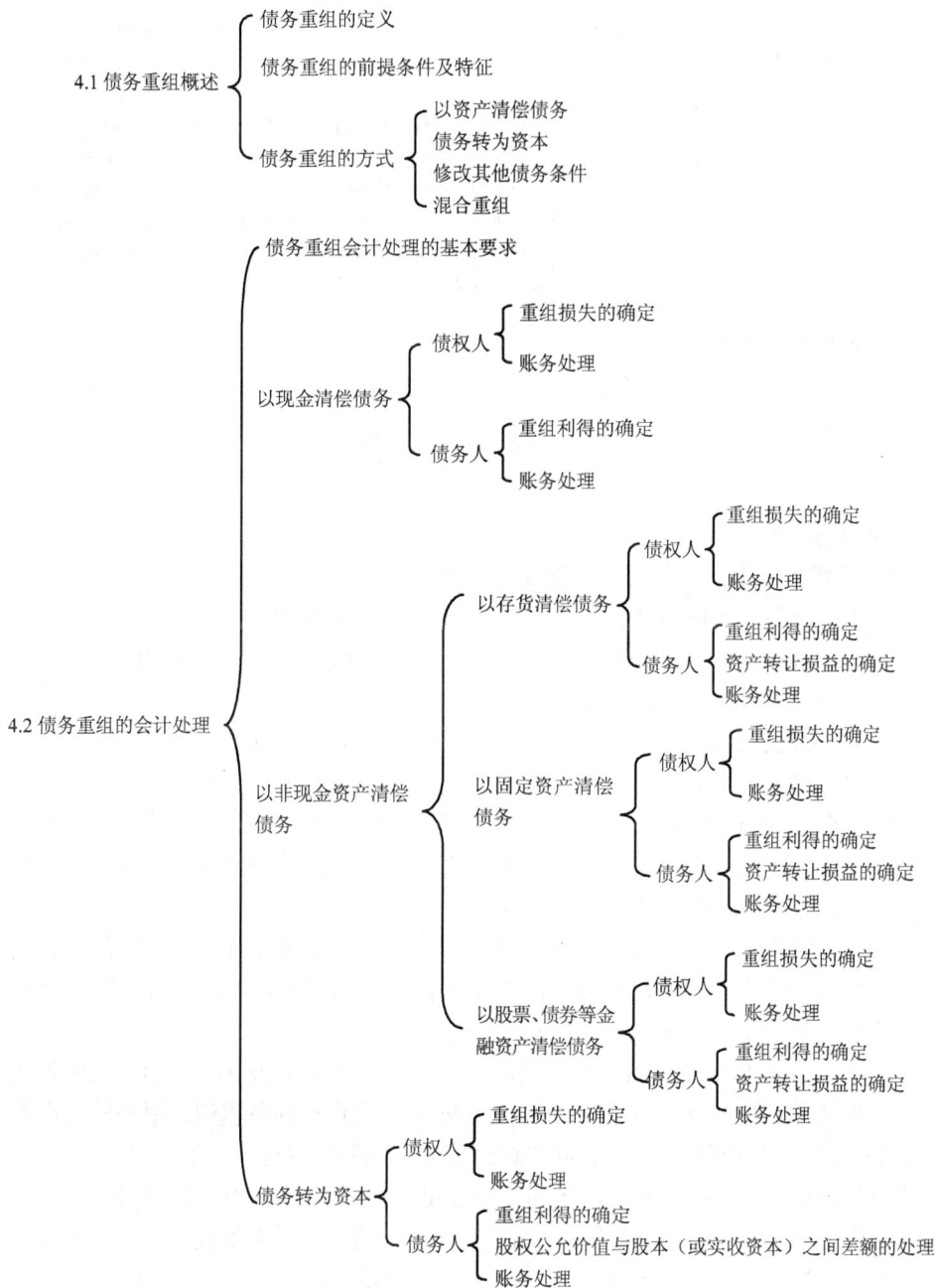

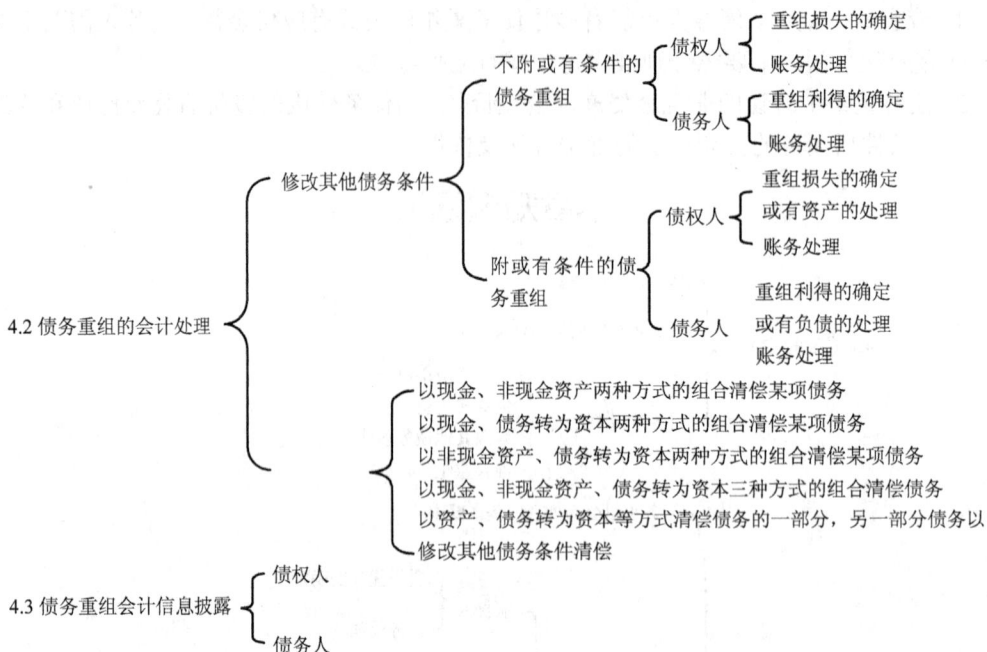

- 4.2 债务重组的会计处理
  - 修改其他债务条件
    - 不附或有条件的债务重组
      - 债权人
        - 重组损失的确定
        - 账务处理
      - 债务人
        - 重组利得的确定
        - 账务处理
    - 附或有条件的债务重组
      - 债权人
        - 重组损失的确定
        - 或有资产的处理
        - 账务处理
      - 债务人
        - 重组利得的确定
        - 或有负债的处理
        - 账务处理
  - 以现金、非现金资产两种方式的组合清偿某项债务
  - 以现金、债务转为资本两种方式的组合清偿某项债务
  - 以非现金资产、债务转为资本两种方式的组合清偿某项债务
  - 以现金、非现金资产、债务转为资本三种方式的组合清偿债务
  - 以资产、债务转为资本等方式清偿债务的一部分，另一部分债务以修改其他债务条件清偿
- 4.3 债务重组会计信息披露
  - 债权人
  - 债务人

# 复 习 题

## 一、单项选择题

1. 下列各项中，应作为债务重组前提的是（　　）。
   - A. 债务人不愿意还款
   - B. 法院判决
   - C. 债务人与债权人签订了协议
   - D. 债务人发生财务困难

2. 下列事项中，不属于债务重组的是（　　）。
   - A. 减免应收利息
   - B. 将债务转为资本
   - C. 将可转换公司债券转为资本
   - D. 减免部分本金

3. 债务人以固定资产抵偿债务的，借记"应付账款"科目，按用于清偿债务的固定资产的公允价值，贷记"固定资产清理"科目，按应支付的相关税费，贷记"银行存款"等科目，按其差额，贷记（　　）科目。
   - A. 资本公积
   - B. 管理费用
   - C. 营业外支出
   - D. 营业外收入

4. 在以现金资产和非现金资产清偿某项债务的情况下，债务人扣除现金后的重组债务的账面价值与转让的非现金资产公允价值的差额应计入（　　）。
   - A. 营业外收入
   - B. 资本公积
   - C. 营业外支出
   - D. 投资收益

5. 甲公司就应收 A 公司账款 250 万元与 A 公司进行债务重组，甲公司同意将应收 A 公司债务 250 万元免除 50 万元，并将剩余债务延期两年偿还，按年利率 5% 计息（假定名义利率等于实际利率），利息按年支付，甲公司未对该应收账款计提坏账准备；同时约定，如果 A 公司一年后有盈利，每年按 8% 计息。甲公司债务重组损失是（　　）万元。
   - A. 30
   - B. 24
   - C. 50
   - D. 18

6. 以修改其他债务条件进行债务重组的，如果债务重组协议中附有或有应付金额的，该或有应付金额最终没有发生的，应（　　）。

    A．冲减营业外支出

    B．冲减已确认的预计负债，同时确认营业外收入

    C．冲减财务费用

    D．不作账务处理

7. 2012年3月31日，甲公司应收乙公司的一笔货款800万元到期，由于乙公司发生财务困难，该笔货款预计短期内无法收回。甲公司已为该项债权计提坏账准备150万元。当日，甲公司就该债权与乙公司进行协商。下列协商方案中，属于甲公司债务重组的是（　　）。

    A．减免200万元债务，其余部分立即以现金偿还

    B．以公允价值为800万元的长期股权投资偿还

    C．以公允价值为800万元的固定资产偿还

    D．以银行存款300万元和公允价值为500万元的无形资产偿还

8. 2012年2月20日，深广公司销售一批材料给红星公司，同时收到红星公司签发并承兑的一张面值100 000元，年利率7%、六月期、到期还本付息的票据。8月20日，红星公司发生财务困难，无法兑现票据，经双方协议，深广公司同意红星公司以其普通股抵偿该票据。假设普通股的面值为1元，红星公司以10 000股抵偿该项债权，股票市价为每股9.6元，印花税税率为4‰。红星公司应确认的债务重组收益为（　　）元。

    A．86 000        B．7 500        C．10 000        D．384

9. 依据企业会计准则的规定，下列有关债务重组的表述中，错误的是（　　）。

    A．债务人以非现金资产或以债转股方式抵偿债务的，重组债务的账面价值与转让的非现金资产或所转股份的公允价值之间的差额，应当确认为债务重组利得

    B．债务重组是在债务人发生财务困难情况下，债权人按其与债务人达成的协议或法院的裁定作出让步的事项

    C．延长债务偿还期限在没有减少利息或本金的情况下也有可能是重务重组

    D．关联方关系的存在可能导致发生债务重组具有调节损益的可能性

10. 一般情况下，债务人以现金清偿某项债务的，则债权人应将重组债权的账面余额与收到现金之间的差额，计入（　　）。

    A．营业外收入    B．管理费用    C．资本公积    D．营业外支出

11. 甲公司欠B公司货款750万元，到期日为2012年3月20日，因甲公司发生财务困难，4月25日起双方开始商议债务重组事宜，5月10日双方签订重组协议，B公司同意甲公司以价值700万元的产成品抵债，甲公司分批将该批产品运往B公司，第一批产品运抵日为5月15日，最后一批运抵日为5月22日，并于当日办妥有关债务解除手续。则甲公司应确定的债务重组日为（　　）。

    A．4月25日    B．5月10日    C．5月15日    D．5月22日

12. A公司就应收B公司账款80万元（未计提坏账准备）与B公司进行债务重组，B公司以银行存款支付10万元，另以一批商品抵偿债务。商品的成本为40万元，计税

价格（公允价值）为 50 万元，增值税税率为 17%，款项和商品均已交给 A 公司。则 B 公司在该债务重组中应计入营业外收入的金额为（　　）万元。

　　　A. 30　　　　　B. 20　　　　　C. 11.5　　　　　D. 21.5

13. 甲公司应收乙公司账款 1 500 万元已逾期，经协商决定进行债务重组。债务重组协议规定：乙公司以银行存款偿付甲公司账款 150 万元；乙公司以一项固定资产和一项长期股权投资偿付所欠账款的余额。乙公司该项固定资产的账面原价为 400 万元，已提折旧 180 万元，已提减值准备 20 万元，公允价值为 200 万元；长期股权投资的账面价值为 750 万元，公允价值为 900 万元。假定不考虑其他相关税费，则该债务重组中债务人产生的投资收益为（　　）万元。

　　　A. 100　　　　　B. 317　　　　　C. 150　　　　　D. 200

14. 2011 年 1 月 1 日，甲公司销售一批材料给乙公司，货款为 1 000 000 元（含税价）。2011 年 7 月 1 日，乙公司发生财务困难，无法按合同规定偿还债务，经双方协议，甲公司同意乙公司用产品偿还该应收账款。该产品市价为 800 000 元，增值税税率为 17%，产品成本为 500 000 元，增值税发票已开，甲公司已将该产品作为原材料入库。假定甲公司对该应收账款未计提坏账准备，则甲公司该项债务重组损失为（　　）元。

　　　A. 200 000　　　　B. 300 000　　　　C. 164 000　　　　D. 64 000

15. 甲公司购入产品一批，含税价款为 405 万元，货款未付。由于甲公司发生财务困难，经协商甲公司以一台机器设备抵偿债务，该设备账面原价为 450 万元，已计提折旧 180 万元，公允价值为 300 万元。假定不考虑设备的增值税因素，该项债务重组影响甲公司税前会计利润的金额为（　　）万元。

　　　A. 45　　　　　B. 105　　　　　C. 30　　　　　D. 135

16. 甲公司应收乙公司账款的账面余额为 585 万元，由于乙公司财务困难无法偿付应付账款，经双方协商同意，乙公司以 85 万元现金和其 200 万股普通股偿还债务，乙公司普通股每股面值 1 元，市价 2.2，甲公司取得投资后确认为可供出售金融资产，甲公司对该应收账款提取坏账准备 50 万元。甲公司债务重组损失和可供出售金融资产的初始投资成本分别是（　　）万元。

　　　A. 95 485　　　　B. 60 200　　　　C. 10 440　　　　D. 145 525

17. 债务人以非现金资产清偿债务时，不影响债权人债务重组损失的因素是（　　）。
　　　A. 债权人计提的坏账准备
　　　B. 可抵扣的增值税进项税额
　　　C. 债务人计提的非现金资产减值准备
　　　D. 债权人为取得受让资产而发生的运杂费、保险费

18. 债务人以现金、非现金资产、债务转为资本方式的组合清偿某项债务的一部分，并对该项债务的另一部分以修改其他债务条件进行债务重组的，对上述支付方式应考虑的前后顺序是（　　）。
　　　A. 现金、非现金资产、修改其他债务条件、债务转为资本方式
　　　B. 现金、非现金资产、债务转为资本方式、修改其他债务条件
　　　C. 现金、债务转为资本方式、修改其他债务条件、非现金资产

D．现金、债务转为资本方式、非现金资产、修改其他债务条件

19．甲公司因资金紧张，无法偿还所欠乙公司的应付账款 500 万元，经协商于 2011 年 12 月 31 日与乙公司达成债务重组协议，协议规定：甲公司以一批原材料偿还部分债务，该批原材料账面价值为 80 万元，公允价值（重组日）为 100 万元，同时乙公司同意豁免债务 50 万元，剩余债务延期 1 年偿还，并规定，债务重组后，如果甲公司下一年有盈利，则甲公司还需另行支付 10 万元，作为其占用乙公司资金而给予乙公司的补偿，预计甲公司下一年很可能有盈利。用于抵债的原材料已于重组当日运抵乙公司。假设不考虑各种税费，则甲公司应确认的债务重组利得为（　　）万元。

  A．50    B．40    C．60    D．70

20．2012 年 1 月 1 日，深广公司销售一批材料给红星公司，含税价为 105 000 元；2012 年 7 月 1 日，红星公司发生财务困难，无法按合同规定偿还债务，经双方协议，深广公司同意红星公司用产品抵偿该应收账款。该产品市价为 80 000 元，增值税税率为 17%，产品成本为 70 000 元。红星公司为转让的材料计提了存货跌价准备 500 元，深广公司为债权计提了坏账准备 500 元。假定不考虑其他税费，深广公司接受的存货的入账价值为（　　）元。

  A．91 400   B．80 000   C．90 900   D．70 000

## 二、多项选择题

1．有关债务重组的基本特征表述正确的是（　　）。

A．债务重组是指在债务人发生财务困难的情况下，债权人按照其与债务人达成的协议或者法院的裁定作出让步的事项

B．"债务人发生财务困难"，是指因债务人出现资金周转困难、经营陷入困境或者其他方面的原因等，导致其无法或者没有能力按原定条件偿还债务的情况

C．"债权人作出让步"，是指债权人同意发生财务困难的债务人现在或者将来以低于重组债务账面价值的金额或者价值偿还债务

D．"债权人作出让步"的情形主要包括：债权人减免债务人部分债务本金或者利息、降低债务人应付债务的利率等

2．下列各项中，不属于债务重组的是（　　）。

A．债务人发行的可转换债券按正常条件转换为股权

B．债务人破产清算时以低于债务账面价值的现金清偿债务

C．债务人因资金周转困难，以公允价值低于重组债务的非现金资产抵偿债务

D．债务人借新债还旧债

3．下列关于非现金资产抵债方式下债务重组的论断中，正确的有（　　）。

A．抵债资产为存货的，应当视同销售处理，按存货的公允价值确认商品销售收入，同时结转商品的销售成本，认定相关的税费

B．抵债资产为固定资产、无形资产的，其公允价值和账面价值的差额，计入营业外收入或营业外支出

C．抵债资产为长期股权投资的，其公允价值和账面价值的差额，计入投资收益

D. 以非现金资产清偿债务的，债权人应当对受让的非现金资产按其公允价值入账，重组债权的账面余额与受让的非现金资产的公允价值之间的差额，在符合金融资产终止确认条件时，计入当期损益（营业外支出）

4. 债务人以非现金资产清偿债务的，非现金资产转让收益记入的科目可能有（　　）。

A. 主营业务收入　　B. 其他业务收入　　C. 营业外收入　　D. 投资收益

5. 下列有关债务重组的论断中，正确的有（　　）。

A. 在债务重组中，债务人和债权人均可能产生债务重组收益

B. 债务重组以现金清偿债务、非现金资产清偿债务、债务转为资本、修改其他债务条件等方式的组合进行的，债务人应当依次以支付的现金、转让的非现金资产公允价值、债权人享有股份的公允价值冲减重组债务的账面价值，再按照修改其他债务条件的债务重组会计处理规定进行处理

C. 修改其他债务条件的，债权人应当将修改其他债务条件后的债权的公允价值作为重组后债权的账面价值，重组债权的账面余额与重组后债权的账面价值之间的差额，比照以现金清偿债务的债务重组会计处理规定进行处理

D. 不附或有条件的债务重组，债务人应将重组债务的账面余额减记至将来应付金额，减记的金额作为债务重组利得，于当期确认计入损益。重组后债务的账面余额为将来应付金额

6. 债务重组中，下列说法正确的有（　　）。

A. 以现金清偿债务的，支付的现金小于应付债务账面价值的差额，计入资本公积

B. 以非现金资产清偿债务的，债务人应当将重组债务的账面价值与转让的非现金资产公允价值之间的差额，计入当期损益

C. 修改其他债务条件的，债务人应当将修改其他债务条件后债务的公允价值作为重组后债务的入账价值。重组债务的账面价值与重组后债务的入账价值之间的差额，计入当期损益

D. 债权人收到存货、固定资产、无形资产、长期股权投资等非现金资产的，应当以其公允价值入账

7. 在延期付款清偿债务并附或有支出条件的情况下，下列说法正确的是（　　）。

A. 修改后的债务条款如涉及或有应付金额，且该或有应付金额符合预计负债确认条件的，债务人应当将该或有应付金额确认为预计负债。重组债务的账面价值，与重组后债务的入账价值和预计负债金额之和的差额，计入当期损益

B. 修改后的债务条款中涉及或有应收金额的，债权人不应当确认或有应收金额，不得将其计入重组后债权的账面价值

C. 或有应付金额在随后会计期间没有发生的，企业应当冲销已确认的预计负债，同时确认营业外收入

D. 债务人应当将修改其他债务条件后债务的公允价值作为重组后债务的入账价值。重组债务的账面价值与重组后债务的入账价值之间的差额，计入当期损益

8. 债务重组的主要方式包括（     ）。

    A．以资产清偿债务                B．将债务转为资本

    C．修改其他债务条件           D．以上方式的组合

9. 下列各项中，属于债务重组范围的有（     ）。

    A．银行免除某困难企业积欠贷款的利息，银行只收回本金

    B．企业 A 同意企业 B 推迟偿还货款的期限，并减少 B 企业偿还货款的金额

    C．债务人以非现金资产清偿债务，同时又与债权人签订了资产回购的协议

    D．银行同意减低某困难企业的贷款利率

10. 以固定资产抵偿债务进行债务重组时，对债务人而言，下列项目中不影响债务重组损益计算的有（     ）。

    A．固定资产的账面价值及累计折旧

    B．固定资产的减值准备

    C．固定资产的净值

    D．固定资产的公允价值

11. 下列有关债务重组时债务人会计处理的表述中，正确的有（     ）。

    A．以现金清偿债务时，债务人实际支付的现金低于债务账面价值的差额计入资本公积。

    B．以非现金资产清偿债务时，转让的非现金资产公允价值低于重组债务账面价值的差额计入资本公积。

    C．以非现金资产清偿债务时，转让的非现金资产公允价值低于重组债务账面价值的差额计入当期损益。

    D．以非现金资产清偿债务时，转让的非现金资产公允价值高于其账面价值之间的差额计入当期损益。

12. 在债务重组的会计处理中，以下表述正确的有（     ）。

    A．债务人应确认债务重组收益

    B．无论债权人或债务人，均不确认债务重组损失

    C．用非现金资产清偿债务时，债务人应将应付债务的账面价值大于用以清偿债务的非现金资产公允价值与相关税费之和的差额计入营业外收入

    D．用现金资产偿清债务时，债权人没有损失

13. 以非货币性资产偿还债务的债务重组中，下列说法正确的有（     ）。

    A．债务人以存货偿还债务的，视同销售该存货，应按照其公允价值确认相应的收入，同时结转存货的成本

    B．债务人以固定资产偿还债务的，固定资产公允价值与其账面价值之间的差额，计入投资损益

    C．债务人以长期股权投资偿还债务的，长期股权投资公允价值与其账面价值之间的差额计入营业外收入或营业外支出

    D．债务人以无形资产偿还债务的，无形资产公允价值与其账面价值之间的差额，计入营业外收入或营业外支出

14. 甲公司 2012 年 1 月 1 日销售给乙企业一批商品，价税合计 117 000 元，协议规定乙公司于 2012 年 6 月 30 日支付全部货款。2012 年 6 月 30 日，由于乙公司经营困难，无法支付全部的货款，双方协商进行债务重组。下面情况下符合债务重组定义的是（    ）。

    A. 甲公司同意乙公司以一台设备偿还全部债务的 80%，剩余的债务不再要求偿还

    B. 甲公司同意乙公司以 100 000 元偿付全部的债务

    C. 甲公司同意乙公司以一批存货偿还全部债务，该存货公允价值为 90 000 元

    D. 甲公司同意乙公司延期至 2011 年 12 月 31 日支付全部的债务并加收利息，但不减少其偿还的金额

15. 某股份有限公司清偿债务的下列方式中，属于债务重组的有（    ）。

    A. 根据转换协议将应付可转换公司债券转为资本

    B. 以公允价值低于债务金额的非现金资产清偿

    C. 债权人延长债务偿还期限并在展期收取比原利率小的利息

    D. 以低于债务账面价值的银行存款清偿

16. 债务人以现金清偿债务的情况下，债权人进行账务处理时，可能涉及的科目有（    ）。

    A. 坏账准备               B. 营业外支出

    C. 营业外收入            D. 资产减值损失

17. 按照债务重组准则的规定，下列提法中不正确的有（    ）。

    A. 债务人应先以现金、非现金资产的账面价值、债权人享有的股权的账面价值冲减重组债务的账面价值，然后再考虑修改其他债务条件进行债务重组

    B. 在债务重组日无论是债权人还是债务人，均不确认债务重组收益

    C. 债权人涉及或有收益的，债权人不应将或有收益包括在未来应收金额中，或有收益收到时，直接冲减财务费用

    D. 债务人涉及或有支出的，债务人应将或有支出包括在未来应付金额中，或有支出没有发生时，将其直接计入营业外收入

18. 下列各项中，属于债务重组修改其他债务条件的方式一般有（    ）。

    A. 债务转为资本

    B. 减少本金

    C. 延长债务偿还期限并加收展期利息

    D. 免除积欠利息

19. 以债务转为资本的方式进行债务重组时，以下处理方法正确的是（    ）。

    A. 债务人应将债权人因放弃债权而享有的股份的面值总额确认为股本或实收资本

    B. 债务人应将股份公允价值总额与股本或实收资本之间的差额确认为资本公积

    C. 债权人应当将享有股份的公允价值确认为对债务人的投资

    D. 债权人已对债权计提减值准备的，应当先将重组债权的账面余额与股份的公允价值之间的差额冲减减值准备，冲减后尚有余额的，计入营业外支出（债务重组损失）；冲减后减值准备仍有余额的，应予转回并抵减当期资产减值损失

20. 债务人（股份有限公司）以现金、非现金资产、将债务转为资本并附或有条件等方式的组合清偿某项债务，则该事项中，可能影响债务人当期损益的有（    ）。

    A．或有应付金额

    B．重组债务的账面价值与债权人因重组享有股权的公允价值之间的差额

    C．抵债的非现金资产的公允价值与账面价值的差额

    D．债权人因重组享有股权的公允价值与债务人确认的实收资本之间的差额

### 三、判断题

1．只要债务重组时确定的债务偿还条件不同于原协议，不论债权人是否做出让步，均属于准则所定义的债务重组。（    ）

2．债务重组方式包括以资产清偿债务、将债务转为资本、修改其他债务条件等，但以上三种方式的组合方式不属于准则规范的债务重组方式。（    ）

3．将债务转为资本的，债权人应当将享有股份的公允价值确认为对债务人的投资，重组债权的账面余额与股份的公允价值之间的差额，比照以非现金资产清偿债务的债务重组会计处理规定进行处理。债权人已对债权计提减值准备的，应当先将该差额冲减减值准备，冲减后尚有余额的，计入营业外支出（债务重组损失）；冲减后减值准备仍有余额的，应予转回并抵减当期资产减值损失。（    ）

4．债务人以其生产的产品抵偿债务的，应视同销售，要确认相应的收入，同时结转成本。（    ）

5．在债务重组中，债务人的或有应付金额在随后会计期间没有发生的，应在结算时转入资本公积。（    ）

6．只要债权人对债务人的债务作出了让步，不管债务人是否发生财务困难，都属于准则所定义的债务重组。（    ）

7．或有应付金额在随后会计期间没有发生的，企业应当冲销已确认的预计负债，同时确认营业外收入。（    ）

8．如果是以企业持有的投资偿还债务的，资产账面价值与公允价值的差额是计入投资收益核算的。（    ）

9．以现金清偿债务的情况下，债权人对重组债权已计提减值准备的，应当将实际收到的现金和重组债权账面余额之间的差额先冲减已计提的减值准备，冲减后仍有损失的，计入营业外支出；若冲减后减值准备仍有余额的，应当将该余额冲减资产减值损失。（    ）

10．以非现金资产清偿债务的，债务人应当将重组债务的账面价值与转让的非现金资产公允价值之间的差额，计入当期损益。（    ）

11．以非现金资产清偿债务的，债权人应当对接受的非现金资产按照原账面价值入账，将重组债权的账面余额与接受的非现金资产的入账价值之间的差额，计入当期损益。（    ）

12．如果债务人以持有的长期股权投资偿还债务，应当将长期股权投资的账面价值与其公允价值的差额计入投资收益。（    ）

13. 以修改其他债务条件进行债务重组的，如果涉及或有应付金额，不论该或有应付金额是否符合《企业会计准则第 13 号——或有事项》中有关预计负债确认条件的，根据谨慎性原则，债务人均应当确认预计负债。 （ ）

14. 以修改其他债务条件进行债务重组的，若涉及或有应付金额，债务人应当将修改其他债务条件后债务的公允价值和或有应付金额之和作为重组后债务的入账价值。重组债务的账面价值与重组后债务的入账价值之间的差额，计入当期损益。 （ ）

15. 将债务转为资本的，债务人应当将债权人放弃债权而享有股份的面值总额确认为股本（或者实收资本），股份的公允价值总额与股本（或者实收资本）之间的差额计入当期损益。重组债务的账面价值与股份的公允价值总额之间的差额，计入当期损益。 （ ）

## 四、简答题

1. 什么是债务重组？有何特征？债务重组的前提条件是什么？

2. 如何确定债务重组日？

3. 简述债务重组的方式。

4. 什么是混合重组，具体包括哪些方式？

5. 简述债务重组会计处理的基本要求。

6. 如何确定通过债务重组取得存货的初始成本？

7. 如何确定通过债务重组取得固定资产的初始成本？

8. 简述涉及或有应付金额债务重组的债务人会计处理原则。

## 五、计算分录题

1. 2011 年 1 月 1 日，甲公司将一批货物销售给乙公司，取得含税收入 300 万元，双方约定在上半年归还。乙公司因财务困难，一直无法归还，经协商于 2012 年 7 月 1 日签订债务重组协议：乙公司用现金归还 250 万元，甲公司即解除债务。当日，乙公司按约定支付了货款。债务重组时，甲公司对该应收账款计提了 30 万元的坏账准备。

**要求**：对债务人和债权人相关债务重组进行账务处理。

2. 甲公司 2010 年 12 月 31 日应收乙公司账款的账面余额为 327 000 元，其中，27 000 元为累计未付的利息，票面利率 9%。乙公司由于连年亏损，现金流量不足，不能偿付应于 2010 年 12 月 31 日前支付的应付账款。经协商，于 2010 年末进行债务重组。甲公司同意将债务本金减至 250 000 元；免去债务人所欠的全部利息；将利率从 9% 降低至 5%，并将债务到期日延至 2012 年 12 月 31 日，利息按年支付。甲公司已对该项应收账款计提了 40 000 元坏账准备。

**要求**：编制甲公司和乙公司有关债务重组的会计分录。

3. 甲公司应收乙公司销货款 110 000 元（含增值税），因乙公司无力偿还，经协商乙公司以一批原材料抵债。根据对方开具的发票，原材料的不含增值税的公允价值为 80 000 元，增值税税率为 17%，成本价为 70 000 元。甲公司已经对该项应收账款计提的坏账准备为 3 000 元，不考虑其他相关税费，甲公司收到原材料仍作为原材料核算。

**要求**：编制甲公司和乙公司有关债务重组的会计分录。

4. 甲公司应收乙公司销货款 528 000 元（含增值税），因乙公司无力偿还，经协商乙公司以一台设备和一辆汽车抵债。根据对方开具的发票，设备和汽车的公允价值分别为 350 000 元和 172 000 元，设备账面原值 400 000 元，已提折旧 150 000 元，汽车的账面原值 200 000 元，已提折旧 60 000 元。甲公司已经对该项应收账款计提的坏账准备为 10 000 元，不考虑其他相关税费，并且假定不考虑固定资产的增值税因素。甲公司收到的设备和汽车仍作为固定资产核算。

**要求：**编制甲公司和乙公司有关债务重组的会计分录。

5. 甲公司于 2012 年 7 月 1 日销售给乙公司一批产品，价值 450 000 元（包括应收取的增值税额），乙公司于 2012 年 7 月 1 日开出 6 个月承兑的商业汇票。乙公司于 2012 年 12 月 31 日尚未支付货款。由于乙公司财务发生困难，短期内不能支付货款。当日经与甲公司协商，甲公司同意乙公司以其所拥有并作为以公允价值计量且公允价值变动计入当期损益的某公司股票抵偿债务。乙公司该股票的账面价值为 400 000 元（假定该资产账面公允价值变动额为零），当日的公允价值 380 000 元。假定甲公司为该项应收账款提取了坏账准备 40 000 元。用于抵债的股票于当日即办理相关转让手续，甲公司将取得的股票作为以公允价值计量且公允价值变动计入当期损益的金融资产处理。债务重组前甲公司已将该项应收票据转入应收账款；乙公司已将应付票据转入应付账款。假定不考虑与商业汇票或者应付款项有关的利息。

**要求：**编制甲公司和乙公司有关债务重组的会计分录。

6. 2012 年 4 月 8 日，甲公司因无力偿还乙公司的 1 000 万元货款进行债务重组。按债务重组协议规定，甲公司用普通股 400 万股偿还债务。假设普通股每股面值 1 元；该股份的公允价值为 900 万元（不考虑相关税费）。乙公司对应收账款计提了 80 万元的坏账准备。甲公司于 2012 年 8 月 5 日办妥了增资批准手续，换发了新的营业执照。

**要求：**

（1）确定甲、乙该项债务重组业务的债务重组日。

（2）编制甲公司和乙公司有关债务重组的会计分录。

## 六、综合题

1. 2011 年 8 月 8 日，A 企业应收 B 企业货款为 1 500 万元。由于 B 企业资金周转发生困难，于 2012 年 1 月 1 日，经与双方企业协商进行债务重组，协议如下：

（1）B 企业以一台设备清偿部分债务。该设备原价 750 万元，已计提折旧 300 万元；公允价值为 540 万元（假定该设备转让时不需要交纳增值税）。

（2）B 企业以其普通股抵偿部分债务，用于抵债的普通股为 750 万股，股票市价为每股 1.08 元，股票面值为 1 元。

（3）扣除上述抵债资产再豁免 20% 之后的剩余债务，延长至 2013 年 1 月 1 日归还，加收利息的利率为 3%，同时规定如果 B 企业 2012 年盈利，将归还豁免债务 30 万元的 50%。

A 企业已计提坏账准备为 40 万元，假定不考虑其他税费。该债务重组涉及的或有支付义务符合预计负债的确认条件。

**要求：**

（1）根据上述资料编制 A 企业和 B 企业债务重组日的会计分录。

（2）假设 B 企业 2012 年盈利，编制归还欠款时 A、B 企业的会计分录。

（3）假设 B 企业 2012 年无盈利，编制归还欠款时 A、B 企业的会计分录。

2. 甲公司适用的增值税税率是 17%，营业税税率是 5%。2012 年发生如下经济业务：

（1）2012 年 1 月 15 日，甲公司销售一批材料给乙公司，开出的增值税专用发票上注明的销售价款为 100 000 元，增值税销项税额为 17 000 元，款项尚未收到。2012 年 3 月 10 日，乙公司财务发生困难，无法按合同规定偿还债务。经双方协议，甲公司同意乙公司支付银行存款 30 000 元，余额用一台设备立即偿还，并于当日办理了相关债务解除手续。该设备账面原价为 100 000 元，已提折旧 20 000 元，已提减值准备 5 000 元，公允价值为 70 000 元。甲公司已对该应收账款计提了 8 000 元的坏账准备。假设甲公司另外支付增值税 11 900 元给乙公司。

（2）2012 年 1 月 20 日，甲公司销售一批库存商品给丙公司，开出的增值税专用发票上注明的销售价款为 400 000 元，增值税销项税额为 68 000 元，款项尚未收到。2012 年 7 月 10 日，丙公司与甲公司协商进行债务重组并办理了相关债务解除手续。重组协议如下：丙公司支付银行存款 158 000 元；剩余部分以 90 000 股抵偿。甲公司获得丙公司 5%的股权作为长期股权投资，公允价值为 270 000 元；债务重组没有发生任何相关税费，甲公司对该项应收账款已计提坏账准备 50 000 元。

（3）2012 年 5 月 20 日，甲公司销售一批库存商品给丁公司，开出的增值税专用发票上注明的销售价款为 300 000 元，增值税销项税额为 51 000 元，款项尚未收到。2012 年 8 月 10 日，甲公司与丁公司协商进行债务重组，重组协议如下：甲公司减免丁公司债务 51 000 元；扣除减免后的余额，丁公司分别以一项投资性房地产和 50 000 股偿还 60%，每股面值 1 元，40%延至 2011 年 12 月 31 日偿还。丁公司对投资性房地产采用公允价值模式计量，该投资性房地产的账面价值为 40 000 元，其中成本是 30 000 元，公允价值变动是 10 000 元，公允价值为 60 000 元。甲公司获得丁公司 5%的股权作为长期股权投资，公允价值为 100 000 元。甲公司取得的投资性房地产仍作为投资性房地产核算，后续计量采用公允价值模式。

（4）甲公司将向戊公司销售商品收到的带息商业承兑汇票转入应收账款 206 000 元（面值 200 000 元，利息 6 000 元）。甲公司对上述应收债权计提了坏账准备 20 000 元。2012 年 9 月 5 日，甲公司与戊公司达成协议，甲公司同意戊公司一个月后用银行存款 200 000 元抵偿上述全部账款并于当日办理了相关债务解除手续。

**要求**：分别编制上述债权人和债务人与债务重组有关的会计分录。

# 能力训练题

1. 请阅读下面资料，分析后面的问题。

【资料】甲公司与乙银行于 2005 年签订了借款合同。截至 2010 年 4 月 20 日，借款已经到期，甲公司尚欠乙银行本金人民币 96 800 055.36 元及累计利息为人民币 4 919 585.47 元。由于甲公司发生财务困难，无法按期偿还全部本金和利息。甲公司与乙银行于 2010 年 4 月 30 日签订了《减免利息协议》，就甲公司所欠乙银行的债务 96 800 055.36 元本金及相应利息达成协议。双方协议的主要内容如下：

甲公司分两年六笔偿还借款本金，即：

（1）2010 年 11 月末归还人民币 9 385 055.36 元。

（2）2010 年 12 月末归还人民币 9 415 000.00 元。

（3）2011 年 3 月末归还人民币 19 500 000.00 元。

（4）2011 年 6 月末归还人民币 19 500 000.00 元。

（5）2011 年 9 月末归还人民币 19 500 000.00 元。

（6）2011 年 12 月末归还人民币 19 500 000.00 元。

如甲公司按上述还款方案还款，则乙银行免除甲公司尚欠的至本金全部清偿完毕之日止的所有贷款利息。但如出现甲公司未按照约定按期足额偿还债务本金的情形，则之前减免的利息 4 919 585.47 元无效，乙银行有权向甲公司追收。

【问题】

（1）甲公司与乙银行达成的协议是否属于债务重组协议？说明判断依据。

（2）如果属于债务重组，具体说明属于哪种方式下的债务重组。

（3）说明甲公司和乙银行会计处理原则。

2．探索式讨论：收集相关资料，讨论如下问题：

（1）债务重组对债权人产生的影响。

（2）债务重组对债务人产生的影响。

# 第 5 章

# 或 有 事 项

## 知识目标

- 了解或有事项的概念及特征;
- 了解或有事项的列报方法;
- 熟悉或有资产与资产及或有负债与负债的区别;
- 掌握或有事项确认为或有负债及预计负债的条件;
- 掌握预计负债的计量方法;
- 掌握或有事项的会计处理。

## 能力目标

具备确认或有事项的职业判断能力; 具备确定或有事项计量模式的职业判断能力; 具备对或有事项的具体应用和会计处理的职业综合能力。

## 关键术语

或有事项 或有负债 或有资产 预计负债 确认 计量 列报

# 5.1　或有事项概述

## 5.1.1　或有事项的概念和特征

企业在经营活动中有时会面临诉讼、仲裁、债务担保、产品质量保证、重组等具有较大不确定性的经济事项，这些不确定性事项对企业的财务状况和经营成果可能会产生较大的影响，其最终结果应该由某些未来事项的发生或不发生加以决定。比如，企业出售一批商品并对商品提供售后担保，承诺在发生商品质量问题时由企业无偿提供修理服务。销售商品并提供售后担保是企业过去发生的交易，由此形成的未来修理服务构成一项不确定事项，修理服务的费用是否会发生以及发生金额多少将取决于未来是否发生修理请求以及修理工作量、费用等的大小。按照权责发生制原则，企业不能等到客户提出修理请求时，才确认因提供担保而发生的义务，而应当在资产负债表日对这一不确定事项做出判断，以决定是否在当期确认应该承担的修理义务。会计上将这种不确定事项称为或有事项。

为了规范或有事项的确认、计量和相关信息的披露，2006 年，财政部根据《企业会计准则——基本准则》，制定了《企业会计准则第 13 号——或有事项》，本章依据该准则进行讲解。

**1. 或有事项的概念**

或有事项，是指过去的交易或者事项形成的，其结果必须由某些未来事项的发生或不发生才能决定的不确定事项。常见的或有事项包括：未决诉讼或未决仲裁、债务担保、产品质量保证（包括产品安全保证）、亏损合同、重组义务、承诺、环境污染整治等。

**2. 或有事项的特征**

或有事项主要具有以下三个特征：

（1）或有事项是因过去的交易或者事项形成的

或有事项作为一种不确定事项，是因为企业过去的交易或者事项形成的。因过去的交易或者事项形成，是指或有事项的现存状况是过去交易或者事项引起的客观存在。例如，未决诉讼是企业因过去的经济行为导致起诉其他单位或被其他单位起诉，是现存的一种状况，而不是未来将要发生的事项。又比如，产品质量保证是企业对已售出商品或已提供劳务的质量提供的保证，不是为尚未出售商品或尚未提供劳务的质量提供的保证。基于这一特征，未来可能发生的自然灾害、经营亏损、交通事故等事项，都不属于或有事项。

（2）或有事项的结果具有不确定性

或有事项的结果具有不确定性，是指或有事项的结果是否发生具有不确定性；或者或有事项的结果预计将会发生，但发生的具体时间或金额具有不确定性。

首先，或有事项的结果是否发生具有不确定性。例如，企业为其他单位提供债务担保，如果被担保方到期无力还款，担保方将负有连带责任，此时由担保所引起的、可能发生的连带责任构成或有事项。但是，担保方在债务到期时是否一定承担和履行连带责任，需要根据被担保方能否按时还款来决定，其结果在担保协议达成时具有不确定性。

又如，有些未决诉讼，在案件审理过程中，被起诉的一方是否会败诉是难以确定的，需要根据法院判决情况加以确定。

其次，或有事项的结果预计将会发生，但发生的具体时间或金额具有不确定性。例如，某企业因生产过程排污治理不力并对周围环境造成污染而被起诉，如果没有特殊情况，该企业很可能会败诉。但是，在诉讼成立时，该企业因败诉将支出多少金额，或者何时将发生这些支出，可能是难以确定的。

（3）或有事项的结果须由未来事项决定

或有事项的结果只能由未来不确定事项的发生或不发生才能决定。或有事项对企业会产生有利影响还是不利影响；或者虽然已经确切知道是有利影响或不利影响，但影响有多大，在或有事项发生时是难以确定的。这种不确定性的消失，只能由未来不确定事项的发生或不发生才能证实。例如，企业为其他单位提供债务担保，该担保事项最终是否会要求企业履行偿还债务的连带责任，一般只能看被担保方的未来经营情况和偿债能力。如果被担保方经营情况和财务状况良好且有较好的信用，能够按期还款，那么企业将不需要履行该连带责任。只有在被担保方到期无力还款时，担保方才需要承担偿还债务的连带责任。

在会计处理过程中所存在的不确定性事项并不都是或有事项，企业应当按照或有事项的定义和特征进行判断。例如，对固定资产计提折旧虽然也涉及对固定资产预计净残值和使用寿命进行分析和判断，带有一定的不确定性，但是，固定资产折旧是已经发生的损耗，固定资产的原值是确定的，其价值最终会转移到成本或费用中也是确定的，该事项的结果是确定的，因此，对固定资产计提折旧不属于或有事项。

【知识链接】

### 国际会计准则第 37 号（IAS37）对或有事项的界定

IAS37 在国际准则第 10 号的基础上，取消了"或有事项"名词而提出了"准备"术语，但 IAS37 基本沿用了国际准则第 10 号中的"或有事项"概念，即资产负债表日存在的状况或情形，其最终结果是利得或损失，只能通过一项或多项未来不确定事项的发生或不发生予以证实。

IAS37 关于或有事项范围的规定采用的是排除法，将以公允价值计量的金融工具形成的准备、或有负债和或有资产，执行中的合同（除了执行中的亏损合同）形成的准备、或有负债和或有资产，保险公司与保单持有人之间签订的合同形式，以及由其他国际会计准则规范的准备、或有负债和或有资产排除在该准则的适用范围之外。

IAS37 规定，以下条件均满足时应对准备予以确认：企业因过去事项而承担了现时的法定义务或推定义务；履行该义务很可能使含有经济利益的资源流出企业；该义务的金额可以可靠地估计。稳健性原则要求企业不能低估负债和费用，也不能高估资产和收益，因此我国或有事项准则与 IAS37 都不允许对或有资产和或有负债进行确认。可见，两者规定的确认条件基本相同。

（资料来源：赵凌格. 试论我国或有事项准则的局限性——与国际会计准则第 37 号的比较. 中国商界，2010，09）

### 5.1.2　或有资产和或有负债

或有资产和或有负债与或有事项密切相关。

**1. 或有负债**

或有负债，是指过去的交易或事项形成的潜在义务，其存在须通过未来不确定事项的发生或不发生予以证实；或过去的交易或事项形成的现时义务，履行该义务不是很可能导致经济利益流出企业或该义务的金额不能可靠计量。

或有负债涉及两类义务：一类是潜在义务；另一类是现时义务。

（1）潜在义务

潜在义务是指结果取决于未来不确定事项的可能义务。也就是说，潜在义务最终是否转变为现时义务，由某些未来不确定事项的发生或不发生决定。

（2）现时义务

现时义务是指企业在现行条件下已承担的义务，该现时义务的履行不是很可能导致经济利益流出企业，或者该现时义务的金额不能可靠地计量。其中：① "不是很可能导致经济利益流出企业"，是指该现时义务导致经济利益流出企业的可能性不超过 50%（含 50%）。例如，甲企业和乙企业签订担保合同，承诺为乙企业的某项贷款提供担保。由于担保合同的签订，甲企业承担了一项现时义务，但承担现时义务不意味着经济利益很可能流出企业。如果乙企业的财务状况良好，说明甲企业履行连带责任的可能性不大，那么这项担保合同不是很可能导致经济利益流出甲企业。该现时义务属于甲企业的或有负债。② "金额不能可靠地计量"，是指该现时义务导致经济利益流出企业的 "金额"难以合理预计，现时义务履行的结果具有较大的不确定性。例如，甲公司涉及一桩诉讼案，根据以往的审判案例推断，甲公司很可能要败诉。但法院尚未判决，甲公司无法根据经验判断未来将要承担多少赔偿金额，因此该现时义务的金额不能可靠地计量，该诉讼案件即形成甲公司的一项或有负债。

**【知识链接】**

#### 美国会计准则对于或有负债的规定

美国会计准则对于或有负债的规定比较简洁实用。只要是可能给企业带来损失，并且损失额可以合理估计的或有事项，就称之为或有负债。如果该事项发生的可能性是 "很可能"，则确认为负债；如果发生的可能性是 "合理可能"，则不确认，但要在附注中披露；如果发生的可能性是 "不大可能"，则既不确认，也不披露。如果企业已经有可能出现损失，但还没有人提出诉讼或赔偿要求，企业应当评估该损失出现的可能性。如果可能性很大，企业应该确认负债。例如，企业侵犯了他人的知识产权，而对方暂时还没有发现，这时企业就要评估对方发起诉讼并胜诉的可能性，如果可能性很大，赔偿金额可以合理估计，则企业就应该确认负债。美国会计准则体现了对市场经济秩序的维护作用。

（资料来源：卢中伟. 中美会计准则关于或有负债会计处理对比研究. 财会学习，2011，2）

**2. 或有资产**

或有资产，是指过去的交易或者事项形成的潜在资产，其存在须通过未来不确定事项的发生或不发生予以证实。或有资产作为一种潜在资产，其结果具有较大的不确定性，只有随着经济情况的变化，通过某些未来不确定事项的发生或不发生才能证实其是否会形成企业真正的资产。例如，甲企业向法院起诉乙企业侵犯了其专利权。法院尚未对该案件进行公开审理，甲企业是否胜诉尚难判断。对于甲企业而言，将来可能胜诉而获得的赔偿属于一项或有资产，但这项或有资产是否会转化为真正的资产，要由法院的判决结果决定。如果终审判决结果是甲企业胜诉，那么这项或有资产就转化为甲企业的一项资产。如果终审判决结果是甲企业败诉，那么或有资产就消失了，更不可能形成甲企业的资产。

或有负债和或有资产不符合负债或资产的定义和确认条件，企业不应当确认或有负债和或有资产，而应当进行相应的披露。但是，影响或有负债和或有资产的多种因素处于不断变化之中，企业应当持续地对这些因素予以关注。随着时间的推移和事态的进展，或有负债对应的潜在义务可能转化为现时义务，原本不是很可能导致经济利益流出的现时义务也可能被证实将很可能导致经济利益流出企业，并且现时义务的金额也能够可靠计量。这时或有负债就转化为企业的负债，应当予以确认。或有资产也是一样，其对应的潜在资产最终是否能够流入企业会逐渐变得明确，如果某一时点企业基本确定能够收到这项潜在资产并且其金额能够可靠计量，则应当将其确认为企业的资产。

例如，未决诉讼对于预期会胜诉的一方而言，因未决诉讼形成了一项或有资产；该或有资产最终是否转化为企业的资产，要根据诉讼的最终判决而定。对于最终判决胜诉的一方而言，这项或有资产就转化为企业真正的资产。对于预期会败诉的一方而言，因未决诉讼形成了一项或有负债或预计负债：如为或有负债，该或有负债最终是否转化为企业的预计负债，只能根据诉讼的进展而定。企业根据法律规定、律师建议等因素判断自己很可能败诉且赔偿金额能够合理估计的，这项或有负债就转化为企业的预计负债。

## 5.2    预计负债的确认和计量

### 5.2.1    预计负债的确认

或有事项形成的或有资产只有在企业基本确定能够收到的情况下，才转变为真正的资产，从而予以确认。与或有事项有关的义务应当在同时符合以下三个条件时确认为负债，作为预计负债进行确认和计量：①该义务是企业承担的现时义务；②履行该义务很可能导致经济利益流出企业；③该义务的金额能够可靠地计量。

**1. 该义务是企业承担的现时义务**

现时义务是指与或有事项相关的义务是在企业当前条件下已承担的义务，企业没有其他现实的选择，只能履行该现时义务。通常情况下，过去的交易或事项是否导致现时义务是比较明确的，但也存在极少情况，如法律诉讼，特定事项是否已发生或这些事项是否已产生了一项现时义务可能难以确定，企业应当考虑包括资产负债表日后所有可获得的证据、专家意见等，以此确定资产负债表日是否存在现时义务。如果据此判断，资产负债表日很可能存在现时义务，且符合预计负债确认条件的，应当确认一项负债；如果资产负债表日现时义务是很可能不存在的，企业应披露一项或有负债，除非经济利益流出企业的可能性极小。

这里所指的义务包括法定义务和推定义务。法定义务，是指因合同、法规或其他司法解释等产生的义务，通常是企业在经济管理和经济协调中，依照经济法律、法规的规定必须履行的责任。比如，企业与其他企业签订购货合同产生的义务就属于法定义务。推定义务，是指因企业的特定行为而产生的义务。企业的"特定行为"，泛指企业以往的习惯做法、已公开的承诺或已公开宣布的经营政策。并且，由于以往的习惯做法，或通过这些承诺或公开的声明，企业向外界表明了它将承担特定的责任，从而使受影响的各方形成了其将履行那些责任的合理预期。例如，甲公司是一家化工企业，因扩大经营规模，到 A 国创办了一家分公司。假定 A 国尚未针对甲公司这类企业的生产经营可能产生的环境污染制定相关法律，因而甲公司的分公司对在 A 国生产经营可能产生的环境污染不承担法定义务。但是，甲公司为在 A 国树立良好的形象，自行向社会公告，宣称将对生产经营可能产生的环境污染进行治理。甲公司的分公司为此承担的义务就属于推定义务。

义务通常涉及指向的另一方，但很多时候没有必要知道义务指向的另一方的身份，实际上义务可能是对公众承担的。通常情况下，义务总是涉及对另一方的承诺，但是管理层或董事会的决定在资产负债表日并不一定形成推定义务，除非该决定在资产负债日之前已经以一种相当具体的方式传达给受影响的各方，使各方形成了企业将履行其责任的合理预期。

**2. 履行该义务很可能导致经济利益流出企业**

履行该义务很可能导致经济利益流出企业，是指履行与或有事项相关的现时义务时，导致经济利益流出企业的可能性超过 50%，但尚未达到基本确定的程度。

企业通常可以结合表 5.1 判断经济利益流出的可能性：

表 5.1　经济利益流出的可能性

| 结果的可能性 | 对应的概率区间 |
| --- | --- |
| 基本确定 | 大于 95%但小于 100% |
| 很可能 | 大于 50%但小于或等于 95% |
| 可能 | 大于 5%但小于或等于 50% |
| 极小可能 | 大于 0 但小于或等于 5% |

【知识链接】

**美国会计准则有关或有事项发生或者不发生的可能性划分**

美国会计准则将或有事项发生或者不发生的可能性分为三个层次，即"很可能"、"合理可能"及"不大可能"。"很可能"是指未来某个或某些不确定性事项很可能发生。"合理可能"是指未来不确定事项发生的可能性达不到"很可能"，但比"不大可能"的可能性高。"不大可能"是指不确定事项未来发生的可能性比较小。美国会计准则并没有试图用具体概率数字来描述不确定事项发生的可能性。

企业因或有事项承担了现时义务，并不说明该现时义务很可能导致经济利益流出企业。例如，2012 年 5 月 1 日，甲企业与乙企业签订协议，承诺为乙企业的三年期银行借款提供全额担保。对于甲企业而言，由于担保事项而承担了一项现时义务，但这项义务的履行是否很可能导致经济利益流出企业，需要依据乙企业的经营情况和财务状况等因素加以确定。假定 2012 年末，乙企业的财务状况恶化，且没有迹象表明将来可能发生好转。此种情况的出现，表明乙企业很可能违约，从而甲企业履行承担的现时义务将很可能导致经济利益流出企业。反之，如果乙企业财务状况良好，一般可以认定乙企业不会违约，从而甲企业履行承担的现时义务不是很可能导致经济利益流出企业。

现实当中存在很多类似义务，如产品保证或类似合同，履行时要求经济利益流出的可能性应通过总体考虑才能确定。对于某个项目而言，虽然经济利益流出的可能性较小，但包括该项目的该类义务很可能导致经济利益流出的，应当视同该项目义务很可能导致经济利益流出企业。

**3. 该义务的金额能够可靠地计量**

该义务的金额能够可靠地计量，是指与或有事项相关的现时义务的金额能够合理地估计。

由于或有事项具有不确定性，因或有事项产生的现时义务的金额也具有不确定性，需要估计。要对或有事项确认一项负债，相关现时义务的金额应当能够可靠估计。只有在其金额能够可靠地估计，并同时满足其他两个条件时，企业才能加以确认。例如，甲股份有限公司涉及一起诉讼案。根据以往的审判结果判断，甲公司很可能败诉，相关的赔偿金额也可以估算出一个区间。此时，就可以认为该公司因未决诉讼承担的现时义务的金额能够可靠地计量，如果同时满足其他两个条件，就可以将所形成的义务确认为一项负债。

预计负债应当与应付账款、应计项目等其他负债进行严格区分。因为与预计负债相关的未来支出的时间或金额具有一定的不确定性。应付账款是为已收到或已提供的、并已开出发票或已与供应商达成正式协议的货物或劳务支付的负债，应计项目是为已收到或已提供的，但尚未支付、未开出发票或未与供应商达成正式协议的货物或劳务支付的负债，尽管有时需要估计应计项目的金额或时间，但是其不确定性通常远小于预计负债。应计项目经常作为应付账款和其他应付款的一部分进行列报，而预计负债则单独进行列报。

## 5.2.2　预计负债的计量

当与或有事项有关的义务符合确认为负债的条件时应当将其确认为预计负债，预计负债应当按照履行相关现时义务所需支出的最佳估计数进行初始计量。此外，企业清偿预计负债所需支出还可能从第三方或其他方获得补偿。因此，预计负债的计量主要涉及两个问题：一是最佳估计数的确定；二是预期可获得补偿的处理。

**1. 最佳估计数的确定**

预计负债应当按照履行相关现时义务所需支出的最佳估计数进行初始计量。最佳估计数的确定应当分别两种情况处理：

1）所需支出存在一个连续范围（或区间，下同），且该范围内各种结果发生的可能性相同，则最佳估计数应当按照该范围内的中间值，即上下限金额的平均数确定。

【例 5-1】　2012 年 12 月 10 日，腾达公司因合同违约而涉及一桩诉讼案。根据企业法律顾问的判断，最终的判决很可能对腾达公司不利。2012 年 12 月 31 日，腾达公司尚未接到法院的判决，因诉讼须承担的赔偿金额也无法准确地确定。不过，根据专业人士估计，赔偿金额可能是 80 万～140 万元之间的某一金额，而且这个区间内每个金额的可能性都大致相同。

此例中，腾达公司应在 2012 年 12 月 31 日的资产负债表中确认一项负债，金额为

$$(80+140)÷2=110（万元）$$

腾达公司的账务处理如下：

借：营业外支出——赔偿支出　　　　　　　　　　　　　　　　　　　1 100 000
　　贷：预计负债——未决诉讼　　　　　　　　　　　　　　　　　　　　　1 100 000

2）所需支出不存在一个连续范围，或者虽然存在一个连续范围，但该范围内各种结果发生的可能性不相同。在这种情况下，最佳估计数按照如下方法确定。

① 如果或有事项涉及单个项目，最佳估计数按照最可能发生金额确定。"涉及单个项目"指或有事项涉及的项目只有一个，如一项未决诉讼、一项未决仲裁或一项债务担保等。

【例 5-2】　2012 年 9 月 20 日，腾达公司涉及一起诉讼案。2012 年 12 月 31 日，腾达公司尚未接到人民法院的判决。在咨询了公司的法律顾问之后，腾达公司认为：胜诉的可能性为 40%，败诉的可能性为 60%；如果败诉，需要赔偿 1 000 000 元。在这种情况下，腾达公司在 2012 年 12 月 31 日资产负债表中应确认的预计负债金额应为最可能发生的金额，即 1 000 000 元。

腾达公司账务处理如下：

借：营业外支出——赔偿支出　　　　　　　　　　　　　　　　　　　1 000 000
　　贷：预计负债——未决诉讼　　　　　　　　　　　　　　　　　　　　　1 000 000

② 如果或有事项涉及多个项目，最佳估计数按照各种可能结果及相关概率加权计算确定。"涉及多个项目"指或有事项涉及的项目不止一个，如产品质量保证。在产品质量保证中，提出产品保修要求的可能有许多客户，相应地，企业对这些客户负有保修义务。

【例 5-3】　腾达公司是生产并销售 A 产品的企业，2012 年第一季度共销售 A 产品 50 000 件，销售收入为 10 000 000 元。根据公司的产品质量保证条款，该产品售出后一年内如果发生正常质量问题，公司将负责免费维修。根据以前年度的维修记录，如果发生较小的质量问题，发生的维修费用为销售收入的 1%；如果发生较大的质量问题，发生的维修费用为销售收入的 2%。根据公司质量部门的预测，本季度销售的产品中，80% 不会发生质量问题，15% 可能发生较小质量问题，5% 可能发生较大质量问题。

根据上述资料，2012 年第一季度末腾达公司应确认的预计负债金额为

$$10\,000\,000×(0×80\%+1\%×15\%+2\%×5\%)=25\,000（元）$$

腾达公司账务处理如下：

借：销售费用——产品质量保证——A 产品　　　　　　　　　　　　　　25 000
　　贷：预计负债——产品质量保证——A 产品　　　　　　　　　　　　　　　25 000

【知识链接】

### 中外会计准则确定最佳估计数方法的差异

国际会计准则第37号（IAS37）规定："围绕予以确认为准备的不确定性，可根据不同情况采用不同的方法处理。如果予以计量的准备涉及多个项目，则应基于其相关的可能性，对各种可能结果进行加权来对义务进行估计。如果准备只涉及单个项目，则单个最可能的结果通常可以作为准备的最好估计。但是，如果其他可能的结果大部分均比最可能的结果的金额高或低，则最佳估计数应是一项较高或较低的金额。"

我国或有事项准则和IAS37规定的差异主要表现在：第一，我国或有事项准则确定最佳估计数首先必须判断最佳估计数是否存在一个金额区间，如果存在，最佳估计数则按该区间金额上限和下限金额的平均数确定；IAS37没有此项规定。第二，我国或有事项准则对于涉及单个项目的或有事项的最佳估计数一律按最可能发生的金额确定；而IAS37在此基础上还考虑了实质重于形式原则，即应考虑其他可能的结果。如果其他可能的结果大部分均比最可能的结果的金额高或低，则最佳估计数应是一项较高或较低的金额。

（资料来源：赵凌格．试论我国或有事项准则的局限性——与国际会计准则第37号的比较．中国商界，2010，09）

**2. 预期可获得补偿的处理**

如果企业清偿因或有事项而确认的负债所需支出全部或部分预期由第三方或其他方补偿，则此补偿金额只有在基本确定能收到时，才能作为资产单独确认，确认的补偿金额不能超过所确认负债的账面价值。预期可能获得补偿的情况通常有：发生交通事故等情况时，企业通常可从保险公司获得合理的赔偿；在某些索赔诉讼中，企业可对索赔人或第三方另行提出赔偿要求；在债务担保业务中，企业在履行担保义务的同时，通常可向被担保企业提出追偿要求。

企业预期从第三方获得的补偿是一种潜在资产，其最终是否真的会转化为企业真正的资产（即，企业是否能够收到这项补偿）具有较大的不确定性，企业只能在基本确定能够收到补偿时才能对其进行确认。根据资产和负债不能随意抵消的原则，预期可获得的补偿在基本确定能够收到时应当确认为一项资产，而不能作为预计负债金额的扣减。

【例5-4】 2012年12月31日，腾达公司因或有事项确认了一笔金额为1 200 000元的预计负债；同时，腾达公司因该或有事项基本确定可从甲保险公司获得800 000元的赔偿。

本例中，腾达公司应分别确认一项金额为1 200 000元的预计负债和一项金额为800 000元的资产，而不能只确认一项金额为400 000元（1 200 000－800 000）的预计负债。同时，腾达公司所确认的补偿金额800 000元不能超过所确认的负债的账面价值1 200 000元。

**3. 预计负债的计量需要考虑的其他因素**

企业在确定最佳估计数时，应当综合考虑与或有事项有关的风险、不确定性、货币时间价值和未来事项、复核等因素。

（1）风险和不确定性

风险是对交易或事项结果变化可能性的一种描述。企业在不确定的情况下进行判断需要谨慎，使得收益或资产不会被高估，费用或负债不会被低估。企业应当充分考虑与或有事项有关的风险和不确定性，既不能忽略风险和不确定性对或有事项计量的影响，也需要避免对风险和不确定性进行重复调整，从而在低估和高估预计负债金额之间寻找平衡点。

（2）货币时间价值

预计负债的金额通常应当等于未来应支付的金额。但是，因货币时间价值的影响，资产负债表日后不久发生的现金流出，要比一段时间之后发生同样金额的现金流出负有更大的义务。所以，如果预计负债的确认时点距离实际清偿有较长的时间跨度，货币时间价值的影响重大，那么在确定预计负债的金额时，应考虑采用现值计量，即通过对相关未来现金流出进行折现后确定最佳估计数。

将未来现金流出折算为现值时，需要注意以下三点：

1）用来计算现值的折现率，应当是反映货币时间价值的当前市场估计和相关负债特有风险的税前利率。

2）风险和不确定性既可以在计量未来现金流出时作为调整因素，也可以在确定折现率时予以考虑，但不能重复反映。

3）随着时间的推移，即使在未来现金流出和折现率均不改变的情况下，预计负债的现值将逐渐增长。企业应当在资产负债表日，对预计负债的现值进行重新计量。

（3）未来事项

企业应当考虑可能影响履行现时义务所需金额的相关未来事项。也就是说，对于这些未来事项，如果有足够的客观证据表明它们将来会发生，如未来技术进步、相关法规出台等，则应当在预计负债计量中考虑相关未来事项的影响，但不应考虑预期处置相关资产形成的利得。

预期的未来事项可能对预计负债的计量较为重要。例如，某核电企业预计，在生产结束时清理核废料的费用将因未来技术的变化而显著降低。那么，该企业因此确认的预计负债金额应当反映有关专家对技术发展以及清理费用减少做出的合理预测。但是，这种预计需要取得相当客观的证据予以支持。

（4）对预计负债账面价值的复核

企业应当在资产负债表日对预计负债的账面价值进行复核。有确凿证据表明该账面价值不能真实反映当前最佳估计数的，应当按照当前最佳估计数对该账面价值进行调整。例如，某化工企业对环境造成了污染，按照当时的法律规定，只需要对污染进行清理。随着国家对环境保护越来越重视，按照现在的法律规定，该企业不但需要对污染进行清理，还很可能要对居民进行赔偿。这种法律要求的变化，会对企业预计负债的计量产生影响。企业应当在资产负债表日对为此确认的预计负债金额进行复核，相关因素发生变化表明预计负债金额不再能反映真实情况时，需要按照当前情况下企业清理和赔偿支出的最佳估计数对预计负债的账面价值进行相应的调整。

企业对已经确认的预计负债在实际支出发生时，应当仅限于最初确定该预计负债的支出。也就是说，只有与该预计负债有关的支出才能冲减预计负债，否则将会混淆不同预计负债确认事项的影响。

# 5.3 或有事项会计的具体应用

### 5.3.1 未决诉讼或未决仲裁

诉讼，是指当事人不能通过协商解决争议，因而在人民法院起诉、应诉，请求人民法院通过审判程序解决纠纷的活动。诉讼尚未裁决之前，对于被告来说，可能形成一项或有负债或者预计负债；对于原告来说，则可能形成一项或有资产。

仲裁，是指各方当事人依照事先约定或事后达成的书面仲裁协议，共同选定仲裁机构并由其对争议依法做出具有约束力裁决的一种活动。作为当事人一方，仲裁的结果在仲裁决定公布以前是不确定的，会构成一项潜在义务或现时义务，或者潜在资产。

【例 5-5】 2012 年 10 月 1 日，腾达公司因合同违约而被甲公司起诉。2012 年 12 月 31 日，公司尚未接到法院的判决。甲公司预计，如无特殊情况很可能在诉讼中获胜，假定甲公司估计将来很可能获得赔偿金额 1 000 000 元。在咨询了公司的法律顾问后，腾达公司认为最终的法律判决很可能对公司不利。假定腾达公司预计将要支付的赔偿金额、诉讼费等费用为 1 400 000～2 000 000 元之间的某一金额，而且这个区间内每个金额的可能性都大致相同，其中诉讼费为 50 000 元。

此例中，甲公司不应当确认或有资产，而应当在 2012 年 12 月 31 日的报表附注中披露或有资产 1 000 000 元。

腾达公司应在资产负债表中确认一项预计负债，金额为

$$（1 400 000＋2 000 000）÷2＝1 700 000（元）$$

同时在 2012 年 12 月 31 日的附注中进行披露。

腾达公司账务处理如下：

| | |
|---|---|
| 借：管理费用——诉讼费 | 50 000 |
| 　　营业外支出 | 1 650 000 |
| 　　贷：预计负债——未决诉讼 | 1 700 000 |

应当注意的是，对于未决诉讼，企业当期实际发生的诉讼损失金额与已计提的相关预计负债之间的差额，应分别不同情况进行处理：

第一，企业在前期资产负债表日，依据当时实际情况和所掌握的证据合理预计了预计负债，应当将当期实际发生的诉讼损失金额与已计提的相关预计负债之间的差额，直接计入或冲减当期营业外支出。

第二，企业在前期资产负债表日，依据当时实际情况和所掌握的证据，原本应当能够合理估计诉讼损失，但企业所作的估计却与当时的事实严重不符（如未合理预计损失或不恰当地多计或少计损失），应当按照重大会计差错更正的方法进行处理。

第三，企业在前期资产负债表日，依据当时实际情况和所掌握的证据，确实无法合理预计诉讼损失，因而未确认预计负债，则在该项损失实际发生的当期，直接计入当期营业外支出。

第四，资产负债表日后至财务报告批准报出日之间发生的需要调整或说明的未决诉讼，按照资产负债表日后事项的有关规定进行会计处理。

### 5.3.2　债务担保

债务担保在企业经营过程中是较为普遍的现象。作为提供担保的一方，在被担保方无法履行合同的情况下，常常承担连带责任。从保护投资者、债权人的利益出发，客观、充分地反映企业因担保义务而承担的潜在风险是十分必要的。

企业对外提供债务担保常常会涉及未决诉讼，这时可以分别以下情况进行处理：①企业已被判决败诉，则应当按照人民法院判决的应承担损失金额，确认为负债，并计入当期营业外支出。②已判决败诉，但企业正在上诉，或者经上一级人民法院裁定暂缓执行，或者由上一级人民法院发回重审等，企业应当在资产负债表日，根据已有判决结果合理估计可能产生的损失金额，确认为预计负债，并计入当期营业外支出。③人民法院尚未判决的，企业应向其律师或法律顾问等咨询，估计败诉的可能性，以及败诉后可能发生的损失金额，并取得有关书面意见。如果败诉的可能性大于胜诉的可能性，并且损失金额能够合理估计的，应当在资产负债表日将预计担保损失金额，确认为预计负债，并计入当期营业外支出。

【例 5-6】　2009 年 10 月，长城公司从银行贷款人民币 50 000 000 元，期限 3 年，由腾达公司全额担保；2011 年 4 月，光明公司从银行贷款美元 2 000 000 元，期限 2 年，由腾达公司担保 50%；2012 年 6 月，天达公司通过银行从甲公司贷款人民币 20 000 000 元，期限 2 年，由腾达公司全额担保。

截至 2012 年 12 月 31 日，各贷款单位的情况如下：长城公司贷款逾期未还，银行已起诉长城公司和腾达公司，腾达公司因连带责任需赔偿多少金额尚无法确定；光明公司由于受政策影响和内部管理不善等原因，经营效益不如以往，可能不能偿还到期美元债务；天达公司经营情况良好，预期不存在还款困难。

本例中，对长城公司而言，腾达公司很可能需履行连带责任，但损失金额是多少，目前还难以预计；就光明公司而言，腾达公司可能需履行连带责任；就天达公司而言，腾达公司履行连带责任的可能性极小。这三项债务担保形成腾达公司的或有负债，不符合预计负债的确认条件，腾达公司在 2012 年 12 月 31 日编制财务报表时，应当在附注中作相应披露。

### 5.3.3　产品质量保证

产品质量保证，通常指销售商或制造商在销售产品或提供劳务后，对客户提供服务的一种承诺。在约定期内（或终身保修），若产品或劳务在正常使用过程中出现质量问题或与之相关的其他属于正常范围的问题，企业负有更换产品、免费维修或只收成本价进行修理等责任。为此，企业应当在符合确认条件的情况下，于销售成立时确认预计负债。

【例 5-7】　腾达公司从事机床生产和销售业务，对购买其机床的消费者做出承诺：机床售出后 3 年之内如出现非意外事件造成机床故障和质量问题，腾达公司免费负责保修（含零配件更换）。腾达公司 2012 年四个季度分别销售机床 200 台、600 台、800 台和 1 000 台，每台售价为 5 万元。根据以往的经验，机床发生的保修费一般为销售额的 1%～2% 之间。腾达公司 2012 年四个季度实际发生的维修费用分别为 20 000 元、400 000 元、

380 000 元和 700 000 元（假定用银行存款支付 50%，另 50% 为耗用的原材料）。假定 2011 年 12 月 31 日，"预计负债——产品质量保证——机床"科目年末余额为 250 000 元。

本例中，腾达公司因销售机床而承担了现时义务，该现时义务的履行很可能导致经济利益流出腾达公司，且该义务的金额能够可靠计量。腾达公司应在每季度末确认一项预计负债。

（1）第 1 季度：发生产品质量保证费用（维修费）

借：预计负债——产品质量保证——机床　　　　　　　　　　　　20 000

　　贷：银行存款　　　　　　　　　　　　　　　　　　　　　　　　10 000

　　　　原材料　　　　　　　　　　　　　　　　　　　　　　　　　10 000

应确认的产品质量保证负债金额＝200×50 000×（1%＋2%）÷2＝150 000（元）

借：销售费用——产品质量保证——机床　　　　　　　　　　　　150 000

　　贷：预计负债——产品质量保证——机床　　　　　　　　　　　　150 000

第 1 季度末，"预计负债——产品质量保证——机床"科目余额＝250 000＋150 000－20 000＝380 000（元）

（2）第 2 季度：发生产品质量保证费用（维修费）

借：预计负债——产品质量保证——机床　　　　　　　　　　　　400 000

　　贷：银行存款　　　　　　　　　　　　　　　　　　　　　　　　200 000

　　　　原材料　　　　　　　　　　　　　　　　　　　　　　　　　200 000

应确认的产品质量保证负债金额＝600×50 000×（1%＋2%）÷2＝450 000（元）

借：销售费用——产品质量保证——机床　　　　　　　　　　　　450 000

　　贷：预计负债——产品质量保证——机床　　　　　　　　　　　　450 000

第 2 季度末，"预计负债——产品质量保证——机床"科目余额＝380 000＋450 000－400 000＝430 000（元）

（3）第 3 季度：发生产品质量保证费用（维修费）

借：预计负债——产品质量保证——机床　　　　　　　　　　　　380 000

　　贷：银行存款　　　　　　　　　　　　　　　　　　　　　　　　190 000

　　　　原材料　　　　　　　　　　　　　　　　　　　　　　　　　190 000

应确认的产品质量保证负债金额＝800×50 000×（1%＋2%）÷2＝600 000（元）

借：销售费用——产品质量保证——机床　　　　　　　　　　　　600 000

　　贷：预计负债——产品质量保证——机床　　　　　　　　　　　　600 000

第 3 季度末，"预计负债——产品质量保证——机床"科目余额＝430 000＋600 000－380 000＝650 000（元）

（4）第 4 季度：发生产品质量保证费用（维修费）

借：预计负债——产品质量保证——机床　　　　　　　　　　　　700 000

　　贷：银行存款　　　　　　　　　　　　　　　　　　　　　　　　350 000

　　　　原材料　　　　　　　　　　　　　　　　　　　　　　　　　350 000

应确认的产品质量保证负债金额＝1 000×50 000×（1%＋2%）÷2＝750 000（元）

借：销售费用——产品质量保证——机床　　　　　　　　　　　　750 000

　　　　贷：预计负债——产品质量保证——机床　　　　　　　　　　　750 000

　　第 4 季度末，"预计负债——产品质量保证——机床"科目余额＝650 000＋750 000－700 000＝700 000（元）

　　在对产品质量保证确认预计负债时，需要注意的是：

　　第一，如果发现产品质量保证费用的实际发生额与预计数相差较大，应及时对预计比例进行调整。

　　第二，如果企业针对特定批次产品确认预计负债，则在保修期结束时，应将"预计负债——产品质量保证"余额冲销，不留余额。

　　第三，对已确认预计负债的产品，如企业不再继续生产，那么应在相应的产品质量保证期满后，将"预计负债——产品质量保证"余额冲销，不留余额。

### 5.3.4　亏损合同

　　待执行合同变为亏损合同，同时该亏损合同产生的义务满足预计负债确认条件的，应当确认为预计负债。其中，待执行合同，是指合同各方未履行任何合同义务，或部分履行了同等义务的合同。企业与其他企业签订的商品销售合同、劳务提供合同、租赁合同等，均属于待执行合同，待执行合同不属于或有事项。但是，待执行合同变为亏损合同的，应当作为或有事项。亏损合同，是指履行合同义务不可避免发生的成本超过预期经济利益的合同。预计负债的计量应当反映退出该合同的最低净成本，即履行该合同的成本与未能履行该合同而发生的补偿或处罚两者之中的较低者。企业与其他单位签订的商品销售合同、劳务合同、租赁合同等，均可能变为亏损合同。

　　企业对亏损合同进行会计处理，需要遵循以下两点原则：

　　1）如果与亏损合同相关的义务不需支付任何补偿即可撤销，企业通常就不存在现时义务，不应确认预计负债；如果与亏损合同相关的义务不可撤销，企业就存在了现时义务，同时满足该义务很可能导致经济利益流出企业且金额能够可靠地计量的，应当确认预计负债。

　　2）待执行合同变为亏损合同时，合同存在标的资产的，应当对标的资产进行减值测试并按规定确认减值损失，在这种情况下，企业通常不需确认预计负债，如果预计亏损超过该减值损失，应将超过部分确认为预计负债；合同不存在标的资产的，亏损合同相关义务满足预计负债确认条件时，应当确认为预计负债。

　　【例 5-8】 2011 年 1 月 1 日，腾达公司采用经营租赁方式租入一条生产线生产甲产品，租赁期 5 年。腾达公司利用该生产线生产的甲产品每年可获利 30 万元。2012 年 12 月 31 日，腾达公司决定停产甲产品，原经营租赁合同不可撤销，还要持续 3 年，且生产线无法转租给其他单位。

　　本例中，腾达公司与其他公司签订了不可撤销的经营租赁合同，负有法定义务，必须继续履行租赁合同（交纳租金）。同时，腾达公司决定停产甲产品。因此，腾达公司执行原经营租赁合同不可避免地要发生的费用很可能超过预期获得的经济利益，属于亏损合同，应当在 2012 年 12 月 31 日，根据未来应支付租金的最佳估计数确认预计负债。

**【例 5-9】** 腾达公司 2011 年 12 月 10 日与甲公司签订不可撤销合同，约定在 2012 年 3 月 1 日以每件 200 元的价格向甲公司提供 B 产品 1 000 件，若不能按期交货，将对腾达公司处以总价款 20%的违约金。签订合同时 B 产品尚未开始生产，腾达公司准备生产 B 产品时，原材料价格突然上涨，预计生产 B 产品的单位成本将超过合同单价。（不考虑相关税费）

（1）若生产 B 产品的单位成本为 220 元

履行合同发生的损失＝1 000×（220－200）＝20 000（元）

不履行合同支付的违约金＝1 000×200×20%＝40 000（元）

本例中，腾达公司与甲公司签订了不可撤销合同，但是执行合同不可避免要发生的费用超过了预期获得的经济利益，属于亏损合同。由于该合同变为亏损合同时不存在标的资产，腾达公司应当按照履行合同造成的损失与违约金两者中的较低者确认一项预计负债，即应确认预计负债 20 000 元。

借：营业外支出——亏损合同损失——B 产品　　　　　　　　20 000

　　贷：预计负债——亏损合同损失——B 产品　　　　　　　　　　20 000

待产品完工后，将已确认的预计负债冲减产品成本。

借：预计负债——亏损合同损失——B 产品　　　　　　　　　　20 000

　　贷：库存商品——B 产品　　　　　　　　　　　　　　　　　20 000

（2）若生产 B 产品的单位成本为 250 元

履行合同发生的损失＝1 000×（250－200）＝50 000（元）

不履行合同支付的违约金＝1 000×200×20%＝40 000（元）

应确认预计负债 40 000 元。

借：营业外支出——亏损合同损失——B 产品　　　　　　　　40 000

　　贷：预计负债——亏损合同损失——B 产品　　　　　　　　　　40 000

支付违约金时：

借：预计负债——亏损合同损失——B 产品　　　　　　　　　　40 000

　　贷：银行存款　　　　　　　　　　　　　　　　　　　　　40 000

**【例 5-10】** 腾达公司生产的 C 产品目前企业库存积压较大，产品成本为每件 200 元。为了消化库存，盘活资金，腾达公司 2012 年 1 月 25 日与甲外贸公司签订了一项产品销售合同，约定在 2012 年 2 月 5 日，以每件产品 160 元的价格向甲外贸公司提供 20 000 件产品，合同不可撤销。

本例中，腾达公司生产 C 产品的成本为每件 200 元，而售价为每件 160 元，每销售 1 件亏损 40 元，共计损失 800 000 元。并且，合同不可撤销。因此，这项销售合同是一项亏损合同。

由于该合同签订时即为亏损合同，且存在标的资产，腾达公司应当对 C 产品进行减值测试，计提减值准备，如果亏损不超过该减值损失，企业不需确认预计负债，如果亏损超过该减值损失，应将超过部分确认为预计负债。

**【例 5-11】** 腾达公司与甲公司于 2011 年 11 月签订不可撤销合同，腾达公司向甲公司销售 M 设备 100 台，合同价格每台 1 000 000 元（不含税）。该批设备在 2012 年 1 月

25 日交货。至 2011 年末腾达公司已生产 M 设备 80 台，由于原材料价格上涨，单位成本达到 1 020 000 元，每销售一台 M 设备亏损 20 000 元，因此这项合同已成为亏损合同。预计其余未生产的 20 台 M 设备的单位成本与已生产的 M 设备的单位成本相同。则腾达公司应对有标的的 80 台 M 设备计提存货跌价准备，对没有标的的 20 台 M 设备确认预计负债。不考虑相关税费。

有关账务处理如下：

（1）有标的的部分，合同为亏损合同，确认减值损失

借：资产减值损失——存货跌价准备——M 设备　　　　　　　1 600 000

　　贷：存货跌价准备——M 设备　　　　　　　（80×20 000）1 600 000

（2）无标的的部分，合同为亏损合同，确认预计负债

$$20×20 000＝400 000（元）$$

借：营业外支出——亏损合同损失——M 设备　　　　　　　400 000

　　贷：预计负债——亏损合同损失——M 设备　　　　　　　400 000

在产品生产出来后，将预计负债冲减成本：

借：预计负债——亏损合同损失——M 设备　　　　　　　400 000

　　贷：库存商品——M 设备　　　　　　　400 000

### 5.3.5 重组义务

重组是指企业制定和控制的，将显著改变企业组织形式、经营范围或经营方式的计划实施行为。属于重组的事项主要包括：①出售或终止企业的部分业务；②对企业的组织结构进行较大调整；③关闭企业的部分营业场所，或将营业活动由一个国家或地区迁移到其他国家或地区。

企业应当将重组与企业合并、债务重组区别开。因为重组通常是企业内部资源的调整和组合，谋求现有资产效能的最大化；企业合并是在不同企业之间的资本重组和规模扩张；而债务重组是债权人对债务人做出的让步，债务人减轻了债务负担，债权人尽可能减少损失。

**1. 重组义务的确认**

企业因重组而承担了重组义务，并且同时满足预计负债的三项确认条件时才能确认预计负债。

首先，同时存在下列情况的，表明企业承担了重组义务：①有详细、正式的重组计划，包括重组涉及的业务、主要地点、需要补偿的职工人数、预计重组支出、计划实施时间等；②该重组计划已对外公告。

其次，需要判断重组义务是否同时满足预计负债的三个确认条件，即判断其承担的重组义务是否是现时义务、履行重组义务是否很可能导致经济利益流出企业、重组义务的金额是否能够可靠计量。只有同时满足这三个确认条件，才能将重组义务确认为预计负债。

【例 5-12】 2012 年 12 月 31 日，腾达公司董事会决定关闭一个事业部。2012 年度财务报告报出前，腾达公司董事会尚未将有关决定传达到受影响的各方，也未采取任何

措施实施该项决定，在 2012 年 12 月 31 日，腾达公司不应对此项决定确认预计负债。

【例 5-13】 2012 年 12 月 16 日，腾达公司董事会决定关闭 A 产品事业部，有关计划已获批准。至 2012 年 12 月 31 日，关闭该事业部的决定已经向社会公告，受影响的公司职工、客户及供应商均收到了通知。如果该义务很可能导致经济利益流出腾达公司，且金额能够可靠计量，在 2012 年 12 月 31 日，腾达公司应对此项决定确认预计负债。

### 2. 重组义务的计量

企业应当按照与重组有关的直接支出确定预计负债金额，计入当期损益。其中，直接支出是企业重组必须承担的直接支出，不包括留用职工岗前培训、市场推广、新系统和营销网络投入等支出。

由于企业在计量预计负债时不应当考虑预期处置相关资产的利得或损失，在计量与重组义务相关的预计负债时，也不考虑处置相关资产（厂房、事业部）可能形成的利得或损失，即使资产的出售构成重组的一部分也是如此，这些利得或损失应当单独确认。

企业可以参照表 5.2 判断某项支出是否属于与重组有关的直接支出。

表 5.2　与重组有关支出的判断

| 支出项目 | 包括 | 不包括 | 不包括的原因 |
|---|---|---|---|
| 自愿遣散 | √ | | |
| 强制遣散（如果自愿遣散目标未满足） | √ | | |
| 不再使用的厂房的租赁撤销费 | √ | | |
| 将职工和设备从拟关闭的工厂转移到继续使用的工厂 | | √ | 支出与继续进行的活动相关 |
| 剩余职工的再培训 | | √ | 支出与继续进行的活动相关 |
| 新经理的招募成本 | | √ | 支出与继续进行的活动相关 |
| 推广公司新形象的营销成本 | | √ | 支出与继续进行的活动相关 |
| 对新分销网络的投资 | | √ | 支出与继续进行的活动相关 |
| 重组的未来可辨认经营损失（最新预计值） | | √ | 支出与继续进行的活动相关 |
| 特定不动产、厂场和设备的减值损失 | | √ | 资产减值准备应当按照《企业会计准则第 8 号——资产减值》进行计提，并作为资产的抵减项 |

## 5.4　或有事项会计信息披露

### 1. 预计负债的列报

在资产负债表中，因或有事项而确认的负债（预计负债）应与其他负债项目区别开来，单独反映。如果企业因多项或有事项确认了预计负债，在资产负债表上一般只需通过"预计负债"项目进行总括反映。在将或有事项确认为负债的同时，应确认一项支出或费用。这项费用或支出在利润表中不应单列项目反映，而应与其他费用或支出项目（如"销售费用"、"管理费用"、"营业外支出"等）合并反映。比如，企业因产品质量保证确认负债时所确认的费用，在利润表中应作为"销售费用"的组成部分予以反映；又如，企业因对其他单位提供债务担保确认负债时所确认的费用，在利润表中应作为"营业外支出"的组成部分予以反映。

同时，为了使会计报表使用者获得充分、详细的有关或有事项的信息，企业应在会计报表附注中披露以下内容：

1）预计负债的种类、形成原因以及经济利益流出不确定性的说明。

2）各类预计负债的期初、期末余额和本期变动情况。

3）与预计负债有关的预期补偿金额和本期已确认的预期补偿金额。

**2. 或有负债的披露**

或有负债无论作为潜在义务还是现时义务，均不符合负债的确认条件，因而不予确认。但是，除非或有负债极小可能导致经济利益流出企业，否则企业应当在附注中披露有关信息，具体包括：

1）或有负债的种类及其形成原因，包括已贴现商业承兑汇票、未决诉讼、未决仲裁、对外提供担保等形成的或有负债。

2）经济利益流出不确定性的说明。

3）或有负债预计产生的财务影响，以及获得补偿的可能性；无法预计的，应当说明原因。

需要注意的是，在涉及未决诉讼、未决仲裁的情况下，如果披露全部或部分信息预期对企业会造成重大不利影响，企业无需披露这些信息，但应当披露该未决诉讼、未决仲裁的性质，以及没有披露这些信息的事实和原因。

【例5-14】　2010年6月10日，腾达公司的子公司B公司从银行贷款人民币100 000 000元，期限2年，由腾达公司全额担保；2011年7月1日C公司从银行贷款人民币80 000 000元，期限为3年，由腾达公司全额担保；2012年7月1日D公司从银行贷款25 000 000美元，期限5年，由腾达公司担保60%。

截至2012年12月31日的情况如下：B公司贷款逾期未还，银行已起诉腾达公司和B公司；C公司经营状况良好，逾期不存在还款困难；D公司受政策不利影响，可能不能偿还到期美元债务。

在本例中，就B公司而言，腾达公司很可能履行连带责任，造成损失，但损失金额是多少，目前还难以预计。就C公司而言，要求腾达公司履行连带责任的可能性极小。就D公司而言，腾达公司可能履行连带责任。根据企业会计准则的规定，腾达公司应在2012年12月31日的财务报表附注中作如下披露（见表5.3）：

表5.3　腾达公司2012年或有负债的披露

| 被担保单位 | 担 保 金 额 | 财 务 影 响 |
|---|---|---|
| B 公司 | 担保金额人民币 100 000 000 元，2012 年 6 月 10 日到期 | B 公司的银行借款已逾期。贷款银行已起诉 B 公司和本公司，由于对 B 公司该笔银行贷款提供全额担保，预期诉讼结果将给本公司的财务造成重大不利影响，损失金额目前难以估计 |
| C 公司 | 担保金额人民币 80 000 000 元，2014 年 7 月 1 日到期 | C 公司目前经营状况良好，预期对银行贷款不存在还款困难，因此对 C 公司的担保极小可能会给本公司造成不利影响，损失金额目前难以估计 |
| D 公司 | 担保金额 25 000 000 美元，2017 年 6 月 30 日到期 | D 公司受政策影响本年度效益不如以往，可能不能偿还到期美元贷款，本公司可能因此承担相应的连带责任而发生损失，损失金额目前难以估计 |

### 3. 或有资产的披露

或有资产作为一种潜在资产，不符合资产确认的条件，因而不予确认。企业通常不应当披露或有资产，但或有资产很可能会给企业带来经济利益的，应当披露其形成的原因、预计产生的财务影响等。

## 本章知识框架

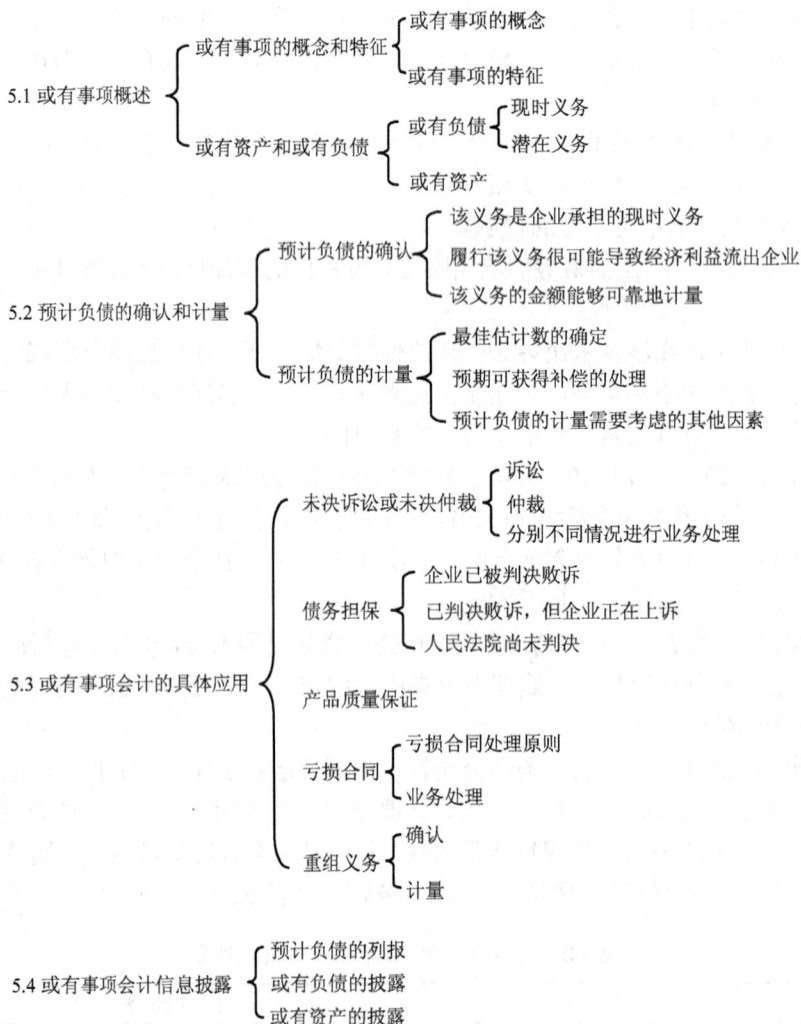

- **5.1 或有事项概述**
  - 或有事项的概念和特征
    - 或有事项的概念
    - 或有事项的特征
  - 或有资产和或有负债
    - 或有负债
      - 现时义务
      - 潜在义务
    - 或有资产

- **5.2 预计负债的确认和计量**
  - 预计负债的确认
    - 该义务是企业承担的现时义务
    - 履行该义务很可能导致经济利益流出企业
    - 该义务的金额能够可靠地计量
  - 预计负债的计量
    - 最佳估计数的确定
    - 预期可获得补偿的处理
    - 预计负债的计量需要考虑的其他因素

- **5.3 或有事项会计的具体应用**
  - 未决诉讼或未决仲裁
    - 诉讼
    - 仲裁
    - 分别不同情况进行业务处理
  - 债务担保
    - 企业已被判决败诉
    - 已判决败诉，但企业正在上诉
    - 人民法院尚未判决
  - 产品质量保证
  - 亏损合同
    - 亏损合同处理原则
    - 业务处理
  - 重组义务
    - 确认
    - 计量

- **5.4 或有事项会计信息披露**
  - 预计负债的列报
  - 或有负债的披露
  - 或有资产的披露

## 复 习 题

### 一、单项选择题

1. 根据企业会计准则规定，下列各项中不属于或有事项的是（　　）。

A. 产品质量保证　　B. 重组义务　　C. 债务担保　　D. 待执行合同

2. 下列事项中，属于或有事项的是（　　）。

  A. 企业已发生的销售退回

  B. 已经判决的诉讼事项

  C. 母公司对其子公司从银行贷款提供的担保

  D. 预计未来一个月内很可能发生的自然灾害

3. 下列有关或有事项的表述中，正确的是（　　）。

  A. 因担保引起的或有事项不一定随着被担保人债务的全部清偿而消失

  B. 或有负债与或有事项相联系，有或有事项就有或有负债

  C. 对于或有事项既要确认或有负债，也要确认或有资产

  D. 或有事项有可能给企业带来有利影响，也有可能给企业带来不利影响

4. 下列关于或有资产和或有负债的表述中，不正确的是（　　）。

  A. 或有资产作为一种潜在资产，其结果具有较大不确定性

  B. 或有负债可能是一项潜在义务，也可能是一项现时义务

  C. 或有资产和或有负债应在资产负债表内予以确认

  D. 或有资产和或有负债在一定的条件下可以转化为企业的资产和预计负债

5. 2011年11月甲公司与乙公司签订合同，甲公司于2012年1月销售商品给乙公司，合同价款为1 800万元，如甲公司单方面撤销合同，应支付违约金为500万元。至2011年12月31日商品尚未购入，但是市场价格大幅度地上升，甲公司预计购买商品成本总额为2 400万元，则甲公司确认预计负债的金额为（　　）万元。

  A. 500        B. 600        C. 200        D. 0

6. 下列关于或有事项确认为预计负债的条件中，表述不正确的是（　　）。

  A. 该项义务是企业承担的现时义务

  B. 该项义务是企业承担的潜在义务

  C. 履行该义务很可能导致经济利益流出企业

  D. 该义务的金额能够可靠地计量

7. 2012年12月28日，永盛公司因合同违约而涉及一起诉讼案。根据企业的法律顾问判断，最终的判决很可能对永盛公司不利。2012年12月31日，永盛公司尚未接到法院的判决，因诉讼须承担的赔偿金额也无法准确地确定。不过，根据专业人士估计，赔偿金额很可能是600万元至1 000万元之间的某一金额，则下列说法中不正确的是（　　）。

  A. 2012年末永盛公司确认800万元的预计负债

  B. 2012年末永盛公司确认800万元的营业外支出

  C. 2012年末永盛公司需要进行相应的披露

  D. 2012年末永盛公司根据谨慎性要求应该确认600万元预计负债

8. 2012年11月20日，大成公司因合同违约而被光明公司起诉。2012年12月31日，大成公司尚未接到人民法院的判决。大成公司预计，最终的判决很可能对其不利，并预计将要支付的赔偿金额为120万～180万元之间的某一金额，而且这个区间内每个金额的可能性都大致相同。2012年12月31日，大成公司对该项诉讼应确认的预计负债

金额为（　　　）万元。

  A. 120    B. 140    C. 150    D. 180

  9. 甲公司 2012 年销售收入为 1 500 万元，产品质量保证条款规定，产品售出后，如果一年内发生正常质量问题，甲公司将负责免费维修。根据以往经验，如果发生较小质量问题，修理费用为销售收入的 1%，发生较大问题的修理费用为销售收入的 3%～5%，发生特大质量问题的修理费用为销售收入的 8%～12%。公司考虑各种因素，预测 2012 年所售商品中，有 10% 将发生较小质量问题，5% 将发生较大质量问题，1% 将发生特大质量问题。2012 年年末，甲公司应确认的负债金额为（　　　）万元。

  A. 2.25    B. 2.4    C. 3    D. 6

  10. 大成公司是生产并销售甲产品的企业，2012 年第一季度共销售甲产品 1 000 件，销售收入为 50 000 万元。根据公司的产品质量保证条款，该产品售出后一年内，如发生正常质量问题，公司将负责免费维修。根据以前年度的维修记录，如果发生较小的质量问题，发生的维修费用为销售收入的 2%；如果发生较大的质量问题，发生的维修费用为销售收入的 2.5%。根据公司质量部门的预测，本季度销售的产品中，85% 不会发生质量问题；10% 可能发生较小质量问题；5% 可能发生较大质量问题。2012 年 3 月 31 日，大成公司对该项产品质量保证应确认预计负债的金额为（　　　）万元。

  A. 0    B. 62.5    C. 100    D. 162.5

  11. 甲公司涉及一起诉讼案件，根据类似的经验以及公司所聘请律师的意见判断，甲公司在该诉讼中胜诉的可能性有 40%，败诉的可能性有 60%。如果败诉，将要赔偿 1 000 万元，另需承担诉讼费 50 万元。假定不考虑所得税等其他因素，在这种情况下，甲公司因该事项影响当期损益的金额为（　　　）万元。

  A. 1 000    B. 650    C. 1050    D. 0

  12. 光明公司因新龙公司违反合同约定，于 2012 年 11 月 20 日向法院提起诉讼，要求新龙公司赔偿造成的损失 150 万元。截至 2012 年 12 月 31 日，法院尚未对此项诉讼做出判决。据新龙公司法律顾问分析，新龙公司很可能败诉，赔偿金额很可能为 150 万元，另外还须承担诉讼费 10 万元。据查，新龙公司违约是由于长江公司违约造成的。经与长江公司交涉，新龙公司基本确定可从长江公司收到补偿金额 120 万元。新龙公司因此项诉讼及与长江公司交涉在 2012 年度利润表中反映的费用或支出总计为（　　　）万元。

  A. 150    B. 40    C. 140    D. 120

  13. 甲公司 2012 年 11 月 20 日收到法院通知，A 公司向法院提起诉讼，状告甲公司使用的某软件侵犯其专利权，要求甲公司一次性支付专利使用费 500 万元，至 12 月 31 日法院尚未做出判决。对此项诉讼，甲公司估计败诉的可能性为 60%，预计将一次支付给 A 公司 100 万～200 万元赔款，并将支付诉讼费用 5 万元。由于甲公司所使用的软件是由丙公司为其制作，因此甲公司向丙公司提起诉讼，甲公司已基本确定可从丙公司获得赔偿 160 万元。对于该项未决诉讼甲公司在 2012 年 12 月 31 日应作的会计处理为（　　　）。

  A. 不确认，在报表附注中予以披露

  B. 确认预计负债 75 万元，并在报表附注中披露有关信息

  C. 确认预计负债 155 万元，不确认资产，在报表附注中披露有关信息

  D. 确认预计负债 155 万元，同时确认资产 155 万元，并在报表附注中披露有关信息

14. 对于资产负债表日的诉讼事项，下列说法中不正确的是（   ）。

  A. 如果法院尚未判决，则企业不应确认为预计负债

  B. 如果已判决败诉，但企业正在上诉，或者经上一级法院裁定暂缓执行等，企业应当在资产负债表日，根据已有判决结果合理估计很可能产生的损失金额，确认为预计负债

  C. 如果企业已被判决败诉，且企业不再上诉，则应当冲回原已确认的预计负债的金额

  D. 如果法院尚未判决，企业应估计败诉的可能性，如果企业很可能败诉，并且损失金额能够合理估计的，应当在资产负债表日将预计损失金额，确认为预计负债

15. 2011 年 11 月 10 日，新龙公司与大成公司签订一份甲产品销售合同，约定在 2012 年 5 月底以每件 0.3 万元的价格向大成公司销售 3 000 件甲产品，违约金为合同总价款的 20%。2011 年 12 月 31 日，新龙公司库存甲产品 3 000 件，成本总额为 1 200 万元，按目前市场价格计算的市价总额为 1 000 万元。假定新龙公司销售甲产品不发生销售费用。2011 年 12 月 31 日，新龙公司应确认的预计负债的金额为（   ）万元。

  A. 300     B. 380     C. 400     D. 0

16. 黄河公司对销售产品承担售后保修，发生的保修费一般为销售额的 1%~3% 之间，黄河公司 2012 年销售额为 3 000 万元，支付保修费用 15 万元，期初“预计负债——保修费用”的余额是 10 万元，则 2012 年期末“预计负债——保修费用”的余额是（   ）万元。

  A. 55      B. 15      C. 10      D. 45

17. 下列关于亏损合同的会计处理，不正确的是（   ）。

  A. 如果与亏损合同相关的义务不需支付任何补偿即可撤销，企业通常就不存在现时义务，不应确认预计负债

  B. 即使亏损合同存在标的资产，也应将合同预计亏损金额全部确认为预计负债

  C. 亏损合同存在标的资产的，应当对标的资产进行减值测试并按规定确认减值损失，如果预计亏损超过标的资产减值损失，应将超过部分确认为预计负债；合同不存在标的资产的，亏损合同相关义务满足预计负债确认条件时，应当确认为预计负债

  D. 预计负债的计量应当反映退出该合同的最低净成本

18. 2011 年 10 月 1 日，新龙公司与大成公司签订了一项不可撤销的销售合同，约定于 2012 年 2 月 1 日以 600 万元的价格向大成公司销售大型机床一台。若不能按期交货，新龙公司需按照总价款的 10% 支付违约金。至 2011 年 12 月 31 日，新龙公司尚未开始生产该机床；由于原材料价格上涨等因素，新龙公司预计生产该机床的成本不可避免地上升至 640 万元。假定不考虑其他因素。2011 年 12 月 31 日，新龙公司的下列处理中，

正确的是（　　）。

  A．应确认预计负债40万元   B．应确认预计负债60万元

  C．应确认存货跌价准备40万元  D．应确认存货跌价准备60万元

19．关于或有事项的列报，下列说法中正确的是（　　）。

  A．或有负债应该在资产负债表中单独列报

  B．企业应当在报表附注中披露所有的或有负债信息

  C．在资产负债表中，因或有事项而确认的预计负债可以与其他负债项目合并列示

  D．企业通常不应当披露或有资产，但或有资产很可能会给企业带来经济利益的，应当予以披露

20．下列有关或有事项披露的内容中，不正确的是（　　）。

  A．对未决诉讼、未决仲裁的披露至少应包括其形成的原因

  B．与预计负债有关的预期补偿金额和本期已确认的预期补偿金额应当予以披露

  C．基本确定导致经济利益流入企业的或有资产才能予以披露

  D．或有负债预计产生的财务影响以及获得补偿的可能性应当予以披露；无法预计的，应当说明原因

**二、多项选择题**

1．关于或有事项的定义和特征，下列说法中不正确的有（　　）。

  A．或有事项是由未来的交易或者事项形成的

  B．或有事项的结果具有不确定性

  C．所有的不确定性事项都是或有事项

  D．未来可能发生的自然灾害、交通事故、经营亏损等事项，都属于或有事项

2．关于最佳估计数的确定，下列说法中正确的有（　　）。

  A．企业在确定最佳估计数时，应当综合考虑与或有事项有关的未来事项因素

  B．企业在确定最佳估计数时，应当综合考虑与或有事项有关的货币时间价值因素

  C．所需支出不存在一个连续范围，或者虽然存在一个连续范围，但该范围内各种结果发生的可能性不相同，那么，如果或有事项涉及单个项目，最佳估计数按照最可能发生金额确定

  D．所需支出存在一个连续范围，且该范围内各种结果发生的可能性相同的，最佳估计数应当按照该范围内的中间值确定

3．下列关于或有事项的说法中正确的有（　　）。

  A．企业确认的补偿金额不能超过所确认负债的账面价值

  B．企业应当在资产负债表日对预计负债的账面价值进行复核

  C．预计负债应当按照履行相关现时义务所需支出的最佳估计数进行初始计量

  D．因清偿或有事项预期可获得补偿的金额只有在基本确定能收到时，才能作为资产单独确认

4．新龙公司于2012年10月10日收到法院通知，被告知大成公司状告新龙公司侵权，要求其赔偿350万元，至本年年末尚未结案。新龙公司在2012年年末编制财务报表

时，根据法律诉讼的进展情况以及专业人士的意见，认为对原告进行赔偿330万元的可能性为60%，赔偿260万元的可能性为40%，另外新龙公司预计其将要承担诉讼费用5万元。则新龙公司下列对该项业务的会计处理中，正确的有（　　）。

  A．确认预计负债335万元　　　　B．确认营业外支出330万元

  C．确认管理费用5万元　　　　　D．确认预计负债260万元

 5．以下事项中属于或有事项的有（　　）。

  A．对售出产品提供质量担保　　　B．正在进行当中的诉讼案

  C．将商业承兑汇票到银行贴现　　D．应收账款计提坏账准备

 6．下列关于或有事项的说法中，正确的有（　　）。

  A．企业不应确认或有资产和或有负债

  B．待执行合同转为亏损合同时，企业拥有合同标的资产的，应当对标的资产进行减值测试并确认预计负债

  C．或有事项是过去的交易或事项形成的一种状况，其结果须通过未来不确定事项的发生或不发生予以证实

  D．与或有事项有关的义务的履行很可能导致经济利益流出企业，就应将其确认为一项负债

 7．下列属于或有事项确认为预计负债的条件的有（　　）。

  A．该义务的金额能够可靠地计量

  B．该义务是企业承担的现时义务

  C．履行该义务很可能导致经济利益流出企业

  D．履行该义务可能导致经济利益流出企业

 8．下列说法中不正确的有（　　）。

  A．企业可以将未来的经营亏损确认为负债

  B．买卖合同、租赁合同均不属于待执行合同

  C．待执行合同变成亏损合同时，不管该合同是否有标的资产，都应确认相应的预计负债

  D．待执行合同变成亏损合同时，亏损合同产生的义务满足预计负债确认条件的，应当确认为预计负债

 9．重组事项主要包括（　　）。

  A．终止企业的部分经营业务

  B．出售企业的部分经营业务

  C．因经营困难，与债权方进行债务重组

  D．关闭企业的部分经营场所，或将营业活动由一个国家或地区迁移到其他国家或地区

 10．如果清偿因或有事项而确认的负债所需支出全部或部分预期由第三方或其他方补偿，下列说法中不正确的有（　　）。

  A．补偿金额只能在已经收到时，作为资产单独确认，且确认的补偿金额不应超过所确认负债的账面价值

B. 补偿金额只能在基本确定收到时，作为资产单独确认，且确认的补偿金额不应超过所确认负债的账面价值

C. 补偿金额在基本确定收到时，企业应按所需支出确认负债，而不能扣除补偿金额

D. 补偿金额在基本确定收到时，企业应按所需支出扣除补偿金额确认负债

11. 对于未决诉讼中企业当期实际发生的诉讼损失金额与已计提的相关预计负债之间的差额，下列说法中正确的有（　　）。

A. 企业在前期资产负债表日，依据当时实际情况和所掌握的证据合理预计了预计负债，应当将当期实际发生的诉讼损失金额与已计提的相关预计负债之间的差额，直接计入或冲减当期营业外支出

B. 企业在前期资产负债表日，依据当时实际情况和所掌握的证据，原本应当能够合理估计诉讼损失，但企业所作的估计却与当时的事实严重不符，应当按照重大会计差错更正的方法进行处理

C. 企业在前期资产负债表日，依据当时实际情况和所掌握的证据，确实无法合理预计诉讼损失，因而未确认预计负债，则在该项损失实际发生的当期，直接计入当期营业外支出

D. 资产负债表日后至财务报告批准报出日之间发生的需要调整或说明的未决诉讼，按照资产负债表日后事项的有关规定进行会计处理

12. 下列关于产品质量保证确认预计负债的说法中正确的有（　　）。

A. 企业应当在符合确认条件的情况下，于销售成立时确认预计负债

B. 如果发现产品质量保证费用的实际发生额与预计数相差较大，应及时对预计比例进行调整

C. 如果发现产品质量保证费用的实际发生额与预计数相差较大，也应保持其预计比例不变

D. 如果企业针对特定批次产品确认预计负债，则在保修期结束时，应将"预计负债——产品质量保证"余额冲销，不留余额

13. 关于亏损合同，下列说法中正确的有（　　）。

A. 待执行合同不属于或有事项，但是待执行合同变为亏损合同的，应当作为或有事项

B. 亏损合同是指履行合同义务不可避免发生的成本超过预期经济利益的合同

C. 如果与亏损合同相关的义务不需支付任何补偿即可撤销，企业通常就不存在现时义务，不应确认预计负债

D. 企业与其他单位签订的商品销售合同、劳务合同、租赁合同等，均可能变为亏损合同

14. 关于重组义务，下列说法中正确的有（　　）。

A. 与重组有关的直接支出是企业重组必须承担的直接支出，并且是与主体继续进行的活动无关的支出

B. 企业承担的重组义务满足或有事项确认预计负债条件的，应当确认预计负债

C. 企业应当按照与重组有关的全部支出确定预计负债金额

D. 与重组有关的直接支出不包括留用职工岗前培训、市场推广、新系统和营销网络投入等支出

15. 新龙公司在编制 2012 年度财务报告时,对有关的或有事项进行检查,发现:①正在诉讼过程中的经济案件估计很可能胜诉并可获得 85 万元的赔偿;②由于新龙公司生产过程污染了河水,有关环保部门正在进行调查,估计很可能支付赔偿金额 240 万元。不考虑其他因素,新龙公司在编报本年度财务报告时,对上述或有事项的处理正确的有(　　　)。

A. 新龙公司将诉讼过程中很可能获得的 85 万元赔偿款确认为资产,并在财务报表附注中作了披露

B. 新龙公司未将诉讼过程中很可能获得的 85 万元赔偿款确认为资产,但在财务报表附注中作了披露

C. 新龙公司将因污染环境而很可能发生的 240 万元赔偿款确认为负债,并在财务报表附注中作了披露

D. 新龙公司未将因污染环境而很可能发生的 240 万元赔偿款确认为负债,也未在财务报表附注中披露

## 三、判断题

1. 现时义务是指企业在现行条件下已承担的义务。或有负债作为现时义务,其特征在于该现时义务的履行很可能导致经济利益流出企业。　　　　　　　　(　　)

2. 企业的或有负债和或有资产在满足一定条件时可以转化为负债或资产。(　　)

3. 2012 年 12 月 10 日,甲公司认为本企业应享受一项税收优惠,获得税收返还,但税务部门迟迟不予落实执行。于是,甲公司将税务部门告上法庭。律师认为,法律已经有明文规定,本诉讼基本确定能获胜,如果获胜将获得返还税款 300 万元,甲企业确认了 300 万元的其他应收款。　　　　　　　　　　　　　　　　　(　　)

4. 履行相关的义务很可能导致经济利益流出企业,是指履行与或有事项有关的义务时,导致经济利益流出企业的可能性大于 50%。　　　　　　　　　　(　　)

5. 企业清偿预计负债所需支出全部或部分预期由第三方补偿的,补偿金额在基本确定收到时,可以作为确认预计负债的抵减,也可以作为一项资产单独确认。(　　)

6. 或有事项确认的负债确定之后,不再进行调整。　　　　　　　　(　　)

7. 待执行合同属于一种特殊的合同,与企业日常涉及的商品买卖合同、劳务合同、租赁合同无关。　　　　　　　　　　　　　　　　　　　　　　(　　)

8. 企业因重组而承担的重组义务,只有在同时满足或有事项确认预计负债的三个确认条件时,才能确认相应的预计负债。　　　　　　　　　　　　　(　　)

9. 待执行合同是指合同各方尚未履行任何合同义务,或部分履行了同等义务的合同。　　　　　　　　　　　　　　　　　　　　　　　　　　　(　　)

10. 或有事项准则所指的亏损合同是指履行合同义务后发生的成本超过经济利益的合同。　　　　　　　　　　　　　　　　　　　　　　　　　(　　)

11. 或有负债是指过去的交易或事项形成的潜在义务,不会涉及现实义务。(　　)

12．企业可以就未来经营亏损确认预计负债。　　　　　　　　　　（　　）

13．某公司董事会决定关闭一个事业部。如果有关决定尚未传达到受影响的各方，也未采取任何措施实施该项决定，表明该公司没有承担重组义务，但应确认预计负债。
　　　　　　　　　　　　　　　　　　　　　　　　　　　　　　（　　）

14．待执行合同变成亏损合同的，该亏损合同产生的义务应当确认为预计负债。
　　　　　　　　　　　　　　　　　　　　　　　　　　　　　　（　　）

15．企业承担的重组义务只要有详细、正式的重组计划则表明企业承担了重组义务。
　　　　　　　　　　　　　　　　　　　　　　　　　　　　　　（　　）

**四、简答题**

1．什么是或有事项？或有事项具有哪些基本特征？

2．什么是或有负债、或有资产？

3．如何确认预计负债？其价值如何确定？

4．如何对未决诉讼或未决仲裁进行会计处理？

5．如何对债务担保进行会计处理？

6．如何对产品质量保证进行会计处理？

7．对亏损合同进行会计处理应遵循怎样的原则？如何对亏损合同进行会计处理？

8．如何对重组义务进行确认和计量？

9．怎样对或有负债进行披露？

**五、计算分录题**

1．2011年11月10日，新龙公司与大成公司签订了一项产品销售合同，约定在2012年1月10日以每件40元的价格向大成公司提供甲产品10万件，如果不能按期交货，将向大成公司支付总价款20%的违约金。2011年12月31日，新龙公司尚未开始生产甲产品，由于生产甲产品所用材料的价格突然上涨，新龙公司预计生产甲产品的单位成本将超过合同单价。假定不考虑其他因素。

**要求：**

（1）若生产甲产品的单位成本为50元，编制新龙公司上述经济业务相关的会计分录。

（2）若生产甲产品的单位成本为45元，编制新龙公司上述经济业务相关的会计分录。

（答案中的金额单位用万元表示）

2．M公司为上市公司，所得税采用资产负债表债务法核算，所得税税率为25%，按照税法规定，企业提供的与其自身生产经营无关的担保支出不允许税前扣除，假定不考虑其他纳税调整事项，企业按10%提取法定盈余公积。

（1）M公司为N公司提供担保的某项银行借款200万元于2011年9月到期。该借款为N公司于2008年9月从银行借入的，M公司为N公司此项借款的本息提供50%的担保。N公司借入的款项到期日应偿付的本息为236万元。由于N公司无力偿还到期的债务，银行于11月向法院提起诉讼，要求N公司和为其提供担保的M公司偿还借款本息，并支付罚息1万元。至12月31日，法院尚未做出判决，M公司预计承担此项债务的可能性为 60%，估计需要支付担保款 100 万元。

（2）2012 年 6 月 15 日法院做出一审判决，N 公司和 M 公司败诉，M 公司需为 N 公司偿还借款本息的 50%，共计 118 万元，N 公司和 M 公司服从该判决，款项尚未支付。M 公司预计替 N 公司偿还的借款本息不能收回的可能性为 80%。

（3）假定 M 公司 2011 年度财务会计报告于 2012 年 3 月 20 日报出。2012 年 1 月 25 日法院做出一审判决，N 公司和 M 公司败诉，M 公司需为 N 公司偿还借款本息的 50%，计 118 万元，N 公司和 M 公司服从该判决，款项已经支付。M 公司预计替 N 公司偿还的借款本息不能收回的可能性为 80%。

**要求**：计算 M 公司因担保应确认的负债金额，并编制相关会计分录。

（答案中的金额单位用万元表示）

3. 新龙公司是生产并销售甲产品的企业，同时承诺提供相关的产品质量保修服务。2011 年年末，产品质量保修费用的余额为 225 万元。新龙公司每年按销售收入的 3%计提产品质量保修费用。甲产品的质量比较稳定，原计提的产品质量保修费用与实际发生数基本保持一致。但是，为了预防今后利润下降可能产生的不利影响，董事会决定，从 2012 年起改按年销售收入的 2%计提产品质量保修费用。新龙公司 2012 年度实现的销售收入为 40 000 万元，新龙公司已经按照销售收入的 2%计提产品质量保修费用。当期实际发生保修费用 600 万元，均已用银行存款支付。

**要求**：判断董事会决定改按年销售收入的 2%计提产品质量保修费用是否正确，并简要说明理由；若不正确，请指出正确的会计处理办法，并计算 2012 年 12 月 31 日预计负债的账面价值。

（答案中的金额单位用万元表示）

**六、综合题**

1. 甲公司为一家电生产企业，主要生产 A、B、C 三种家电产品。甲公司 2011 年度有关事项如下：

（1）甲公司管理层于 2011 年 11 月制定了一项业务重组计划。该业务重组计划的主要内容如下：从 2012 年 1 月 1 日起关闭 C 产品生产线；从事 C 产品生产的员工共计 250 人，除部门主管及技术骨干等 50 人转入其他部门留用外，其他 200 人都将被辞退。根据被辞退员工的职位、工作年限等因素，甲公司将一次性给予被辞退员工不同标准的补偿，补偿支出共计 800 万元；C 产品生产线关闭之日，租用的厂房将被腾空，撤销租赁合同并将其移交给出租方，用于 C 产品生产的固定资产等将转移至甲公司自己的仓库。上述业务重组计划已于 2011 年 12 月 5 日经甲公司董事会批准，并于 12 月 8 日对外公告。2011 年 12 月 31 日，上述业务重组计划尚未实际实施，员工补偿及相关支出尚未支付。为了实施上述业务重组计划，甲公司预计发生以下支出或损失：因辞退员工将支付补偿款 800 万元；因撤销厂房租赁合同将支付违约金 25 万元；因将用于 C 产品生产的固定资产等转移至仓库将发生运输费 3 万元；因对留用员工进行培训将发生支出 1 万元；因推广新款 B 产品将发生广告费用 2 500 万元；因处置用于 C 产品生产的固定资产将发生减值损失 150 万元。

（2）2011 年 12 月 10 日，消费者因使用 C 产品造成财产损失向法院提起诉讼，要求甲公司赔偿损失 600 万元。12 月 31 日，法院尚未对该案做出判决。在咨询法律顾问后，甲公司认为该案很可能败诉。根据专业人士的测算，甲公司的赔偿金额可能在430万元至570万元之间，而且上述区间内每个金额的可能性相同。

（3）2011年12月20日，丙公司（为甲公司的子公司）向银行借款3 000万元，期限为3年。经董事会批准，甲公司为丙公司的上述银行借款提供全额担保。12月31日，丙公司经营状况良好，预计不存在还款困难。

**要求：**

（1）根据资料（1），判断哪些是与甲公司业务重组有关的直接支出，并计算因重组义务应确认的预计负债金额。

（2）根据资料（1），计算甲公司因业务重组计划而减少2011年度利润总额的金额，并编制相关会计分录。

（3）根据资料（2）和（3），判断甲公司是否应当将与这些或有事项相关的义务确认为预计负债。如确认，计算预计负债的最佳估计数，并编制相关会计分录；如不确认，说明理由。

2. 2011年5月10日，A银行批准甲上市公司的信用贷款申请，同意向其提供一年期贷款2 000万元，年利率为6%。2012年5月10日，甲公司的借款到期。甲公司具有还款能力，但因与A银行之间存在其他经济纠纷而未按时归还A银行的贷款。A银行遂与甲公司协商，但没有达成协议。2012年5月20日，A银行向法院提出诉讼。截至2012年6月30日，法院尚未对A银行提出的诉讼进行审理。根据专家意见，A银行很可能在诉讼中获胜，将来最可能获得包括罚息在内的款项为30万元；甲公司很可能败诉，预计将要支付的罚息、诉讼费等费用估计为20万元（含诉讼费2万元）。该诉讼案件由于牵扯过多，截至2012年9月30日仍未判决，考虑到时间拖延过长，根据专家意见，A银行很可能在诉讼中获胜，将来最可能获得包括罚息在内的款项为35万元；甲公司很可能败诉，预计将要支付的罚息、诉讼费等费用共计为25万元，其中诉讼费增至3万元。

**要求：**

（1）对A银行的或有事项是否要确认？是否要披露？如果要确认，请编制有关会计分录，并说明相关科目如何在第二季度及第三季度的利润表和资产负债表中列示。

（2）对甲公司的或有事项是否要确认？是否要披露？如果要确认，请编制有关会计分录，并说明相关科目金额如何在第二季度及第三季度的利润表和资产负债表中列示。

# 能力训练题

1. 阅读资料，并思考下列问题：

【资料】2010年7月，上市公司紫金矿业下属紫金山铜矿污水外溢至江水中，引发重大环境事故。国家环境保护部调查发现，该矿集渗观察井与排洪洞被人为非法打通，一年前环保部门已发现该排洪洞有超标污水排入江水，要求立即进行整改，但企业未整改到位（也未计提预计负债）。2010年9月，紫金矿业下属高旗岭尾矿库发生溃坝事故，造成重大人员伤亡和财产损失。连续发生的重大环境事故引发民众、媒体的强烈谴责，紫金矿业形象受到严重影响。

【问题】

（1）企业环境事故为何屡禁不止？

（2）如果会计准则要求更加充分地披露环境污染负债，则一些上市公司的年报就不会如此粉饰，管理层的业绩就不会这么"良好"，这样会不会促使上市公司重视环境保护？

（3）应该如何借鉴国际会计准则的内在精神解决这些问题呢？

2．探索式讨论：收集相关资料，讨论如下问题：

由美国次贷危机引发且正在影响全球经济的金融危机，给各国企业未来的发展罩上了一层阴影——2008年的或有负债很可能被"结转"到2009年，进而逐年结转。次贷以及由次贷引发的相关事件，使或有负债可能成为国际金融危机的一个主要会计原因。那么，企业应该如何处理或有负债？会计资料使用者又应该如何从会计的角度来理解或有负债呢？

# 第6章

## 借 款 费 用

**知识目标**

- 了解借款费用的会计信息披露；
- 熟悉借款费用的概念及其范围；
- 掌握借款费用资本化的条件、借款费用资本化期间的确定；
- 掌握借款费用资本化金额的计算；
- 掌握借款费用的相关会计处理。

**能力目标**

　　具备确定借款费用范围、期间和金额的职业判断能力；具备对借款费用各项业务进行会计处理的职业综合能力。

**关键术语**

　　借款费用　资本化　借款利息　借款辅助费用　借款汇兑差额

# 6.1 借款费用概述

## 6.1.1 借款费用的概念

借款费用是企业因借入资金所付出的代价，它包括借款利息、折价或者溢价的摊销、辅助费用以及因外币借款而发生的汇兑差额等。对于企业发生的权益性融资费用，不应包括在借款费用当中。但是承租人根据租赁会计准则所确认的融资租赁发生的融资费用属于借款费用。

**【例 6-1】** 腾达公司发生了借款手续费 30 万元，发行公司债券佣金 3 000 万元，发行公司股票佣金 2 000 万元，借款利息 500 万元。其中借款手续费 30 万元、发行公司债券佣金 3 000 万元和借款利息 500 万元均属于借款费用；其中发行公司股票属于公司权益性融资性质，所发生的佣金 2 000 万元应当冲减溢价，不属于借款费用范畴，不应按照《企业会计准则第 17 号——借款费用》进行会计处理。

## 6.1.2 借款费用的内容

借款费用包括借款利息、折价或者溢价摊销、辅助费用以及因外币借款而发生的汇兑差额等。

**1. 因借款而发生的利息**

因借款而发生的利息，包括企业向银行或者其他金融机构等借入资金发生的利息、发行公司债券发生的利息，以及为购建或者生产符合资本化条件的资产而发生的带息债务所承担的利息等。

**2. 因借款而发生的折价或溢价的摊销**

因借款而发生的折价或者溢价主要是指发行债券等所发生的折价或者溢价，发行债券产生的折价或者溢价，其实质是对债券票面利息的调整（即将债券票面利率调整为实际利率），属于借款费用的范畴。例如，甲公司发行公司债券，每张公司债券票面价值为 1 000 元，票面年利率为 7%，期限为 5 年，而同期市场利率为年利率 8%，由于公司债券的票面利率低于市场利率，为成功发行公司债券，甲公司采取了折价发行的方式，折价金额在实质上是用于补偿投资者在购入债券后所收到的名义利息上的损失，应当作为以后各期利息费用的调整额。

**3. 因外币借款而发生的汇兑差额**

因外币借款而发生的汇兑差额，是指由于汇率变动导致市场汇率与账面汇率出现差异，从而对外币借款本金及其利息的记账本位币金额所产生的影响金额。由于汇率的变化往往和利率的变化相联动，它是企业外币借款所需承担的风险，因此，由于相关外币借款汇率变化所导致的汇兑差额属于借款费用的有机组成部分。

**4. 因借款而发生的辅助费用**

因借款而发生的辅助费用，是指企业在借款过程中发生的诸如手续费、佣金、印刷费等费用，由于这些费用是因安排借款而发生的，也属于借入资金所付出的代价，是借款费用的构成部分。

为了规范借款费用的确认、计量和相关信息的披露，2006年，我国财政部根据《企业会计准则——基本准则》，制定了《企业会计准则第17号——借款费用》。本章依据该准则进行讲解。

【知识链接】

**中外会计准则借款费用的内容、范围的比较**

借款费用一般是指企业因借入资金而发生的利息和其他费用。我国企业会计准则第17号（CAS17）中借款费用是指企业因借款而发生的利息及其他相关成本，包括：（1）借款利息；（2）折价或者溢价的摊销；（3）辅助费用；（4）因外币借款而发生的汇兑差额等。国际会计准则第23号（IAS23）规定的借款费用包括：（1）银行透支、短期借款和长期借款的利息；（2）与借款相关的折价或溢价的摊销；（3）安排借款发生的辅助费用的摊销；（4）按照《国际会计准则第17号——租赁》确认的与融资租赁有关的财务费用；（5）作为外币借款利息费用调整额的汇兑差额。

在其具体范围上，我国具体准则不适用于"房地产商品开发过程中发生的借款费用"，而国际会计准则明确说明"不涉及权益的实际成本或假设成本"，但借款费用包括"用于投资性房地产所借资金引起的利息"。可见国际会计准则是以负债性或权益性来划分借款费用的，并指出该准则只适用于全部负债性的借款费用。而我国具体准则是根据借款的产生原因和用途来确定其适合范围的，而且其适用范围也相对较小。

（资料来源：《企业会计准则第17号（CAS17）》和《国际会计准则第23号（IAS23）》）

## 6.2 借款费用的确认

### 6.2.1 借款费用确认原则

借款费用的确认主要解决的是将每期发生的借款费用资本化、计入相关资产的成本，还是将有关借款费用费用化、计入当期损益的问题。在进行确认时应该遵循以下两个原则：

1）企业发生的借款费用，可直接归属于符合资本化条件的资产购建或者生产的，应当予以资本化，计入相关资产的成本。

2）其他借款费用，应当在发生时根据其发生额确认为费用，计入当期损益。

可见，只要先将符合资本化条件的借款费用予以资本化，则其余部分的借款费用就可直接归属于费用化。所以，确定资本化的借款费用是会计处理的关键。

【知识链接】

**国际会计准则借款费用资本化的规定**

国际会计准则理事会于2007年修订的《国际会计准则第23号——借款费用》（ISA23）、美国财务会计准则委员会（FASB）颁布的《财务会计准则第34号——利息费用的资本化》（SFAS34）均规定，当借款费用可直接归属于相关资产的购置建造或生产的，应作为该项资产成本的一部分予以资本化，其他借款费用应在发生的当期确认为费用。

### 6.2.2 借款费用资本化范围的确定

**1. 借款费用应予资本化的资产范围**

符合资本化条件的资产是指需要经过相当长时间的购建或者生产活动才能达到预定可使用或者可销售状态的固定资产、投资性房地产和存货等资产。建造合同成本、确认为无形资产的开发支出等在符合条件的情况下，也可以认定为符合资本化条件的资产。

符合资本化条件的存货，主要包括房地产开发企业开发的用于对外出售的房地产开发产品、企业制造的用于对外出售的大型机械设备等，这类存货通常需要经过相当长时间的建造或者生产过程，才能达到预定可销售状态。其中，"相当长时间"应当是指为资产的购建或者生产所必需的时间，通常为 1 年以上（含 1 年）。

**【例6-2】** 腾达公司于 2012 年 2 月 2 日起，用银行借款开工建设一幢临时厂房，厂房于当月 28 日完工，达到预定可使用状态。

在本例中，尽管公司借款用于固定资产的购建，但是由于该固定资产建造时间较短，不属于需要经过相当长时间的购建才能达到预定可使用状态的资产，因此，所发生的相关借款费用不应予以资本化、计入在建工程成本，而应当根据发生额计入当期财务费用。

在实务中，如果由于人为或者故意等非正常因素导致资产的购建或者生产时间相当长的，该资产不属于符合资本化条件的资产。购入即可使用的资产，或者购入后需要安装但所需安装时间较短的资产，或者需要建造或者生产但所需建造或者生产时间较短的资产，均不属于符合资本化条件的资产。

**【例 6-3】** 腾达公司向银行借入资金分别用于生产甲产品和乙产品，其中，甲产品的生产时间较短，为 20 天；乙产品属于大型发电设备，生产时间较长，为 1 年零 9 个月。

为生产存货而借入的借款费用在符合资本化条件的情况下应当予以资本化，但本例中，由于甲产品的生产时间较短，不符合需要经过相当长时间的生产才能达到预定可使用状态的资产，因此，为甲产品的生产而借入资金所发生的借款费用不应计入甲产品的生产成本，而应当计入当期财务费用。反之，乙产品的生产时间比较长，属于需要经过相当长时间的生产才能达到预定可销售状态的资产，因此符合资本化的条件，有关借款费用可以资本化，计入乙产品的成本中。

**2. 借款费用应予资本化的借款范围**

应予资本化的借款范围既包括专门借款，也包括一般借款。

（1）专门借款的资本化范围

专门借款是指为购建或者生产符合资本化条件的资产而专门借入的款项。专门借款通常应当有明确的用途，即为购建或者生产某项符合资本化条件的资产而专门借入的，并通常应当具有标明该用途的借款合同。例如，某制造企业为了建造厂房向某银行专门贷款 1 亿元、某房地产开发企业为了开发某住宅小区向某银行专门贷款 2 亿元、某施工企业为了完成承接的某运动场馆建造合同向银行专门贷款 5 000 万元等，均属于专门借款，其使用目的明确，而且其使用受与银行签订的相关合同限制。

（2）一般借款的资本化范围

一般借款是指除专门借款之外的借款，相对于专门借款而言，一般借款在借入时，其用途通常没有特指用于符合资本化条件的资产的购建或者生产。对于一般借款，只有在购建或者生产符合资本化条件的资产占用了一般借款时，才应将与该部分一般借款相关的借款费用资本化；否则，所发生的借款费用应当计入当期损益。

### 6.2.3　借款费用资本化期间的确定

借款费用资本化期间，是指从借款费用开始资本化时点到停止资本化时点的期间，但不包括借款费用暂停资本化的期间。只有发生在资本化期间内的有关借款费用，企业才允许资本化，资本化期间的确定是借款费用确认和计量的重要前提。

**1. 借款费用开始资本化的时点**

借款费用允许开始资本化必须同时满足三个条件，即资产支出已经发生、借款费用已经发生、为使资产达到预定可使用或者可销售状态所必要的购建或者生产活动已经开始。

（1）"资产支出已经发生"的界定

"资产支出已经发生"，是指企业已经发生了支付现金、转移非现金资产或者承担带息债务形式所发生的支出。其中：

1）支付现金，是指用货币资金支付符合资本化条件的资产的购建或者生产支出。

【例 6-4】　腾达公司用库存现金或者银行存款购买为建造或者生产符合资本化条件的资产所需用材料，支付有关职工薪酬，向工程承包商支付工程进度款项等，这些支出均属于资产支出。

2）转移非现金资产，是指企业将自己的非现金资产直接用于符合资本化条件的资产的购建或者生产。

【例 6-5】　腾达公司将自己生产的产品，包括自己生产的水泥、钢材等，用于符合资本化条件的资产的建造或者生产，企业同时还将自己生产的产品向其他企业换取用于符合资本化条件的资产的建造或者生产所需用工程物资的，这些产品成本均属于资产支出。

3）承担带息债务，是指企业为了购建或者生产符合资本化条件的资产所需用物资等而承担的带息应付款项（如带息应付票据）。企业以赊购方式购买这些物资所产生的债务可能带息，也可能不带息。如果企业赊购这些物资承担的是不带息债务，就不应当将购买价款计入资产支出，因为该债务在偿付前不需要承担利息，也没有占用借款资金。企业只有等到实际偿付债务，发生了资源流出时，才能将其作为资产支出。如果企业赊购物资承担的是带息债务，则企业要为这笔债务付出代价，需要支付利息，这与企业向银行借入款项用以支付资产支出在性质上是一致的。所以，企业为购建或者生产符合资本化条件的资产而承担的带息债务应当作为资产支出，当该带息债务发生时，视同资产支出已经发生。

【例 6-6】 腾达公司因建设长期工程所需，于 2012 年 7 月 1 日购入一批工程用物资，开出一张 100 万元的带息银行承兑汇票，期限为 6 个月，票面年利率为 7%。对于该事项，腾达公司尽管没有为工程建设的目的直接支付现金，但承担了带息债务，所以应当将 100 万元的购买工程用物资款作为资产支出，自 7 月 1 日开出承兑汇票开始即表明资产支出已经发生。

（2）"借款费用已经发生"的界定

"借款费用已经发生"，是指企业已经发生了因购建或者生产符合资本化条件的资产而专门借入款项的借款费用或者所占用的一般借款的借款费用。

【例 6-7】 腾达公司于 2012 年 1 月 1 日为建造一幢建设期为 3 年的厂房从银行专门借入款项 10 000 万元，当日开始计息。在 2012 年 1 月 1 日即应当认为借款费用已经发生。

（3）"为使资产达到预定可使用或者可销售状态所必要的购建或者生产活动已经开始"的界定

"为使资产达到预定可使用或者可销售状态所必要的购建或者生产活动已经开始"，是指符合资本化条件的资产的实体建造或者生产工作已经开始，例如主体设备的安装、厂房的实际开工建造等。它不包括仅仅持有资产、但没有发生为改变资产形态而进行的实质上建造或者生产活动。

【例 6-8】 腾达公司为了建设办公楼于 2012 年 2 月 10 日购置了建筑用地，但是到目前尚未开工兴建房屋，有关房屋实体建造活动也没有开始，在这种情况下即使公司为了购置建筑用地已经发生了支出，也不应当将其看做为使资产达到预定可使用状态所必要的购建活动已经开始。

只有在上述三个条件同时满足的情况下，有关借款费用才可以开始资本化，只要其中有一个条件没有满足，借款费用就不能开始资本化。

【例 6-9】 腾达公司专门借入款项建造某项符合资本化条件的机器设备，相关借款费用已经发生，同时机器设备的实体建造工作也已开始，但为机器设备建造所需物资等都是赊购或者客户垫付的（且所形成的负债均为不带息负债），发生的相关薪酬等费用也尚未形成现金流出。

在这种情况下，机器设备建造本身并没有占用借款资金，没有发生资产支出，该事项只满足借款费用开始资本化的第二、三个条件，但是没有满足第一个条件，所以，所发生的借款费用不应予以资本化。

【例 6-10】 腾达公司为了建造一项符合资本化条件的固定资产，使用自有资金购置了所用工程物资，该固定资产也已经开始动工兴建，但专门借款资金尚未到位，也没有占用一般借款资金。

在这种情况下，公司尽管满足了借款费用开始资本化的第一、三个条件，但是不符合借款费用开始资本化的第二个条件，因此不允许开始借款费用的资本化。

【例 6-11】 腾达公司为了建造某一项符合资本化条件的办公楼，已经使用银行存款购置了水泥、钢材等，发生了资产支出，相关借款也已开始计息，但是办公楼因各种原因迟迟未能开工兴建。

在这种情况下，公司尽管符合了借款费用开始资本化的第一、二个条件，但不符合借款费用开始资本化的第三个条件，因此所发生的借款费用不允许资本化。

> **【知识链接】**
>
> ### 国际会计准则关于资本化起点的界定
>
> 国际会计准则规定，借款费用开始资本化的时间是：（1）资产支出发生时；（2）借款费用发生时；（3）为使资产达到其预定可使用或可销售状态所必要的准备工作正在进行中。国际会计准则所规定的资本化期间不但包括工程的建造阶段，而且包括工程的预备建造阶段。由于预备建造阶段的界定比较模糊，加之在实际操作过程中人为因素比较多，需要会计人员有良好的职业操守和较强的职业判断能力，从这个角度讲，我国企业会计准则的规定更注重会计实践中的可操作性。
>
> （资料来源：《国际会计准则第 23 号——借款费用》）

### 2. 借款费用暂停资本化的时间

在购建或者生产符合资本化条件的资产过程中发生非正常中断、且中断时间连续超过 3 个月的，应当暂停借款费用的资本化。中断的原因必须是非正常中断，属于正常中断的，相关借款费用仍可资本化。在实务中，企业应当遵循"实质重于形式"等原则来判断借款费用暂停资本化的时间，如果相关资产购建或者生产的中断时间较长而且满足其他规定条件的，相关借款费用应当暂停资本化。

正常中断通常是指因购建或者生产符合资本化条件的资产达到预定可使用或者可销售状态所必要的程序，或者事先可预见的不可抗力因素导致的中断。比如，某些工程建造到一定阶段必须暂停以进行质量或者安全检查，检查通过后才可继续下一阶段的建造工作，这类中断是在施工前可以预见的，而且是工程建造必须经过的程序，属于正常中断。某些地区的工程在建造过程中，由于可预见的不可抗力因素（如雨季或冰冻季节等原因）导致施工出现停顿，也属于正常中断。在正常中断期间所发生的借款费用可以继续资本化，计入相关资产的成本。

非正常中断与正常中断显著不同。非正常中断通常是指由于企业管理决策上的原因或者其他不可预见的原因等所导致的中断。比如，企业因与施工方发生了质量纠纷，或者工程、生产用料没有及时供应，或者资金周转发生了困难，或者施工、生产发生了安全事故，或者发生了与资产购建、生产有关的劳动纠纷等原因，导致资产购建或者生产活动发生中断，均属于非正常中断。

**【例 6-12】** 腾达公司于 2011 年 1 月 1 日利用专门借款开工兴建一幢办公楼，支出已经发生，因此借款费用从当日起开始资本化。工程预计于 2012 年 3 月完工。2011 年 4 月 10 日，由于工程施工发生了安全事故，导致工程中断，直到 8 月 15 日才重新开工。该中断就属于非正常中断，因此，上述专门借款在 4 月 10 日至 8 月 15 日间所发生的借款费用不应资本化，而应作为财务费用计入当期损益。

【知识链接】

**国际会计准则借款费用规定期限的不同**

《国际会计准则第 23 号——借款费用》规定，在为使资产达到预定可使用或可销售状态而进行的必要准备活动发生较长的中断期内，可能发生借款费用。这些费用属于持有部分完工资产而发生的费用，因而不具备资本化的条件，应暂停资本化。但未明确规定"较长中断期"的时间长度。同时提出通常不暂停借款费用资本化的两点例外规定：（1）开展大量的技术性和管理性工作的期间内；（2）如果短时的中断是使资产达到预定可使用或可销售状态必要的程序。我国借款费用准则明确规定非正常中断停止资本化的期间为超过三个月。

（资料来源：《国际会计准则第 23 号——借款费用》）

### 3. 借款费用停止资本化的时点

（1）购建或者生产符合资本化条件的资产达到预定可使用或者可销售状态时，借款费用应当停止资本化。

在符合资本化条件的资产达到预定可使用或者可销售状态之后所发生的借款费用，应当在发生时根据其发生额确认为费用，计入当期损益。购建或者生产符合资本化条件的资产达到预定可使用或者可销售状态，可从下列几个方面进行判断：

1）符合资本化条件的资产的实体建造（包括安装）或者生产工作已经全部完成或者实质上已经完成。

2）所购建或者生产的符合资本化条件的资产与设计要求、合同规定或者生产要求相符或者基本相符，即使有极个别与设计、合同或者生产要求不相符的地方，也不影响其正常使用或者销售。

3）继续发生在所购建或生产的符合资本化条件的资产上的支出金额很少或者几乎不再发生。

【例 6-13】 腾达公司借入一笔款项，于 2010 年 3 月 1 日采用出包方式开工兴建一幢办公楼。2011 年 11 月 10 日工程全部完工，达到合同要求。11 月 30 日工程验收合格，12 月 15 日办理工程竣工结算，12 月 20 日完成全部资产移交手续，2012 年 1 月 1 日办公楼正式投入使用。

在本例中，公司应当将 2011 年 11 月 10 日确定为工程达到预定可使用状态的时点，作为借款费用停止资本化的时点。后续的工程验收日、竣工结算日、资产移交日和投入使用日均不应作为借款费用停止资本化的时点，否则会导致资产价值和利润的高估。

（2）所购建或者生产的资产分别建造、分别完工的，企业应当区别情况界定借款费用停止资本化的时点。

1）所购建或者生产的符合资本化条件的资产各部分分别完工，且每部分在其他部分继续建造或者生产过程中可供使用或者可对外销售，且为使该部分资产达到预定可使用或可销售状态所必要的购建或者生产活动实质上已经完成的，应当停止与该部分资产相关借款费用的资本化，因为该部分资产已经达到了预定可使用或者可销售状态。

【例6-14】 腾达公司利用借入资金建造由若干幢厂房组成的生产车间，每幢厂房完工时间不一样，但每幢厂房在其他厂房继续建造期间均可单独使用。在这种情况下，当其中的一幢厂房完工并达到预定可使用状态时，公司应当停止该幢厂房相关借款费用的资本化。

2）如果企业购建或者生产的资产各部分分别完工，但必须等到整体完工后才可使用或者对外销售的，应当在该资产整体完工时停止借款费用的资本化。在这种情况下，即使各部分资产已经完工，也不能够认为该部分资产已经达到了预定可使用或者可销售状态，企业只能在所购建固定资产整体完工时，才能认为资产已经达到了预定可使用或者可销售状态，借款费用方可停止资本化。

【例6-15】 腾达公司在建设某一涉及数项工程的钢铁冶炼项目时，每个单项工程都是根据各道冶炼工序设计建造的，因此只有在每项工程都建造完毕后，整个冶炼项目才能正式运转，达到生产和设计要求，所以每一个单项工程完工后不应认为资产已经达到了预定可使用状态，公司只有等到整个冶炼项目全部完工，达到预定可使用状态时，才停止借款费用的资本化。

# 6.3  借款费用的计量

## 6.3.1  借款利息资本化金额的确定

在借款费用资本化期间内，每一会计期间的利息（包括折价或溢价的摊销，下同）资本化金额，应当按照下列规定确定：

**1. 专门借款**

为购建或者生产符合资本化条件的资产而借入专门借款的，应当以专门借款当期实际发生的利息费用，减去将尚未动用的借款资金存入银行取得的利息收入或进行暂时性投资取得的投资收益后的金额确定。

**2. 一般借款**

为购建或者生产符合资本化条件的资产而占用了一般借款的，企业应当根据累计资产支出超过专门借款部分的资产支出加权平均数乘以所占用一般借款的资本化率，计算确定一般借款应予资本化的利息金额。资本化率应当根据一般借款加权平均利率计算确定。有关计算公式如下：

一般借款利息费用资本化金额＝累计资产支出超过专门借款部分的资产支出加权平均数×所占用一般借款的资本化率

所占用一般借款的资本化率＝所占用一般借款加权平均率

＝所占用一般借款当期实际发生的利息之和

÷所占用一般借款本金加权平均数

**3. 每一会计期间的利息资本化金额，不应当超过当期相关借款实际发生的利息金额**

企业在确定每期利息资本化金额时，应当首先判断符合资本化条件的资产在购建或者生产过程所占用的资金来源，如果所占用的资金是专门借款资金，则应当在资本化期间内，根据每期实际发生的专门借款利息费用，确定应予资本化的金额。在企业将闲置的专门借款资金存入银行取得利息收入或者进行暂时性投资获取投资收益的情况下，企业还应当将这些相关的利息收入或者投资收益从资本化金额中扣除，以如实反映符合资本化条件的资产的实际成本。

【例 6-16】 腾达公司于 2011 年 1 月 1 日正式动工兴建一幢办公楼，工期预计为 1 年零 6 个月，工程采用出包方式，分别于 2011 年 1 月 1 日、2011 年 7 月 1 日和 2012 年 1 月 1 日支付工程进度款。

公司为建造办公楼于 2011 年 1 月 1 日专门借款 4 000 万元，借款期限为 5 年，年利率为 7%。另外在 2011 年 7 月 1 日又专门借款 8 000 万元，借款期限为 3 年，年利率为 8%。借款利息按年支付。（如无特别说明，本章例题中名义利率与实际利率均相同）

闲置借款资金均用于固定收益债券短期投资，该短期投资月收益率为 0.3%。

办公楼于 2012 年 6 月 30 日完工，达到预定可使用状态。

公司为建造该办公楼的支出金额如表 6.1 所示：

表 6.1　办公楼的支出情况　　　　　　　　　　　　　单位：万元

| 日　　　期 | 每期资产支出金额 | 累计资产支出金额 | 闲置借款资金用于短期投资金额 |
|---|---|---|---|
| 2011 年 1 月 1 日 | 3 000 | 3 000 | 1 000 |
| 2011 年 7 月 1 日 | 5 000 | 8 000 | 4 000 |
| 2012 年 1 月 1 日 | 3 000 | 11 000 | 1 000 |
| 总计 | 11 000 | — | — |

由于腾达公司使用了专门借款建造办公楼，而且办公楼的建造支出没有超过专门借款金额，因此公司 2011 年、2012 年为建造办公楼应予资本化的利息金额计算如下：

1）确定借款费用资本化期间为 2011 年 1 月 1 日至 2012 年 6 月 30 日。

2）计算在资本化期间内专门借款实际发生的利息金额：

2011 年专门借款发生的利息金额＝$4\,000 \times 7\% + 8\,000 \times 8\% \times 6/12 = 600$（万元）

2012 年 1 月 1 日～6 月 30 日专门借款发生的利息金额＝

$$4\,000 \times 7\% \times 6/12 + 8\,000 \times 8\% \times 6/12 = 460（万元）$$

3）计算在资本化期间内利用闲置的专门借款资金进行短期投资的收益：

2011 年短期投资收益＝$1\,000 \times 0.3\% \times 6 + 4\,000 \times 0.3\% \times 6 = 90$（万元）

2012 年 1 月 1 日～6 月 30 日短期投资收益＝$1\,000 \times 0.3\% \times 6 = 18$（万元）

4）由于在资本化期间内，专门借款利息费用的资本化金额应当以其实际发生的利息费用减去将闲置的借款资金进行短期投资取得的投资收益后的金额确定，因此：

公司 2011 年的利息资本化金额＝$600 - 90 = 510$（万元）

公司 2012 年的利息资本化金额＝$460 - 18 = 442$（万元）

有关账务处理如下：

2011 年 12 月 31 日：

借：在建工程　　　　　　　　　　　　　　　　　　　　　　　5 100 000

　　应收利息（或银行存款）　　　　　　　　　　　　　　　　 900 000

|  |  |
|---|---|
| 　　　　贷：应付利息 | 6 000 000 |

2012 年 6 月 30 日：

|  |  |
|---|---|
| 　　借：在建工程 | 4 420 000 |
| 　　　　应收利息（或银行存款） | 180 000 |
| 　　　　贷：应付利息 | 4 600 000 |

　　企业在购建或者生产符合资本化条件的资产时，如果专门借款资金不足，占用了一般借款资金的，或者企业为购建或者生产符合资本化条件的资产并没有借入专门借款，而占用的都是一般借款资金，则企业应当根据为购建或者生产符合资本化条件的资产而发生的累计资产支出超过专门借款部分的资产支出加权平均数乘以所占用一般借款的资本化率，计算确定一般借款应予资本化的利息金额。资本化率应当根据一般借款加权平均利率计算确定。如果符合资本化条件的资产的购建或者生产没有借入专门借款，则应以累计资产支出加权平均数为基础计算所占用的一般借款利息资本化金额。即企业占用一般借款资金购建或者生产符合资本化条件的资产时，确定一般借款的借款费用的资本化金额应当与资产支出相挂钩。

　　**【例 6-17】**承例 6-16，假定腾达公司建造办公楼没有专门借款，占用的都是一般借款。

　　腾达公司为建造办公楼占用的一般借款有两笔，具体如下：

　　1）2010 年 12 月 1 日向 A 银行长期贷款 4 000 万元，期限为 3 年，至 2013 年 12 月 1 日到期，年利率为 6%，按年支付利息。

　　2）2010 年 1 月 1 日发行公司债券 2 亿元，期限为 5 年，年利率为 8%，按年支付利息。

　　假定这两笔一般借款除了用于办公楼建设外，没有用于其他符合资本化条件的资产的购建或者生产活动。

　　假定全年按 360 天计算，其他资料沿用例 6-16。

　　鉴于腾达公司建造办公楼没有占用专门借款，而占用了一般借款，因此，公司应当首先计算所占用一般借款的加权平均利率作为资本化率，然后计算建造办公楼的累计资产支出加权平均数，将其与资本化率相乘，计算求得当期应予资本化的借款利息金额。具体如下：

　　（1）计算所占用一般借款资本化率

　　一般借款资本化率（年）＝（4 000×6%＋20 000×8%）÷（4 000＋20 000）＝7.67%

　　（2）计算累计资产支出加权平均数

　　2011 年累计资产支出加权平均数＝3 000×360/360＋5 000×180/360＝5 500（万元）

　　2012 年累计资产支出加权平均数＝（8 000＋3 000）×180/360＝5 500（万元）

　　（3）计算每期利息资本化金额

　　　2011 年为建造办公楼的利息资本化金额＝5 500×7.67%＝421.85（万元）

　　2011 年实际发生的一般借款利息费用＝4 000×6%＋20 000×8%＝1 840（万元）

　　　2012 年为建造办公楼的利息资本化金额＝5 500×7.67%＝421.85（万元）

　　2012 年 1 月 1 日～6 月 30 日

　　实际发生的一般借款利息费用＝（4 000×6%＋20 000×8%）×180/360＝920（万元）

　　上述计算的利息资本化金额没有超过两笔一般借款实际发生的利息费用，可以资本化。

（4）根据上述计算结果，账务处理如下

2011 年 12 月 31 日：

| | |
|---|---|
| 借：在建工程 | 4 218 500 |
| 财务费用 | 14 181 500 |
| 贷：应付利息 | 18 400 000 |

2012 年 6 月 30 日：

| | |
|---|---|
| 借：在建工程 | 4 218 500 |
| 财务费用 | 4 981 500 |
| 贷：应付利息 | 9 200 000 |

【例6-18】 承例 6-16、例 6-17，假定腾达公司为建造办公楼于 2011 年 1 月 1 日专门借款 4 000 万元，借款期限为 3 年，年利率为 7%。除此之外，没有其他专门借款。在办公楼建造过程中所占用的一般借款仍为两笔，一般借款有关资料沿用例 6-17。其他相关资料均同例 6-16 和例 6-17。

在这种情况下，公司应当首先计算专门借款利息的资本化金额，然后计算所占用一般借款利息的资本化金额。具体如下：

（1）计算专门借款利息资本化金额

2011 年专门借款利息资本化金额＝4 000×7%－1 000×0.3%×6＝262（万元）

  2012 年专门借款利息资本化金额＝4 000×7%×180/360＝140（万元）

（2）计算一般借款资本化金额

在建造办公楼过程中，自 2011 年 7 月 1 日起已经有 4 000 万元占用了一般借款，另外，2012 年 1 月 1 日支出的 3 000 万元也占用了一般借款。计算这两笔资产支出的加权平均数如下：

2011 年占用了一般借款的资产支出加权平均数＝4 000×180/360＝2 000（万元）

  由于一般借款利息资本化率与例 6-17 相同，即为 7.67%。所以：

  2011 年应予资本化的一般借款利息金额＝2 000×7.67%＝153.40（万元）

2012 年占用了一般借款的资产支出平均数＝（4 000＋3 000）×180/360＝3 500（万元）

  则 2012 年应予资本化的一般借款利息金额＝3 500×7.67%＝268.45（万元）

（3）根据上述计算结果，公司建造办公楼应予资本化的利息金额如下

  2011 年利息资本化金额＝262＋153.40＝415.40（万元）

  2012 年利息资本化金额＝140＋268.45＝408.45（万元）

（4）有关账务处理如下

2011 年 12 月 31 日：

| | |
|---|---|
| 借：在建工程 | 4 154 000 |
| 财务费用 | 16 866 000 |
| 应收利息（或银行存款） | 180 000 |
| 贷：应付利息 | 21 200 000 |

注：2011 年实际借款利息＝4 000×7%＋4 000×6%＋20 000×8%＝2 120（万元）

2012 年 6 月 30 日：

借：在建工程　　　　　　　　　　　　　　　　　　　　　　　4 084 500
　　财务费用　　　　　　　　　　　　　　　　　　　　　　　6 515 500
　　贷：应付利息　　　　　　　　　　　　　　　　　　　　　　　10 600 000

注：2012 年 1 月 1 日至 6 月 30 日的实际借款利息＝2 120/2＝1 060（万元）

【例 6-19】　腾达公司拟在厂区内建造一种新厂房，有关资料如下：

（1）2011 年 1 月 1 日向银行专门借款 60 000 000 元，期限为 3 年，年利率为 6%，每年 1 月 1 日付息。

（2）除专门借款外，公司只有一笔其他借款，为公司于 2010 年 12 月 1 日借入的长期借款 72 000 000 元，期限为 5 年，年利率为 8%，每年 12 月 1 日付息，假设腾达公司在 2011 年和 2012 年底均未支付当年利息。

（3）由于审批、办手续等原因，厂房于 2011 年 4 月 1 日才开始动工兴建，当日支付工程款 24 000 000 元。工程建设期间的支出情况如表 6.2 所示。

表 6.2　工程建设期间支出情况表　　　　　　　　　　　　单位：元

| 日　期 | 每期资产支出金额 | 累计资产支出金额 | 闲置借款资金用于短期投资金额 |
|---|---|---|---|
| 2011 年 4 月 1 日 | 24 000 000 | 24 000 000 | 36 000 000 |
| 2011 年 6 月 1 日 | 12 000 000 | 36 000 000 | 24 000 000 |
| 2011 年 7 月 1 日 | 36 000 000 | 72 000 000 | |
| 2012 年 1 月 1 日 | 12 000 000 | 84 000 000 | 占用一般借款 |
| 2012 年 4 月 1 日 | 6 000 000 | 90 000 000 | |
| 2012 年 7 月 1 日 | 6 000 000 | 96 000 000 | |
| 总　　计 | 96 000 000 | — | — |

工程于 2012 年 9 月 30 日完工，达到预定可使用状态。其中，由于施工质量问题，工程于 2011 年 9 月 1 日～12 月 31 日停工 4 个月。

（4）专门借款中未支出部分全部存入银行，假定月利率为 0.25%。假定全年按照 360 天计算，每月按照 30 天计算。

根据上述资料，有关利息资本化金额的计算和账务处理如下：

（1）计算 2011 年、2012 年全年发生的专门借款和一般借款利息费用：

2011 年专门借款发生的利息金额＝60 000 000×6%＝3 600 000（元）

2011 年一般借款发生的利息金额＝72 000 000×8%＝5 760 000（元）

2012 年专门借款发生的利息金额＝60 000 000×6%＝3 600 000（元）

2012 年一般借款发生的利息金额＝72 000 000×8%＝5 760 000（元）

（2）在本例中，尽管专门借款于 2011 年 1 月 1 日借入，但是厂房建设于 4 月 1 日方才开工。因此，借款利息费用只有在 4 月 1 日起才符合开始资本化的条件，计入在建工程成本。同时，由于厂房建设在 2011 年 9 月 1 日至 12 月 31 日期间发生非正常中断 4 个月，该期间发生的利息费用应当暂停资本化，计入当期损益。

（3）计算 2011 年借款利息资本化金额和应计入当期损益的金额及其账务处理：

① 计算 2011 年专门借款应予资本化的利息金额。

2011 年 1～3 月和 9～12 月

　专门借款发生的利息费用 $= 60\,000\,000 \times 6\% \times 210 \div 360 = 2\,100\,000$（元）

2011 年专门借款转存入

　　银行取得的利息收入 $= 60\,000\,000 \times 0.25\% \times 3 + 36\,000\,000 \times 0.25\% \times 2$
　　　　　　　　　　　　　$+ 24\,000\,000 \times 0.25\% \times 1 = 690\,000$（元）

　其中，专门借款在资本化

期间内取得的利息收入 $= 36\,000\,000 \times 0.25\% \times 2 + 24\,000\,000 \times 0.25\% \times 1 = 240\,000$（元）

　公司在 2011 年应予资本化

　　的专门借款利息金额 $= 3\,600\,000 - 2\,100\,000 - 240\,000 = 1\,260\,000$（元）

　公司在 2011 年应当计入当期损益（财务费用）

的专门借款利息金额（减利息收入）$= 3\,600\,000 - 1\,260\,000 - 690\,000 = 1\,650\,000$（元）

　② 计算 2011 年一般借款应予资本化的利息金额。

　公司在 2011 年占用了一般借款

　资金的资产支出加权平均数 $=(24\,000\,000 + 12\,000\,000 + 36\,000\,000 - 60\,000\,000)$
　　　　　　　　　　　　　　　　$\times 60 \div 360 = 2\,000\,000$（元）

　公司在 2011 年一般借款应予资本化的利息金额

　　　　　　　$= 2\,000\,000 \times 8\% = 160\,000$（元）

　公司在 2011 年应当计入当期损益的一般借款利息金额

　　　　　　　$= 5\,760\,000 - 160\,000 = 5\,600\,000$（元）

　③ 计算 2011 年应予资本化和应计入当期损益的利息金额。

　公司在 2011 年应予资本化的借款利息金额

　　　　　　　$= 1\,260\,000 + 160\,000 = 1\,420\,000$（元）

　公司在 2011 年应当计入当期损益的借款利息金额

　　　　　　　$= 1\,650\,000 + 5\,600\,000 = 7\,250\,000$（元）

　④ 2011 年有关会计分录。

| | |
|---|---:|
| 借：在建工程——××厂房 | 1 420 000 |
| 　　财务费用 | 7 250 000 |
| 　　应收利息或银行存款 | 690 000 |
| 　　贷：应付利息——××银行 | 9 360 000 |

（4）计算 2012 年借款利息资本化金额和应计入当期损益的金额及其账务处理：

① 计算 2012 年专门借款应予资本化的利息金额。

　公司在 2012 年应予资本化的专门借款利息金额

　　　　　　　$= 60\,000\,000 \times 6\% \times 270 \div 360 = 2\,700\,000$（元）

　公司在 2012 年应当计入当期损益的专门借款利息金额

　　　　　　　$= 3\,600\,000 - 2\,700\,000 = 900\,000$（元）

② 计算 2012 年一般借款应予资本化的利息金额。

公司在 2012 年占用了一般借款资金的资产支出加权平均数

$=24\,000\,000 \times 270 \div 360 + 6\,000\,000 \times 180 \div 360 + 6\,000\,000 \times 90 \div 360 = 22\,500\,000$（元）

公司在 2012 年一般借款应予资本化的利息金额＝22 500 000×8%＝1 800 000（元）

公司在 2012 年应当计入当期损益的一般借款利息金额

$$＝5 760 000－1 800 000＝3 960 000（元）$$

③　计算 2012 年应予资本化和应计入当期损益的利息金额。

公司在 2012 年应予资本化的借款利息金额＝2 700 000＋1 800 000＝4 500 000（元）

公司在 2012 年应当计入当期损益的借款利息金额

$$＝900 000＋3 960 000＝4 860 000（元）$$

④　2012 年有关会计分录。

| | | |
|---|---|---|
| 借：在建工程——××厂房 | 4 500 000 | |
| 　　财务费用 | 4 860 000 | |
| 　　贷：应付利息——××银行 | | 9 360 000 |

### 6.3.2　借款辅助费用资本化金额的确定

辅助费用是企业为了安排借款而发生的必要费用，包括借款手续费（如发行债券手续费）、佣金等。如果企业不发生这些费用，就无法取得借款，因此辅助费用是企业借入款项所付出的一种代价，是借款费用的有机组成部分。

对于企业发生的专门借款辅助费用，在所购建或者生产的符合资本化条件的资产达到预定可使用或者可销售状态之前发生的，应当在发生时根据其发生额予以资本化；在所购建或者生产的符合资本化条件的资产达到预定可使用或者可销售状态之后发生的，应当在发生时根据其发生额确认为费用，计入当期损益。上述资本化或计入当期损益的辅助费用的发生额，是根据《企业会计准则第 22 号——金融工具确认和计量》，按照实际利率法所确定的金融负债交易费用对每期利息费用的调整额。借款实际利率与合同利率差异较小的，也可以采用合同利率计算确定利息费用。一般借款发生的辅助费用，也应当按照上述原则确定其发生额并进行处理。

考虑到借款辅助费用与金融负债交易费用是一致的，其会计处理也应当保持一致。根据《企业会计准则第 22 号——金融工具确认和计量》的规定，除以公允价值计量且其变动计入当期损益的金融负债之外，其他金融负债相关的交易费用应当计入金融负债的初始确认金额。为购建或者生产符合资本化条件的资产的专门借款或者一般借款，通常都属于除以公允价值计量且其变动计入当期损益的金融负债之外的其他金融负债。因此，对于这些金融负债所发生的辅助费用需要计入借款的初始确认金额，即抵减相关借款的初始金额，从而影响以后各期实际利息的计算。换句话说，由于辅助费用的发生将导致相关借款实际利率的上升，从而需要对各期利息费用作相应调整，在确定借款辅助费用资本化金额时可以结合借款利息资本化金额一起计算。

### 6.3.3　外币专门借款汇兑差额资本化金额的确定

当企业为购建或者生产符合资本化条件的资产所借入的专门借款为外币借款时，由于企业取得外币借款日、使用外币借款日和会计结算日往往并不一致，而外汇汇率又在随时发生变化，因此，外币借款会产生汇兑差额。相应地，在借款费用资本化期间内，为购建固定资产而专门借入的外币借款所产生的汇兑差额,是购建固定资产的一项代价,应当予以资本化,计入固定资产成本。出于简化核算的考虑,在资本化期间内,外币专门借款本金及其利息的汇兑差额,应当予以资本化,计入符合资本化条件的资产的成本。而除外币专门借款之外的其他外币借款本金及其利息所产生的汇兑差额应当作为财务费用,计入当期损益。

【例 6-20】　腾达公司于 2011 年 1 月 1 日,为建造某工程项目专门以面值发行美元公司债券 2 000 万元,年利率为 7%,期限为 5 年,假定不考虑与发行债券有关的辅助费用、未支出专门借款的利息收入或投资收益。合同约定,每年 1 月 1 日支付上年利息,到期还本。

工程于 2011 年 1 月 1 日开始实体建造,2012 年 6 月 30 日完工,达到预定可使用状态,期间发生的资产支出如下:

2011 年 1 月 1 日,支出 400 万美元;

2011 年 7 月 1 日,支出 1 000 万美元;

2012 年 1 月 1 日,支出 600 万美元。

公司的记账本位币为人民币,外币业务采用外币业务发生时当日的市场汇率折算。相关汇率如下:

2011 年 1 月 1 日市场汇率为 1 美元＝6.70 元人民币;

2011 年 12 月 31 日,市场汇率为 1 美元＝6.75 元人民币;

2012 年 1 月 1 日,市场汇率为 1 美元＝6.77 元人民币;

2012 年 6 月 30 日,市场汇率为 1 美元＝6.80 元人民币。

本例中,公司计算外币借款汇兑差额资本化金额如下(会计分录中金额单位:元):

(1)计算 2011 年汇兑差额资本化金额

① 债券应付利息＝2 000×7%×6.75＝140×6.75＝945(万元)

账务处理为:

借:在建工程　　　　　　　　　　　　　　　　　　　　　　　9 450 000

　　贷:应付利息　　　　　　　　　　　　　　　　　　　　　　　　9 450 000

② 外币债券本金及利息汇兑差额＝2 000×(6.75－6.70)+140×(6.75－6.75)
$$=100(万元)$$

③ 账务处理为:

借:在建工程　　　　　　　　　　　　　　　　　　　　　　　1 000 000

　　贷:应付债券　　　　　　　　　　　　　　　　　　　　　　　　1 000 000

(2)2012 年 1 月 1 日实际支付利息时

应当支付 140 万美元,折算成人民币为 947.80 万元。该金额与原账面金额 945 万元之间的差额 2.80 万元应当继续予以资本化,计入在建工程成本。账务处理为

借:应付利息　　　　　　　　　　　　　　　　　　　　　　　9 450 000

　　在建工程　　　　　　　　　　　　　　　　　　　　　　　　28 000

　　贷:银行存款　　　　　　　　　　　　　　　　　　　　　　　　9 478 000

(3)计算 2012 年 6 月 30 日的汇兑差额资本化金额

① 债券应付利息＝2 000×7%×1/2×6.80＝70×6.80＝476(万元)

账务处理为：

借：在建工程                                               4 760 000

    贷：应付利息                                           4 760 000

② 外币债券本金及利息汇兑差额＝2 000×（6.80－6.75）＋70×（6.80－6.80）

                      ＝100（万元）

③ 账务处理为：

借：在建工程                                               1 000 000

    贷：应付债券                                           1 000 000

## 6.4　借款费用会计信息披露

企业应当在附注中披露与借款费用有关的下列信息。

**1. 当期资本化的借款费用金额**

"当期资本化的借款费用金额"是指按规定计算的、当期已计入固定资产成本中的各项借款费用之和，包括应予资本化的利息、折价或溢价的摊销、汇兑差额和辅助费用之和。如果企业当期有两项或两项以上处于购置或建造过程中的固定资产，应当披露这些资产当期资本化的借款费用总额。

**2. 当期用于确定资本化金额的资本化率**

由于企业在某一期间内，有新借入的款项，也有偿还的款项；而且当期可能存在一项以上处于购置或建造过程中的固定资产，因此，为便于各期比较，企业应在财务报告中披露当期用于确定资本化金额的资本化率。企业在披露资本化率时，应注意以下问题：

1）如果当期有两项或两项以上的固定资产，且各项固定资产适用的资本化率不同，应按固定资产项目分别披露，如果各项固定资产在确定资本化金额时适用的资本化率相同，则可以合并披露。

2）如果对外提供财务报告的期间长于计算借款费用资本化金额的期间，且在计算借款费用资本化金额的各期，用于确定资本化金额的资本率均不相同，应分别各期披露；如果各期计算资本化金额所使用的资本化率相同，则可以合并披露。例如，企业按季计算应予资本化的借款费用金额，对外提供的是年度财务报告，对于某项固定资产而言，如果在各季确定借款费用资本化金额时所使用的资本化率不同，则在年度财务报告中，应分别各季披露资本化率；如果各季所使用的资本化率相同，则可以合并披露。

## 本章知识框架

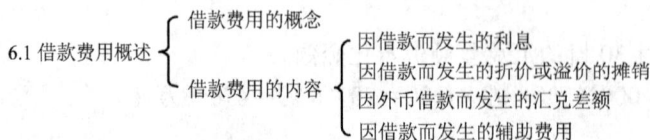

6.1 借款费用概述 ｛ 借款费用的概念 ／ 借款费用的内容 ｛ 因借款而发生的利息 / 因借款而发生的折价或溢价的摊销 / 因外币借款而发生的汇兑差额 / 因借款而发生的辅助费用

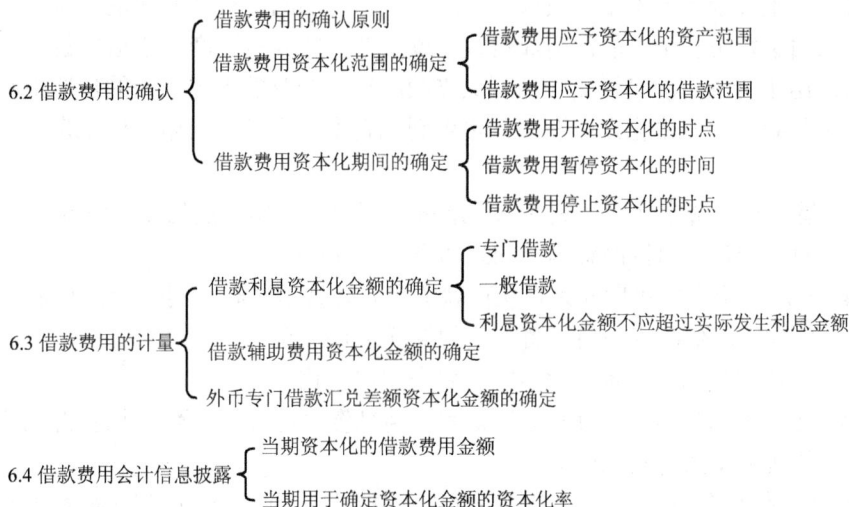

借款费用的确认原则

借款费用资本化范围的确定 ┤ 借款费用应予资本化的资产范围
借款费用应予资本化的借款范围

6.2 借款费用的确认 ┤

借款费用资本化期间的确定 ┤ 借款费用开始资本化的时点
借款费用暂停资本化的时间
借款费用停止资本化的时点

借款利息资本化金额的确定 ┤ 专门借款
一般借款
利息资本化金额不应超过实际发生利息金额

6.3 借款费用的计量 ┤ 借款辅助费用资本化金额的确定

外币专门借款汇兑差额资本化金额的确定

6.4 借款费用会计信息披露 ┤ 当期资本化的借款费用金额
当期用于确定资本化金额的资本化率

# 复 习 题

## 一、单项选择题

1. 在确定借款费用资本化金额时，与专门借款有关的利息收入应（　　）。

　　A. 计入营业外收入　　　　　　　B. 冲减借款费用资本化的金额

　　C. 计入当期财务费用　　　　　　D. 冲减所购建的固定资产成本

2. 借款费用准则中的专门借款是指（　　）。

　　A. 技术改造借款

　　B. 发行债券收款

　　C. 长期借款

　　D. 为购建或者生产符合资本化条件的资产而专门借入的款项

3. 下列项目中，不属于借款费用的是（　　）。

　　A. 发行公司股票佣金　　　　　　B. 发行公司债券佣金

　　C. 借款手续费　　　　　　　　　D. 借款利息

4. 当所购建的固定资产（　　）时，应当停止其借款费用的资本化；以后发生的借款费用应当于发生当期确认为费用。

　　A. 竣工决算　　　　　　　　　　B. 交付使用

　　C. 达到预定可使用状态　　　　　D. 交付使用并办理竣工决算手续

5. 生产经营期间，如果某项固定资产的购建发生非正常中断，并且中断时间超过 3 个月（含 3 个月），应当将中断期间所发生的借款费用，计入（　　）科目。

　　A. 长期待摊费用　　　　　　　　B. 在建工程成本

　　C. 营业外支出　　　　　　　　　D. 财务费用

6. 下列哪种情况不应暂停借款费用资本化（　　）。

　　A. 由于劳务纠纷而造成连续超过 3 个月的固定资产的建造中断

B．由于资金周转困难而造成连续超过 3 个月的固定资产的建造中断

C．由于发生安全事故而造成连续超过 3 个月的固定资产的建造中断

D．由于可预见的气候影响而造成连续超过 3 个月的固定资产的建造中断

7．关于借款费用资本化期间和借款费用利息资本化金额的表述，下列说法中不正确的是（　　）。

A．借款费用资本化期间是指从借款费用开始资本化时点到停止资本化时点的期间，借款费用暂停资本化的期间不包括在内

B．借款费用资本化期间是指从借款费用开始资本化时点到停止资本化时点的全部期间，借款费用暂停资本化的期间也包括在内

C．一般借款的利息资本化金额与资产支出挂钩

D．在资本化期间内，每一会计期间的利息资本化金额，不应当超过当期相关借款实际发生的利息金额

8．符合资本化条件的资产购建活动发生非正常中断，并且中断时间连续超过（　　）应当暂停借款费用的资本化，将其确认为当期费用，直至资产的购建活动重新开始。

A．1 年　　　　B．3 个月　　　　C．6 个月　　　　D．2 年

9．专门借款所发生的借款费用中，哪项费用在进行资本化时不需要符合开始资本化的条件（　　）。

A．借款利息　　　　　　　　B．折价或溢价摊销

C．辅助费用　　　　　　　　D．外币借款发生的汇兑差额

10．2011 年 1 月 1 日甲公司为兴建办公楼从银行专门借入一笔款项，工程于 2011 年 2 月 1 日采用出包方式开始建造。2012 年 10 月 1 日工程按照合同要求全部完工，10 月 31 日工程验收合格，11 月 10 日办理工程竣工结算，11 月 15 日完成全部资产移交手续，12 月 1 日办公楼正式投入使用。则甲公司专门借款利息停止资本化的时点应当为（　　）。

A．2012 年 10 月 1 日　　　　B．2012 年 10 月 31 日

C．2012 年 11 月 10 日　　　　D．2012 年 12 月 1 日

11．光明公司于 2012 年 1 月 1 日动工兴建一幢写字楼自用，在该写字楼建造过程中发生的下列支出或者费用中，不属于规定的资产支出的是（　　）。

A．用银行存款支付外包工程的支出

B．用银行存款支付建设工人工资

C．将企业自己生产的电梯用于装备写字楼

D．计提建设工人职工福利费

12．下列符合资本化条件的资产所发生的借款费用在予以资本化时，要与资产支出相挂钩的是（　　）。

A．专门借款利息　　　　　　B．专门借款的辅助费用

C．一般借款利息　　　　　　D．外币专门借款的汇兑差额

13．2011 年 3 月 11 日，A 公司取得 3 年期专门借款 1 500 万元直接用于当日开工建造的办公楼，年利率为 8%。2011 年累计发生建造支出 1 500 万元，2012 年 1 月 1 日，该公司又取得一般借款 2 000 万元，年利率为 7%，2012 年 3 月 1 日发生建造支出 600

万元,7月1日发生建造支出900万元,上述支出均以借入款项支付(A公司无其他一般借款)。因工程施工质量问题该项工程于2012年8月1日至11月30日停工4个月,截至2012年年底工程尚未完工。不考虑其他因素,2012年借款费用的资本化金额为( )万元。

  A. 31.5   B. 111.5   C. 186.5   D. 66.5

14. A公司为建造一条生产线,专门于2012年1月1日按面值发行外币公司债券150万美元,年利率为8%,期限为3年,按季计提利息,按年支付利息。工程于2012年1月1日开始实体建造并于当日发生了相关资产支出,预计工期为2年。A公司的记账本位币为人民币,外币业务采用外币业务发生时当日的市场汇率折算,假定相关汇率如下:2012年1月1日,市场汇率为1美元=6.9元人民币,3月31日的市场汇率为1美元=7.1元人民币。不考虑其他因素,则第一季度外币专门借款汇兑差额的资本化金额为( )万元人民币。

  A. 30.6   B. 0   C. 30   D. 29.4

15. 甲公司为建造一座厂房,于2012年9月1日专门从银行借入8 000万元款项,借款期限为3年,年利率为6%;2012年10月1日,A公司为建造该厂房购入一块建筑用地,成本为2 000万元,款项已于当日支付;因某种原因,截至2012年年底,该厂房的实体工程建造活动尚未开始。A公司借入的上述专门借款存入银行所获得的利息收入为25万元。不考虑其他因素,则2012年度A公司就上述借款应予以资本化的利息费用为( )万元。

  A. 0   B. 160   C. 95   D. 120

16. 某企业于2012年1月1日开工建造一项固定资产,预计工期为2年,该企业为建造该固定资产于2011年12月1日专门借款1 000万元,年利率为9%,期限为2年。在2012年该项工程建设期间,另占用了两笔一般借款:第一笔为2012年1月1日借入的800万元,借款年利率为8%,期限为2年;第二笔为2012年7月1日借入的500万元,借款年利率为6%,期限为3年;不考虑其他因素,则该企业2012年为建造该项固定资产适用的一般借款资本化率为( )。

  A. 7.00%   B. 7.52%   C. 6.80%   D. 6.89%

17. A公司2010年1月1日折价发行5年期、面值为3 750万元的债券,发行价格为3 000万元,票面利率为4.72%,每年年末支付利息,到期一次还本,按实际利率法摊销折价,债券实际利率为10%。A公司发行该项公司债券所募集的资金专门用于建造一条生产线,生产线从2010年1月1日开始建设,于2012年年底完工,达到预定可使用状态,则A公司2011年应予资本化的利息费用为( )万元。

  A. 300.3   B. 177.3   C. 312.3   D. 375.3

18. A公司于2012年1月1日正式动工兴建一幢办公楼,工期预计为1年零6个月,工程采用出包方式。为建造该项工程,A公司于2012年1月1日专门从银行借入2 000万元款项,借款期限为3年,年利率为8%。2012年1月1日,预付工程款500万元,2012年7月1日支付工程进度款600万元,均以上述借入款项支付。闲置借款资金均用于短期投资,月收益率为0.6%。至2012年年末,该项工程尚未完工。不考虑其他因素，该项建造工程在 2012 年度的资本化金额为（　　）万元。

　　　　A．160　　　　　B．73.6　　　　　C．106　　　　　D．0

　　19．A 公司从银行专门借入一笔款项，于 2012 年 2 月 1 日采用出包方式开工兴建一幢办公楼，2012 年 10 月 5 日工程按照合同要求全部完工，10 月 31 日工程验收合格，11 月 10 日办理工程竣工结算，11 月 20 日完成全部资产移交手续，12 月 1 日办公楼正式投入使用。则公司专门借款利息停止资本化的时点应当为 2012 年（　　）。

　　　　A．10 月 5 日　　　　B．10 月 31 日　　　　C．11 月 10 日　　　　D．12 月 1 日

　　20．乙公司 2012 年 4 月 1 日为新建厂房而向某商业银行借入专门借款 1 000 万元，票面年利率为 4%，款项已存入银行。至 2012 年 12 月 31 日，因建筑地面上建筑物的拆迁补偿问题尚未解决，建筑地面上原建筑物尚未开始拆迁。该项借款存入银行所获得的利息收入为 16.8 万元。乙公司 2012 年就上述借款应予以资本化的借款利息为（　　）万元。

　　　　A．0　　　　　B．0.2　　　　　C．20.2　　　　　D．40

## 二、多项选择题

　　1．下面关于长期借款的会计处理，正确的有（　　）。

　　　　A．企业取得借款时，应按实际收到的金额，借记"银行存款"科目，贷记"长期借款——本金"科目，如存在差额，还应借记"长期借款——利息调整"科目

　　　　B．资产负债表日，应按合同利率计算确定的长期借款的利息费用，借记"在建工程"，"制造费用"，"财务费用"，"研发支出"等科目，贷记"应付利息"或"长期借款——应计利息"科目

　　　　C．资产负债表日，应按摊余成本和实际利率计算确定的长期借款的利息费用，借记"在建工程"，"制造费用"，"财务费用"，"研发支出"等科目，按合同利率计算确定的应付未付利息，贷记"应付利息"科目，按其差额，贷记"长期借款——利息调整"科目

　　　　D．归还的长期借款本金，借记"长期借款——本金"科目，贷记"银行存款"科目。同时，存在利息调整余额的，借记"在建工程"，"制造费用"，"财务费用"，"研发支出"等科目，贷记"长期借款——利息调整"科目

　　2．下列属于长期应付款核算内容的有（　　）。

　　　　A．职工未按期领取的工资

　　　　B．矿产资源补偿费

　　　　C．应付融资租入固定资产租赁费

　　　　D．分期付款方式购入固定资产发生的应付款项

　　3．企业应当在附注中披露与借款费用有关的信息包括（　　）。

　　　　A．当期资本化的借款费用金额

　　　　B．当期费用化的借款费用金额

　　　　C．当期固定资产购建项目的累计支出

　　　　D．当期用于计算确定借款费用资本化金额的资本化率

4. 下列各项表述中，正确的有（　　）。

    A. 在资本化期间内，外币专门借款本金及利息的汇兑差额，应当予以资本化，计入符合资本化条件的资产成本

    B. 在资本化期间内，外币专门借款本金及利息的汇兑差额的计算与资产支出相挂钩

    C. 在资本化期间内，一般借款的借款费用资本化金额的确定应当与资产支出相挂钩

    D. 在资本化期间内，专门借款的借款费用的资本化金额的确定应当与资产支出相挂钩

5. 下列项目中，属于借款费用的有（　　）。

    A. 发行公司债券的手续费　　　　B. 应付公司债券的利息

    C. 发行公司债券的折价　　　　　D. 外币借款本金发生的汇兑差额

6. 东方公司为购建固定资产占用了两笔一般借款，其中一项是 2012 年 1 月 1 日按面值发行的债券 8 000 万元，期限 5 年，票面年利率为 6%；另一项是 2012 年 4 月 1 日向银行借入的 2 年期、年利率为 5% 的款项 4 000 万元。假设东方公司无其他一般借款，第一笔借款支出的时间为 2012 年 5 月。下列关于东方公司 2012 年一般借款的表述中正确的有（　　）。

    A. 东方公司一般借款的资本化率为 8.5%

    B. 东方公司一般借款的资本化率为 5.7%

    C. 一般借款平均资本化率的计算与资产支出挂钩

    D. 如果是外币一般借款，其本金及利息产生的汇兑差额应当作为财务费用核算

7. 在符合借款费用资本化条件的会计期间，下列有关借款费用会计处理的表述中，不正确的是（　　）。

    A. 为购建固定资产取得的外币一般借款本金及利息的汇兑差额，应当计入财务费用

    B. 为购建固定资产取得的外币专门借款本金发生的汇兑差额，不应予以资本化

    C. 为购建固定资产而资本化的利息金额，不得超过当期相关借款实际发生的利息支出

    D. 为购建固定资产取得的外币专门借款利息发生的汇兑差额，应全部计入当期损益

8. 以下属于建造工程非正常中断的情况有（　　）。

    A. 因资金周转困难而停工

    B. 因可预见的不可抗力因素而停工

    C. 因与工程建设有关的劳务纠纷而停工

    D. 因与施工方发生质量纠纷而停工

9. 下列有关借款费用资本化的表述中，正确的有（　　）。

    A. 专门借款利息资本化金额等于发生在资本化期间内的专门借款利息费用减去闲置专门借款产生的利息收入或投资收益

    B. 借款费用符合资本化条件的应计入"在建工程"、"开发产品"和"存货"等
       资产的成本中

    C. 企业购建或者生产的资产各部分分别完工，但必须等到整体完工后才可使用
       或者对外销售的，应当在该资产整体完工时停止借款费用的资本化

    D. 所购建或者生产的符合资本化条件的资产各部分分别完工，且每部分在其他
       部分继续建造或者生产过程中可供使用或者可对外销售，且为使该部分资产
       达到预定可使用或可销售状态所必要的购建或者生产活动实质上已经完成
       的，应当停止与该部分资产相关的借款费用的资本化

  10．符合资本化条件的资产，是指需要经过相当长时间的购建或者生产活动才能达
到预定可使用或者可销售状态的资产，包括（　　　）。

    A．无形资产　　　　　　B．投资性房地产

    C．固定资产　　　　　　D．房地产开发企业开发的用于对外出售的住宅小区

  11．企业为购建固定资产专门借入的款项所发生的借款费用，停止资本化的时点有
（　　　）。

    A．所购建固定资产与设计要求或合同要求相符或基本相符时

    B．固定资产的实体建造工作已经全部完成或实质上已经完成时

    C．继续发生在所购建固定资产上的支出金额很少或者几乎不再发生时

    D．需要试生产的固定资产在试生产结果表明资产能够正常生产出合格产品时

  12．A公司2012年动工兴建一幢办公大楼，在该办公大楼的建造过程中，A公司发
生的下列支出或者费用中，属于借款费用准则规定的资产支出的有（　　　）。

    A．用带息票据购入工程物资

    B．支付的在建工程人员的工资

    C．以自产产品换入一批工程物资

    D．工程项目领用的本企业生产的产成品

  13．下列各项中，可据以判断资产达到预定可使用或可销售状态的有（　　　）。

    A．资产的实体建造（包括安装）或者生产活动已经全部完成或实质上已经完成

    B．所购建或者生产的符合资本化条件的资产与设计要求、合同规定或者生产
       要求相符

    C．所购建或者生产的符合资本化条件的资产与设计要求、合同规定或者生产
       要求基本相符，已能正常使用或者销售

    D．继续发生在所购建或生产的符合资本化条件的资产上的支出金额很少或者
       几乎不再发生

  14．下列情况不能表明"为使资产达到预定可使用或者可销售状态所必要的购建或
者生产活动已经开始"的有（　　　）。

    A．厂房的实体建造活动开始

    B．购入工程物资

    C．为建写字楼购入了建筑用地，但尚未开工

    D．建造生产线的主体设备的安装

15. 下列专门借款费用，涉及"财务费用"科目核算的有（　　）。

A. 符合资本化条件的资产在购建过程中发生正常中断连续超过 3 个月的，其中断期间发生的借款费用

B. 符合资本化条件的资产在购建过程中发生非正常中断连续超过 3 个月的，其中断期间闲置资金产生的利息收入

C. 符合资本化条件的资产完工后发生的专门借款本金及利息汇兑差额

D. 符合资本化条件的资产在购建过程中发生非正常中断连续超过 3 个月的，其中断期间发生的借款费用

### 三、判断题

1. 对于溢价发行的分期付息债券，在采用实际利率法进行摊销时，各期确认的实际利息费用会逐期增加。（　　）

2. 按照现行规定，可转换公司债券自发行至转换为股份前，其会计处理与一般公司债券相同。（　　）

3. 购买固定资产的价款超过正常信用条件延期支付，实质上具有融资性质的，固定资产的成本应当以购买价款的现值为基础确定。（　　）

4. 融资租入固定资产的入账价值是租赁开始日固定资产的公允价值和最低租赁付款额现值较低者，在租赁中发生的相关初始直接费用也应当计入到资产入账价值中。
（　　）

5. 为购建或者生产符合资本化条件的资产而占用了一般借款的，企业应当根据累计资产支出超过专门借款部分乘以所占用一般借款的资本化率，计算确定一般借款应予资本化的利息金额。（　　）

6. 借款费用开始资本化的条件：即资产支出已经发生、借款费用已经发生、为使资产达到预定可使用或者可销售状态所必要的购建或者生产活动已经开始。只要满足其中的一个条件就可以资本化。（　　）

7. 正常中断仅限于因购建或生产符合资本化条件的资产达到预定可使用或可销售状态所必要的程序导致的中断。（　　）

8. 为购建或者生产符合资本化条件的资产而借入专门借款的，企业应当根据累计资产支出加权平均数乘以所占用专门借款的利率，计算确定专门借款应予资本化的利息金额，存在闲置资金利息收入或投资收益的，应将利息收入或投资收益扣除。（　　）

9. 专门借款存在折价或者溢价的，应当按照实际利率法确定每一会计期间应摊销的折价或者溢价金额，调整每期利息金额，按调整后的金额计入在建工程或财务费用。
（　　）

10. 在资本化期间内，外币专门借款本金及利息的汇兑差额，应当予以资本化，计入符合资本化条件的资产成本。它需要考虑计算累计支出加权平均数，同时要扣除闲置资金的投资收益等。（　　）

11. 符合资本化条件的资产，只是指需要经过相当长时间的购建才能达到预定可使用状态的固定资产。（　　）

12. 资产支出包括为购建或者生产符合资本化条件的资产而以支付现金，转移非现金资产或者承担带息债务形式发生的支出。 （　　）

13. 在资本化期间内，每一会计期间的利息资本化金额，不应当超过当期相关借款实际发生的利息金额。 （　　）

14. 在资本化期间内，外币一般借款本金的汇兑差额，应当予以资本化，计入符合资本化条件的资产的成本；利息的汇兑差额应计入当期损益。 （　　）

15. 符合资本化条件的资产在购建或者生产过程中发生非正常中断、且中断时间非连续超过 3 个月的，应当暂停借款费用的资本化。 （　　）

## 四、简答题

1. 什么是借款费用？
2. 借款费用的内容包括哪些？
3. 借款费用的确认原则有哪些？
4. 如何确定借款费用资本化的范围？
5. 如何确定借款费用资本化期间？
6. 如何确定借款利息的资本化金额？
7. 如何对借款辅助费用和外币专门借款汇兑差额进行实务处理？
8. 在对借款费用进行披露时应该注意哪些事项？

## 五、计算分录题

1. 东方公司于 2011 年 1 月 1 日正式兴建一幢办公楼，工期预计为 1 年零 6 个月，工程采用出包方式，每月 1 日支付工程进度款。东方公司为建造该办公楼于 2011 年 1 月 1 日借入一笔专门借款本金 2 000 万元，借款期限为 2 年，票面年利率为 6%，每年 1 月 1 日支付上年度的利息，到期时归还本金和最后一次利息，扣除借款费用后实际收到款项 1 992.69 万元，实际年利率为 6.2%。2011 年 1 月 1 日～4 月 30 日期间发生的专门借款利息收入为 10 万元；4 月 30 日至 8 月 31 日闲置资金利息收入为 8 万元，9 月 1 日～12 月 31 日闲置资金利息收入为 4 万元，公司按年计提并支付利息。工程项目于 2012 年 6 月 30 日达到预定可使用状态。2012 年没有发生专门借款利息收入。2013 年 1 月 1 日东方公司偿还上述专门借款并支付最后一期利息。因质量纠纷，该工程于 2011 年 4 月 30 日～8 月 31 日中断。

**要求：**

（1）计算 2011 年应予资本化的利息金额。
（2）计算 2012 年应予资本化的利息金额。
（3）编制从取得专门借款到归还专门借款有关业务的会计分录。

（答案中的金额单位用万元表示）

2. 甲公司拟建造一座办公楼，预计工期为 2 年，有关资料如下：

（1）甲公司于 2011 年 1 月 1 日为该项工程专门借款 3 000 万元，借款期限为 3 年，年利率 6%，利息按年支付；

（2）工程建设期间占用了两笔一般借款，具体如下：

①2010 年 12 月 1 日向某银行借入长期借款 4 000 万元，期限为 3 年，年利率为 9%，利息按年于每年年初支付；②2011 年 7 月 1 日按面值发行 5 年期公司债券 3 000 万元，票面年利率为 8%，利息按年于每年年初支付，款项已全部收存银行。

（3）工程于 2011 年 1 月 1 日开始动工兴建，工程采用出包方式建造，当日支付工程款 1 500 万元。工程建设期间的支出情况如下：

2011 年 7 月 1 日：3 000 万元；

2012 年 1 月 1 日：2 000 万元；

2012 年 7 月 1 日：3 000 万元。

截至 2012 年年底，工程尚未完工。其中由于施工质量问题工程于 2011 年 8 月 1 日～11 月 30 日停工 4 个月。

（4）专门借款中未支出部分全部存入银行，假定月利率为 0.5%。假定全年按照 360 天计算，每月按照 30 天计算。

**要求：**

（1）计算 2011 年利息资本化和费用化的金额并编制会计分录。

（2）计算 2012 年利息资本化和费用化的金额并编制会计分录。

（计算结果保留两位小数，答案金额以万元为单位）

3. 南方公司以人民币为记账本位币，涉及外币业务时以交易发生日的即期汇率折算。南方公司 2011 年发生如下有关交易事项：

（1）2011 年 1 月 1 日为建造一座厂房，向银行借入 5 年期外币专门借款 5 400 万美元，年利率为 8%，每年年末支付利息。

（2）2011 年 2 月 1 日取得一般人民币借款 2 000 万元，3 年期，年利率为 6%，每年年末支付利息。此外 2010 年 12 月 1 日取得一般人民币借款 6 000 万元，5 年期，年利率为 5%，每年年末支付利息。

（3）该厂房于 2011 年 1 月 1 日开始动工，工程预计 1 年零 6 个月。2011 年 1 月至 2 月的支出情况如下：

① 1 月 1 日支付工程进度款 3 400 万美元，交易发生日的即期汇率为 1∶7.20。

② 2 月 1 日支付工程进度款 2 000 万美元，交易发生日的即期汇率为 1∶7.25；同日以人民币支付工程进度款 4 000 万元。

（4）闲置专门美元借款资金均存入银行，假定存款年利率为 3%，各季度末均可收到存款利息。

（5）各月末汇率为：1 月 31 日即期汇率为 1∶7.22；2 月 28 日即期汇率为 1∶7.27。

（6）假定南方公司按月计提借款利息费用。

**要求：**

（1）计算 2011 年 1 月末外币专门借款的利息及资本化金额、汇兑差额资本化金额，并编制相关的会计分录；

（2）计算 2011 年 2 月末外币专门借款利息及资本化金额、汇兑差额资本化金额，并编制相关会计分录。

（计算结果保留两位小数，答案中的金额单位用万元表示）

## 六、综合题

京华股份有限公司为上市公司（以下简称京华公司），为增值税一般纳税人，适用的增值税税率为 17%。该公司内部审计部门在对其 2012 年年度财务报表进行内审时，对以下交易或事项的会计处理提出疑问：

（1）京华公司拟于 2012 年 1 月开工建造一栋厂房，于 2012 年 1 月 1 日借入两年期专门借款 6 000 万元，年利率为 8%，并于当日发生专门借款支出 3 000 万元，预计该项工程的建设期为 1 年半。京华公司的第二笔工程款项于 2012 年 5 月 1 日支出 1 600 万元。假定闲置资金的月收益率为 0.5%。京华公司第一季度的会计处理如下：

| | |
|---|---:|
| 借：在建工程 | 15 |
| 银行存款 | 25 |
| 财务费用 | 60 |
| 贷：应付利息 | 120 |

其中，专门借款利息资本化金额＝3 000×8%×3/12－3 000×0.5%×3

＝60－45＝15（万元）

（2）京华公司因材料短缺在 2012 年 8 月 1 日～9 月 30 日工程暂时停工，京华公司将该阶段作为暂停资本化处理，相关利息费用计入当期损益。

**要求：** 根据题中给定资料，逐项判断京华公司的会计处理是否正确；如不正确，简要说明理由，并说明正确的会计处理。

（答案中的金额单位用万元表示）

# 能力训练题

1．阅读下列材料，并回答相关问题。

【资料】坐落在某县工业园区的甲、乙两家纺织企业，因产品相近、地点相邻，两企业在政府的促成下达成了收购协议，即甲企业以账面价收购乙企业，乙企业在生产经营过程中产生的亏损由政府出台政策予以弥补，但在具体操作过程中交接双方及政府部门产生了分歧。

乙企业成立于 2007 年 8 月，于 2008 年 1 月 1 日投入生产，有贷款 5 200 万元，账面反映在建工程部分承担贷款利息 224 万元。甲企业认为乙企业所贷款项为流动资金贷款，并不是目的明确的专项借款，贷款利息部分应予费用化；乙企业及政府有关部门认为贷款部分实质上是为购置设备及建造房屋使用的，衍生的利息应该计入资产。

乙企业固定资产折旧年限按照《企业所得税税前扣除办法》（国税发〔2000〕84 号文）规定的最低固定资产折旧年限计提，其中房屋按折旧年限 20 年提取。政府相关部门认为，固定资产 20 年的折旧年限太短，应按使用年限即房屋设计使用寿命 50 年提取。这样一来，因折旧年限不同而产生的分歧影响利润 190.07 万元。

【问题】

（1）存在分歧的原因何在？

（2）如何解决相关的问题？

（3）通过以上资料我们可以得到什么启示？

2．查找相关资料，比较新旧会计准则有关借款费用资本化的处理存在哪些异同点，同时分析资本化与费用化处理对企业的影响。

# 第7章

# 股 份 支 付

## 知识目标

- 了解股份支付的概念和特征;
- 了解股份支付会计信息的披露;
- 熟悉股份支付条件的种类及条件修改的规定;
- 熟悉权益工具公允价值的确定原则;
- 掌握股份支付工具的主要类型;
- 掌握权益结算、现金结算股份支付的确认计量原则;
- 掌握权益结算、现金结算股份支付的会计处理。

## 能力目标

具备确定股份支付会计核算范围的职业认定能力;具备确定权益工具公允价值的职业判断能力;具备对股份支付各项业务进行会计处理的职业综合能力。

## 关键术语

股份支付　权益结算的股份支付　现金结算的股份支付　可行权条件
权益工具公允价值

# 7.1　股份支付概述

## 7.1.1　股份支付的概念和特征

### 1. 股份支付的概念

股份支付，是"以股份为基础的支付"的简称，是指企业为获取职工和其他方提供服务而授予权益工具或者承担以权益工具为基础确定的负债的交易。通俗地说，职工或企业外部某单位或个人给企业提供了服务，企业应当付出代价，而这个代价是以股份等权益工具为基础支付或计算应付金额的。权益工具是指企业自身权益工具，包括会计主体本身、母公司和同集团的其他会计主体的权益工具。

为了规范股份支付的确认、计量和股份支付相关信息的披露，2006 年财政部制定了《企业会计准则第 11 号——股份支付》。企业向其雇员支付期权等作为薪酬或奖励措施的行为，是目前具有代表性的股份支付交易。企业授予职工期权、认股权证等衍生工具或其他权益工具，对职工进行激励或补偿，以换取职工提供的服务，实质上属于职工薪酬的组成部分，但由于股份支付以权益工具的公允价值为计量基础，因此由《企业会计准则第 11 号——股份支付》进行规范。但企业合并中发行权益工具取得其他企业净资产的交易，适用《企业会计准则第 20 号——企业合并》；以权益工具作为对价取得其他金融工具等交易，适用《企业会计准则第 22 号——金融工具确认和计量》。

### 2. 股份支付的特征

股份支付与其他金融工具相比，具有如下特征：

1）股份支付是企业与职工或其他方之间发生的交易。以股份为基础的支付可能发生在企业与股东之间、合并交易中的合并方与被合并方之间或者企业与其职工之间，但只有发生在企业与其职工或向企业提供服务的其他方之间的交易，才可能符合股份支付的定义。

2）股份支付是以获取职工或其他方服务为目的的交易。企业在股份支付交易中意在获取其职工或其他方提供的服务或取得这些服务的权利。企业获取这些服务或权利的目的是用于其正常生产经营，不是转手获利等。

3）股份支付交易的对价或其定价与企业自身权益工具未来的价值密切相关。股份支付交易同企业与其职工间其他类型交易的最大不同，即在于交易对价或其定价与企业自身权益工具未来的价值密切相关。在股份支付中，企业要么向职工支付其自身权益工具，要么向职工支付一笔现金，而其金额高低取决于结算时企业自身权益工具的公允价值。对价的特殊性是股份支付定义中最突出的特征。

## 7.1.2　股份支付工具的主要类型

按照股份支付的方式和工具类型，主要可划分为两大类、四小类。

### 1. 以权益结算的股份支付

以权益结算的股份支付，是指企业为获取服务而以股份或其他权益工具作为对价进行结算的交易。以权益结算的股份支付最常用的工具有两类：股票期权和限制性股票。

股票期权是指企业授予职工或其他方在未来一定期限内以预先确定的价格和条件购买本企业一定数量股票的权利。股票期权实质是一种向激励对象定向发行的认购权证。目前，我国多数上市公司的股权激励方案是采用股票期权方式。

限制性股票是指职工或其他方按照股份支付协议规定的条款和条件，从企业获得一定数量的本企业股票。企业授予职工一定数量的股票，在一个确定的等待期内或在满足特定业绩指标之前，职工出售股票要受到持续服务期限条款或业绩条件的限制。在实务中，企业可以通过定向增发等方式使职工获得限制性股票。

**2. 以现金结算的股份支付**

以现金结算的股份支付，是指企业为获取服务而承担的以股份或其他权益工具为基础计算的交付现金或其他资产的义务的交易。以现金结算的股份支付最常用的工具有两类：现金股票增值权和模拟股票。

现金股票增值权和模拟股票，是用现金支付模拟的股权激励机制，即与股票挂钩，但用现金支付。除不需实际行权和持有股票之外，现金股票增值权的运作原理与股票期权是一样的，都是一种以增值权形式与股票价值挂钩的薪酬工具；除不需实际授予股票和持有股票之外，模拟股票的运作原理与限制性股票是一样的。

### 7.1.3　股份支付的环节和时点

**1. 股份支付的环节**

股份支付不是一个时点上的交易，而可能是很长一段时间的交易。从环节上来说，典型的股份支付通常涉及四个主要环节：授予环节、等待可行权环节、行权环节和出售环节。四个环节如图 7.1 所示。

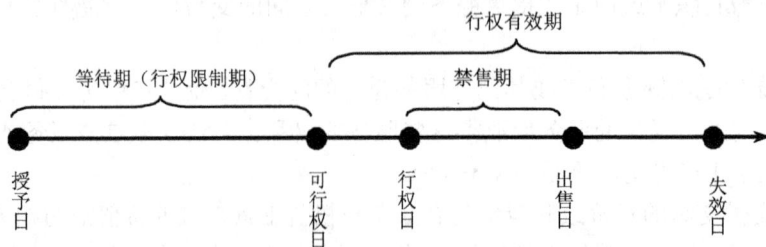

图 7.1　典型的股份支付交易环节示意图

**2. 股份支付四个环节中的重要时点**

股份支付四个环节中的重要时点包括授予日、等待期内的资产负债表日、可行权日、行权日、出售日、失效日。

1）授予日。授予日是指股份支付协议获得批准的日期。其中，"获得批准"是指企业与职工或其他方就股份支付的协议条款和条件已达成一致，该协议获得股东大会或类似机构的批准。这里的"达成一致"是指，在双方对该计划或协议内容充分形成一致理解的基础上，均正式接受其条款和条件。如果按照相关法规的规定，在提交股东大会或类似机构之前存在必要程序或要求，则应履行该程序或满足该要求。除了立即可行权的股份支付外，无论权益结算的股份支付或者现金结算的股份支付，企业在授予日都不进行会计处理。

2）等待期内资产负债表日。等待期，又称"行权限制期"，是指可行权条件得到满足的期间。对于可行权条件为规定服务期间的股份支付，等待期为授予日至可行权日的期间；对于可行权条件为规定业绩的股份支付，应当在授予日根据最可能的业绩结果预计等待期的长度。在等待期内的每个资产负债表日，都需进行会计处理。

3）可行权日。可行权日是指可行权条件得到满足，职工或其他方具有从企业取得权益工具或现金权利的日期。有的股份支付协议是一次性可行权，有的则是分批可行权。例如，职工持有的股票期权，只有到了可行权日，才是职工真正拥有的"财产"，才能去择机行权。

4）行权日。行权日是指职工和其他方行使权利，获取现金或权益工具的日期。例如，持有股票期权的职工行使了以特定价格购买一定数量本公司股票的权利的日期，该日期即为行权日。

行权是按期权的约定价格实际购买股票，一般是在可行权日之后至期权到期日之前的可选择时段内行权。

5）出售日。出售日是指股票的持有人将行使期权所取得的期权股票出售的日期。按照我国法规规定，用于期权激励的股份支付协议，应在行权日与出售日之间设立禁售期，其中国有控股上市公司的禁售期不得低于两年。

6）失效日。失效日指可行权权利失效的日期。行权是有有效期限的，有效期的最后一天，即为失效日。

### 7.1.4 股份支付条件

**1. 股份支付条件的种类**

股份支付中通常涉及可行权条件。可行权条件是指能够确定企业是否得到职工或其他方提供的服务，且该服务使职工或其他方具有获取股份支付协议规定的权益工具或现金等权利的条件。反之，为非可行权条件。可行权条件包括服务期限条件和业绩条件。在满足这些条件之前，职工或其他方无法获得股份。

1）服务期限条件。服务期限条件是指职工或其他方完成规定服务期限才可行权的条件。例如甲公司向总经理授予100 000股股票期权，约定总经理从即日起在该公司连续服务3年，即可以每股5元购买100 000股甲公司股票，"连续服务3年"就是服务期限条件。

2）业绩条件。业绩条件是指职工或其他方完成规定服务期限且企业已达到特定业绩目标才可行权的条件，具体包括市场条件和非市场条件。

市场条件是指行权价格、可行权条件以及行权可能性与权益工具的市场价格相关的业绩条件，如股份支付协议中关于股价上升至何种水平，职工或其他方可相应取得多少股份的规定。企业在确定权益工具在授予日的公允价值时，应考虑市场条件的影响，而不考虑非市场条件的影响；市场条件是否得到满足，不影响企业对预计可行权情况的估计。

非市场条件是指除市场条件之外的其他业绩条件，如股份支付协议中关于达到最低盈利目标或销售目标才可行权的规定。对于可行权条件为业绩条件的股份支付，在确定权益工具的公允价值时，应考虑市场条件的影响，只要职工满足了其他所有非市场条件，企业就应当确认已取得的服务。

非可行权条件、服务期限条件和业绩条件的判断如图7.2所示。

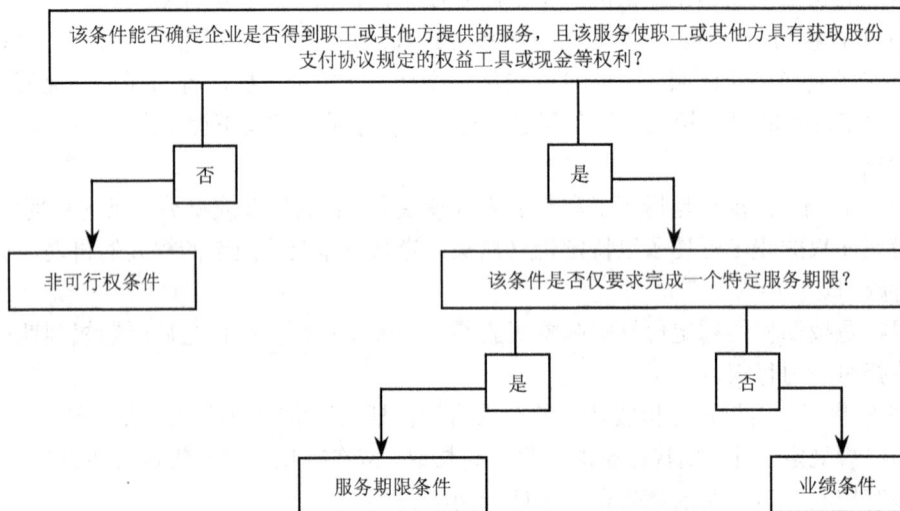

图 7.2　非可行权条件、服务期限条件和业绩条件的判断

【例 7-1】　2012 年 1 月，为奖励并激励高管，腾达公司与其管理层成员签署股份支付协议，规定如果管理层成员在其后 3 年中都在公司中任职服务，并且公司股价每年均提高 10% 以上，管理层成员即可以低于市价的价格购买一定数量的本公司股票。同时作为协议的补充，公司把全体管理层成员的年薪提高了 50 000 元，但公司将这部分年薪按月存入公司专门建立的统一账户，3 年后，管理层成员可用属于其个人的部分抵减未来行权时支付的购买股票款项。如果管理层成员决定退出这项基金，可随时全额提取。腾达公司以期权定价模型估计授予的此项期权在授予日的公允价值为 6 000 000 元。

请问此例中涉及哪些条款和条件？

分析：如果不同时满足服务 3 年和公司股价年增长 10% 以上的要求，管理层成员就无权行使其股票期权，因此两者都属于可行权条件，其中服务满 3 年是一项服务期限条件，10% 的股价增长要求是一项市场业绩条件。虽然公司要求管理层成员将部分薪金存入统一账户保管，但不影响其可行权，因此统一账户条款是非可行权条件。

**2. 股份支付条件的修改**

通常情况下，股份支付协议生效后，不应对其条款和条件随意修改。但在某些情况下，可能需要修改授予权益工具的股份支付协议中的条款和条件。例如，因股票除权、除息或其他原因需要调整行权价格或股票期权数量。此外，为取得更佳的激励效果，有关法规也允许企业依据股份支付协议的规定，调整行权价格或股票期权数量，但应当由董事会作出决议并经股东大会审议批准，或者由股东大会授权董事会决定。《上市公司股权激励管理办法（试行)》对此作出了严格的限定，必须按照批准股份支付计划的原则和方式进行调整。

在会计核算上，无论已授予的权益工具的条款和条件如何修改，甚至取消权益工具的授予或结算该权益工具，企业都应至少确认按照所授予的权益工具在授予日的公允价值来计量获取的相应服务，除非因不能满足权益工具的可行权条件（除市场条件外）而无法行使可行权。

（1）条款和条件的有利修改

如果修改了某些条款和条件对职工有利，企业应当分别以下情况，确认导致股份支付公允价值总额升高以及其他对职工有利的修改的影响：

1）如果修改增加了所授予的权益工具的公允价值，企业应按照权益工具公允价值的增加相应地确认取得服务的增加。

2）如果修改增加了所授予的权益工具的数量，企业应将增加的权益工具的公允价值相应地确认为取得服务的增加。

3）如果企业按照有利于职工的方式修改可行权条件，如缩短等待期、变更或取消业绩条件（非市场条件），企业在处理可行权条件时，应当考虑修改后的可行权条件。

（2）条款和条件的不利修改

如果企业以减少股份支付公允价值总额的方式或其他不利于职工的方式修改条款和条件，企业仍应继续对取得的服务进行会计处理，如同该变更从未发生，除非企业取消了部分或全部已授予的权益工具。具体包括如下几种情况：

1）如果修改减少了授予的权益工具的公允价值，企业应当继续以权益工具在授予日的公允价值为基础，确认取得服务的金额，而不应考虑权益工具公允价值的减少。

2）如果修改减少了授予的权益工具的数量，企业应当将减少部分作为已授予的权益工具的取消来进行处理。

3）如果企业以不利于职工的方式修改了可行权条件，如延长等待期、增加或变更业绩条件（非市场条件），企业在处理可行权条件时，不应考虑修改后的可行权条件。

（3）取消或结算

如果企业在等待期内取消了所授予的权益工具或结算了所授予的权益工具（因未满足可行权条件而被取消的除外），企业应当：

1）将取消或结算作为加速可行权处理，立即确认原本应在剩余等待期内确认的金额。

2）在取消或结算时支付给职工的所有款项均应作为权益的回购处理，回购支付的金额高于该权益工具在回购日公允价值的部分，计入当期费用。

3）如果向职工授予新的权益工具，并在新权益工具授予日认定所授予的新权益工具是用于替代被取消的权益工具的，企业应以与处理原权益工具条款和条件修改相同的方式，对所授予的替代权益工具进行处理。权益工具公允价值的增加，是指在替代权益工具的授予日，替代权益工具公允价值与被取消的权益工具净公允价值之间的差额。被取消的权益工具的净公允价值，是指其在取消前立即计量的公允价值减去因取消原权益工具而作为权益回购支付给职工的款项。如果企业未将新授予的权益工具认定为替代权益工具，则应将其作为一项新授予的股份支付进行处理。

## 7.2 以权益结算的股份支付的确认和计量

### 7.2.1 以权益结算的股份支付的确认和计量原则

股份支付的确认和计量，应当以真实、完整、有效的股份支付协议为基础。

**1. 换取职工服务的股份支付的确认和计量原则**

对于换取职工服务的股份支付，企业应当以股份支付所授予的权益工具的公允价值计量。企业应在等待期内的每个资产负债表日，以对可行权权益工具数量的最佳估计为基础，按照权益工具在授予日的公允价值，将当期取得的服务计入相关资产成本或当期费用，同时计入资本公积中的其他资本公积。在资产负债表日，后续信息表明可行权权益工具的数量与以前估计不同的，应当进行调整，并在可行权日调整至实际可行权的权益工具数量。企业在可行权日之后不再对已确认的相关成本或费用和所有者权益总额进行调整。

对于授予后立即可行权的换取职工提供服务的权益结算的股份支付，应在授予日按照权益工具的公允价值，将取得的服务计入相关资产成本或当期费用，同时计入资本公积中的股本溢价。

**2. 换取其他方服务的股份支付的确认和计量原则**

对于换取其他方服务的股份支付，企业应当以股份支付所换取的服务的公允价值计量。企业应当按照其他方服务在取得日的公允价值，将取得的服务计入相关资产成本或费用。

如果其他方服务的公允价值不能可靠计量，但权益工具的公允价值能够可靠计量时，企业应当按照权益工具在服务取得日的公允价值，将取得的服务计入相关资产成本或费用。

### 7.2.2 权益工具公允价值的确定

股份支付是以权益工具为基础的支付，因而在计量时，必须考虑权益工具的公允价值。一般来说，对于存在活跃市场的权益工具，应当按照活跃市场中的报价确定其公允价值。但一些权益工具并没有一个活跃的交易市场，在这种情况下，应当考虑采用估值技术。

**1. 股份公允价值的确定**

对于授予职工或其他方的股份，其公允价值应按企业股份的市场价格计量，同时考虑授予股份所依据的条款和条件进行调整。如果企业股份未公开交易，则应按估计的市场价格计量，并考虑授予股份所依据的条款和条件进行调整。例如，如果股份支付协议规定了期权股票的禁售期，则会对可行权日后市场参与者愿意为该股票支付的价格产生影响，并进而影响该股票期权的公允价值。

**2. 股票期权公允价值的确定**

对于授予职工的股票期权，因其通常受到一些不同于交易期权的条款和条件的限制，因而在许多情况下难以获得其市场价格。如果不存在条款和条件相似的交易期权，就应通过期权定价模型来估计所授予的期权的公允价值。在选择适用的期权定价模型时，企业应考虑熟悉情况和自愿的市场参与者将会考虑的因素。所有适用于估计授予职工期权的定价模型至少应考虑以下因素：①期权的行权价格；②期权期限；③基础股份的现行价格；④股价的预计波动率；⑤股份的预计股利；⑥期权期限内的无风险利率。

### 7.2.3 以权益结算的股份支付的会计处理

#### 1. 授予日的会计处理

除了立即可行权的股份支付外，企业对权益结算的股份支付在授予日不做会计处理。

对于授予后立即可行权（没有等待期）的以权益结算的股份支付，应在授予日按照权益工具的公允价值，将取得的服务计入相关资产成本或当期费用，同时确认所有者权益。其会计处理与可行权日的会计处理相同。

#### 2. 等待期内每个资产负债表日的会计处理

1）等待期内每个资产负债表日，企业应将取得的职工或其他方提供的服务计入资产成本或当期费用，同时确认所有者权益。计入资产成本或费用的金额应当按照授予日权益工具的公允价值计量，即使权益工具的公允价值发生变动，也不确认其后续公允价值变动。

2）等待期内每个资产负债表日，企业根据最新取得的后续信息表明可行权权益工具的数量与以前估计不同的，应当对预计可行权的权益工具数量进行调整。例如，根据最新取得的可行权职工人数变动作出最佳估计，修正预计可行权的权益工具数量。

3）等待期内每个资产负债表日，企业根据授予日权益工具的公允价值乘以预计可行权的权益工具数量，计算截至当期累计应确认的成本或费用金额，再减去前期累计已确认金额，作为当期应确认的成本或费用金额。借记"生产成本"、"制造费用"、"管理费用"、"销售费用"、"研发支出"、"在建工程"等科目，贷记"资本公积——其他资本公积"科目。

4）等待期长度确定后，业绩条件为非市场条件的，如果后续信息表明需要调整等待期长度，应对前期确定的等待期长度进行修改；业绩条件为市场条件的，不应因此改变等待期长度。

5）在等待期内如果取消了授予的权益工具，企业应当对取消所授予的权益性工具作为加速行权处理，将剩余等待期内应确认的金额立即计入当期损益，同时确认资本公积。职工或其他方能够选择满足非可行权条件，但在等待期内未满足的，企业应当将其作为授予权益工具的取消处理。

#### 3. 可行权日的会计处理

在可行权日，也就是等待期结束，有权利参加行权的职工人数应当确定，预计可行权权益工具的数量也应当确定，与未来实际可行权工具的数量应保持一致。至于未来是否实际行权，另当别论。因此，可行权日的会计处理和等待期内的资产负债表日的会计处理一样，只是可行权权益工具的数量是确定的。

## 4. 可行权日之后的会计处理

对于权益结算的股份支付，在可行权日之后不再对已确认的成本或费用和所有权益总额进行调整。

## 5. 行权日的会计处理

企业应在行权日根据行权情况，确认股本和股本溢价，同时结转等待期内确认的资本公积。根据行权时收到的款项，借记"银行存款"科目，结转等待期内确认的资本公积，借记"资本公积——其他资本公积"科目，根据转换成的股本数，贷记"股本"科目、按其差额，贷记"资本公积——股本溢价"科目。

如果全部或部分权益工具未被行权而失效或作废，应在行权有效期截止日将其从资本公积（其他资本公积）转入资本公积（股本溢价），不冲减成本费用。

## 6. 企业以回购股份形式奖励本企业职工的会计处理

企业以回购股份形式奖励本企业职工，属于权益结算的股份支付，应当按照以权益结算的股份支付进行会计处理。其会计处理基本思路如下：

（1）回购股份

企业回购股份时，按照回购股份的全部支出，借记"库存股"科目，贷记"银行存款"科目，同时进行备查登记。

（2）确认成本费用

按照对职工权益结算股份支付的规定，企业应当在等待期内每个资产负债表日，按照权益工具在授予日的公允价值，借记"管理费用"等成本或费用科目，贷记"资本公积——其他资本公积"科目。

（3）职工行权

企业应于职工行权购买本企业股份收到价款时，转销交付职工的库存股成本和等待期内资本公积（其他资本公积）累计金额，同时，按照其差额调整资本公积（股本溢价）。收到股票价款时，借记"银行存款"等科目，同时转销等待期内在资本公积中累计确认的金额，借记"资本公积——其他资本公积"科目，按回购的库存股成本，贷记"库存股"科目，按照上述借贷方差额贷记"资本公积——股本溢价"科目。

【例7-2】 2009年12月，腾达公司披露了股票期权计划，具体如下：

股票期权的条件：

股票期权的条件根据公司《股权激励计划》的规定，同时满足下列条件时，激励对象可以获授股票期权：

1）2009年年末，公司当年净利润增长率必须不低于18%；

2）2010年年末，公司2009～2010年两年净利润平均增长率不低于15%；

3）2011年年末，公司2009～2011年三年净利润平均增长率不低于12%；

4）激励对象未发生如下任一情形：

① 最近三年内被证券交易所公开谴责或宣布为不适当人选的；

② 最近三年内因重大违法违规行为被中国证监会予以行政处罚的；

③ 具有《公司法》规定的不得担任公司董事、监事、高级管理人员情形的。

公司的股权计划授予的股票期权，激励对象拥有在授权日起5年内的可行权日以行权价格购买公司股票的权利。当年未行权的股票期权可在以后年度行权。

股票期权的授予日、授予对象、授予数量和行权价格：

1）股票期权的授予日：2009 年 1 月 1 日。

2）授予对象：董事、总经理、副总经理、技术总监、市场总监、董秘、财务总监以及核心技术及业务人员等 20 人（名单略）。

3）行权价格：本次股票期权的行权价格为 4 元/股。

4）授予数量：授予激励对象每人 20 万份股票期权，标的股票总数占当时总股本 0.5%。

腾达公司 2009～2011 年的相关情况如下：

腾达公司股权激励对象均不会出现授予股票期权条件 4 所述情形。

根据腾达公司测算，其股票期权在授权日的公允价值为 9 元/份。

2009 年腾达公司净利润增长率为 16%，有 2 名激励对象离开，但腾达公司预计 2010 年将保持快速增长，2010 年 12 月 31 日有望达到可行权条件。另外，企业预计 2010 年没有激励对象离开企业。

2010 年腾达公司净利润增长率为 12%，有 2 名激励对象离开，但腾达公司预计 2011 年将保持快速增长，2011 年 12 月 31 日有望达到可行权条件。另外，企业预计 2011 年没有激励对象离开企业。

2011 年腾达公司净利润增长率为 10%，有 2 名激励对象离开。

2012 年 12 月 31 日，腾达公司激励对象全部行权，腾达公司股份每股面值为 1 元。

**分析**：本例中的可行权条件是一项业绩条件中的非市场条件。

第 1 年年末，虽然没能实现净利润增长 18% 的要求，但公司预计下年度将以同样的速度增长。因此能实现 2 年平均增长 15% 的要求。所以公司将其预计等待期调整为 2 年。由于有 2 名管理人员离开，公司同时调整了期满（2 年）后预计可行权期权的数量（20−2−0）。

第 2 年年末，虽然 2 年实现 15% 增长的目标再次落空，但公司仍然估计能够在第 3 年取得较理想的业绩，从而实现 3 年平均增长 12% 的目标。所以公司将其预计等待期调整为 3 年。由于第 2 年有 2 名管理人员离开，高于预计数字，因此公司相应调整了第 3 年离开的人数（20−2−2−0）。

第 3 年年末，目标实现，实际离开人数为两人，确定可行权的人数（20−2−2−2）。根据实际情况确定累计费用，并据此确认第 3 年费用。

根据上述资料，腾达公司会计处理如下：

1）服务费用和资本公积计算过程如表 7.1 所示。

表 7.1　服务费用和资本公积计算表　　　　　　　　　　单位：元

| 年　份 | 计　　算 | 当期费用 | 累计费用 |
|---|---|---|---|
| 2009 | （20−2−0）×200 000×9.0×1/2 | 16 200 000 | 16 200 000 |
| 2010 | （20−2−2−0）×200 000×9.0×2/3−16 200 000 | 3 000 000 | 19 200 000 |
| 2011 | （20−2−2−2）×200 000×9.0−19 200 000 | 6 000 000 | 25 200 000 |

2）账务处理：

① 2009 年 1 月 1 日：

授予日不做账务处理。

② 2009 年 12 月 31 日，将当期取得的服务计入相关费用和资本公积：

借：管理费用 16 200 000

    贷：资本公积——其他资本公积——股份支付 16 200 000

③ 2010 年 12 月 31 日，将当期取得的服务计入相关费用和资本公积：

借：管理费用 3 000 000

    贷：资本公积——其他资本公积——股份支付 3 000 000

④ 2011 年 12 月 31 日，将当期取得的服务计入相关费用和资本公积：

借：管理费用 6 000 000

    贷：资本公积——其他资本公积——股份支付 6 000 000

⑤ 2012 年 12 月 31 日，激励对象全部行权：

借：银行存款 （14×200 000×4）11 200 000

    资本公积——其他资本公积——股份支付 25 200 000

    贷：股本 （14×200 000×1）2 800 000

    资本公积——股本溢价 33 600 000

【例 7-3】 2007 年 12 月 31 日，腾达公司董事会批准了一项股份支付协议。协议规定，2008 年 1 月 1 日，公司向其 200 名管理人员每人授予 1 000 份股票期权，这些管理人员必须从 2008 年 1 月 1 日起在腾达公司连续服务 3 年，服务期满时才能够以每股 5 元购买 1 000 股腾达公司股票，从而获益。腾达公司估计该期权在授予日的公允价值为每股 18 元。第一年有 20 名职员离开腾达公司，公司估计三年中离开的职员的比例将达到 20%；第二年又有 10 名职员离开公司，公司将估计的职员离开比例修正为 15%；第三年又有 15 名职员离开；第四年末，有 15 名管理人员放弃了股票期权；第五年末，剩余 140 名管理人员全部行权，腾达公司股票面值为每股 1 元，管理人员以每股 5 元购买。

根据上述资料，腾达公司所做的会计处理如下：

1）本例中的可行权条件是服务期限条件，费用和资本公积计算过程如表 7.2 所示。

表 7.2 服务费用和资本公积计算表 单位：元

| 年份 | 计 算 | 当期费用 | 累计费用 |
| --- | --- | --- | --- |
| 2008 | 200×（1−20%）×1000×18×1/3 | 960 000 | 960 000 |
| 2009 | 200×（1−15%）×1000×18×2/3−960 000 | 1 080 000 | 2 040 000 |
| 2010 | （200−20−10−15）×1000×18−2 040 000 | 750 000 | 2 790 000 |

2）账务处理：

① 2008 年 1 月 1 日：

授予日不做账务处理。

② 2008 年 12 月 31 日：

借：管理费用 960 000

    贷：资本公积——其他资本公积——股份支付                  960 000

③ 2009 年 12 月 31 日：

    借：管理费用                                         1 080 000

        贷：资本公积——其他资本公积——股份支付                  1 080 000

④ 2010 年 12 月 31 日：

    借：管理费用                                         750 000

        贷：资本公积——其他资本公积——股份支付                    750 000

⑤ 2011 年 12 月 31 日：

不调整成本费用和资本公积

⑥ 2012 年 12 月 31 日：

    借：银行存款                            （140×1000×5）700 000

        资本公积——其他资本公积——股份支付                    2 790 000

        贷：股本                                 （140×1000×1）140 000

            资本公积——股本溢价                         3 350 000

## 7.3 以现金结算的股份支付的确认和计量

### 7.3.1 以现金结算的股份支付的确认和计量原则

在实际行权或者结算之前，以现金结算的股份支付实质是企业欠职工的一项负债。现金结算的股份支付的会计处理必须以完整、有效的股份支付协议为基础，并应当按照企业承担的以股份或其他权益工具为基础计算确定的负债的公允价值计量。

企业应当在等待期内的每个资产负债表日，以对可行权情况的最佳估计为基础，按照企业承担负债的公允价值，将当期取得的服务计入相关资产成本或当期费用，同时计入负债，并在结算前的每个资产负债表日和结算日对负债的公允价值重新计量，将其变动计入公允价值变动损益。

对于授予后立即可行权的现金结算的股份支付，企业应当在授予日按照企业承担负债的公允价值计入相关资产成本或费用，同时计入负债，并在结算前的每个资产负债表日和结算日对负债的公允价值重新计量，将其变动计入损益。

### 7.3.2 以现金结算的股份支付的会计处理

**1. 授予日的会计处理**

除了立即可行权的股份支付外，企业以现金结算的股份支付在授予日不做会计处理。

对于授予后立即可行权（没有等待期）的以现金结算的股份支付，企业应当在授予日按照企业承担负债的公允价值计入相关资产成本或当期费用，同时计入负债。

**2. 等待期内每个资产负债表日的会计处理**

（1）在等待期内的每个资产负债表日，企业应当将当期取得职工或其他方提供的服务计入成本或费用，同时确认负债。以现金结算的股份支付在未结算前确认为负债，相当于欠职工的薪酬负债，这是与权益结算的股份支付较大的区别之一。

（2）在等待期内的每个资产负债表日，如果负债确定基础的权益工具的公允价值发生变化，企业应对权益工具的公允价值进行重新计量，确定成本或费用和负债。

（3）在等待期内的每个资产负债表日，根据预计可行权工具的数量乘以当日权益工具的公允价值所得金额，借记"生产成本"、"制造费用"、"管理费用"、"研发支出"、"在建工程"、"销售费用"等科目，贷记"应付职工薪酬——股份支付"科目。

**3. 可行权日的会计处理**

在可行权日，也就是等待期结束，有权利参加行权的职工人数应当确定，预计应付职工薪酬也应当确定，这和未来实际应支付金额保持一致。因此，可行权日的会计处理和等待期内的资产负债表日的会计处理一样，只是应付金额是确定的。

**4. 可行权日之后的会计处理**

企业在可行权日之后不再确认成本或费用，但是由于赖以计算负债的权益工具公允价值发生变动引起负债（应付职工薪酬）公允价值的变动应当加以确认，计入当期损益，即公允价值变动损益。这也是同权益结算的股份支付较大的区别之一。

**5. 行权日的会计处理**

企业应在职工行权日根据行权情况，按照所支付现金，借记"应付职工薪酬——股份支付"科目，贷记"银行存款"等科目。

**【例7-4】** 2007年年末，腾达公司股东大会批准一项现金股票增值权激励计划，具体内容如下：

股票增值权的授予条件：

1. 激励对象从2008年1月1日起在该公司连续服务3年。

2. 激励对象未发生如下任一情形：

（1）最近三年内被证券交易所公开谴责或宣布为不适当人选的；

（2）最近三年内因重大违法违规行为被中国证监会予以行政处罚的；

（3）具有《公司法》规定的不得担任公司董事、监事、高级管理人员情形的。

3. 在授予日后5年内每12个月执行一次增值权收益，符合可行权条件的激励对象可按照当时股价的增长幅度获得现金，该增值权应在2012年12月31日之前行使。

股票期权的授予日、授予对象、授予数量如下：

1. 股票期权的授予日：2008年1月1日。

2. 授予对象：董事、总经理、副总经理、技术总监、市场总监、董秘、财务总监以及核心技术及业务人员等100人（名单略）。

3. 授予数量：共授予激励对象每人1000份现金股票增值权。执行日前30个交易日腾达公司平均收盘价（执行价）高于激励计划公告前30个交易日平均收盘价（基准价），每份现金股票增值权可获得每股价差收益。

腾达公司2008～2012年的相关情况如下：

腾达公司估计，该增值权在负债结算之前的每一资产负债表日以及结算日的公允价值和可行权后的每份增值权现金支出额如表7.3所示。

表 7.3  公允价值和每份增值权现金支出额明细表  单位：元

| 年　份 | 公允价值 | 支付现金 |
|---|---|---|
| 2008 | 15 | |
| 2009 | 16 | |
| 2010 | 20 | 16 |
| 2011 | 25 | 20 |
| 2012 | | 26 |

腾达公司预计所有公司激励对象都将符合授予条件 3 中的要求。

第 1 年有 20 名激励对象离开腾达公司，腾达公司估计 3 年中还将有 15 名激励对象离开；第 2 年又有 10 名激励对象离开公司，公司估计还将有 10 名激励对象离开；第 3 年又有 15 名激励对象离开。第 3 年末，有 30 人行使股份增值权取得了现金。第 4 年末，有 20 人行使了股份增值权取得了现金。第 5 年末，剩余 5 人也行使了股份增值权。

腾达公司会计处理如下：

1.费用和负债计算过程如表 7.4 所示。

表 7.4  费用和负债计算表  单位：元

| 年份 | 负债计算① | 支付现金计算② | 负债③ | 支付现金④ | 当期费用⑤ |
|---|---|---|---|---|---|
| | | | ③＝① | ④＝② | ⑤＝当期③－前期③＋当期④ |
| 2008 | （100－35）×1 000×15×1/3 | | 325 000 | | 325 000 |
| 2009 | （100－40）×1 000×16×2/3 | | 640 000 | | 315 000 |
| 2010 | （100－45－30）×1 000×20 | 30×1 000×16 | 500 000 | 480 000 | 340 000 |
| 2011 | （100－45－30－20）×1 000×25 | 20×1 000×20 | 125 000 | 400 000 | 25 000 |
| 2012 | 0 | 5×1 000×26 | 0 | 130 000 | 5 000 |
| 总额 | | | | 1 010 000 | 1 010 000 |

账务处理如下：

（1）2008 年 12 月 31 日

借：管理费用　　　　　　　　　　　　　　　　　325 000
　　贷：应付职工薪酬——股份支付　　　　　　　　　　325 000

（2）2009 年 12 月 31 日

借：管理费用　　　　　　　　　　　　　　　　　315 000
　　贷：应付职工薪酬——股份支付　　　　　　　　　　315 000

（3）2010 年 12 月 31 日

借：管理费用　　　　　　　　　　　　　　　　　340 000
　　贷：应付职工薪酬——股份支付　　　　　　　　　　340 000

借：应付职工薪酬——股份支付　　　　　　　　　480 000
　　贷：银行存款　　　　　　　　　　　　　　　　　480 000

（4）2011 年 12 月 31 日

借：公允价值变动损益——股份支付　　　　　　　25 000

　　　　贷：应付职工薪酬——股份支付　　　　　　　　　　　　　　25 000

　　［简单理解：2500＝5×100×（25－20）］

　　　借：应付职工薪酬——股份支付　　　　　　　　　　　　　　40 000

　　　　贷：银行存款　　　　　　　　　　　　　　　　　　　　　40 000

　　（5）2012 年 12 月 31 日

　　　借：公允价值变动损益——股份支付　　　　　　　　　　　　 5 000

　　　　贷：应付职工薪酬——股份支付　　　　　　　　　　　　　 5 000

　　　借：应付职工薪酬——股份支付　　　　　　　　　　　　　130 000

　　　　贷：银行存款　　　　　　　　　　　　　　　　　　　　130 000

**【知识链接】**

**我国股份支付准则与国际会计准则的比较**

　　1. 规范的范围不同。我国准则规范企业为获取职工和其他方提供服务而授予权益工具或承担以其为基础确定的负债。国际准则规范对象包括获得商品和劳务的以股份为基础的支付。

　　2. 计量标准不同。我国准则以授予的权益工具或承担债务性工具的公允价值计量。国际准则对于权益性结算支付，直接以所获得的商品或劳务的公允价值计量，在所获得的商品或劳务的公允价值无法可靠估计时，通过参考权益性工具的公允价值间接计量；对于现金结算支付，按照承担债务的公允价值计量。

　　3. 核算内容的详细程度不同。与我国准则相比，国际准则对核算内容规定更详细，比如在计算权益性工具公允价值金额时，要考虑市场条件和非市场条件对权益性工具的公允价值（单位价值）和数量的不同影响；在对行权日之后的会计处理、对授予权益性工具的条件和条款进行修订的会计处理等方面，比我国会计准则规范的更具体。

（资料来源：《企业会计准则第 11 号——股份支付》、《企业会计准则第 22 号——金融工具确认和计量》、

《国际会计准则第 39 号——金融工具：确认和计量》）

# 7.4　股份支付会计信息披露

**1. 企业应当在会计报表附注中披露与股份支付有关的下列信息**

（1）当期授予、行权和失效的各项权益工具总额。

（2）期末发行在外的股份期权或其他权益工具行权价格的范围和合同剩余期限。

（3）当期行权的股份期权或其他权益工具以其行权日价格计算的加权平均价格。

（4）权益工具公允价值的确定方法。

企业对性质相似的股份支付信息可以合并披露。

**2. 企业应当在会计报表附注中披露股份支付交易对当期财务状况和经营成果的影响，至少包括下列信息**

（1）当期因以权益结算的股份支付而确认的费用总额。

（2）当期因以现金结算的股份支付而确认的费用总额。

（3）当期以股份支付换取的职工服务总额及其他方服务总额。

# 本章知识框架

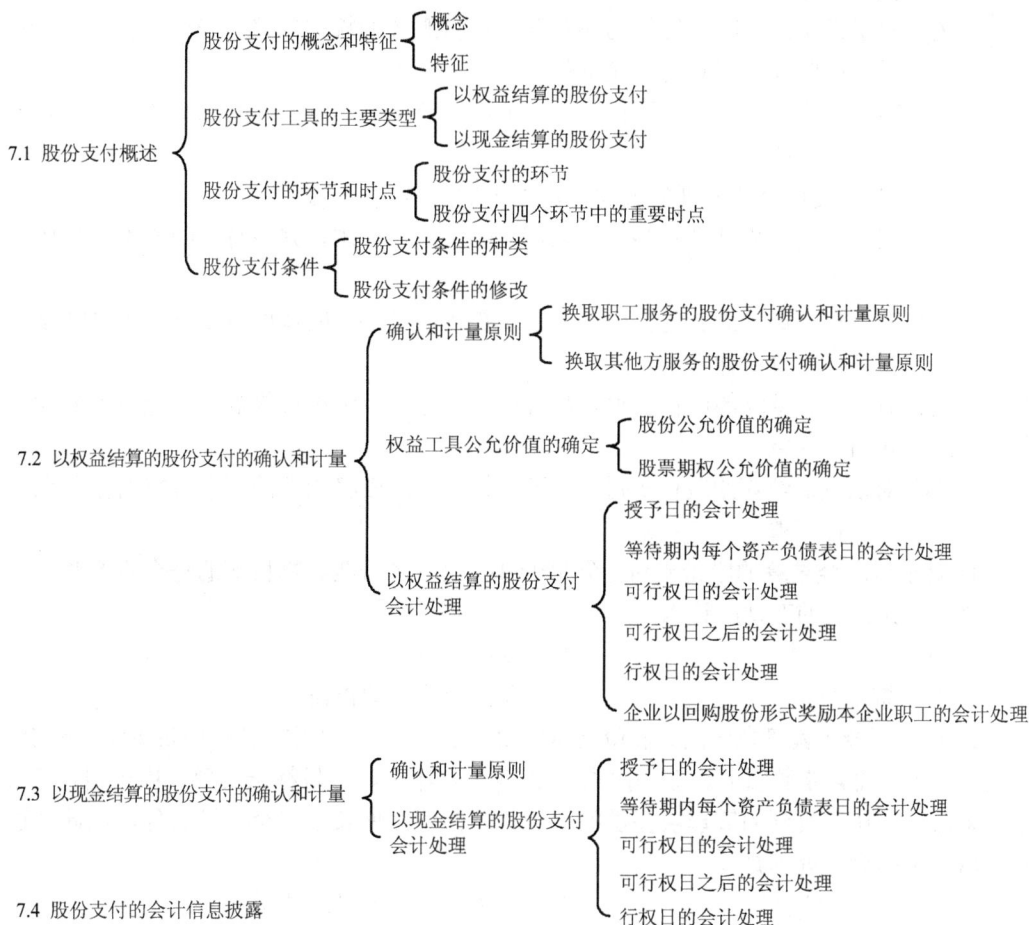

# 复 习 题

## 一、单项选择题

1. 下列情况属于股份支付的是（　　）。

   A．企业与其职工之间的以股份为基础的支付

   B．甲公司用股份对乙公司进行投资

   C．非同一控制下的企业合并中，发生在投资单位与被投资单位之间以股份为基础进行的支付

   D．同一控制下的企业合并中，发生在投资单位与被投资单位之间以股份为基础进行的支付

2. 关于权益结算的股份支付的计量，下列说法中错误的是（　　）。

   A．应按授予日权益工具的公允价值计量，不确认其后续公允价值变动

   B．对于换取职工服务的股份支付，企业应当按照权益工具在授予日的公允价值，

将当期取得的服务计入相关资产成本或当期费用，同时计入资本公积中的其他资本公积

  C．对于授予后立即可行权的换取职工提供服务的权益结算的股份支付，应在授予日按照权益工具的公允价值计量

  D．对于换取职工服务的股份支付，企业应当按在等待期内的每个资产负债表日的公允价值计量

 3．关于股份支付会计处理的表述中，不正确的是（　　）。

  A．股份支付的确认和计量，应以符合相关法规要求、完整有效的股份支付协议为基础

  B．对以权益结算的股份支付换取职工提供服务的，应按所授予权益工具在授予日的公允价值计量

  C．对以现金结算的股份支付，在可行权日之后应将相关权益的公允价值变动计入当期损益

  D．对以权益结算的股份支付，在可行权日之后应将相关的所有者权益按公允价值进行调整

 4．对于以现金结算的股份支付，企业在可行权日之后至结算日前的每个资产负债表日因负债公允价值的变动应计入（　　）。

  A．管理费用　　   B．制造费用

  C．资本公积　　   D．公允价值变动损益

 5．甲公司授予其管理层的某股份支付协议规定，今后 3 年中，公司股价每年提高 5%以上，则可获得一定数量的该公司股票。到第 3 年年末，该目标未实现。甲公司在第 3年年末已经确认了收到的管理层提供的服务，因为业绩增长是一个市场条件，因此，这些费用正确的会计处理是（　　）。

  A．不应再转回　　   B．应再转回计入管理费用

  C．应再转回计入资本公积　　 D．应再转回计入公允价值变动损益

 6．以股份支付形式获取职工服务的企业应当在等待期内的每个资产负债表日，将当期取得的服务计入相关的资产成本和费用（不考虑授予日即可行权的情况）。那么以权益结算和以现金结算的股份支付在此时的会计处理中贷方涉及的会计科目分别是（　　）。

  A．应付职工薪酬、应付职工薪酬

  B．资本公积——其他资本公积、应付职工薪酬

  C．应付职工薪酬、资本公积——其他资本公积

  D．资本公积——其他资本公积、资本公积——其他资本公积

 7．除立即可行权的股份支付外，股份支付在下列时点不做会计处理的是（　　）。

  A．授予日　　    B．等待期内的每个资产负债表日

  C．可行权日　　   D．行权日

 8．根据《企业会计准则第 11 号——股份支付》规定，下列事项属于授予日的是（　　）。

  A．2012 年 1 月 6 日企业与职工（或其他方）双方就股份支付交易的协议条款和条件进行协商

B. 2012 年 2 月 6 日企业与职工（或其他方）双方就股份支付交易的协议条款和条件已达成一致

C. 2012 年 3 月 6 日该协议获得股东大会或类似机构批准

D. 2012 年 12 月 31 日行权

9. 对于以权益结算换取职工服务的股份支付，企业应当在等待期内每个资产负债表日，按授予日权益工具的公允价值，将当期取得的服务计入相关资产成本或当期费用，同时计入（　　）。

A. 资本公积——股本溢价　　B. 资本公积——其他资本公积

C. 盈余公积　　　　　　　　D. 应付职工薪酬

10. 对股份支付可行权日之后的会计处理方法不正确的有（　　）。

A. 对于权益结算的股份支付，在可行权日之后不再对已确认的成本费用和所有者权益总额进行调整

B. 对于权益结算的股份支付，企业应在行权日根据行权情况，确认股本和股本溢价，同时结转等待期内确认的资本公积（其他资本公积）

C. 对于现金结算的股份支付，企业在可行权日之后不再确认成本费用增加，负债（应付职工薪酬）公允价值的变动应当计入当期公允价值变动损益

D. 对于权益结算的股份支付，如果全部或部分权益工具未被行权而失效或作废，应在行权有效期截止日将其资本公积（其他资本公积）冲减成本费用

11. 如果修改增加了所授予的权益工具的数量，那么对职工有利的修改的影响，表述正确的是（　　）。

A. 如果修改发生在等待期内，在确定修改日至增加的权益工具可行权日之间取得服务的公允价值时，应当既包括在剩余原等待期内以原权益工具授予日公允价值为基础确定的服务金额，也包括增加的权益工具的公允价值

B. 如果修改发生在等待期内，在确定修改日至增加的权益工具可行权日之间取得服务的公允价值时，应当只包括在剩余原等待期内以原权益工具授予日公允价值为基础确定的服务金额，不包括增加的权益工具的公允价值

C. 如果修改发生在等待期内，在确定修改日至增加的权益工具可行权日之间取得服务的公允价值时，应当不包括在剩余原等待期内以原权益工具授予日公允价值为基础确定的服务金额，但是包括增加的权益工具的公允价值

D. 企业应当继续以权益工具在授予日的公允价值为基础，确认取得服务的金额，而不应考虑权益工具数量的增加

12. 下列关于企业以现金结算的股份支付的会计处理中，不正确的是（　　）。

A. 初始确认时确认所有者权益

B. 初始确认时以企业所承担负债的公允价值计量

C. 等待期内按照所确认负债的金额计入成本或费用

D. 可行权日后相关负债的公允价值变动计入公允价值变动损益

13. 2009 年 1 月 1 日，甲公司为其 100 名中层以上管理人员每人授予 100 份现金股票增值权，这些人员从 2009 年 1 月 1 日起必须在该公司连续服务 4 年，即可自 2012 年

12 月 31 日起根据股价的增长幅度获得现金，该增值权应在 2013 年 12 月 31 日之前行使完毕。2009 年 12 月 31 日"应付职工薪酬"科目期末余额为 100 000 元。2010 年 12 月 31 日每份现金股票增值权公允价值为 50 元，至 2010 年末有 20 名管理人员离开甲公司，甲公司估计两年中还将有 9 名管理人员离开；则 2010 年 12 月 31 日"应付职工薪酬"贷方发生额为（　　　）元。

    A．177 500      B．100 000      C．150 000      D．77 500

    14．长江公司为一家上市公司，2011 年 1 月 1 日，公司向其 100 名管理人员每人授予 200 股股票期权。这些员工自 2011 年 1 月 1 日起在公司连续服务 3 年，即可以每股 10 元的价格购买 200 股股票从而获益。公司估计，此项期权在授予日的公允价值为 15 元。第一年有 10 名员工离开公司，长江公司估计三年中总的离职人数将达到 30%。2011 年末，长江公司应按取得的服务贷记"资本公积——其他资本公积"的金额是（　　　）元。

    A．70 000      B．90 000      C．100 000      D．130 000

    15．2007 年 1 月 1 日，正保公司为其 80 名中层以上管理人员每人授予 1000 份股票增值权，可行权日为 2010 年 12 月 31 日，该增值权应在 2012 年 12 月 31 日之前行使完毕。正保公司授予日股票市价 5 元，截至 2008 年累积确认负债 180 000 元，2007 年和 2008 年没有人离职，在 2009 年有 10 人离职，预计 2010 年没有人离职，2009 年末该增值权的公允价值为 15 元，该项股份支付对 2009 年当期管理费用的影响金额和 2009 年末该项负债的累积金额分别是（　　　）元。

    A．42000，120 000          B．45000，630 000

    C．607 500，787 500        D．22050，225 000

## 二、多项选择题

    1．下列各项中，属于以权益结算的股份支付的权益工具有（　　　）。

    A．限制性股票   B．模拟股票   C．股票期权   D．现金股票增值权

    2．典型的股份支付通常涉及的主要环节有（　　　）。

    A．授予      B．可行权      C．行权      D．出售

    3．股份支付中通常涉及可行权条件，其中业绩条件又可分为市场条件和非市场条件，那么下列属于市场条件的有（　　　）。

    A．最低股价增长率         B．销售指标的实现情况

    C．最低利润指标的实现        D．股东最低报酬率

    4．下列关于等待期内每个资产负债表日的处理，正确的有（　　　）。

    A．企业应当在等待期内的每个资产负债表日，将取得职工或其他方提供的服务计入成本费用，同时确认所有者权益或负债

    B．对于附有市场条件的股份支付，只要职工满足了其他所有非市场条件，企业就应当确认已取得的服务

    C．等待期长度确定后，业绩条件为非市场条件的，如果后续信息表明需要调整对可行权情况的估计的，应对前期估计进行修改

    D．在等待期内每个资产负债表日，企业应将取得的职工提供的服务计入成本费用，计入成本费用的金额应当按照权益工具的公允价值计量

5. 关于权益结算的股份支付的计量，下列说法中正确的是（　　）。

　　A. 应按授予日权益工具的公允价值计量，不确认其后续公允价值变动

　　B. 对于换取职工服务的股份支付，企业应当按在等待期内的每个资产负债表日的公允价值计量

　　C. 对于授予后立即可行权的换取职工提供服务的权益结算的股份支付，应在授予日按照权益工具的公允价值计量

　　D. 对于换取职工服务的股份支付，企业应当按照权益工具在授予日的公允价值，将当期取得的服务计入相关资产成本或当期费用，同时计入资本公积中的其他资本公积

6. 下列关于条款和条件的取消或结算的说法正确的有（　　）。

　　A. 将取消或结算作为加速可行权处理，立即确认原本应在剩余等待期内确认的金额

　　B. 在取消或结算时支付给职工的所有款项均应作为权益的回购处理，回购支付的金额高于该权益工具在回购日公允价值的部分，计入当期损益

　　C. 如果向职工授予新的权益工具，并在新权益工具授予日认定所授予的新权益工具是用于替代被取消的权益工具的，企业应以与处理原权益工具条款和条件修改相同的方式，对所授予的替代权益工具进行处理

　　D. 在取消或结算时支付给职工的所有款项均应作为权益的回购处理，回购支付的金额高于该权益工具在回购日公允价值的部分，计入所有者权益

7. 下列关于市场条件和非市场条件的说法正确的有（　　）。

　　A. 市场条件是否得到满足，不影响企业对预计可行权情况的估计

　　B. 企业在确定权益工具在授予日的公允价值时，应考虑市场条件的影响，而不考虑非市场条件的影响

　　C. 企业在确定权益工具在授予日的公允价值时，应考虑非市场条件的影响，而不考虑市场条件的影响

　　D. 非市场条件是否得到满足，不影响企业对预计可行权情况的估计

8. 关于以权益结算的股份支付，下列说法中正确的有（　　）。

　　A. 以权益结算的股份支付换取职工提供服务的，应当以授予日权益工具的账面价值计量

　　B. 以权益结算的股份支付换取职工提供服务的，应当以授予日权益工具的公允价值计量

　　C. 在资产负债表日，后续信息表明可行权权益工具的数量与以前估计不同的，应当进行调整，并在可行权日调整至实际可行权的权益工具数量

　　D. 授予后立即可行权的换取职工服务的以权益结算的股份支付，应当在授予日按照权益工具的公允价值计入相关成本或费用

9. 以下表述正确的有（　　）。

　　A. 以库存股对股份支付结算时应转销交付职工的库存股

　　B. 以库存股对股份支付结算时应注销该库存股并减少股本

    C．对于权益结算的股份支付，在可行权日之后不再对已确认的成本费用和所有者权益总额进行调整

    D．现金结算的股份支付在可行权日之后不再确认成本费用

10．企业以回购股份形式奖励本企业职工的，属于权益结算的股份支付，其会计处理正确的有（　　　）。

    A．企业回购股份时，应当按照回购股份的全部支出作为库存股处理，记入"库存股"科目，同时进行备查登记

    B．对于权益结算的股份支付，企业应当在等待期内每个资产负债表日按照权益工具在授予日的公允价值，将取得的职工服务计入成本费用，同时增加资本公积（其他资本公积）

    C．企业回购股份时，应当按照回购股份的全部支出冲减股本

    D．企业应按职工行权购买本企业股份时收到的价款，借记"银行存款"等科目，同时转销等待期内在资本公积（其他资本公积）中累计的金额，借记"资本公积——其他资本公积"科目，按回购的库存股成本，贷记"库存股"科目，按照上述借贷方差额，借记"资本公积——股本溢价"科目

11．对于以权益结算换取职工服务的股份支付，企业应当在等待期内每个资产负债表日，按授予日权益工具的公允价值，将当期取得的服务计入（　　　）科目。

    A．"管理费用"　　　　　　　　B．"制造费用"

    C．"财务费用"　　　　　　　　D．"研发支出"

12．有关股份支付的下列说法中，正确的有（　　　）。

    A．企业应在等待期内的每个资产负债表日，将取得职工或其他方提供的服务计入成本费用，同时确认所有者权益或负债

    B．现金结算的股份支付，企业在可行权日之后不再确认成本费用，结算日之前负债公允价值的变动应计入当期损益

    C．权益结算的股份支付，在可行权日之后不再对已确认的成本费用和所有者权益总额进行调整

    D．无论是权益结算的股份支付还是现金结算的股份支付，企业在授予日均不做会计处理

13．以下表述正确的有（　　　）。

    A．以股份支付形式进行激励或补偿实质上属于薪酬

    B．股份支付与职工薪酬遵循不同的准则规定

    C．股份支付可以以权益结算

    D．股份支付可以以现金结算

14．下列关于股份支付可行权条件修改的表述中，正确的有（　　　）。

    A．如果修改增加了所授予的权益工具的公允价值，企业应按照权益工具公允价值的增加相应地确认取得服务的增加

    B．如果修改增加了所授予的权益工具的数量，企业应将增加的权益工具的公允价值相应地确认为取得服务的增加

C. 如果修改减少了授予的权益工具的公允价值，企业应按照权益工具公允价值的减少相应地确认取得服务的减少

D. 如果修改减少了授予的权益工具的数量，企业应当将减少的权益工具的公允价值相应地确认为取得服务的减少

15. 对股份支付可行权日之后的会计处理方法正确的有（　　　）。

A. 对于以权益结算的股份支付，在可行权日之后不再对已确认的成本费用和所有者权益总额进行调整

B. 对于以权益结算的股份支付，企业应在行权日根据行权情况，确认股本和股本溢价，等待期内确认资本公积（其他资本公积）

C. 对于以权益结算的股份支付，如果全部或部分权益工具未被行权而失效或作废，应在行权有效期截止日将其资本公积（其他资本公积）冲减成本费用

D. 对于以现金结算的股份支付，企业在可行权日之后不再确认成本费用增加，负债（应付职工薪酬）公允价值的变动应当计入成本费用

### 三、判断题

1. 股份支付是指企业因获取服务承担以股份或其他权益工具为基础计算确定的交付现金或其他资产义务的交易。（　　）

2. 股份支付分为以权益结算的股份支付和以现金结算的股份支付，两者都属于职工薪酬准则所规范的职工薪酬。（　　）

3. 对于以权益结算的股份支付，在可行权日之后不再对已确认的成本费用和所有者权益总额进行调整。企业应在行权日根据行权情况，确定股本和股本溢价，同时结转等待期内确认的资本公积（其他资本公积）。（　　）

4. 对职工权益结算股份支付的规定，企业应当在等待期内的每个资产负债日按照权益工具在授予日的公允价值，将取得的职工服务计入成本费用，同时增加资本公积（其他资本公积）。（　　）

5. 对于授予的存在活跃市场的期权等权益工具，应当按照活跃市场中的报价确定其公允价值；对于授予的不存在活跃市场的期权等权益工具，应当采用期权定价模型等估值技术确定其公允价值。（　　）

6. 权益结算的股份支付是对职工或其他方最终要授予股份或支付现金结算方式。（　　）

7. 无论是权益结算的股份支付还是现金结算的股份支付，除了立即可行权的股份支付外，企业在授予日均不做会计处理。（　　）

8. 权益结算的股份支付，应按授予日的权益工具的公允价值计量，此外发生的公允价值变动还需要通过公允价值变动损益来核算。（　　）

9. 股份支付协议生效后，其协议条款和条件是不得修改的。（　　）

10. 对于现金结算的股份支付，企业在可行权日之后不再确认成本费用，也无需对应付职工薪酬进行调整。（　　）

11. 企业以回购股份形式奖励本企业职工的，属于现金结算的股份支付。（　　）

12. 在完成等待期内的服务或达到规定业绩条件以后才可行权的以现金结算的股份

支付，在等待期内的每个资产负债表日，仍按照账面价值计量。 （  ）

13．可行权日是指职工和其他方行使权利、获取现金或权益工具的日期。 （  ）

14．股票期权是指一种向激励对象定向发行的认股权证。 （  ）

15．在等待期内如果取消了授予的权益工具，企业应当对取消所授予的权益性工具作为加速行权处理，将剩余等待期内应确认的金额立即计入当期损益，同时确认当期损益。 （  ）

**四、简答题**

1．什么是股份支付？股份支付有哪些特征？

2．股份支付工具的主要类型有哪些？

3．股份支付的条件有哪几种？简述每一种条件的基本含义。

4．股份支付中权益工具公允价值应如何确定？

5．比较权益结算的股份支付和现金结算的股份支付确认和计量的异同点。

6．在股份支付的确认和计量中，应当如何正确运用可行权条件和非可行权条件？

**五、计算分录题**

1．2009 年 1 月 1 日，甲公司为其 100 名中层以上管理人员每人授予 100 份现金股票增值权，这些人员从 2009 年 1 月 1 日起必须在该公司连续服务 4 年，即可自 2012 年 12 月 31 日起根据股价的增长幅度获得现金，该增值权应在 2013 年 12 月 31 日之前行使完毕。2009 年 12 月 31 日"应付职工薪酬"科目期末余额为 100 000 元。2010 年 12 月 31 日每份现金股票增值权公允价值为 50 元，至 2010 年末有 20 名管理人员离开甲公司，甲公司估计两年中还将有 9 名管理人员离开。

**要求：**

（1）计算 2010 年 12 月 31 日甲公司确认的负债。

（2）编制甲公司 2009 年和 2010 年与上述业务相关的会计分录。

2．2009 年 1 月 1 日，时代公司董事会批准了一项股份支付协议。协议规定，2009 年 1 月 1 日，公司向其 200 名管理人员每人授予 100 份股票期权，这些管理人员必须从 2009 年 1 月 1 日起在公司连续服务 3 年，服务期满时才能够以每股 4 元购买 100 股时代公司股票。公司估计该期权在授予日（2009 年 1 月 1 日）的公允价值为 15 元。第一年有 20 名管理人员离开时代公司，时代公司估计三年中离开的管理人员比例将达到 20%；第二年又有 10 名管理人员离开公司，公司将估计的管理人员离开比例修正为 15%；第三年又有 15 名管理人员离开。

**要求：**计算时代公司 2009 年、2010 年、2011 年因股份支付确认的费用，并编制相关会计分录。

3．2010 年 1 月 1 日，甲公司为其 100 名管理人员每人授予 100 份股票期权：第一年年末的可行权条件为企业净利润增长率达到 20%；第二年年末的可行权条件为企业净利润两年平均增长 15%；第三年年末的可行权条件为企业净利润三年平均增长 10%。每份期权在 2010 年 1 月 1 日的公允价值为 24 元。

2010 年 12 月 31 日，权益净利润增长了 18%，同时有 8 名管理人员离开，企业预计 2011 年将以同样速度增长，因此预计将于 2011 年 12 月 31 日可行权。另外，企业预计

2011 年 12 月 31 日又将有 8 名管理人员离开企业。

　　2011 年 12 月 31 日，企业净利润仅增长了 10%，因此无法达到可行权状态。另外，实际有 10 名管理人员离开，预计第三年将有 12 名管理人员离开企业。

　　2012 年 12 月 31 日，企业净利润增长了 8%，三年平均增长率为 12%，因此达到可行权状态。当年有 8 名管理人员离开。

　　**要求：**编制甲公司 2010～2012 年与股份支付有关的会计分录。

## 六、综合题

　　1. 2009 年 1 月 1 日，经股东大会批准，隆盛公司（为上市公司）与 100 名高级管理人员签署股份支付协议。协议规定：

　　隆盛公司向 100 名高级管理人员每人授予 10 万股股票期权，行权条件为这些高级管理人员从授予期权之日起连续服务满 3 年，公司 3 年平均净利润增长率达到 12%；

　　符合行权条件后，每持有 1 股普通股股票期权可以自 2012 年 1 月 1 日起 1 年内，以每股 5 元的价格购买公司 1 股普通股票，在行权期间内未行权的股票期权将失效。隆盛公司估计授予日每股股票期权的公允价值为 15 元。

　　2009 年至 2011 年，隆盛公司关于股票期权的相关资料如下：

　　（1）2009 年 5 月，隆盛公司自市场回购本公司股票 1 000 万股，共支付价款 9 050 万元，作为库存股待行权时使用。

　　（2）2009 年，隆盛公司有 2 名高级管理人员离开公司，本年净利润增长率为 10%。该年末，隆盛公司预计未来两年将有 1 名高级管理人员离开公司，预计 3 年平均净利润增长率将达到 12%；每股股票期权的公允价值为 16 元。

　　（3）2010 年，隆盛公司没有高级管理人员离开公司，本年净利润增长率为 14%。该年末，隆盛公司预计未来 1 年将有 2 名高级管理人员离开公司，预计 3 年平均净利润增长率将达到 12.5%；每股股票期权的公允价值为 18 元。

　　（4）2011 年，隆盛公司有 2 名高级管理人员离开公司，本年净利润增长率为 15%。该年末，每股股票期权的公允价值为 20 元。

　　（5）2012 年 3 月，96 名高级管理人员全部行权，隆盛公司收到款项 2 400 万元，相关股票的变更登记手续已办理完成。

　　**要求：**

　　（1）编制隆盛公司回购本公司股票时的相关会计分录。

　　（2）计算隆盛公司 2009 年、2010 年、2011 年因股份支付确认的费用，并编制相关会计分录。

　　（3）编制隆盛公司高级管理人员行权时的相关会计分录。

　　2. 2009 年 1 月 1 日，深远公司为其 100 名中层以上管理人员每人授予 100 份现金股票增值权，这些人员从 2009 年 1 月 1 日起必须在该公司连续服务 3 年，即可自 2011 年 12 月 31 日起根据股价的增长幅度获得现金，该增值权应在 2013 年 12 月 31 日之前行使完毕。深远公司估计，该增值权在负债结算之前的每一资产负债表日以及结算日的公允价值和可行权后的每份增值权现金支出额如表 7.5 所示。

**表7.5　每份增值权现金支出额明细表**　　　　　　　　　　单位：元

| 年　份 | 公允价值 | 支付现金 |
|---|---|---|
| 2009 | 12 | |
| 2010 | 14 | |
| 2011 | 15 | 16 |
| 2012 | 20 | 18 |
| 2013 | | 22 |

2009 年有 10 名管理人员离开深远公司，深远公司估计三年中还将有 8 名管理人员离开；2010 年又有 6 名管理人员离开公司，公司估计还将有 6 名管理人员离开；2011 年又有 4 名管理人员离开，有 40 人行使股票增值权取得了现金，2012 年有 30 人行使股票增值权取得了现金，2013 年有 10 人行使股票增值权取得现金。

**要求：** 计算 2009～2013 年每年应确认的费用（或损益）、应付职工薪酬余额和支付的现金，并编制有关会计分录。

# 能力训练题

1. 案例分析题：

2008 年 12 月，甲股份有限公司预拟定一份股份支付协议，有下列两种方案可供选择：

**方案一：** 2009 年 1 月 1 日，公司向其 200 名管理人员每人授予 100 份股票期权，但必须从 2009 年 1 月 1 日起在公司连续服务 3 年，服务期满才能以每股 4 元购买 100 股本公司股票。公司估计该期权在授予日的公允价值为 15 元/份。第一年有 20 人离开 A 公司，A 公司估计三年中离开的人员比例将达到 20%；第二年又有 10 人离开公司，公司将估计的人员离开比例修正为 15%；第三年又有 15 人离开。

**方案二：** 2009 年 1 月 1 日，公司向其 200 名管理人员每人授予 100 份股票增值权，这些管理人员必须在该公司连续服务 3 年，即可自 2011 年 12 月 31 日起根据股价的增长幅度可以行权获得现金。公司估计，该股票增值权在负债结算之前每一个资产负债表日的公允价值如下：2009 年为 15 元，2010 年为 16 元，2011 年为 18 元。第一年有 20 人离开 A 公司，A 公司估计三年中离开的人员比例将达到 20%；第二年又有 10 人离开公司，公司将估计的人员离开比例修正为 15%；第三年又有 15 人离开。

**问题：**

（1）方案一、方案二各采用哪一种股份支付工具？分别计算两种方案的应确认费用金额。

（2）结合上述两种方案，分析不同结算方式下股份支付对企业经营成果的影响。

（3）结合上述两种方案，分析不同结算方式下股份支付对企业财务状况的影响。

2. 探索式讨论：收集相关资料，辨析股份支付与股利分配的异同，从而进一步明确《企业会计准则第 11 号——股份支付》所指股份支付的具体含义。

# 第8章
# 会计政策、会计估计变更和差错更正

## 知识目标

- 熟悉会计政策变更和会计估计变更的概念;
- 掌握对会计政策变更和会计估计变更的判断;
- 掌握对会计政策变更和会计估计变更的会计处理;
- 掌握前期差错更正的会计处理;
- 掌握重要前期差错对报表项目的调整;
- 掌握追溯调整法和未来适用法。

## 能力目标

　　具备区别会计政策变更和会计估计变更的职业判断能力; 具备运用追溯调整法和未来适用法进行业务处理的职业综合能力; 具备重要前期差错对报表项目调整的职业综合能力。

## 关键术语

　　会计政策　会计估计　变更　前期差错　追溯调整法　追溯重述法未来适用法

为了规范企业会计政策的应用，会计政策、会计估计变更和前期差错更正的确认、计量和相关信息的披露，2006年，财政部根据《企业会计准则——基本准则》制定了《企业会计准则第28号——会计政策、会计估计变更和差错更正》，本章依据该准则进行讲解。关于会计政策变更和前期差错更正的所得税影响，适用《企业会计准则第18号——所得税》。

# 8.1 会计政策及其变更

## 8.1.1 会计政策概述

### 1. 会计政策的概念及特点

会计政策，是指企业在会计确认、计量和报告中所采用的原则、基础和会计处理方法。

企业会计政策的选择和运用具有如下特点：

（1）会计政策的选择性

会计政策是在允许的会计原则、计量基础和会计处理方法中做出指定或具体选择。由于企业经济业务的复杂性和多样化，某些经济业务在符合会计原则和计量基础的前提下，可以有多种会计处理方法，即存在不只一种可供选择的会计政策，企业应该结合具体情况选择其适用的方法。例如，确定发出存货的实际成本时可以在先进先出法、加权平均法或者个别计价法中进行选择。

（2）会计政策的强制性

在我国，会计准则和会计制度属于行政法规，会计政策所包括的具体会计原则、计量基础和具体会计处理方法由会计准则或会计制度规定，具有一定的强制性。企业必须在法规所允许的范围内选择适合本企业实际情况的会计政策。即企业在发生某项经济业务时，必须从允许的会计原则、计量基础和会计处理方法中选择出适合本企业特点的会计政策。

（3）会计政策的层次性

会计政策包括会计原则、会计基础和会计处理方法三个层次。

1）会计原则是指导企业会计核算的具体原则，例如，《企业会计准则第13号——或有事项》规定的以该义务是企业承担的现实义务、履行该义务很可能导致经济利益流出企业、该义务的金额能够可靠地计量作为预计负债的确认条件就是预计负债确认的具体会计原则。可靠性、相关性、实质重于形式等属于会计信息质量要求，是为了满足会计信息质量要求而制定的原则，是统一的、不可选择的，不属于特定原则。

2）会计基础是为将会计原则体现在会计核算中而采用的基础，会计基础包括会计确认基础和会计计量基础。可供选择的会计确认基础包括权责发生制和收付实现制。会计计量基础主要包括历史成本、重置成本、可变现净值、现值和公允价值等。由于我国企业应当采用权责发生制作为会计确认基础，不具备选择性，所以会计政策所指的会计基础，主要是会计计量基础（即计量属性）。例如，《企业会计准则第8号——资产减值》中涉及的公允价值就是计量基础。

3）会计处理方法是按照会计原则和计量基础的要求，由企业在会计核算中采用或者选择的、适合于本企业的具体会计处理方法。例如，企业按照《企业会计准则第 15 号——建造合同》规定采用的完工百分比法就是会计处理方法；《企业会计准则第 1 号——存货》允许企业在先进先出法、加权平均法和个别计价法之间对发出存货实际成本的确定方法做出选择，这些方法就是具体会计处理方法。

会计原则、会计基础和会计处理方法三者之间是一个具有逻辑性的、密不可分的整体，通过这个整体，会计政策才能得以应用和落实。

**2. 企业需披露的重要会计政策内容**

企业应当披露重要的会计政策，不具有重要性的会计政策可以不予披露。判断会计政策是否重要，应当考虑与会计政策相关项目的性质和金额。企业应当披露的重要会计政策包括：

1）发出存货成本的计量，是指企业确定发出存货成本所采用的会计处理。例如，企业发出存货成本的计量是采用先进先出法，还是采用其他计量方法。

2）长期股权投资的后续计量，是指企业取得长期股权投资后的会计处理。例如，企业对被投资单位的长期股权投资是采用成本法，还是采用权益法核算。

3）投资性房地产的后续计量，是指企业在资产负债表日对投资性房地产进行后续计量所采用的会计处理。例如，企业对投资性房地产的后续计量是采用成本模式，还是公允价值模式。

4）固定资产的初始计量，是指对取得的固定资产初始成本的计量。例如，企业取得的固定资产初始成本是以购买价款，还是以购买价款的现值为基础进行计量。

5）生物资产的初始计量，是指对取得的生物资产初始成本的计量。例如，企业为取得生物资产而产生的借款费用，应当予以资本化，还是应当计入当期损益。

6）无形资产的确认，是指对无形项目的支出是否确认为无形资产。例如，企业内部研究开发项目开发阶段的支出是确认为无形资产，还是在发生时计入当期损益。

7）非货币性资产交换的计量，是指非货币性资产交换事项中对换入资产成本的计量。例如，非货币性资产交换是以换出资产的公允价值作为确定换入资产成本的基础，还是以换出资产的账面价值作为确定换入资产成本的基础。

8）收入的确认，是指收入确认所采用的会计原则。例如，企业确认收入时要同时满足已将商品所有权上的主要风险和报酬转移给购货方、收入的金额能够可靠地计量、相关经济利益很可能流入企业等条件。

9）合同收入与费用的确认，是指确认建造合同的收入和费用所采用的会计处理方法。例如，企业确认建造合同的合同收入和合同费用采用完工百分比法。

10）借款费用的处理，是指借款费用的会计处理方法，即应该采用资本化，还是采用费用化。

11）合并政策，是指编制合并财务报表所采纳的原则。例如，母公司与子公司的会计年度不一致的处理原则；合并范围的确定原则等。

12）其他重要会计政策。

【知识链接】

### 国际会计准则与我国会计准则对会计政策规定的区别

国际会计准则认为会计政策包括在编报财务报表时供会计人员所采用的原则、基础、惯例、规则和程序。即使是对同一会计项目，在使用中也有许多不同的会计政策，需要根据企业的具体情况选用最能恰当地反映其财务状况和经营成果的政策。我国《企业会计准则》规定，会计政策是指企业在会计核算过程中所采用的原则、基础和会计处理方法。我国会计准则定义的会计政策，其在内涵和外延上都比较宽泛，实质上包含了会计的基本假设、会计的一般原则、具体原则、会计处理方法，甚至还包含某些非会计假设。

（资料来源：赵娟. 我国企业会计政策选择问题探讨. 会计之友，2011，11）

### 8.1.2 会计政策变更

**1. 会计政策变更的概念**

会计政策变更，是指企业对相同的交易或者事项由原来采用的会计政策改用另一会计政策的行为。为保证会计信息的可比性，使财务报表使用者在比较企业一个以上期间的财务报表时，能够正确判断企业的财务状况、经营成果和现金流量的趋势，一般情况下企业采用的会计政策，在每一会计期间和前后各期应当保持一致，不得随意变更。否则势必削弱会计信息的可比性。

需要注意的是，企业不能随意变更会计政策并不意味着企业的会计政策在任何情况下均不能变更。

**2. 会计政策变更的条件**

会计政策变更，并不意味着以前期间的会计政策是错误的，只是由于情况发生了变化，或者掌握了新的信息、积累了更多的经验，使得变更会计政策能够更好地反映企业的财务状况、经营成果和现金流量。如果以前期间会计政策的选择和运用是错误的，则属于前期差错，应按前期差错更正的会计处理方法进行处理。符合下列条件之一，企业可以变更会计政策：

（1）法律、行政法规或者国家统一的会计制度等要求变更

这种情况是指，按照法律、行政法规以及国家统一的会计制度规定，要求企业采用新的会计政策，则企业应当按照法律、行政法规以及国家统一的会计制度规定改变原会计政策，按照新的会计政策执行。例如，《企业会计准则第1号——存货》对发出存货实际成本的计价排除了后进先出法，这就要求执行企业会计准则体系的企业按照新规定，将原来以后进先出法核算发出存货成本改为准则规定可以采用的会计政策。

（2）会计政策变更能够提供更可靠、更相关的会计信息

由于经济环境、客观情况的改变，使企业原采用的会计政策所提供的会计信息，已不能恰当地反映企业的财务状况、经营成果和现金流量等情况。在这种情况下，应改变原有会计政策，按变更后新的会计政策进行会计处理，以便对外提供更可靠、更相关的会计信息。例如，企业一直采用成本模式对投资性房地产进行后续计量，如果企业能够

从房地产交易市场上持续地取得同类或类似房地产的市场价格及其他相关信息，从而能够对投资性房地产的公允价值做出合理的估计，此时，企业可以将投资性房地产的后续计量方法由成本模式变更为公允价值模式。

需要注意的是，除法律、行政法规或者国家统一的会计准则制度等要求变更会计政策应当按照规定执行和披露外，企业因满足上述第 2 条的条件变更会计政策时，必须有充分、合理的证据表明其变更的合理性，并说明变更会计政策后，能够提供关于企业财务状况、经营成果和现金流量等更可靠、更相关会计信息的理由。对会计政策的变更，应经股东大会或董事会等类似机构批准。如无充分、合理的证据表明会计政策变更的合理性或者未经股东大会等类似机构批准擅自变更会计政策的，或者连续、反复地自行变更会计政策的，视为滥用会计政策，按照前期差错更正的方法进行处理。

**3．不属于会计政策变更的情形**

对会计政策变更的认定直接影响会计处理方法的选择。因此，在会计实务中，企业应当正确认定属于会计政策变更的情形。下列两种情况不属于会计政策变更：

（1）本期发生的交易或者事项与以前相比具有本质差别而采用新的会计政策

会计政策是针对特定类型的交易或事项，如果发生的交易或事项与其他交易或事项有本质区别，那么，企业实际上是为新的交易或事项选择适当的会计政策，并没有改变原有的会计政策。例如，企业以往租入的设备均为临时需要而租入的，企业按经营租赁会计处理方法核算，但自本年度起租入的设备均采用融资租赁方式，则该企业自本年度起对新租赁的设备采用融资租赁会计处理方法核算。由于该企业原租入的设备均为经营性租赁，本年度起租赁的设备均改为融资租赁，经营租赁和融资租赁有着本质差别，因而改变会计政策不属于会计政策变更。

（2）对初次发生的或不重要的交易或者事项采用新的会计政策

对初次发生的某类交易或事项采用适当的会计政策，并未改变原有的会计政策。例如，企业以前没有建造合同业务，当年签订一项建造合同，为另一企业建造三栋厂房，对该项建造合同采用完工百分比法确认收入，不是会计政策变更。至于对不重要的交易或事项采用新的会计政策，不按会计政策变更做出会计处理，并不影响会计信息的可比性，所以也不作为会计政策变更。例如，企业原在生产经营过程中使用少量的低值易耗品，并且价值较低，故企业在领用低值易耗品时一次性计入当期费用；该企业于近期投产新产品，所需低值易耗品比较多，且价值较大，企业对领用的低值易耗品处理方法改为五五摊销法。该企业低值易耗品在企业生产经营中所占的费用比例并不大，改变低值易耗品处理方法后，对损益的影响也不大，属于不重要的事项，会计政策在这种情况下的改变不属于会计政策变更。

### 8.1.3　会计政策变更的会计处理

**1．会计政策变更会计处理的依据**

企业依据法律、行政法规或者国家统一的会计制度等的要求变更会计政策的，应当按照国家相关规定执行。例如，财政部 2006 年 2 月 15 日发布并于 2007 年 1 月 1 日实施的《企业会计准则第 38 号——首次执行企业会计准则》对首次执行企业会计准则涉及职工薪酬的会计调整作了如下规定：对于首次执行日存在的解除与职工的劳动关系，满足《企业会计准则第9号——职工薪酬》预计负债确认条件的，应当确认因解除与职工的劳动关系给予补偿而产生的负债，并调整留存收益。

**2. 会计政策变更的具体会计处理方法**

发生会计政策变更时，有两种会计处理方法，即追溯调整法和未来适用法，两种方法分别适用于不同情形。

（1）追溯调整法

会计政策变更能够提供更可靠、更相关的会计信息的，应当采用追溯调整法处理，将会计政策变更累积影响数调整列报前期最早期初留存收益，其他相关项目的期初余额和列报前期披露的其他比较数据也应当一并调整，但确定该项会计政策变更影响数不切实可行的除外。

追溯调整法，是指对某项交易或事项变更会计政策，视同该项交易或事项初次发生时即采用变更后的会计政策，并以此对财务报表相关项目进行调整的方法。采用追溯调整法时，对于比较财务报表期间的会计政策变更，应调整各期间净损益各项目和财务报表其他相关项目，视同该政策在比较财务报表期间一直采用。对于比较财务报表可比期间以前的会计政策变更的累积影响数，应调整比较财务报表最早期间的期初留存收益，财务报表其他相关项目的数字也应一并调整。

追溯调整法通常由以下步骤构成：

第一步，计算会计政策变更的累积影响数；

第二步，编制相关项目的调整分录；

第三步，调整列报前期最早期初财务报表相关项目及其金额；

第四步，附注说明。

其中，会计政策变更累积影响数，是指按照变更后的会计政策对以前各期追溯计算的列报前期最早期初留存收益应有金额与现有金额之间的差额。根据上述定义的表述，会计政策变更的累积影响数可以分解为以下两个金额之间的差额：①在变更会计政策当期，按变更后的会计政策对以前各期追溯计算，所得到列报前期最早期初留存收益金额；②在变更会计政策当期，列报前期最早期初留存收益金额。上述留存收益金额，包括盈余公积和未分配利润等项目，不考虑由于损益的变化而应当补分的利润或股利。例如，由于会计政策变化，增加了以前期间可供分配的利润，该企业通常按净利润的20%分派股利。但在计算调整会计政策变更当期期初的留存收益时，不应当考虑由于以前期间净利润的变化而需要分派的股利。

在财务报表只提供列报上一个可比会计期间比较数据的情况下，上述第②项，在变更会计政策当期，列报前期最早期初留存收益金额，即为上期资产负债表所反映的期初留存收益，可以从上年资产负债表项目中获得；需要计算确定的是第①项，即按变更后的会计政策对以前各期追溯计算，所得到的上期期初留存收益金额。

累积影响数通常可以通过以下各步计算获得：

第一步，根据新会计政策重新计算受影响的前期交易或事项；

第二步，计算两种会计政策下的差异；

第三步，计算差异的所得税影响金额；

第四步，确定前期中的每一期的税后差异；

第五步，计算会计政策变更的累积影响数。

需要注意的是，对以前年度损益进行追溯调整或追溯重述的，应当重新计算各列报期间的每股收益。

【例 8-1】 腾达公司于 2010 年、2011 年分别以 9 000 000 元和 2 200 000 元的价格从股票市场购入 A、B 两只以交易为目的的股票（假设不考虑购入股票发生的交易费用），市价一直高于购入成本。腾达公司采用成本与市价孰低法对购入股票进行计量。腾达公司从 2012 年起对其以交易为目的购入的股票由成本与市价孰低改为公允价值计量,公司保存的会计资料比较齐备,可以通过会计资料追溯计算。假设所得税税率为 25%，公司按净利润的 10%提取法定盈余公积，按净利润的 5%提取任意盈余公积。公司发行股票份额为 9 000 万股。两种方法计量的交易性金融资产账面价值如表 8.1 所示：

表 8.1　两种方法计量的交易性金融资产账面价值　　　　　　单位：元

| 股票　　　会计政策 | 成本与市价孰低 | 2010 年年末公允价值 | 2011 年年末公允价值 |
|---|---|---|---|
| A 股票 | 9 000 000 | 10 200 000 | 10 200 000 |
| B 股票 | 2 200 000 | — | 2 600 000 |

根据上述资料，腾达公司的会计处理如下：

（1）计算改变交易性金融资产计量方法后的累积影响数（表 8.2）

表 8.2　改变交易性金融资产计量方法后的积累影响数　　　　　　单位：元

| 时　　间 | 公允价值 | 成本与市价孰低 | 税前差异 | 所得税影响 | 税后差异 |
|---|---|---|---|---|---|
| 2010 年年末 | 10 200 000 | 9 000 000 | 1 200 000 | 300 000 | 900 000 |
| 2011 年年末 | 2 600 000 | 2 200 000 | 400 000 | 100 000 | 300 000 |
| 合　　计 | 12 800 000 | 11 200 000 | 1 600 000 | 400 000 | 1 200 000 |

腾达公司 2012 年 12 月 31 日的比较财务报表列报前期最早期初为 2011 年 1 月 1 日。

腾达公司在 2010 年年末按公允价值计量的账面价值为 10 200 000 元,按成本与市价孰低计量的账面价值为 9 000 000 元，两者的所得税影响合计为 300 000 元，两者差异的税后净影响额为 900 000 元，即为该公司 2011 年期初由成本与市价孰低改为公允价值的累积影响数。

腾达公司在 2011 年年末按公允价值计量的账面价值为 12 800 000 元，按成本与市价孰低计量的账面价值为 11 200 000 元，两者的所得税影响合计为 400 000 元，两者差异的税后净影响额为 1 200 000 元，其中，900 000 元是调整 2006 年累积影响数，300 000 元是调整 2011 年当期金额。

腾达公司按照公允价值重新计量 2011 年年末 B 股票账面价值，其结果为公允价值变动收益少计了 400 000 元，所得税费用少计了 100 000 元，净利润少计了 300 000 元。

（2）编制有关项目的调整分录

1）对 2010 年有关事项的调整分录。

① 调整交易性金融资产：

借：交易性金融资产——公允价值变动　　　　　　　　　　　　　　1 200 000

　　贷：利润分配——未分配利润　　　　　　　　　　　　　　　　　　900 000

　　　　递延所得税负债　　　　　　　　　　　　　　　　　　　　　　300 000

② 调整利润分配：

按照净利润的 10%提取法定盈余公积，按照净利润的 5%提取任意盈余公积，共计提取盈余公积 900 000×15%=135 000（元）。

借：利润分配——未分配利润　　　　　　　　　　　　　　　　　　135 000

　　贷：盈余公积　　　　　　　　　　　　　　　　　　　　　　　　135 000

2）对 2011 年有关事项的调整分录。

① 调整交易性金融资产：

借：交易性金融资产——公允价值变动　　　　　　　　　　　　　　400 000

　　贷：利润分配——未分配利润　　　　　　　　　　　　　　　　　300 000

　　　　递延所得税负债　　　　　　　　　　　　　　　　　　　　　100 000

② 调整利润分配：

按照净利润的 10%提取法定盈余公积，按照净利润的 5%提取任意盈余公积，共计提取盈余公积 300 000×15%=45 000（元）。

借：利润分配——未分配利润　　　　　　　　　　　　　　　　　　45 000

　　贷：盈余公积　　　　　　　　　　　　　　　　　　　　　　　　45 000

（3）财务报表调整和重述（财务报表略）

腾达公司在列报 2012 年财务报表时，2012 年资产负债表有关项目的年初余额、利润表有关项目的上年金额及所有者权益变动表有关项目的上年金额和本年金额也应进行调整。

1）资产负债表项目的调整：

调增交易性金融资产年初余额 1 600 000 元；调增递延所得税负债年初余额 400 000 元；调增盈余公积年初余额 180 000 元；调增未分配利润年初余额 1 020 000 元。

2）利润表项目的调整：

调增公允价值变动收益上年金额 400 000 元；调增所得税费用上年金额 100 000 元；调增净利润上年金额 300 000 元；调增基本每股收益上年金额 0.003 3 元。

3）所有者权益变动表项目的调整：

调增会计政策变更项目中盈余公积上年金额 135 000 元，未分配利润上年金额 765 000 元，所有者权益合计上年金额 900 000 元。

调增会计政策变更项目中盈余公积本年金额 45 000 元，未分配利润本年金额 255 000 元，所有者权益合计本年金额 300 000 元。

【例 8-2】 腾达公司为拓展石油开采业务，于 2002 年开始建造一座海上石油开采平台，根据法律法规规定，该开采平台在使用期满后要将其拆除，需要对其造成的环境污染进行整治。2003 年 12 月 15 日，该开采平台建造完成并交付使用，建造成本共 120 000 000 元，预计使用寿命 10 年，采用平均年限法计提折旧。2009 年 1 月 1 日腾达公司开始执行企业会计准则，企业会计准则对于具有弃置义务的固定资产，要求将相关弃置费用计入固定资产成本，对之前尚未计入资产成本的弃置费用，应当进行追溯调整。已知腾达公司保存的会计资料比较齐备，可以通过会计资料追溯计算。腾达公司预计该开采平台的弃置费用 10 000 000 元。假定折现率（即为实际利率）为 10%。不考虑企业所得税和其他税法因素影响。该公司按净利润的 10% 提取法定盈余公积。

根据上述资料，腾达公司的会计处理如下：

（1）计算确认弃置义务后的累积影响数（见表 8.3）

2004 年 1 月 1 日，该开采平台计入资产成本弃置费用的现值 = 10 000 000×（P/S，10%，10）= 10 000 000×0.385 5 = 3 855 000（元）；每年应计提折旧 = 3 855 000÷10 = 385 500（元）。

表 8.3　确认弃置义务后的累积影响数　　　　　　　　单位：元

| 年 份 | 计息金额 | 实际利率 | 利息费用 ① | 折旧 ② | 税前差异 −（①+②） | 税后差异 |
|---|---|---|---|---|---|---|
| 2004 | 3 855 000 | 10% | 385 500 | 385 500 | −771 000 | −771 000 |
| 2005 | 4 240 500 | 10% | 424 050 | 385 500 | −809 550 | −809 550 |
| 2006 | 4 664 550 | 10% | 466 455 | 385 500 | −851 955 | −851 955 |
| 2007 | 5 131 005 | 10% | 513 100.50 | 385 500 | −898 600.50 | −898 600.50 |
| 小 计 | — | — | 1 789 105.50 | 1 542 000 | −3 331 105.50 | −3 331 105.50 |
| 2008 | 5 644 105.50 | 10% | 564 410.55 | 385 500 | −949 910.55 | −949 910.55 |
| 合 计 | — | — | 2 353 516.05 | 1 927 500 | −4 281 016.05 | −4 281 016.05 |

腾达公司确认该开采平台弃置费用后的税后净影响额为 −4 281 016.05 元，即为该公司确认该开采平台弃置费用后的累积影响数。

（2）会计处理

1）调整确认的弃置费用

借：固定资产——开采平台——弃置义务　　　　　　　　　3 855 000
　　贷：预计负债——开采平台弃置义务　　　　　　　　　　　3 855 000

2）调整会计政策变更累积影响数

借：利润分配——未分配利润　　　　　　　　　　　　　　4 281 016.05
　　贷：累计折旧　　　　　　　　　　　　　　　　　　　　1 927 500
　　　预计负债——开采平台弃置义务　　　　　　　　　　　2 353 516.05

3）调整利润分配

借：盈余公积——法定盈余公积　　　　（4 281 016.05×10%）428 101.61
　　贷：利润分配——未分配利润　　　　　　　　　　　　　　428 101.61

（3）报表调整

腾达公司在编制 2009 年度的财务报表时，应调整资产负债表的年初数（见表 8.4），利润表、股东权益变动表的上年数（见表 8.5 和表 8.6）也应作相应调整。2009 年 12 月 31 日资产负债表的期末数栏、股东权益变动表的未分配利润项目上年数栏应以调整后的数字为基础编制。

表 8.4　资产负债表（简表）　　　　　　　　　　会企 01 表

编制单位：腾达股份有限公司　　2009 年 12 月 31 日　　　　　　单位：元

| 资　产 | 年初余额 | | 负债和股东权益 | 年初余额 | |
|---|---|---|---|---|---|
| | 调整前 | 调整后 | | 调整前 | 调整后 |
| …… | | | …… | | |
| 固定资产 | | | 预计负债 | 0 | 6 208 516.05 |
| 开采平台 | 60 000 000 | 61 927 500 | …… | | |
| | | | 盈余公积 | 1 700 000 | 1 271 898.39 |
| | | | 未分配利润 | 4 000 000 | 147 085.56 |
| …… | | | …… | | |

表 8.5　所有者权益变动表（简表）　　　　　　　会企 04 表

编制单位：腾达股份有限公司　　　　2009 年度　　　　　　　　单位：元

| 项　目 | 本年金额 | | | |
|---|---|---|---|---|
| …… | …… | 盈余公积 | 未分配利润 | …… |
| 一、上年年末余额 | | 1 700 000 | 4 000 000 | |
| 　加：会计政策变更 | | −428 101.61 | −3 852 914.44 | |
| 　　前期差错更正 | | | | |
| 二、本年年初余额 | | 1 271 898.39 | 147 085.56 | |
| …… | | | | |

表 8.6　利润表（简表）　　　　　　　　　　　　会企 02 表

编制单位：腾达股份有限公司　　　　2009 年度　　　　　　　　单位：元

| 项　目 | 上期金额 | |
|---|---|---|
| | 调整前 | 调整后 |
| 一、营业收入 | 18 000 000 | 18 000 000 |
| 　减：营业成本 | 13 000 000 | 13 385 500 |
| 　　…… | | |
| 　　财务费用 | 260 000 | 824 410.55 |
| 　　…… | | |
| 二、营业利润 | 3 900 000 | 2 950 089.45 |
| 　　…… | | |
| 四、净利润 | 4 060 000 | 3 110 089.45 |
| 　　…… | | |

在利润表中，根据账簿的记录，腾达公司重新确认了 2008 年度营业成本和财务费用分别调增 385 500 元和 564 410.55 元，其结果为净利润调减 949 910.55 元。

（4）附注说明

2009年1月1日，腾达公司按照企业会计准则规定，对2003年12月15日建造完成并交付使用的开采平台的弃置义务进行确认。此项会计政策变更采用追溯调整法，2008年的比较报表已重新表述。2008年运用新的方法追溯计算的会计政策变更累积影响数应该为－4 281 016.05元。会计政策变更对2008年度报告的损益的影响为减少净利润949 910.55元，调减2008年的期末留存收益4 281 016.05元，其中，调减盈余公积428 101.61元，调减未分配利润3 852 914.44元。

（2）未来适用法

未来适用法，是指将变更后的会计政策应用于变更日及以后发生的交易或者事项，或者在会计估计变更当期和未来期间确认会计估计变更影响数的方法。

在未来适用法下，不需要计算会计政策变更产生的累积影响数，也无须重编以前年度的财务报表。企业会计账簿记录及财务报表上反映的金额，变更之日仍保留原有的金额，不因会计政策变更而改变以前年度的既定结果，并在现有金额的基础上再按新的会计政策进行核算。

【例8-3】 腾达公司原来对发出存货采用后进先出法进行核算，按照新的会计准则规定，公司从2007年1月1日起改用先进先出法。2007年1月1日存货的价值为5 000 000元，公司当年购入存货的实际成本为36 000 000元，2007年12月31日按先进先出法计算确定的存货价值为9 000 000元，当年销售额为50 000 000元，假设该年度其他费用为2 400 000元，所得税税率为25%。2007年12月31日按后进先出法计算的存货价值为4 400 000元。

腾达公司由于法律环境变化而改变会计政策，假定对其采用未来适用法进行处理，即对存货采用先进先出法从2007年及以后才适用，不需要计算2007年1月1日以前按先进先出法计算存货应有的余额，以及对留存收益的影响金额。

计算确定会计政策变更对当期净利润的影响数如表8.7所示：

表8.7 当期净利润的影响数计算表　　　　　　　　　　　　单位：元

| 项　目 | 先进先出法 | 后进先出法 |
|---|---|---|
| 营业收入 | 50 000 000 | 50 000 000 |
| 减：营业成本 | 32 000 000 | 36 600 000 |
| 减：其他费用 | 2 400 000 | 2 400 000 |
| 利润总额 | 15 600 000 | 11 000 000 |
| 减：所得税 | 3 900 000 | 2 750 000 |
| 净利润 | 11 700 000 | 8 250 000 |
| 差额 | 3 450 000 | |

腾达公司由于会计政策变更使当期净利润增加了3 450 000元。

其中，采用先进先出法的销售成本为：

期初存货＋购入存货实际成本－期末存货＝5 000 000＋36 000 000－9 000 000

＝32 000 000（元）；

采用后进先出法的销售成本为：

期初存货＋购入存货实际成本－期末存货＝5 000 000＋36 000 000－4 400 000
$$=36\ 600\ 000（元）。$$

（3）会计政策变更的会计处理方法选择

对于会计政策变更，企业应当根据具体情况，分别采用不同的会计处理方法：

1）法律、行政法规或者国家统一的会计制度等要求变更的情况下，企业应当分别以下情况进行处理：①国家发布相关的会计处理办法，则按照国家发布的相关会计处理规定进行处理；②国家没有发布相关的会计处理办法，则采用追溯调整法进行会计处理。

2）会计政策变更能够提供更可靠、更相关的会计信息的情况下，企业应当采用追溯调整法进行会计处理，将会计政策变更累积影响数调整列报前期最早期初留存收益，其他相关项目的期初余额和列报前期披露的其他比较数据也应当一并调整。

3）确定会计政策变更对列报前期影响数不切实可行的，应当从可追溯调整的最早期间期初开始应用变更后的会计政策；在当期期初确定会计政策变更对以前各期累积影响数不切实可行的，应当采用未来适用法处理。

其中，不切实可行，是指企业在采取所有合理的方法后，仍然不能获得采用某项规定所必需的相关信息，而导致无法采用该项规定，则该项规定在此时是不切实可行的。

对于以下特定前期，对某项会计政策变更应用追溯调整法或进行追溯重述以更正一项前期差错是不切实可行的：①应用追溯调整法或追溯重述法的累积影响数不能确定；②应用追溯调整法或追溯重述法要求对管理层在该期当时的意图做出假定；③应用追溯调整法或追溯重述法要求对有关金额进行重大估计，并且不可能将提供有关交易发生时存在状况的证据（例如，有关金额确认、计量或披露日期存在事实的证据，以及在受变更影响的当期和未来期间确认会计估计变更影响的证据）和该期间财务报表批准报出时能够取得的信息，这两类信息与其他信息客观地加以区分。

在某些情况下，调整一个或者多个前期比较信息以获得与当期会计信息的可比性是不切实可行的。例如，企业因账簿、凭证超过法定保存期限而销毁；或因不可抗力而毁坏、遗失，如火灾、水灾等；或因人为因素，如盗窃、故意毁坏等，可能使当期期初确定会计政策变更对以前各期累积影响数无法计算，即不切实可行，此时会计政策变更应当采用未来适用法进行处理。

对根据某项交易或者事项确认、披露的财务报表项目应用会计政策时常常需要进行估计。本质上，估计是主观行为，而且可能在资产负债表日后才做出。当追溯调整会计政策变更或者追溯重述前期差错更正时，要做出切实可行的估计更加困难，因为有关交易或者事项已经发生较长一段时间，要获得做出切实可行的估计所需要的相关信息往往比较困难。

当在前期采用一项新会计政策或者更正前期金额时，不论是对管理层在某个前期的意图做出假定，还是估计在前期确认、计量或者披露的金额，都不应当使用"后见之明"。例如，按照《企业会计准则第22号——金融工具确认和计量》的规定，企业对原先划归为持有至到期投资的金融资产计量的前期差错，即便管理层随后决定不将这些投资持有至到期，也不能改变它们在前期的计量基础，即该项金融资产应当仍然按照持有至到期投资进行计量。

### 8.1.4 会计政策变更信息披露

企业应当在附注中披露与会计政策变更有关的下列信息。

1）会计政策变更的性质、内容和原因。对会计政策变更的简要阐述、变更的日期、变更前采用的会计政策和变更后所采用的新会计政策及会计政策变更的原因。

2）当期和各个列报前期财务报表中受影响的项目名称和调整金额。采用追溯调整法时，计算出的会计政策变更的累积影响数；当期和各个列报前期财务报表中需要调整的净损益及其影响金额，以及其他需要调整的项目名称和调整金额。

3）无法进行追溯调整的，说明该事实和原因及开始应用变更后的会计政策的时点、具体应用情况。需要说明的内容主要包括：无法进行追溯调整的事实；确定会计政策变更对列报前期影响数不切实可行的原因；在当期期初确定会计政策变更对以前各期累积影响数不切实可行的原因；开始应用新会计政策的时点和具体应用情况。

需要注意的是，在以后期间的财务报表中，不需要重复披露在以前期间的附注中已披露的会计政策变更的信息。

【例 8-4】 承例 8-1，应在财务报表附注中作如下说明：

本公司 2007 年按照会计准则规定，对交易性金融资产计量由成本与市价孰低改为以公允价值计量。此项会计政策变更采用追溯调整法，2007 年比较财务报表已重新表述。2006 年期初运用新会计政策追溯计算的会计政策变更累积影响数为 900 000 元，调增2006 年的期初留存收益 900 000 元，其中，调增未分配利润 765 000 元，调增盈余公积125 000 元。会计政策变更对 2007 年度财务报表本年金额的影响为调增未分配利润255 000 元，调增盈余公积 45 000 元，调增净利润 300 000 元。

【例 8-5】 承例 8-3，应在财务报表附注中作如下说明：

本公司对存货原采用后进先出法计价，由于施行新会计准则改用先进先出法计价。按照《企业会计准则第 38 号——首次执行企业会计准则》的规定，对该项会计政策变更应当采用未来适用法。由于该项会计政策变更，当期净利润增加 3 450 000 元。

# 8.2 会计估计及其变更

## 8.2.1 会计估计概述

### 1. 会计估计的概念及特点

会计估计，是指企业对结果不确定的交易或者事项以最近可利用的信息为基础所作的判断。会计估计具有如下特点：

1）会计估计的存在是由于经济活动中内在的不确定性因素的影响。在会计核算中，企业总是力求保持会计核算的准确性，但有些经济业务本身具有不确定性。例如，坏账、固定资产折旧年限、固定资产残余价值、无形资产摊销年限等，因而需要根据经验做出估计。可以说，在进行会计核算和相关信息披露的过程中，会计估计是不可避免的。

2）进行会计估计时，往往以最近可利用的信息或资料为基础。企业在会计核算中，由于经营活动中内在的不确定性，不得不经常进行估计。一些估计的主要目的是为了确定资产或负债的账面价值，例如，坏账准备、担保责任引起的负债；另一些估计的主要目的是确定将在某一期间记录的收益或费用的金额，例如，某一期间折旧、摊销的金额。企业在进行会计估计时，通常应根据当时的情况和经验，以一定的信息或资料为基础进行。但是，随着时间的推移、环境的变化，进行会计估计的基础可能会发生变化。因此，进行会计估计所依据的信息或者资料不得不经常发生变化。由于最新的信息是最接近目标的信息，以其为基础所作的估计最接近实际，所以进行会计估计时，应以最近可利用的信息或资料为基础。

3）进行会计估计并不会削弱会计确认和计量的可靠性。企业为了定期、及时地提供有用的会计信息，将延续不断的经营活动人为地划分为一个一个连续的期间，并在权责发生制的基础上对企业的财务状况和经营成果进行定期确认和计量。例如，在会计分期的情况下，许多企业的交易跨越若干会计年度，以至于需要在一定程度上做出决定。某一年度发生的开支，哪些可以合理地预期能够产生其他年度以收益形式表示的利益，从而全部或部分向后递延；哪些可以合理地预期在当期能够得到补偿，从而确认为费用。由于会计分期和货币计量的前提，在确认和计量过程中，不得不对许多尚在延续中、其结果尚未确定的交易或事项予以估计入账。

**2. 企业需披露的重要会计估计内容**

企业应当披露重要的会计估计，不具有重要性的会计估计可以不披露。判断会计估计是否重要，应当考虑与会计估计相关项目的性质和金额。企业应当披露的重要会计估计包括：

1）存货可变现净值的确定。

2）采用公允价值模式下的投资性房地产公允价值的确定。

3）固定资产的预计使用寿命与净残值；固定资产的折旧方法。

4）生物资产的预计使用寿命与净残值；各类生产性生物资产的折旧方法。

5）使用寿命有限的无形资产的预计使用寿命与净残值。

6）可收回金额按照资产组的公允价值减去处置费用后的净额确定的，确定公允价值减去处置费用后的净额的方法。可收回金额按照资产组的预计未来现金流量的现值确定的，预计未来现金流量的确定。

7）合同完工进度的确定。

8）权益工具公允价值的确定。

9）债务人债务重组中转让的非现金资产的公允价值、由债务转成的股份的公允价值和修改其他债务条件后债务的公允价值的确定。债权人债务重组中受让的非现金资产的公允价值、由债权转成的股份的公允价值和修改其他债务条件后债权的公允价值的确定。

10）预计负债初始计量的最佳估计数的确定。

11）金融资产公允价值的确定。

12）承租人对未确认融资费用的分摊；出租人对未实现融资收益的分配。

13）探明矿区权益、井及相关设施的折耗方法。与油气开采活动相关的辅助设备及设施的折旧方法。

14）非同一控制下企业合并成本的公允价值的确定。

15）其他重要会计估计。

### 8.2.2　会计估计变更

**1. 会计估计变更的概念**

会计估计变更，是指由于资产和负债的当前状况及预期经济利益和义务发生了变化，从而对资产或负债的账面价值或者资产的定期消耗金额进行调整。

**2. 会计估计变更的条件**

由于企业经营活动中内在的不确定因素，许多财务报表项目不能准确地计量，只能加以估计，估计过程涉及以最近可以得到的信息为基础所作的判断。但是，估计毕竟是就现有资料对未来所作的判断，随着时间的推移，如果赖以进行估计的基础发生变化，或者由于取得了新的信息、积累了更多的经验或后来的发展可能导致不得不对估计进行修订，但会计估计变更的依据应当真实、可靠。会计估计变更的情形包括如下两种。

（1）赖以进行估计的基础发生了变化

企业进行会计估计，总是依赖于一定的基础。如果其所依赖的基础发生了变化，则会计估计也应相应发生变化。例如，企业的某项无形资产摊销年限原定为 10 年，以后发生的情况表明，该资产的受益年限已不足 10 年，相应调减摊销年限。

（2）取得了新的信息、积累了更多的经验

企业进行会计估计是就现有资料对未来所做的判断，随着时间的推移，企业有可能取得新的信息、积累更多的经验，在这种情况下，企业可能不得不对会计估计进行修订，即发生会计估计变更。例如，企业原根据当时能够得到的信息，对应收账款每年按其余额的 5%计提坏账准备。现在掌握了新的信息，判定不能收回的应收账款比例已达 15%，企业改按 15%的比例计提坏账准备。

会计估计变更，并不意味着以前期间会计估计是错误的，只是由于情况发生变化，或者掌握了新的信息，积累了更多的经验，使得变更会计估计能够更好地反映企业的财务状况和经营成果。如果以前期间的会计估计是错误的，则属于会计差错，应该按会计差错更正的会计处理办法进行处理。

**【知识链接】**

#### 中外会计估计变更界定的区别

国际会计准则对会计估计变更的定义是指对资产或负债账面金额、或资产的期间消耗金额的调整，这种调整源自对资产和负债当前状态及对与其相关的预期未来利益和义务的评价。会计估计变更的原因是新信息和新进展的出现，因此不是差错的更正，并且指出了可能要求估计的项目：（1）坏账；（2）存货的陈旧过时；（3）金融资产或金融负债的公允价值；（4）应折旧资产的使用寿命或者体现在应折旧资产中的未来经济利益的预期消耗方式；（5）担保债务。会计主体应披露对变更当期产生影响或预计对未来期间产生影响的会计估计变更的性质和金额。如果估计对未来期间的影响是不切实可行的，就不必披露对未来期间的影响；如果因为估计是不切实可行的而没有披露对未来期间的影响金额，主体应披露该事实。我国对会计估计变更给出的定义是指由于资产和负债的当前状况及预期经济利益和义务发生了变化，从而对资产或负债的账面价值或者资产的定期消耗金额进行调整。

（资料来源：《企业会计准则第 28 号》、《国际会计准则第 8 号——当期净损益、重大差错和会计政策变更》）

### 8.2.3　会计政策变更与会计估计变更的划分

**1.　会计政策变更与会计估计变更的划分标准**

企业应当正确划分会计政策变更与会计估计变更，并按照不同的方法进行相关会计处理。企业应当以变更事项的会计确认、计量基础和列报项目是否发生变更作为判断该变更是会计政策变更，还是会计估计变更的划分基础。

（1）以会计确认是否发生变更作为判断基础

《企业会计准则——基本准则》规定了资产、负债、所有者权益、收入、费用和利润等 6 项会计要素的确认标准，是会计处理的首要环节。一般地，对会计确认的指定或选择是会计政策，其相应的变更是会计政策变更。会计确认的变更一般会引起列报项目的变更。例如，企业在前期将某项内部研究开发项目开发阶段的支出计入当期损益，而当期按照《企业会计准则第 6 号——无形资产》的规定，该项支出符合无形资产的确认条件，应当确认为无形资产。该事项的会计确认发生变更，即前期将研发费用确认为一项费用，而当期将其确认为一项资产。该事项中会计确认发生了变化，所以该变更是会计政策变更。

（2）以计量基础是否发生变更作为判断基础

《企业会计准则——基本准则》规定了历史成本、重置成本、可变现净值、现值和公允价值等 5 项会计计量属性，是会计处理的计量基础。一般地，对计量基础的判定或选择是会计政策，其相应的变更是会计政策变更。例如，企业在前期对购入的价款超过正常信用条件延期支付的固定资产初始计量采用历史成本，而当期按照《企业会计准则第 4 号——固定资产》的规定，该类固定资产的初始成本应以购买价款的现值为基础确定。该事项的计量基础发生了变化，所以该变更是会计政策变更。

（3）以列报项目是否发生变更作为判断基础

《企业会计准则第 30 号——财务报表列报》规定了财务报表项目应采用的列报原则。一般地，对列报项目的指定或选择是会计政策，其相应的变更是会计政策变更。例如，某商业企业在前期将商品采购费用列入销售费用，当期根据《企业会计准则第 1 号——存货》的规定，将采购费用列入存货成本。因为列报项目发生了变化，所以该变更是会计政策变更。

（4）相关金额或数值的确认

根据会计确认、计量基础和列报项目所选择的、为取得与资产负债表项目有关的金额或数值（如预计使用寿命、净残值等）所采用的处理方法，不是会计政策，而是会计估计，其相应的变更是会计估计变更。例如，企业需要对某项资产采用公允价值进行计量，而公允价值的确定需要根据市场情况选择不同的处理方法。在不存在销售协议和资产活跃市场的情况下，需要根据同行业类似资产的近期交易价格对该项资产进行估计；在不存在销售协议但存在资产活跃市场的情况下，其公允价值应当按照该项资产的市场价格为基础进行估计。因为企业所确定的公允价值是与该项资产有关的金额，所以为确定公允价值所采用的处理方法是会计估计，不是会计政策。相应地，当企业面对的市场情况发生变化时，其采用的确定公允价值的方法变更是会计估计变更，不是会计政策变更。

**2. 会计政策变更与会计估计变更划分的具体方法**

企业可以采用以下具体方法划分会计政策变更与会计估计变更：分析并判断该事项是否涉及会计确认、计量基础选择或列报项目的变更，当至少涉及上述一项划分基础变更时，该事项是会计政策变更；不涉及上述划分基础变更时，该事项可以判断为会计估计变更。例如，企业在前期将购建固定资产相关的一般借款利息计入当期损益，当期根据会计准则的规定，将其予以资本化，企业因此将对该事项进行变更。该事项的计量基础未发生变更，即都是以历史成本作为计量基础；该事项的会计确认发生变更，即前期将借款费用确认为一项费用，而当期将其确认为一项资产；同时，会计确认的变更导致该事项在资产负债表和利润表相关项目的列报也发生变更。该事项涉及会计确认和列报的变更，所以属于会计政策变更。又如，企业原采用双倍余额递减法计提固定资产折旧，根据固定资产使用的实际情况，企业决定改用直线法计提固定资产折旧。该事项前后采用的两种计提折旧方法都是以历史成本作为计量基础，对该事项的会计确认和列报项目也未发生变更，只是固定资产折旧、固定资产净值等相关金额发生了变化。因此，该事项属于会计估计变更。

## 8.2.4　会计估计变更的会计处理

企业对会计估计变更应当采用未来适用法进行处理。即在会计估计变更当期及以后期间采用新的会计估计，不改变以前期间的会计估计，也不调整以前期间的报告结果。

1）会计估计变更仅影响变更当期的，其影响数应当在变更当期予以确认。例如，企业原按应收账款余额的 5% 提取坏账准备，由于企业不能收回应收账款的比例已达 10%，则企业改按应收账款余额的 10% 提取坏账准备。这类会计估计的变更，只影响变更当期，因此，应于变更当期确认。

2）既影响变更当期又影响未来期间的，其影响数应当在变更当期和未来期间予以确认。例如，企业的某项可计提折旧的固定资产，其有效使用年限或预计净残值的估计发生的变更，常常影响变更当期及资产以后使用年限内各个期间的折旧费用，这类会计估计的变更，应于变更当期及以后各期确认。

会计估计变更的影响数应计入变更当期与前期相同的项目中。为了保证不同期间的财务报表具有可比性，如果以前期间的会计估计变更的影响数计入企业日常经营活动损益，则以后期间也应计入日常经营活动损益；如果以前期间的会计估计变更的影响数计入特殊项目中，则以后期间也应计入特殊项目。

【例 8-6】　腾达公司有一台管理用机器设备，原始价值为 168 000 元，预计使用寿命为 8 年，净残值为 8 000 元，自 2008 年 1 月 1 日起按直线法计提折旧。2012 年 1 月，由于新技术的发展等原因，需要对原预计使用寿命和净残值做出修正，修改后的预计使用寿命为 6 年，净残值为 4 000 元。腾达公司适用所得税税均为 25%。假定税法允许按变更后的折旧额在税前扣除。

① 分析：腾达公司对上述会计估计变更不调整以前各期折旧，也不计算累积影响数；变更日以后发生的经济业务改按新估计使用寿命提取折旧。

② 计算：按原估计，每年折旧额为 20 000 元，已提折旧 4 年，共计 80 000 元，固定资产净值为 88 000 元，则第 5 年相关科目的年初余额如表 8.8 所示：

表 8.8　相关科目年初余额　　　　　　　　　　　　单位：元

| 项　目 | 金　额 |
|---|---|
| 固定资产 | 168 000 |
| 减：累计折旧 | 80 000 |
| 固定资产净值 | 88 000 |

改变估计使用寿命后，2012 年 1 月 1 日起每年计提的折旧费用为 42 000 元 [（88 000－4 000）÷（6－4）]。2012 年不必对以前年度已提折旧进行调整，只需按重新预计的尚可使用寿命和净残值计算确定的年折旧费用。

③ 编制会计分录如下：

借：管理费用　　　　　　　　　　　　　　　　　　　　　　　42 000
　　贷：累计折旧　　　　　　　　　　　　　　　　　　　　　　42 000

3）企业应当正确划分会计政策变更和会计估计变更，并按不同的方法进行相关会计处理。企业通过判断会计政策变更和会计估计变更划分基础，仍然难以对某项变更进行区分的，应当将其作为会计估计变更处理。

## 8.2.5　会计估计变更信息披露

企业应当在附注中披露与会计估计变更有关的下列信息：

1）会计估计变更的内容和原因。包括变更的内容、变更日期以及为什么要对会计估计进行变更。

2）会计估计变更对当期和未来期间的影响数。包括会计估计变更对当期和未来期间损益的影响金额，以及对其他各项目的影响金额。

3）会计估计变更的影响数不能确定的，披露这一事实和原因。

【例 8-7】　承例 8-6，应在财务报表附注中作如下说明：

本公司一台管理用机器设备，原始价值为 168 000 元，原预计使用寿命为 8 年，预计净残值为 8 000 元，采用直线法计提折旧。由于新技术的发展等原因，该设备已不能按照原预计使用寿命计提折旧，于是本公司于 2012 年年初变更该设备的使用寿命为 6 年，预计净残值为 4 000 元，以反映该设备的真实耐用寿命和净残值。此估计变更影响本年度净利润减少数为 16 500 [（42 000－20 000）×（1－25%）] 元。

# 8.3 前期差错及其更正

## 8.3.1 前期差错概述

**1. 前期差错的概念**

前期差错，是指由于没有运用或错误运用下列两种信息，而对前期财务报表造成省略或错报。

1）编报前期财务报表时预期能够取得并加以考虑的可靠信息。

2）前期财务报告批准报出时能够取得的可靠信息。

**2. 前期差错的主要情形**

前期差错通常包括计算错误、应用会计政策错误、疏忽或曲解事实以及舞弊产生的影响以及存货、固定资产盘盈等。没有运用或错误运用上述两种信息而形成前期差错的情形主要有：

1）计算以及账户分类错误。例如，企业购入的五年期国债意图长期持有，但在记账时记入了交易性金融资产，导致账户分类上的错误，并导致在资产负债表上流动资产和非流动资产的分类也有误。

2）采用法律、行政法规或者国家统一的会计制度等不允许的会计政策。例如，按照《企业会计准则第17号——借款费用》的规定，为购建固定资产的专门借款而发生的借款费用，满足一定条件的，在固定资产达到预定可使用状态前发生的，应予资本化，记入所购建固定资产的成本；在固定资产达到预定可使用状态后发生的，计入当期损益。如果企业固定资产已达到预定可使用状态后发生的借款费用，也记入该固定资产的价值，予以资本化，则属于采用法律或会计准则等行政法规、规章所不允许的会计政策。

3）对事实的疏忽或曲解，以及舞弊。例如，企业对某项建造合同应按建造合同规定的方法确认营业收入，但该企业却按确认商品销售收入的原则确认收入；企业销售一批商品，商品已经发出，开出增值税专用发票，商品销售收入确认条件均已满足，但企业在期末未将已实现的销售收入入账。

4）在期末对应计项目与递延项目未予调整。例如，企业应在本期摊销的费用在期末未予摊销。

5）漏记已完成的交易。例如，企业销售一批商品，商品已经发出，开出增值税专用发票，商品销售收入确认条件均已满足，但企业在期末时未将已实现的销售收入入账。

6）提前确认尚未实现的收入或不确认已实现的收入。例如，在采用委托代销商品的销售方式下，应以收到代销单位的代销清单时，确认商品销售收入的实现，如企业在发出委托代销商品时即确认为收入，则为提前确认尚未实现的收入。

7）资本性支出与收益性支出划分差错，等等。例如，企业发生的管理人员的工资一般作为收益性支出，而发生的在建工程人员工资一般作为资本性支出。如果企业将发生的在建工程人员工资计入了当期损益，则属于资本性支出与收益性支出的划分差错。

需要注意的是，就会计估计的性质来说，它是个近似值，随着更多信息的获得，估计可能需要进行修正，但是会计估计变更不属于前期差错更正。

### 8.3.2　前期差错更正的会计处理

企业发现前期差错时，应当根据差错的性质及时更正。

**1.　采用追溯重述法**

企业应当采用追溯重述法更正重要的前期差错，但确定前期差错累积影响数不切实可行的除外。追溯重述法，是指在发现前期差错时，视同该项前期差错从未发生过，从而对财务报表相关项目进行更正的方法。追溯重述法的具体应用与追溯调整法相同。对于不重要的前期差错，可以采用未来适用法更正。前期差错的重要程度，应根据差错的性质和金额加以具体判断。

**2.　调整前期比较数据**

企业应当在重要的前期差错发现当期的财务报表中，调整前期比较数据。如果财务报表项目的遗漏或错误表述可能影响财务报表使用者根据财务报表所做出的经济决策，则该项目的遗漏或错误是重要的。重要的前期差错，是指足以影响财务报表使用者对企业财务状况、经营成果和现金流量做出正确判断的前期差错。不重要的前期差错，是指不足以影响财务报表使用者对企业财务状况、经营成果和现金流量做出正确判断的会计差错。

前期差错的重要性取决于在相关环境下对遗漏或错误表述的规模和性质的判断。前期差错所影响的财务报表项目的金额或性质，是判断该前期差错是否具有重要性的决定性因素。一般来说，前期差错所影响的财务报表项目的金额越大、性质越严重，其重要性水平越高。

（1）不重要的前期差错的会计处理

对于不重要的前期差错，企业不需调整财务报表相关项目的期初数，但应调整发现当期与前期相同的相关项目。属于影响损益的，应直接计入本期与上期相同的净损益项目。属于不影响损益的，应调整本期与前期相同的相关项目。

【例8-8】　腾达公司在2009年12月31日发现，一台价值144 000元，应计入固定资产，并于2008年3月1日开始计提折旧的管理用设备，在2008年计入了当期费用。该公司固定资产折旧采用直线法，该资产估计使用年限为4年，假设不考虑净残值因素。则在2009年12月31日更正此差错的会计分录为：

借：固定资产　　　　　　　　　　　　　　　　　　　144 000
　　贷：管理费用　　　　　　　　　　　　　　　　　　　78 000
　　　　累计折旧　　　　　　　　　　　　　　　　　　　66 000

假设该项差错直到2012年3月后才发现，则不需要做任何分录，因为该项差错已经抵销了。

（2）重要的前期差错的会计处理

对于重要的前期差错，企业应当在其发现当期的财务报表中，调整前期比较数据。具体地说，企业应当在重要的前期差错发现当期的财务报表中，通过下述处理对其进行追溯更正：

1）追溯重述差错发生期间列报的前期比较金额。

2）如果前期差错发生在列报的最早前期之前，则追溯重述列报的最早前期的资产、负债和所有者权益相关项目的期初余额。

对于发生的重要的前期差错，如影响损益，应据其对损益的影响数调整发现当期的期初留存收益，财务报表其他相关项目的期初数也应一并调整；如不影响损益，应调整财务报表相关项目的期初数。

在编制比较财务报表时，对于比较财务报表期间的重要的前期差错，应调整各该期间的净损益和其他相关项目，视同该差错在产生的当期已经更正；对于比较财务报表期间以前的重要的前期差错，应调整比较财务报表最早期间的期初留存收益，财务报表其他相关项目的数字也应一并调整。

确定前期差错影响数不切实可行的，可以从可追溯重述的最早期间开始调整留存收益的期初余额，财务报表其他相关项目的期初余额也应当一并调整，也可以采用未来适用法。当企业确定前期差错对列报的一个或者多个前期比较信息的特定期间的累积影响数不切实可行时，应当追溯重述切实可行的最早期间的资产、负债和所有者权益相关项目的期初余额（可能是当期）；当企业在当期期初确定前期差错对所有前期的累积影响数不切实可行时，应当从确定前期差错影响数切实可行的最早日期开始采用未来适用法追溯重述比较信息。

需要注意的是，为了保证经营活动的正常进行，企业应当建立健全内部稽核制度，保证会计资料的真实、完整。对于年度资产负债表日至财务报告批准报出日之间发现的报告年度的会计差错及报告年度前不重要的前期差错，应按照《企业会计准则第 29 号——资产负债表日后事项》的规定进行处理。

【例 8-9】 腾达公司在 2012 年发现，2011 年公司漏记一项固定资产的折旧费用 300 000 元，所得税申报表中未扣除该项费用。2011 年适用所得税税率为 25%，无其他纳税调整事项。该公司按净利润的 10%、5% 提取法定盈余公积和任意盈余公积。公司发行股票份额为 3 600 000 股。假定税法允许调整应交所得税。

（1）分析前期差错的影响数

2011 年少计折旧费用 300 000 元；多计所得税费用 75 000 元（300 000×25%）；多计净利润 225 000 元；多计应交税费 75 000 元（300 000×25%）；多提法定盈余公积和任意盈余公积 22 500 元（225 000×10%）和 11 250 元（225 000×5%）。

（2）编制有关项目的调整分录

1）补提折旧：

| | | |
|---|---|---|
| 借：以前年度损益调整 | | 300 000 |
| 贷：累计折旧 | | 300 000 |

2）调整应交所得税：

| | | |
|---|---|---|
| 借：应交税费——应交所得税 | | 75 000 |
| 贷：以前年度损益调整 | | 75 000 |

3）将"以前年度损益调整"科目余额转入利润分配：

| | | |
|---|---|---|
| 借：利润分配——未分配利润 | | 225 000 |
| 贷：以前年度损益调整 | | 225 000 |

4）调整利润分配有关数字：

| | | |
|---|---|---|
| 借：盈余公积 | | 33 750 |
| 贷：利润分配——未分配利润 | | 33 750 |

（3）财务报表调整和重述（财务报表略）

腾达公司在列报 2012 年财务报表时，2012 年资产负债表有关项目的年初余额、利润表有关项目及所有者权益变动表的上年金额也应进行调整。

1）资产负债表项目的调整：

调增累计折旧 300 000 元；调减应交税费 75 000 元；调减盈余公积 33 750 元；调减未分配利润 191 250 元。

2）利润表项目的调整：

调增营业成本上年金额 300 000 元；调减所得税费用上年金额 75 000 元；调减净利润上年金额 225 000 元；调减基本每股收益上年金额 0.0625 元。

3）所有者权益变动表项目的调整：

调减前期差错更正项目中盈余公积上年金额 33 750 元，未分配利润上年金额 191 250 元，所有者权益合计上年金额 225 000 元。

4）财务报表附注说明：

本年度发现 2011 年漏记固定资产折旧 300 000 元，在编制 2012 年和 2011 年比较财务报表时，已对该项差错进行了更正。更正后，调减 2011 年净利润 225 000 元，调增累计折旧 300 000 元。

---

【知识链接】

### 税法与会计准则对会计差错处理的差异

税法对会计差错的处理与会计准则存在差异：对于年度资产负债表日至财务报告批准报出日之间发现的报告年度的会计差错及以前年度的非重大会计差错，如果发现时企业已经完成了企业所得税汇算清缴，会计上调整前期收益，税法上则调整本期收益；对于本期发现的与前期相关的漏计漏提费用、折旧等会计差错（非资产负债表日后事项，且超过了企业所得税汇算清缴期），会计上调整前期或者本期的收益，而税法则不允许补扣，由此产生了永久性差异。另外根据《税收征管法》的规定：在税务处理上，企业因计算错误、应用会计政策错误、疏忽或曲解事实以及舞弊产生的影响和存货、固定资产盘盈等情况，在发现前期差错时，应按照税法规定重新计算前期应纳税所得额，向主管税务机关说明原因并重新申报，由主管税务机关按照税法规定进行处理，补征税款、退还税款、加收滞纳金等。对纳税人超过应纳税额缴纳的税款，税务机关发现后应当立即退还；纳税人自结算缴纳税款之日起三年内发现的，可以向税务机关要求退还多缴的税款并加算银行同期存款利息，税务机关及时查实后应当立即退还；涉及从国库中退库的，依照法律、行政法规有关国库管理的规定退还。对因纳税人计算错误等失误，未缴或者少缴税款的，税务机关在三年内可以追征税款、滞纳金；有特殊情况的，追征期可以延长到五年。对偷税、抗税、骗税的，税务机关追征其未缴或者少缴的税款、滞纳金或者所骗取的税款，不受前述规定期限的限制。

（资料来源：《企业会计准则第 29 号——资产负债表日后事项》与《税收征管法》）

### 8.3.3　前期差错更正信息披露

企业应当在附注中披露与前期差错更正有关的下列信息：

1）前期差错的性质。

2）各个列报前期财务报表中受影响的项目名称和更正金额。

3）无法进行追溯重述的，说明该事实和原因以及对前期差错开始进行更正的时点、具体更正情况。

在以后期间的财务报表中，不需要重复披露在以前期间的附注中已披露的前期差错更正的信息。

## 本章知识框架

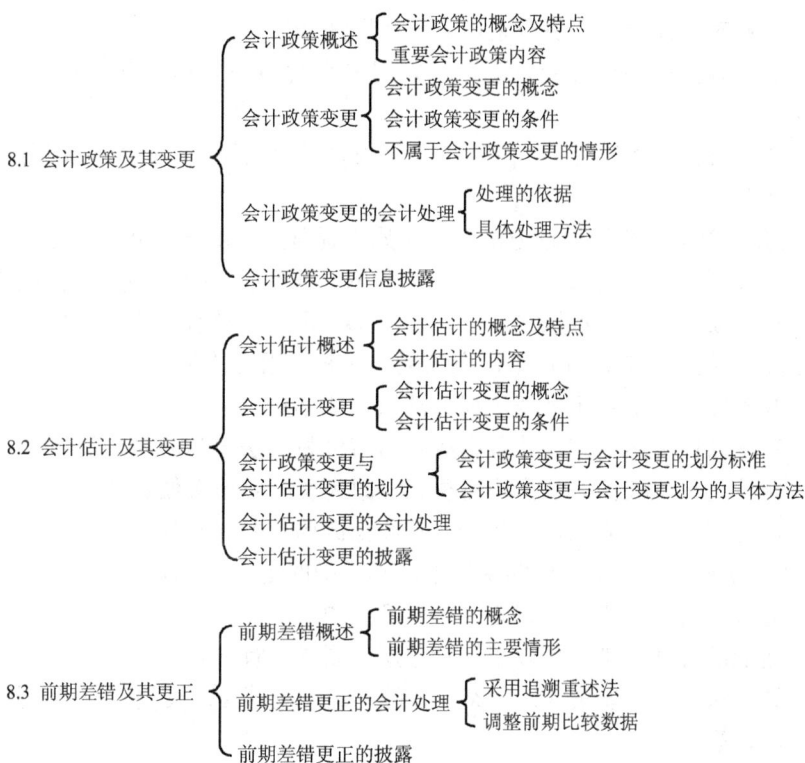

## 复　习　题

**一、单项选择题**

1. 下列项目属于会计政策的是（　　　）。

A. 存货期末计价方法　　　　　　B. 坏账计提比例

C. 无形资产的预计受益期限　　　D. 固定资产预计使用年限

2. 关于会计估计变更的下列说法中，不正确的是（    ）。

A. 会计估计变更应采用未来适用法进行会计处理

B. 如果会计估计的变更仅影响变更当期，有关估计变更的影响应于当期确认

C. 如果会计估计的变更既影响变更当期又影响未来期间，有关估计变更的影响在当期及以后期间确认

D. 会计估计变更应采用追溯调整法进行会计处理

3. 企业应采用（    ）更正重要的前期差错，但确定前期差错累积影响数不切实可行的除外。

A. 追溯调整法　　 B. 追溯重述法　　　 C. 未来适用法　　　　 D. 备抵法

4. 下列关于会计估计变更的会计处理方法，阐述正确的是（    ）。

A. 企业对会计估计变更应采用追溯调整法处理

B. 企业对会计估计变更应采用未来适用法处理

C. 企业对会计估计变更，既可以采用未来适用法处理，也可采用追溯调整法处理

D. 企业对会计估计变更，既不能采用未来适用法处理，也不能采用追溯调整法处理

5. 下列会计要求和会计处理方法中，不属于通常所指的会计政策的是（    ）。

A. 实质重于形式要求　　　　　 B. 长期股权投资核算的权益法

C. 坏账损失核算的备抵法　　　 D. 所得税核算的资产负债表债务法

6. 下列各项业务的会计处理中，应该采用未来适用法的是（    ）。

A. 长期股权投资由于增资由权益法改为成本法

B. 对交易性金融资产的计量由成本与市价孰低法改为公允价值计量

C. 企业所得税核算方法由应付税款法改为资产负债表债务法

D. 固定资产折旧方法由双倍余额递减法改为年数总和法

7. 下列各项对会计政策变更的说法中，不正确的是（    ）。

A. 企业的会计政策一旦确定不得随意变更

B. 企业的会计政策，可以根据管理层的要求进行选择

C. 如果法律、行政法规或国家统一的会计制度等要求变更，应当按规定变更会计政策

D. 如果会计政策变更能够提供更可靠、更相关的会计信息，可以变更会计政策

8. 企业发生的下列交易或事项中，属于会计政策变更的是（    ）。

A. 固定资产初始计量由购买价款总额入账改为以购买价款现值入账

B. 长期股权投资因减少投资份额由权益法核算改为成本法核算

C. 固定资产折旧年限由 10 年改为 8 年

D. 年末根据当期发生的暂时性差异所产生的递延所得税负债调整所得税费用

9. 当难以区分某种会计变更是属于会计政策变更还是会计估计变更的情况下，应当将其作为（    ）处理。

A. 会计政策变更　 B. 会计估计变更　 C. 会计差错　 D. 以上三项都不正确

10. 甲公司发生的下列交易或事项中，属于会计政策变更的是（　　）。

　　A. 固定资产折旧方法由直线法改为双倍余额递减法

　　B. 投资性房地产核算由成本模式计量改为公允价值模式计量

　　C. 因固定资产改良将其折旧年限由 8 年延长为 12 年

　　D. 年末根据当期发生的暂时性差异所产生的递延所得税负债调整本期所得税费用

11. 下列会计核算的原则和方法中，不属于企业会计政策的是（　　）。

　　A. 低值易耗品采用一次摊销法核算

　　B. 投资性房地产采用成本模式进行后续计量

　　C. 实质重于形式要求

　　D. 存货期末计价采用成本和可变现净值孰低法核算

12. 2012 年 2 月 1 日，A 上市公司发现所使用的甲设备因技术革新和淘汰速度加快，决定从该月起将设备预计折旧年限由原来的 10 年改为 6 年，当时公司 2011 年年报尚未报出，该经济事项应属于（　　）。

　　A. 会计政策变更　　　　　　　　　B. 会计估计变更

　　C. 会计差错更正　　　　　　　　　D. 以前年度损益调整事项

13. 按照企业会计准则规定，企业本年度发现的以前年度的重要差错（非资产负债表日后期间），应做的会计处理为（　　）。

　　A. 不作处理

　　B. 更正以前年度的报表

　　C. 直接调整本年度相关科目

　　D. 调整本年度会计报表的年初数和上年数等

14. 下列各项情形中，属于会计差错的是（　　）。

　　A. 固定资产达到预定可使用状态后，相关的借款费用计入当期损益

　　B. 固定资产达到预定可使用状态后，相关借款费用计入该固定资产的账面价值

　　C. 在同一年度开始和完成的劳务在劳务完成时确认收入

　　D. 开始和完成分属不同年度的劳务，且在资产负债表日提供劳务交易的结果能够可靠估计的，应采用完工百分比法确认收入

15. 对下列前期差错更正的会计处理，说法正确的是（　　）。

　　A. 对于不重要的前期差错，采用追溯调整法更正

　　B. 确定前期差错影响数不切实可行的，必须采用未来适用法

　　C. 追溯重述法的会计处理与追溯调整法是完全不相同的

　　D. 企业应当在重要的前期差错发现当期的财务报表中，调整前期比较数据

16. 甲公司 2012 年实现净利润 600 万元。该公司 2012 年发生或发现的下列交易或事项中，会影响其年初未分配利润的是（　　）。

　　A. 发现 2011 年少计管理费用 200 万元

　　B. 为 2011 年售出的产品提供售后服务发生支出 60 万元

　　C. 发现 2011 年多提折旧费用 400 元

　　D. 因客户资信及财务状况明显改善将应收账款坏账准备计提比例由 3% 改为 1%

17. M公司 2007 年 12 月 31 日购入的一台管理用设备，原价 945 万元，原估计使用年限为 8 年，预计净残值 45 万元，按直线法计提折旧。由于技术因素以及办公设施更新等原因，已不能继续按原定使用年限计提折旧，于 2012 年 1 月 1 日将该设备的预计使用年限改为 6 年，预计净残值改为 22.5 万元，所得税税率为 25%。2012 年 1 月 1 日此项会计估计变更使本年度净利润减少了（　　）万元。

  A. 445　　　　　　B. 92.81　　　　　C. 66.16　　　　　D. 112.5

18. 甲公司于 2011 年 1 月 10 日取得一项商标权，2012 年 6 月 2 日甲公司发现 2011 年对该项无形资产仅摊销了 11 个月。甲公司 2011 年度的财务会计报告已于 2012 年 4 月 12 日批准报出。假定该事项涉及的金额较大，不考虑其他因素，则甲公司正确的做法是（　　）。

  A. 按照会计政策变更处理，调整 2011 年 12 月 31 日资产负债表的年初数和 2011 年度利润表、所有者权益变动表的上年数

  B. 按照重要会计差错处理，调整 2012 年 12 月 31 日资产负债表的期末数和 2012 年度利润表、所有者权益变动表的本期数

  C. 按照重要会计前期差错处理，调整 2012 年 12 月 31 日资产负债表的年初数和 2012 年度利润表、所有者权益变动表的上年数

  D. 按会计估计变更处理，不需追溯重述

19. 甲公司 2012 年 4 月在上年度财务会计报告批准报出后，发现 2010 年 6 月购入的机械设备折旧金额错误。该项机械设备 2010 年应计提折旧的金额为 160 万元，2011 年应计提折旧的金额为 320 万元。2010 年、2011 年实际计提的折旧金额均为 320 万元。甲公司对此重要会计差错采用追溯重述法进行会计处理，适用的所得税税率为 25%，按净利润的 10% 提取法定盈余公积。甲公司 2012 年年初盈余公积应调增的金额是（　　）万元。

  A. 16　　　　　　B. 12　　　　　　C. 144　　　　　D. 108

20. 甲股份有限公司从 2011 年起按销售额的 1% 预提产品质量保证费用。该公司 2012 年度前 3 个季度改按销售额的 10% 预提产品质量保证费用，并分别在 2012 年度第一季度报告，半年度报告和第 3 季度报告中作了披露。该公司在编制 2012 年年度财务报告时，董事会决定将第 1 季度至第 3 季度预提的产品质量保证费用全额冲回，并重新按 2012 年度销售额的 1% 预提产品质量保证费。假定以上事实均具有重大影响，且每年按销售额的 1% 预提产品质量保证费用与实际发生的产品质量保证费用大致相符，则甲股份有限公司在 2012 年年度财务报告中对上述事实正确的会计处理方法是（　　）。

  A. 作为会计政策变更予以调整，并在会计报表附注中披露

  B. 作为会计估计变更予以调整，并在会计报表附注中披露

  C. 作为重大差错更正予以调整，并在会计报表附注中披露

  D. 不作为会计政策、会计估计变更或重大差错更正予以调整，不在会计报表附注中披露

二、多项选择题

1. 企业发生以下各种情况时，可以变更会计政策的有（　　）。

  A. 会计准则要求变更会计政策

B．因原采用的会计政策不能可靠地反映企业的真实情况而改变会计政策

C．因更换了董事长而改变会计政策

D．投资企业因被投资企业发生亏损而改变股权投资的核算方法

2．企业发生的如下情形中，一般属于前期会计差错的有（　　）。

A．固定资产盘亏　　B．固定资产盘盈　　C．漏提折旧　　D．财务舞弊

3．下列各项中，不属于会计政策变更的有（　　）。

A．企业新设的零售部商品销售采用零售价法核算，其他库存商品采用实际成本法核算

B．对初次发生或不重要的事项采用新的会计政策

C．由于改变了投资目的，将短期性股票投资改为长期股权投资核算

D．根据会计准则要求，期末存货由成本法核算改按成本与可变现净值孰低法计价

4．关于企业会计政策的选择和运用，下列说法中不正确的有（　　）。

A．实务中某项交易或者事项的会计处理，具体准则或应用指南未作规范的，企业可根据自身情况自行处理

B．会计政策应当保持前后各期的一致性

C．企业应在国家统一的会计制度规定的会计政策范围内选择适用的会计政策

D．会计政策所指的会计原则包括一般原则和特定原则

5．下列各项中，属于会计政策变更的有（　　）。

A．由于物价变动，企业将存货由先进先出法改为加权平均法

B．企业新设的零售部商品销售采用零售价法核算，其他库存商品继续采用实际成本法核算

C．根据会计准则要求，将一项短期股票投资重分类为交易性金融资产核算

D．根据会计准则要求，期末存货由成本法核算改按成本与可变现净值孰低法计价

6．下列有关会计政策变更的说法中，不正确的有（　　）。

A．本期发生的交易或事项与以前相比具有本质差别而采用新的会计政策属于会计政策变更

B．企业改变对交易性金融资产公允价值的确定方法属于会计政策变更

C．某企业第一次签订一项建造合同采用完工百分比法确认收入属于会计政策变更

D．固定资产的折旧方法由年限平均法改为工作量法属于会计政策变更

7．下列有关会计估计变更的表述中，正确的有（　　）。

A．会计估计变更应该采用未来适用法处理

B．进行会计估计会削弱会计核算的可靠性

C．会计估计变更需要确认累积影响数

D．采用新的会计估计，不改变以前期间的会计估计对应处理，也不调整以前期间的报告结果

8．以下关于不重要的前期差错的处理中，正确的有（　　）。

A．对于不重要的前期差错，企业应该采用追溯重述法进行处理

B．对于不重要的前期差错，企业不需要调整财务报表相关项目的期初数

C. 对于不重要的前期差错，影响损益的，企业应当直接计入本期与上期相同的相关项目

D. 对于不重要的前期差错，不影响损益的，企业应调整本期与前期相同的相关项目

9. 下列事项中，属于企业会计政策变更的有（　　）。

A. 由于技术进步等原因，将生产设备的折旧方法由直线法变更为年数总和法

B. 企业根据规定可以对资产计提准备，但考虑到本期利润指标超额完成太多，因此多提了存货跌价准备

C. 由于生产经营指标的变化，企业决定缩短长期待摊费用的摊销年限

D. 由于自然灾害使厂房的使用寿命受到影响，调减了预计使用年限

10. 甲股份有限公司于 2012 年 4 月 10 日，发现 2010 年 6 月 20 日误将购入的 500 000 元机器设备的支出计入管理费用，对利润影响较大。假定 2011 年度的报表尚未批准报出和已经报出两种情况下，该公司的处理分别为（　　）。

A. 调整 2010 年度会计报表相关项目的期初数

B. 调整 2011 年度会计报表相关项目的期初数

C. 调整 2010 年度会计报表相关项目的期末数

D. 调整 2012 年度会计报表相关项目的期初数

11. 某股份有限公司对下列各项业务进行的会计处理中，符合会计准则规定的有（　　）。

A. 由于客户财务状况改善，该公司将坏账准备的计提比例由原来的 5% 降为 1%

B. 由于银行提高了借款利率，当期发生的财务费用过高，故该公司将超出财务计划的利息暂作资本化处理

C. 由于产品销路不畅，产品销售收入减少，固定费用相对过高，该公司将固定资产折旧方法由原年数总和法改为平均年限法

D. 由于物价持续上涨，存货的核算由原来的先进先出法改为加权平均法

12. 下列各项中，属于前期差错需追溯重述的有（　　）。

A. 上年末未完工的某建造合同，由于完工进度无法可靠确定，没有确定工程的收入和成本

B. 上年末发生的生产设备修理支出 50 万元，由于不符合资本化条件，一次计入制造费用

C. 上年出售可供出售金融资产时没有结转由于公允价值变动计入资本公积的金额 80 万元

D. 上年购买交易性金融资产发生的交易费用 0.03 万元，计入了交易性金融资产成本

13. 甲公司 2011 年年度财务报告批准报出日为 2012 年 3 月 31 日，该公司 2012 年 1 月 1 日至 3 月 31 日之间发生的下列事项，不需要对 2011 年年度财务报表进行调整的有（　　）。

A. 2 月 5 日与丁公司签订的债务重组协议执行完毕，该债务重组协议为甲公司于 2011 年 1 月 3 日与丁公司签订

B. 3月10日临时股东大会决议购买乙公司51%的股权并于4月2日执行完毕

C. 2012年2月15日收到了被退回的于2011年12月15日销售的机器设备1台

D. 3月10日甲公司被法院判决败诉并要求支付赔款1 000万元，对此项诉讼甲公司已于2011年年末确认预计负债800万元

14. 下列对于前期差错更正在财务报表中的披露，说法正确的有（　　）。

A. 应披露前期差错的性质

B. 应披露各个列报前期财务报表中受影响的项目名称和更正金额

C. 无法进行追溯重述的，说明该事实和原因以及对前期差错开始进行更正的时点、具体更正情况

D. 在以后期间的财务报表中，不需要重复披露在以前期间的附注中已披露的前期差错更正的信息

15. 企业发生的会计估计变更，下列各项中属于应在财务报表附注中披露的内容有（　　）。

A. 会计估计变更的内容和原因

B. 会计估计变更的日期

C. 会计估计变更对当期和未来期间的影响数

D. 会计估计变更的影响数不能确定的，披露这一事实和原因

### 三、判断题

1. 企业对会计估计变更应当采用未来适用法进行会计处理。　　　　　　（　　）

2. 企业难以对某项变更区分为会计政策变更或会计估计变更的，应当将其作为会计政策变更处理。　　　　　　　　　　　　　　　　　　　　　　　（　　）

3. 固定资产折旧方法变更应作为会计政策变更进行会计处理。　　　　（　　）

4. 本期发生的交易或事项与以前相比具有本质差别而采用新的会计政策，不属于会计政策变更。　　　　　　　　　　　　　　　　　　　　　　　　（　　）

5. 在当期期初确定会计政策变更对以前各期累计影响数不切实可行的，应当采用未来适用法处理。　　　　　　　　　　　　　　　　　　　　　　　（　　）

6. 进行会计估计是根据当前所掌握的可靠证据并据以做出的最佳估计，所以并不会对会计核算的可靠性产生影响。　　　　　　　　　　　　　　　（　　）

7. 确定前期差错影响数不切实可行的，可以从可追溯重述的最早期间开始调整留存收益的期初余额，财务报表其他相关项目的期初余额也应当一并调整，不得采用未来适用法。　　　　　　　　　　　　　　　　　　　　　　　　　　（　　）

8. 在会计政策变更中，如果采用未来适用法是指将变更后的会计政策仅对变更当期有影响，其影响数应当在变更当期予以确认；如果该影响数既影响变更当期又影响未来期间的，其影响数应当在变更当期和未来期间予以确认。　　　　（　　）

9. 如果会计政策变更的累积影响数能够合理确定，无论属于什么情况，均采用追溯调整法进行会计处理。　　　　　　　　　　　　　　　　　　　　（　　）

10. 企业对于本期发现前期差错，只需调整会计报表相关项目的期初数，无需在会计报表附注中披露。　　　　　　　　　　　　　　　　　　　　　（　　）

11. 如果会计政策变更对以前各期的累积影响数不能合理确定，不论何种情况下均应采用未来适用法进行会计处理。　　　　　　　　　　　　　　（　　）

12. 如果以前期间由于没有正确运用当时已掌握的相关信息而导致会计估计有误，则属于差错，按前期差错更正的规定进行会计处理。　　　　　　　　（　　）

13. 企业会计政策变更必须采用追溯调整法进行核算。　　　　　　　　（　　）

14. 对过去不计提存货跌价准备的企业而言，一旦开始计提存货跌价准备，则表明会计政策、会计估计均发生变化。　　　　　　　　　　　　　　　　　（　　）

15. 对于比较财务报表可比期间以前的会计政策变更的累积影响数，应调整比较财务报表各期间的期初留存收益。　　　　　　　　　　　　　　　　　　（　　）

**四、简答题**

1. 什么是会计政策变更？什么是会计估计变更？如何区分会计政策变更与会计估计变更？

2. 如何运用追溯调整法进行会计处理？

3. 追溯调整法与未来适用法的适用条件有哪些？

4. 会计估计变更的报表披露内容主要有哪些？

5. 如何对前期差错更正进行会计处理？

**五、计算分录题**

1. M 公司 2009 年 12 月 15 日购入一台管理用机械设备，入账价值为 920 万元，原估计使用年限为 5 年，预计净残值为 20 万元，按年数总和法计提折旧。由于固定资产所含经济利益预期实现方式的改变和技术因素等原因，已不能继续按原定的折旧方法、折旧年限计提折旧。M 公司于 2012 年 1 月 1 日将设备的折旧方法改为年限平均法，将设备的折旧年限由原来的 5 年改为 6 年，预计净残值仍为 20 万元。

要求：

（1）计算上述设备 2010 年和 2011 年计提的折旧额。

（2）计算上述会计估计变更对 2012 年利润总额的影响。

2. 甲上市公司从 2009 年 1 月 1 日首次执行企业会计准则，该公司 2009 年 1 月 1 日将对 B 公司的一项短期股票投资重新分类为交易性金融资产。2009 年 1 月 1 日，该短期投资的账面余额为 800 万元，已计提短期投资跌价准备 40 万元，公允价值为 640 万元。该公司按净利润的 10% 提取盈余公积，甲公司适用的所得税税率为 33%，预期 2010 年起，公司适用的所得税税率变更为 25%，甲公司预计 2009 年 1 月 1 日存在的暂时性差异将在 2010 年 1 月 1 日以后转回，之前未对该项短期投资确认所得税影响。2009 年 12 月 31 日，该交易性金融资产的公允价值为 600 万元。

要求：

（1）编制甲公司 2009 年 1 月 1 日首次执行企业会计准则的会计分录。

（2）将 2009 年 1 月 1 日资产负债表部分项目的调整数填入下表。

2009 年 1 月 1 日资产负债表部分项目的调整数

| 项目 | 金额（万元）调增（＋）调减（一） |
| --- | --- |
| 短期投资 | |
| 交易性金融资产 | |
| 递延所得税资产 | |
| 盈余公积 | |
| 未分配利润 | |

（3）编制 2009 年 12 月 31 日交易性金融资产公允价值变动及确认递延所得税的会计分录。

3. 康宝股份有限公司（以下简称康宝公司）所得税采用资产负债表债务法，所得税税率 25%；按净利润的 10%计提盈余公积。该公司 2012 年 12 月份在内部审计中发现下列问题：

（1）2011 年年末库存钢材账面余额为 610 万元。经检查，该批钢材的预计售价为 540 万元，预计销售费用和相关税金为 30 万元。当时由于疏忽，将预计售价误记为 720 万元，未计提存货跌价准备。

（2）2011 年 12 月 15 日，康宝公司购入 1 000 万元股票，作为交易性金融资产。至年末尚未出售，12 月末的收盘价为 920 万元。康宝公司按其成本列报在资产负债表中。

（3）康宝公司于 2011 年 1 月 1 日支付 3 000 万元对价，取得了丁公司 80%股权，实现了非同一控制下的企业合并，使丁公司成为康宝公司的子公司。2011 年丁公司实现净利润 500 万元，康宝公司按权益法核算确认了投资收益 400 万元。假设丁公司处于免税期。

（4）2011 年 1 月康宝公司从其他企业集团中收购了 100 辆货车，确认了货车牌照专属使用权 600 万元，作为无形资产核算。康宝公司从 2011 年起按照 10 年进行该无形资产摊销。经检查，货车牌照专属使用权没有使用期限。假设按照税法规定，无法确定使用寿命的无形资产按 10 年摊销。

（5）2011 年 8 月康宝公司收到政府拨付的技术款 400 万元，康宝公司将其计入了资本公积（其他资本公积）。此笔款项由于计入了资本公积，未作纳税调整，当年没有申报所得税。

**要求**：将上述发现的问题按照企业会计准则的要求进行差错更正。

4. 长江公司为一般工业企业，所得税税率为 25%，按净利润的 10%提取法定盈余公积。假定对于会计差错，税法允许调整应交所得税。长江公司 2011 年度的汇算清缴在 2012 年 3 月 12 日完成。在 2012 年度发生或发现如下事项：

（1）长江公司于 2008 年 1 月 1 日起计提折旧的管理用固定资产一台，账面原价为 600 万元，预计使用年限为 8 年，预计净残值为 10 万元，按直线法计提折旧。由于技术进步的原因，从 2012 年 1 月 1 日起，长江公司决定对固定资产的折旧方法改为双倍余额递减法，同时估计使用寿命改为 10 年，预计净残值不变。

（2）长江公司有一项投资性房地产，为 2008 年 12 月 31 日购入并于 2009 年 1 月 1 日开始用于出租的。采用成本模式进行计量，该办公楼的原价为 300 万元，原预计使用年限为 10 年，预计净残值为零，采用年限平均法计提折旧，未计提减值准备。2012 年 1 月 1 日，长江公司决定采用公允价值模式对出租的办公楼进行后续计量。该办公楼 2009 年 12 月 31 日、2010 年 12 月 31 日、2011 年 12 月 31 日的公允价值分别为 320 万元、360 万元、380 万元。

（3）长江公司于 2012 年 5 月 20 日发现，2011 年取得一项股权投资，取得成本为 600 万元，长江公司将其划分为可供出售金融资产。期末该项金融资产的公允价值为 800 万元，长江公司将该公允价值变动计入公允价值变动损益。长江公司在计税时，没有将该公允价值变动损益计入应纳税所得额。

（4）长江公司自行建造的办公楼已于 2011 年 6 月 30 日达到预定可使用状态并投入使用。长江公司未按规定在 6 月 30 日办理竣工决算及结转固定资产手续。2011 年 6 月 30 日，该"在建工程"科目的账面余额为 5 000 万元。2011 年 12 月 31 日该"在建工程"科目账面余额为 5 040 万元，其中包括建造该办公楼相关的专门借款在 2011 年 7 月至 12 月期间发生的利息 40 万元。该办公楼竣工决算的建造成本为 5 000 万元。长江公司预计该办公楼使用年限为 20 年，预计净残值为零，采用年限平均法计提折旧。至 2012 年 1 月 1 日，长江公司尚未办理结转固定资产手续。假定税法计提折旧的方法、折旧年限和预计净残值与会计规定一致。

**要求：**

（1）判断上述事项属于会计政策变更、会计估计变更还是重大前期差错。

（2）写出长江公司 2012 年度的有关会计处理，如果属于会计政策变更，要求计算会计政策变更的累积影响数。

（计算结果保留两位小数，答案分录中金额单位以元列示）

**六、综合题**

1. 长城公司为上市公司，该公司内部审计部门在对其 2012 年度财务报表进行内审时，对以下交易或事项的会计处理提出疑问：

（1）经董事会批准，长城公司 2012 年 9 月 30 日与甲公司签订一项不可撤销的销售合同，将位于城区的办公楼转让给甲公司。合同约定，办公楼转让价格为 1 000 万元，甲公司应于 2013 年 1 月 10 日前支付上述款项；长城公司应协助乙公司于 2013 年 1 月 31 日前完成办公楼所有权的转移手续。长城公司办公楼系 2006 年 8 月达到预定可使用状态并投入使用，成本为 3 200 万元，预计使用年限为 10 年，预计净残值为 200 万元，采用年限平均法计提折旧，至 2012 年 8 月 30 日签订销售合同时未计提减值准备。

2012 年度，长城公司对该办公用房计提了 300 万元折旧，相关会计处理如下：

借：管理费用　　　　　　　　　　　　　　　　　　　　　　　300
　　贷：累计折旧　　　　　　　　　　　　　　　　　　　　　　　　300

（2）2012 年 2 月 1 日，长城公司与乙公司签订合同，自乙公司购买用友软件供其使用，合同价格 6 000 万元。因长城公司现金流量不足，按合同约定价款自合同签订之日起满 1 年后分 3 期支付，每年 2 月 1 日支付 2 000 万元。该软件取得后即达到预定用途。长城公司预计其使用寿命为 10 年，预计净残值为零，采用年限平均法摊销。

长城公司 2012 年对上述交易或事项的会计处理如下：

借：无形资产    6 000

    贷：长期应付款    6 000

借：销售费用    550

    贷：累计摊销    550

（3）2012 年 4 月 20 日，长城公司与丙公司签订债务重组协议，约定将长城公司应收丙公司货款 3 000 万元转为对丙公司的出资。经股东大会批准，丙公司于 4 月 30 日完成股权登记手续。债务转为资本后，长城公司持有丙公司 20%的股权，对丙公司的财务和经营政策具有重大影响。该应收款项系长城公司向丙公司销售产品形成，至 2012 年 4 月 30 日长城公司已计提坏账准备 800 万元。4 月 30 日，丙公司 20%股权的公允价值为 2 400 万元，丙公司可辨认净资产公允价值为 10 000 万元（含甲公司债权转增资本增加的价值），除 100 箱 M 产品（账面价值为 500 万元、公允价值为 1 000 万元）外，其他可辨认资产和负债的公允价值均与账面价值相同。2012 年 5 月～12 月，丙公司净亏损为 200 万元，除所发生的 200 万元亏损外，未发生其他引起所有者权益变动的交易或事项。长城公司取得投资时丙公司持有的 100 箱 M 产品中至 2012 年年末已出售 40 箱，假设长城公司与丙公司之间没有发生其他交易或事项。2012 年 12 月 31 日，因对丙公司投资出现减值迹象，长城公司对该项投资进行减值测试，确定其可收回金额为 2 200 万元。

长城公司对上述交易或事项的会计处理为：

借：长期股权投资——成本    2 200

    坏账准备    800

    贷：应收账款    3 000

借：投资收益    40

    贷：长期股权投资——损益调整    40

（4）2012 年 6 月 10 日，长城公司与丁公司签订房产转让合同，将某房产转让给丁公司，合同约定按房产的公允价值 5 900 万元作为转让价格。同日，双方签订租赁协议，约定自 2012 年 7 月 1 日起，长城公司自丁公司将所售房产租回供管理部门使用，租赁期 3 年，每年租金按市场价格确定为 760 万元，每半年末支付 380 万元。长城公司于 2012 年 6 月 25 日收到丁公司支付的房产转让款。当日，房产所有权的转移手续办理完毕。

上述房产在长城公司的账面原价为 6 400 万元，至转让时已按年限平均法计提折旧 1 400 万元，未计提减值准备。该房产尚可使用年限为 30 年。

长城公司对上述交易或事项的会计处理为：

借：固定资产清理    5 000

    累计折旧    1 400

    贷：固定资产    6 400

借：银行存款    5 900

    贷：固定资产清理    5 000

      递延收益    900

借：管理费用    230

递延收益　　　　　　　　　　　　　　　　　　　　　　　　　　　150

　　贷：银行存款　　　　　　　　　　　　　　　　　　　　　　　　380

（5）2012 年 12 月 31 日，长城公司有以下两份尚未履行的合同：

① 2012 年 8 月，长城公司与戊公司签订一份 D 产品销售合同，约定在 2013 年 2 月底以每件 0.3 万元的价格向戊公司销售 3 000 件 D 产品，违约金为合同总价款的 20%。2012 年 12 月 31 日，甲公司库存 D 产品 3 000 件，成本总额为 1 200 万元，按目前市场价格计算的市价总额为 1 400 万元。假定长城公司销售 D 产品不发生销售费用。

② 2012 年 7 月，长城公司与庚公司签订一份不可撤销合同，约定在 2013 年 3 月以每箱 1.2 万元的价格向庚公司销售 1 000 箱 N 产品；庚公司应预付定金 200 万元，若长城公司违约，双倍返还定金。2012 年 12 月 31 日，长城公司的库存中没有 N 产品及生产该产品所需原材料。因原材料价格大幅上涨，长城公司预计每箱 N 产品的生产成本为 1.38 万元。

因上述合同至 2012 年 12 月 31 日尚未完全履行，长城公司 2012 年将收到的定金确认为预收账款，其会计处理如下：

借：银行存款　　　　　　　　　　　　　　　　　　　　　　　　200

　　贷：预收账款　　　　　　　　　　　　　　　　　　　　　　　200

除此之外未进行其他会计处理。

（6）长城公司其他有关资料如下：

① 长城公司的增量借款年利率为 10%。

② 不考虑相关税费的影响。

③ 各交易均为公允交易，且均具有重要性。

（7）本题涉及的复利现值系数和年金现值系数如下：

**复利现值系数表**

| 期数 | 5% | 6% | 7% | 8% | 10% |
|---|---|---|---|---|---|
| 1 | 0.952 4 | 0.943 4 | 0.934 6 | 0.925 9 | 0.909 1 |
| 2 | 0.907 0 | 0.890 0 | 0.873 4 | 0.857 3 | 0.826 4 |
| 3 | 0.836 8 | 0.839 6 | 0.816 3 | 0.793 8 | 0.751 3 |

**年金现值系数表**

| 期数 | 5% | 6% | 8% | 10% | 12% |
|---|---|---|---|---|---|
| 1 | 0.952 4 | 0.943 4 | 0.925 9 | 0.909 1 | 0.892 9 |
| 2 | 1.859 4 | 1.833 4 | 1.783 3 | 1.735 5 | 1.690 1 |
| 3 | 2.723 2 | 2.673 0 | 2.577 1 | 2.486 9 | 2.401 8 |

　　**要求**：根据资料（1）至（5），逐项判断长城公司会计处理是否正确；如不正确，简要说明理由，并编制更正有关会计差错的会计分录（有关会计差错更正按当期差错处理，不要求编制调整盈余公积的会计分录）。

　　（答案中的金额单位用万元表示）

2. 甲公司经批准自 2008 年 1 月 1 日执行《企业会计准则》，对所得税一直采用资产负债表债务法核算，适用所得税率为 25%，甲公司自设立以来一直按照净利润的 10%提取法定盈余公积，未计提任意盈余公积。

（1）为执行《企业会计准则》，甲公司对 2008 年以前的会计资料复核，发现以下问题：

① 甲公司自行建造的办公楼已于 2007 年 6 月 30 日达到预定可使用状态，并投入使用，甲公司未按规定在 6 月 30 日办理竣工结算及结转固定资产的手续，2007 年 6 月 30 日，该"在建工程"科目的账面余额为 2 000 万元，2007 年 12 月 31 日该"在建工程"科目账面余额为 2 190 万元，其中包括建造该办公楼相关专门借款在 2007 年 7 月~12 月期间发生利息 50 万元，应计入管理费用的支出 140 万元。

该办公楼竣工结算的建造成本为 2 000 万元，甲公司预计该办公楼使用年限为 20 年，预计净残值为零，采用年限平均法计提折旧。至 2008 年 1 月 1 日，甲公司尚未办理结转固定资产手续。

② 以 400 万元价格于 2006 年 7 月 1 日购入一套计算机软件，在购入当天作为管理费用处理，按照甲公司会计政策，该计算机的软件作为无形资产确认入账，预计使用年限为 5 年，采用直线法摊销。

③ "其他应收款"账户余额中 600 万元未按期结转为费用，其中应确认为 2007 年销售费用 400 万元，应确认为 2006 年销售费用的为 200 万元。

④ 误将 2006 年 12 月发生的一笔销售原材料收入 1 000 万元计入 2007 年 1 月 1 日其他业务收入，误将 2007 年 12 月发生的一笔销售原材料收入 2 000 万元计入 2008 年 1 月的其他业务收入，其他业务收入 2006 年的毛利率为 20%，2007 年的毛利率为 25%。

假定上述事项涉及损益的事项均可调整应交所得税。

（2）为执行企业会计准则，2008 年 1 月 1 日甲公司进行如下会计变更：

① 将坏账准备计提方法由原来应收账款余额百分比法变更为账龄分析法，2008 年以前甲公司一直采用备抵法核算坏账损失，按期末应收账款余额的 0.5%计提坏账准备，2008 年 1 月 1 日变更前的坏账准备账面余额为 20 万元，甲公司 2008 年 12 月 31 日应收账款余额账龄及计提比例如下（当年未发现其他涉及坏账准备事项）：

| 项 目 | 1 年以内 | 1 至 2 年 | 2 至 3 年 | 3 年以上 |
|---|---|---|---|---|
| 2008 年 12 月 31 日应收账款余额 | 3 000 万元 | 500 万元 | 300 万元 | 200 万元 |
| 2008 年起坏账准备计提比例 | 10% | 20% | 40% | 100% |

② 将 A 设备的折旧方法由年限平均法变更为年数总和法。A 设备系公司 2006 年 6 月购入并投入使用，入账价值为 3 300 万元，预计使用年限为 5 年，预计净残值为 300 万元。该设备用于公司行政管理。

（3）2008 年 7 月 1 日，鉴于更先进的技术被采用，经董事会决议批准，决定将 B 设备的使用年限由 10 年缩短至 6 年，预计净残值为零，仍采用年限平均法计提折旧。B 设备是公司 2006 年 12 月购入，并于当月投入公司管理部门使用，入账价值为 10 500 万元；购入当时预计使用年限为 10 年，预计净残值为 500 万元。

假定：

① 甲公司上述固定资产的折旧年限、预计净残值及折旧方法均符合税法的规定。

② 上述会计差错均具有重要性。

**要求：**

（1）对资料（1）中会计差错进行更正。

（2）对资料（2）中会计变更的性质做出判断及处理。

（3）对资料（3）中会计变更的性质做出判断及计算相应折旧额、进行会计处理。

# 能力训练题

1. 小组讨论，结合当前的国内外会计政策回答：

我国在制定企业会计政策时应该注意哪些问题？如何实现国际趋同？

2. 阅读下列材料，并回答相关问题。

**【资料】**　　凌钢股份：会计政策、会计估计变更情况专项审核报告[1]

凌源钢铁股份有限公司全体股东：

我们根据中国证券监督管理委员会公告[2011]41 号文和上海证券交易所《关于做好上市公司 2011 年年度报告工作的通知》的要求，对凌源钢铁股份有限公司（以下简称凌钢公司）2011 年度会计政策、会计估计变更情况说明如下：

**一、会计政策变更**

（一）会计政策变更的原因

根据《企业会计准则解释第 5 号（征求意见稿）》第九条 "企业按照税法规定应交纳的企业所得税、增值税等税费，应当按照《企业会计准则第 30 号——财务报表列报》的规定，根据其余额性质在资产负债表进行列示。其中，对于增值税待抵扣金额，根据其流动性，在资产负债表中的'其他流动资产'项目或'其他非流动资产'项目列示。本解释发布前应交税费未按上述规定进行列报的，应当进行追溯调整，追溯调整不切实可行的除外"的相关规定，凌钢公司于 2011 年度，对上述会计事项进行了调整。

（二）会计政策变更的会计处理

凌钢公司此项会计政策变更，追溯调增 2009 年"其他流动资产"55 040 374.08 元，调增"应交税费"55 040 374.08 元；追溯调增 2010 年"其他流动资产"123 491 600.19元，调增"应交税费"123 491 600.19 元；调增 2011 年"其他流动资产"216 329 557.06元，调增"应交税费"216 329 557.06 元。

（三）会计政策变更对各年财务状况和经营成果的影响

凌钢公司做出的此项会计政策变更，影响 2009 年 12 月 31 日资产总额、负债总额增加 55 040 374.08 元，影响 2010 年 12 月 31 日资产总额、负债总额增加 123 491 600.19 元，影响 2011 年 12 月 31 日资产总额、负债总额增加 216 329 557.06 元。

---

[1] http://www.cfi.net.cn/p20120229000939.html.

### 二、会计估计变更

（一）会计估计变更的原因

2004 年，凌钢公司根据财税[2004]153 号《关于落实振兴东北老工业基地企业所得税优惠政策的通知》的规定，固定资产采取加速 40%折旧政策。2009 年，凌钢公司根据 2008 年新《企业所得税法》的实施及 2009 年 5 月《关于落实振兴东北老工业基地企业所得税优惠政策的通知》的取消，凌钢公司第四届董事会第十三次会议决定，对 2009 年新增固定资产取消加速 40%的折旧政策，2008 年度以前形成及新增固定资产仍按加速 40%折旧政策执行，同时对 2008 年度新增固定资产加速折旧部分进行纳税调增。2011 年，凌钢公司为减少财税差异，统一财务核算与税法要求，并结合近年核算管理实际情况，凌钢公司第五届董事会第二次会议决定对 2008 年度新增的按加速 40%折旧的固定资产，从 2011 年 1 月 1 日起不再进行加速折旧。

（二）会计估计的会计处理

凌钢公司此项会计估计变更，影响 2011 年 12 月 31 日累计折旧减少 13 190 374.27 元，影响 2011 年度营业成本减少 13 190 374.27 元。

（三）会计估计变更对各年财务状况和经营成果的影响

凌钢公司此项会计估计变更，影响 2011 年 12 月 31 日资产总额增加 13 190 374.27 元，影响 2011 年度利润总额增加 13 190 374.27 元。

【问题】

（1）会计政策、会计估计变更的原因主要有哪些？进行会计处理时的异同点有哪些？

（2）会计政策、会计估计变更与公司治理和公司盈余管理存在怎样的关系？

（3）会计政策、会计估计变更在进行信息披露时应该注意哪些问题？

（4）经济环境和社会环境变化对企业选择会计政策和会计估计有哪些影响？

# 第9章

## 资产负债表日后事项

**知识目标**

- 了解资产负债表日后事项的概念；
- 熟悉资产负债表日后事项涵盖的期间；
- 熟悉资产负债表日后事项的内容；
- 掌握资产负债表日后调整事项的会计处理；
- 掌握资产负债表日后非调整事项的会计处理。

**能力目标**

　　具备确定资产负债表日后调整事项和非调整事项的职业判断能力；
具备资产负债表日后各类事项会计处理的职业综合能力。

**关键术语**

　　资产负债表日后事项　　调整事项　　非调整事项

# 9.1 资产负债表日后事项概述

## 9.1.1 资产负债表日后事项概念

资产负债表日后事项,是指资产负债表日至财务报告批准报出日之间发生的有利或不利事项。

**1. 资产负债表日**

资产负债表日是指会计年度末和会计中期期末。中期是指短于一个完整的会计年度的报告期间,包括半年度、季度和月度。按照《会计法》规定,我国会计年度采用公历年度,即 1 月 1 日至 12 月 31 日。因此,年度资产负债表日是指每年的 12 月 31 日,中期资产负债表日是指各会计中期期末。

涉及跨国经营的情况,无论该公司如何确定会计年度和会计中期,其向国内提供的财务报告都应根据我国《会计法》和会计准则的要求确定资产负债表日。

**2. 财务报告批准报出日**

财务报告批准报出日是指董事会或类似机构批准财务报告报出的日期,通常是指对财务报告的内容负有法律责任的单位或个人批准财务报告对外公布的日期。财务报告的批准者包括所有者、所有者中的多数、董事会或类似的管理单位、部门和个人。

《公司法》规定,董事会有权制订公司的年度财务预算方案、决算方案、利润分配方案和弥补亏损方案,因此,公司制企业的财务报告批准报出日是指董事会批准财务报告报出的日期。对于非公司制企业,财务报告批准报出日是指经理(厂长)会议或类似机构批准财务报告报出的日期。

**3. 有利事项和不利事项**

资产负债表日后事项准则所称"有利或不利事项",是指资产负债表日后对企业财务状况和经营成果具有一定影响(既包括有利影响也包括不利影响)的事项。如果某些事项的发生对企业财务状况和经营成果无任何影响,那么这些事项既不是有利事项也不是不利事项,也就不属于准则所称资产负债表日后事项。

## 9.1.2 资产负债表日后事项涵盖的期间

资产负债表日后事项涵盖的期间是自资产负债表日次日起至财务报告批准报出日止的一段时间,具体是指报告期下一期间的第一天至董事会或类似机构批准财务报告对外公布的日期。

财务报告批准报出以后、实际报出之前又发生与资产负债表日后事项有关的事项,并由此影响财务报告对外公布日期的,应以董事会或类似机构再次批准财务报告对外公布的日期为截止日期。

【例 9-1】 腾达公司 2011 年财务报告于 2012 年 2 月 12 日编制完成,所得税汇算清缴日为 2012 年 3 月 15 日,注册会计师完成审计并签署审计报告日为 2012 年 4 月 3 日,经董事会批准报表对外公布日为 4 月 15 日,财务报告实际对外报出日为 4 月 20

日，股东大会召开日期是 4 月 24 日。根据资产负债表日后事项涵盖期间规定，本例中，该公司 2011 年资产负债表日后事项涵盖期间为 2012 年 1 月 1 日至 2012 年 4 月 15 日。

### 9.1.3 资产负债表日后事项的内容

资产负债表日后事项包括资产负债表日后调整事项（以下简称调整事项）和资产负债表日后非调整事项（以下简称非调整事项）。

**1. 调整事项**

资产负债表日后调整事项，是指对资产负债表日已经存在的情况提供了新的或进一步证据的事项。

（1）调整事项的特点

1）在资产负债表日已经存在，资产负债表日后得以证实的事项。如在资产负债表日及所属会计期间已经存在某种情况，但当时并不知道其存在或者不能知道确切结果，资产负债表日后发生的事项能够证实该情况的存在或者确切结果，则该事项属于资产负债表日后事项中的调整事项。

2）对按资产负债表日存在状况编制的财务报表产生重大影响的事项。如资产负债表日后事项对资产负债表日的情况提供了进一步证据，证据表明的情况与原来的估计和判断不完全一致，则需要对原来的会计处理进行调整。

（2）调整事项的内容

1）资产负债表日后诉讼案件结案，法院判决证实了企业在资产负债表日已经存在现时义务，需要调整原先确认的与该诉讼案件相关的预计负债，或确认一项新负债。

2）资产负债表日后取得确凿证据，表明某项资产在资产负债表日发生了减值或者需要调整该项资产原先确认的减值金额。

3）资产负债表日后进一步确定了资产负债表日前购入资产的成本或售出资产的收入。

4）资产负债表日后发现了财务报表舞弊或差错。

**【例 9-2】** 腾达公司在 2011 年 12 月 31 日得知甲债务人发生财务困难，就对其应收账款 50 万元按 5%计提了坏账准备，并列示于资产负债表的"应收账款"抵减项目。但在财务报告批准报出日前得到通知，甲债务人已经死亡，该笔应收账款已经无法收回。

在本例中，甲债务人发生财务困难的事项在资产负债表日前，资产负债表日，腾达公司已对其应收账款进行了估计（5%的坏账准备），在财务报表批准报出日前得知债务人已经死亡，表明应对其应收账款（5%坏账准备）进行重新估计（实际发生了坏账损失）。因此，即为调整事项。

**2. 非调整事项**

资产负债表日后非调整事项，是指表明资产负债表日后发生的情况的事项。非调整事项的发生不影响资产负债表日企业的财务报表数字，只说明资产负债表日后发生了某些情况。非调整事项，又可细分为重要的非调整事项和不重要的非调整事项。判断"重要"与"非重要"的主要依据是：如果不对某事项进行披露说明，将会影响财务报告使用者作出正确估计和决策，则该非调整事项是重要的非调整事项，因此，重要的调整事项需要在报告年度的财务报表中适当披露。本章所指的"非调整事项"专指重要的、需要披露的非调整事项。

企业发生的资产负债表日后非调整事项，通常包括下列各项：①资产负债表日后发生重大诉讼、仲裁、承诺；②资产负债表日后资产价格、税收政策、外汇汇率发生重大变化；③资产负债表日后因自然灾害导致资产发生重大损失；④资产负债表日后发行股票和债券以及其他巨额举债；⑤资产负债表日后资本公积转增资本；⑥资产负债表日后发生巨额亏损；⑦资产负债表日后发生企业合并或处置子公司；⑧资产负债表日后，企业利润分配方案中拟分配的以及经审议批准宣告发放的股利或利润。

**【例 9-3】** 腾达公司 2011 年度财务报告于 2012 年 4 月 14 日经董事会批准对外公布。2012 年 4 月 9 日，董事会提出 2011 年利润分配方案为每 10 股送 3 股股票股利。

在本例中，腾达公司资产负债表日后事项涵盖期间为 2012 年 1 月 1 日到 2012 年 4 月 14 日，董事会提出的利润分配方案在资产负债表日后事项涵盖的期间内，但是该事项在 2011 年 12 月 31 日尚未发生，与资产负债表日存在的状况无关，不影响财务报表的数字，但是该事项属于重要事项会影响公司以后期间的财务状况和经营成果，因此，需要在报表附注中予以披露。

**3. 调整事项与非调整事项的区别**

资产负债表日后事项是调整事项还是非调整事项，取决于该事项表明的情况在资产负债表日或资产负债表日以前是否已经存在或发生。如果该事项表明的情况是在资产负债表日或资产负债表日以前已经存在或发生的，则属于调整事项；否则为非调整事项。

**【例 9-4】** 腾达公司 2011 年的财务报告于 2012 年 4 月 1 日批准报出，资产负债表日后事项的涵盖期间为 2012 年 1 月 1 日～2012 年 4 月 1 日。腾达公司 2011 年 6 月向甲公司销售商品一批，至 2011 年 12 月 31 日货款尚未收到。

1）2011 年 12 月 31 日甲公司财务状况良好，腾达公司预计应收账款可按时收回。甲公司 2012 年 3 月 8 日发生重大火灾，腾达公司 3 月 20 日得知此事，导致 80%的应收账款无法收回。

本例中，导致腾达公司 2011 年度应收账款损失的因素是火灾，应收账款发生损失这一事实在资产负债表日以后才发生，因此甲公司发生火灾导致腾达公司应收款项发生坏账的事项属于非调整事项。

2）2011 年 12 月 31 日甲公司财务状况已出现财务危机，腾达公司估计对甲公司的应收账款将有 20%无法收回，故按 20%的比例计提坏账准备。2012 年 3 月腾达公司接到通知，甲公司已被宣告破产清算，腾达公司估计有 90%的债权无法收回。

在本例中，导致腾达公司 2011 年度应收账款无法收回的事实是甲公司财务状况恶化，该事实在资产负债表日已经存在，甲公司被宣告破产只是证实了资产负债表日财务状况恶化的情况，因此该事项属于调整事项。

## 9.2　资产负债表日后调整事项的会计处理

### 9.2.1　资产负债表日后调整事项的处理原则

企业发生的资产负债表日后调整事项，应当调整资产负债表日的财务报表，这里的财务报表包括资产负债表、利润表及所有者权益变动表等内容，但不包括现金流量表（资产负债表日后发生的现金的收付业务属于本期的事项）。

对于年度财务报告而言，由于资产负债表日后事项发生在报告年度的次年，报告年度的有关账目已经结转，特别是损益类科目在结账后已无余额。因此，年度资产负债表日后发生的调整事项，应具体分别以下情况进行处理：

**1. 涉及损益的事项，通过"以前年度损益调整"科目核算**

调整增加以前年度利润或调整减少以前年度亏损的事项，计入"以前年度损益调整"科目的贷方；调整减少以前年度利润或调整增加以前年度亏损的事项，计入"以前年度损益调整"科目的借方。

涉及损益的事项，如果发生在资产负债表日所属年度（即报告年度）所得税汇算清缴前的，应调整报告年度应纳税所得额；由于以前年度损益调整增加的所得税费用，计入"以前年度损益调整"科目的借方，同时贷记"应交税费——应交所得税"等科目；由于以前年度损益调整减少的所得税费用，计入"以前年度损益调整"科目的贷方，同时借记"应交税费——应交所得税"等科目。调整完成后，将"以前年度损益调整"科目的贷方或借方余额，转入"利润分配——未分配利润"科目。

涉及损益的事项，如果发生在报告年度所得税汇算清缴后的，应调整本年度（即报告年度的次年）应纳所得税税额。

**2. 涉及利润分配调整的事项，直接在"利润分配——未分配利润"科目核算**

影响损益的调整事项，需要将"以前年度损益调整"科目转到"利润分配——未配利润"科目，并调整"盈余公积"科目。年度终了时，将"本年利润"转到"利润分配——未分配利润"。

**3. 不涉及损益及利润分配的事项，调整相关科目（略）**

**4. 通过上述账务处理后，还应同时调整财务报表相关项目的数字**

1）资产负债表日编制的财务报表相关项目的期末数或本年发生数。

2）当期编制的财务报表相关项目的期初数或上年数。

3）上述调整如果涉及报表附注内容的，还应当作出相应调整。

### 9.2.2　资产负债表日后调整事项的会计处理

**1. 资产负债表日后诉讼案件结案，法院判决证实了企业在资产负债表日已经存在现时义务，需要调整原先确认的与该诉讼案件相关的预计负债，或确认一项新负债**

这一事项是指在资产负债表日已经存在的现时义务尚未确认，资产负债表日后至财务报告批准报出日之间获得了新的或进一步的证据，表明符合负债的确认条件，应在财务报告中予以确认，从而需要对财务报表相关项目进行调整；或者资产负债表日已确认的某项负债，在资产负债表日至财务报告批准报出日之间获得新的或进一步的证据，表明需要对已经确认的金额进行调整。

【例 9-5】 腾达公司在 2011 年 10 月份与甲公司签订一项供销合同，合同中约定腾达公司应该在 2011 年 11 月向甲公司发货。由于腾达公司未能按合同发货导致甲公司发生重大经济损失。2011 年 12 月，腾达公司对该诉讼事项确认的预计负债为 1 500 万元，2012 年 3 月 17 日，经法院判决，腾达公司需偿付甲公司经济损失 1 000 万元。甲公司不再上诉，并假定赔偿款已经支付。腾达和甲公司 2011 年所得税汇算清缴均在 2012 年 3 月 10 日已完成（假定该项预计负债产生的损失不允许在预计时税前抵扣，只有在损失实际发生时，才允许税前抵扣），腾达公司财务报告批准报出日为 2012 年 4 月 28 日，预计未来期间能够取得足够的应纳税所得额用以抵扣可抵扣的暂时性差异，所得税税率为 25%，按净利润的 10% 提取法定盈余公积，提取法定盈余公积后不再做其他分配。

腾达公司账务处理如下：

1）2012 年 3 月 17 日，记录支付的赔款，并调整递延所得税资产。

借：预计负债　　　　　　　　　　　　　　　　15 000 000
　　贷：其他应付款　　　　　　　　　　　　　　10 000 000
　　　　以前年度损益调整　　　　　　　　　　　 5 000 000
借：递延所得税资产　　　　　　　　　　　　　　3 750 000
　　贷：以前年度损益调整　　　　　　　　　　　 3 750 000
借：其他应付款　　　　　　　　　　　　　　　10 000 000
　　贷：银行存款　　　　　　　　　　　　　　 10 000 000

2）2011 年末因确认预计负债 1 000 万元时已确认相应的递延所得税资产，资产负债表日后事项发生后递延所得税资产不复存在，故应冲销相应记录。

借：以前年度损益调整　　　　　　　　　　　　　2 500 000
　　贷：递延所得税资产　　　　　　　　　　　　 2 500 000

3）将"以前年度损益调整"科目余额转入未分配利润，并调整盈余公积。

借：以前年度损益调整　　　　　　　　　　　　　1 250 000
　　贷：盈余公积　　　　　　　　　　　　　　　　 125 000
　　　　利润分配——未分配利润　　　　　　　　 1 125 000

4）调整报告年度财务报表（财务报表略）

资产负债表项目的年末数调整：调增递延所得税资产 125 万元；调增其他应付款 1 000 万元，调减预计负债 1 500 万元；调增盈余公积 12.5 万元，调增未分配利润 112.5 万元。

利润表项目的调整：调减营业外支出 500 万元，调减所得税费用 125 万元，调增净利润 125 万元。

所有者权益变动表项目的调整：调增净利润 125 万元，提取盈余公积项目中盈余公积一栏调增 12.5 万元，未分配利润一栏调减 12.5 万元。

**2. 资产负债表日后取得确凿证据，表明某项资产在资产负债表日发生了减值或者需要调整该项资产原先确认的减值金额**

这一事项是指在资产负债表日，根据当时的资料判断某项资产可能发生了损失或减值，但没有最后确定是否会发生，因而按照当时的最佳估计金额反映在财务报表中；但在资产负债表日至财务报告批准报出日之间，所取得的确凿证据能证明该事实成立，即某项资产已经发生了损失或减值，则应对资产负债表日所作的估计予以修正。

**【例9-6】** 腾达公司 2011 年 7 月销售给甲公司一批产品，价款为 117 000 元（含增值税），甲公司于 8 月收到所购物资并验收入库。按合同规定，甲公司应在收到货款两个月内付款。由于甲公司财务状况不佳，到 2011 年 12 月 31 日仍未付款，腾达公司在 2011 年 12 月 31 日编制财务报表时，已为该项应收账款提取了 10%的坏账准备,计 11 700 元。腾达公司于 2012 年 1 月 20 日（所得税汇算清缴前）收到法院通知，甲公司已宣告破产清算，无力偿还所欠部分货款。腾达公司预计可收回金额为应收账款的 50%。

腾达公司账务处理如下：

（1）补提坏账准备

应补提的坏账准备＝117 000×50%－11 700＝46 800（元）

借：以前年度损益调整 46 800
    贷：坏账准备 46 800

（2）调整递延所得税资产

借：递延所得税资产 11 700
    贷：以前年度损益调整 11 700

（3）将以前年度损益科目余额转入利润分配

借：利润分配——未分配利润 35 100
    贷：以前年度损益调整 35 100

（4）调整利润分配有关数字

借：盈余公积 3 510
    贷：利润分配——未分配利润 3 510

（5）调整报告年度财务报表相关项目的数字（财务报表略）

资产负债表项目的调整：调减应收账款净值 46 800 元，调增递延所得税资产 11 700 元；调减盈余公积 3 510 元，调减未分配利润 31 590 元。

利润表项目的调整：调增资产减值损失 46 800 元，调减所得税费用 11 700 元，调减净利润 35 100 元。

所有者权益变动表项目的调整：调减净利润 35 100 元，提取盈余公积项目中盈余公积一栏调减 3 510 元，未分配利润一栏调增 3 510 元。

**3. 资产负债表日后进一步确定了资产负债表日前购入资产的成本或售出资产的收入**

这类调整事项包括两方面的内容：

1）若资产负债表日前购入的资产已经按暂估金额等入账，资产负债表日后获得证据，可以进一步确定该资产的成本，则应该对已入账的资产成本进行调整。如购建固定资产已经达到预定可使用状态，但尚未办理竣工决算，企业已办理暂估入账；资产负债表日后办理决算，此时应根据竣工决算的金额调整暂估入账的固定资产成本等。

2）企业符合收入确认条件确认资产销售收入，但资产负债表日后获得关于资产收入的进一步证据，如发生销售退回、销售折让等，此时也应调整财务报表相关项目的金额。需要说明的是，资产负债表日后发生的销售退回，既包括报告年度或报告中期销售的商品在资产负债表日后发生的销售退回，也包括以前期间销售的商品在资产负债表日后发生的销售退回。

资产负债表日后事项中涉及报告年度所属期间的销售退回，应调整报告年度利润表的收入、费用等。由于纳税人所得税汇算清缴是在财务报告对外报出后才完成的，因此，应相应调整报告年度的应纳税所得额。

资产负债表所属期间或以前期间所售商品在资产负债表日后退回的，应作为资产负债表日后调整事项处理。发生于资产负债表日后至财务报告批准报出日之间的销售退回事项，发生于年度所得税汇算清缴之前的销售退回，应调整报告年度利润表的收入、成本等，并相应调整报告年度的应纳税所得额以及报告年度应缴的所得税等。

【例9-7】 腾达公司2011年10月9日销售一批商品给甲公司，取得不含税的销售收入为100万元，增值税17万元。腾达公司发出商品后，按照正常情况已确认收入，并结转成本80万元。2011年12月31日，该笔货款尚未收到，腾达公司没有对应收账款计提坏账准备，2012年2月12日，由于质量问题，该批货物被退回。腾达公司在2012年3月18日完成2011年度所得税的汇算清缴，公司适用的所得税税率为25%。

在本例中，销售退回业务属于资产负债表日涵盖的期间内，属于资产负债表日后调整事项，腾达公司账务处理如下：

（1）调整2012年2月12日调整销售收入

借：以前年度损益调整　　　　　　　　　　　　　　1 000 000
　　应交税费——应交增值税（销项税额）　　　　　　170 000
　　　贷：应收账款　　　　　　　　　　　　　　　　1 170 000

（2）调整销售成本

借：库存商品　　　　　　　　　　　　　　　　　　800 000
　　　贷：以前年度损益调整　　　　　　　　　　　　800 000

（3）调整应缴纳的所得税

借：应交税费——应交所得税　　　　　　　　　　　50 000
　　　贷：以前年度损益调整　　　　　　　　　　　　50 000

（4）将以前年度损益调整科目余额转入利润分配

借：利润分配——未分配利润　　　　　　　　　　　150 000
　　　贷：以前年度损益调整　　　　　　　　　　　　150 000

（5）调整盈余公积

借：盈余公积　　　　　　　　　　　　　　　　　　15 000
　　　贷：利润分配——未分配利润　　　　　　　　　15 000

（6）调整相关财务报表（略）

资产负债表日后事项中涉及报告年度所属期间的销售退回发生于报告年度所得税汇算清缴之后，应调整报告年度会计报表的收入、成本等，但按照税法规定在此期间的销售退回所涉及的应缴所得税，应作为本年的纳税调整事项。

**【例 9-8】** 沿用例 9-7 数据，假定销售退回的时间改为 2012 年 3 月 30 日。

腾达公司账务处理如下：

（1）调整 2012 年 2 月 12 日调整销售收入

| | | |
|---|---|---|
| 借：以前年度损益调整 | 1 000 000 | |
| 应交税费——应交增值税（销项税额） | 170 000 | |
| 贷：应收账款 | | 1 170 000 |

（2）调整销售成本

| | | |
|---|---|---|
| 借：库存商品 | 800 000 | |
| 贷：以前年度损益调整 | | 800 000 |

（3）将以前年度损益调整科目余额转入利润分配

| | | |
|---|---|---|
| 借：利润分配——未分配利润 | 200 000 | |
| 贷：以前年度损益调整 | | 200 000 |

（4）调整盈余公积

| | | |
|---|---|---|
| 借：盈余公积 | 20 000 | |
| 贷：利润分配——未分配利润 | | 20 000 |

（5）调整相关财务报表（略）

**4. 资产负债表日后发现了财务报表舞弊或差错**

资产负债表日至财务报告批准日之间发生的属于资产负债表期间或以前期间存在的财务报表舞弊或差错，这种舞弊或差错应当作为资产负债表日后调整事项，调整报告年度的年度财务报告或中期财务报告相关项目的数字。会计处理参见第 8 章"会计政策、会计估计变更和差错更正"。

# 9.3  资产负债表日后非调整事项的会计处理

## 9.3.1  资产负债表日后非调整事项的处理原则

资产负债表日后发生的非调整事项，是表明资产负债表日后发生的情况的事项，与资产负债表日存在状况无关，不应当调整资产负债表日的财务报表。但有的非调整事项对财务报告使用者具有重大影响，如不加以说明，将不利于财务报告使用者做出正确估计和决策，因此，应在附注中对重要的资产负债表日后非调整事项的性质、内容及对财务状况和经营成果的影响加以披露。

## 9.3.2  资产负债表日后非调整事项的会计处理

资产负债表日后发生的非调整事项，应当在报表附注中披露每项重要的资产负债表日后非调整事项的性质、内容，及其对财务状况和经营成果的影响。无法作出估计的，应当说明原因。

### 1. 资产负债表日后发生重大诉讼、仲裁、承诺

资产负债表日后发生的重大诉讼等事项，对企业影响较大，为防止误导投资者及其他财务报告使用者，应当在报表附注中披露。

**【例9-9】** 腾达公司2011年度财务报告于2012年4月19日经董事会批准对外公布，2012年1月8日与甲公司签订一项销售合同，合同中约定腾达公司需在2012年1月19日向甲公司发货，由于腾达公司未按时发货，甲公司在2012年2月10向法院起诉腾达公司，2012年2月22日经法院一审判决，腾达公司需要赔偿甲公司1 000万元。

在本例中，腾达公司在资产负债表日后发生重大诉讼，影响较大，虽不影响2011年度财务报表的数字，但是该事项属于重大事项，会影响公司以后期间的财务状况和经营成果，因此需要在报表中进行披露。

### 2. 资产负债表日后资产价格、税收政策、外汇汇率发生重大变化

资产负债表日后发生的资产价格、税收政策和外汇汇率的重大变化，虽然不会影响资产负债表日财务报表相关项目的数据，但对企业资产负债表日后期间的财务状况和经营成果有重大影响，应当在报表附注中予以披露。

### 3. 资产负债表日后因自然灾害导致资产发生重大损失

**【例9-10】** 腾达公司在2011年12月购入一批原材料，价款为1 000万元，到2011年12月31日，该批原材料已经全部验收入库，货款已经通过银行支付，2012年1月18日，腾达公司所在地发生强烈地震，该批材料全部损毁。

在本例中，自然灾害导致资产重大损失对资产负债表日后财务状况影响较大，需要在报表中进行披露。

### 4. 资产负债表日后发行股票和债券及其他巨额举债

企业发行股票、债券以及向银行或非银行金融机构举借巨额债务都是比较重大的事项，虽然这一事项与企业资产负债表日的存在状况无关，但这一事项的披露能使财务报告使用者了解与此有关的情况及可能带来的影响，因此应当在报表附注中进行披露。

### 5. 资产负债表日后资本公积转增资本

企业以资本公积转增资本将会改变企业的资本（或股本）结构，影响较大，应当在报表附注中进行披露。

### 6. 资产负债表日后发生巨额亏损

企业资产负债表日后发生巨额亏损将会对企业报告期以后的财务状况和经营成果产生重大影响，应当在报表附注中及时披露该事项，以便为投资者或其他财务报告使用者做出正确决策提供信息。

### 7. 资产负债表日后发生企业合并或处置子公司

企业合并或者处置子公司的行为可以影响股权结构、经营范围等方面，对企业未来的生产经营活动能产生重大影响，应当在报表附注中进行披露。

**8. 资产负债表日后，企业利润分配方案中拟分配的以及经审议批准宣告发放的股利或利润**

资产负债表日后，企业制定利润分配方案，拟分配或经审议批准宣告发放股利或利润的行为，并不会导致企业在资产负债表日形成现时义务，虽然该事项的发生可导致企业负有支付股利或利润的义务，但支付义务在资产负债表日尚不存在，不应该调整资产负债表日的财务报告，因此，该事项为非调整事项。但由于该事项对企业资产负债表日后的财务状况有较大影响，可能导致现金大规模流出、企业股权结构变动等，为便于财务报告使用者更充分了解相关信息，企业需要在财务报告中适当披露该信息。

例如，2012 年 2 月份董事会提出 2011 年的利润分配方案，分配方案中包括现金股利、股票股利的分配，对于这个事项，公司不需要进行账务处理，但该事项属于非调整事项，应该予以披露。假定 2012 年 3 月份股东大会批准了利润分配方案，此时需要对现金股利的分配做账务处理，该账务处理属于 2012 年的业务，不应该调整 2011 年报表。而对于股票股利，则应该在办理增资手续后做处理，也属于 2012 年的业务。

## 9.4　资产负债表日后事项会计信息披露

企业应当在会计报表附注中披露与资产负债表日后事项有关的下列信息：

1）财务报告的批准报出者和财务报告批准报出日。

2）每项重要的资产负债表日后非调整事项的性质、内容，及其对财务状况和经营成果的影响。无法做出估计的，应当说明原因。

3）企业在资产负债表日后取得了影响资产负债表日存在情况的新的或进一步的证据，应当调整与之相关的披露信息。

## 本章知识框架

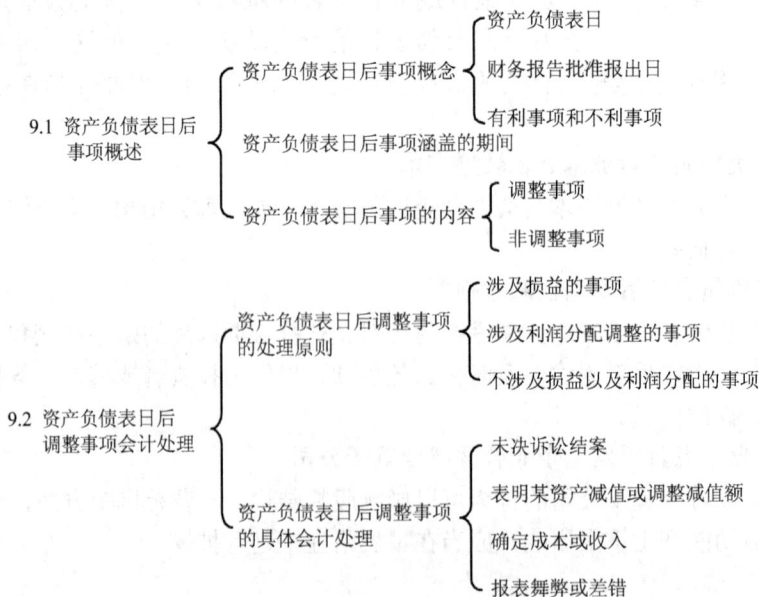

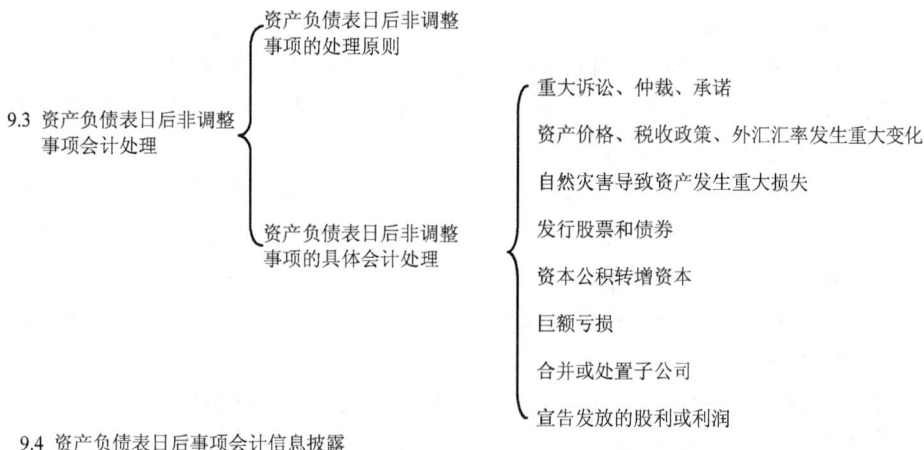

资产负债表日后非调整
事项的处理原则

9.3 资产负债表日后非调整
事项会计处理

{

重大诉讼、仲裁、承诺

资产价格、税收政策、外汇汇率发生重大变化

自然灾害导致资产发生重大损失

发行股票和债券

资产负债表日后非调整
事项的具体会计处理

资本公积转增资本

巨额亏损

合并或处置子公司

宣告发放的股利或利润

9.4 资产负债表日后事项会计信息披露

# 复 习 题

## 一、单项选择题

1. 资产负债表日后事项是指资产负债表日至（    ）之间发生的有利或不利事项。

    A．财务报告批准日         B．注册会计师出具审计报告日

    C．完成财务报告编制日     D．实际对外公布日

2. 甲公司 2011 年年度财务报告经董事会批准对外公布的日期为 2012 年 3 月 15 日，拟对外公布的日期为 2012 年 3 月 23 日。由于在 2012 年 3 月 25 日发生了重大事项，需要调整财务报表相关项目，经调整后的财务报告再经董事会批准报出的日期为 2012 年 4 月 6 日，实际对外公布的日期为 2012 年 4 月 10 日。那么甲公司 2011 年度的资产负债表日后事项涵盖期间是（    ）。

    A．2012 年 1 月 1 日至 2012 年 3 月 15 日

    B．2012 年 1 月 1 日至 2012 年 3 月 23 日

    C．2012 年 1 月 1 日至 2012 年 4 月 6 日

    D．2012 年 1 月 1 日至 2012 年 4 月 10 日

3. 资产负债表日后的非调整事项是指（    ）。

    A．资产负债表日后新发生的事项

    B．资产负债表日或以前已经存在，但资产负债表日后发生变化的事项

    C．资产负债表日后新发生的事项，且对理解和分析财务报告有重大影响的事项

    D．资产负债表日或以前已经存在，但对编制理解财务报告没有影响的事项

4. 甲公司在资产负债表日至财务报告批准报出日之间发生的下列事项中，属于资产负债表日后调整事项的是（    ）。

    A．资产负债表日后发生重大诉讼、仲裁和承诺

    B．资产负债表日后因自然灾害导致资产发生重大损失

    C．处置子公司

    D．法院判决赔偿的金额与资产负债表日预计的相关负债的金额不一致

5. 关于资产负债表日后调整事项处理原则，下列说法错误的是（　　　）。

A. 调整事项均应通过"以前年度损益调整"科目进行账务处理

B. 调整完成后，应该将"以前年度损益调整"科目的贷方或借方余额转入"利润分配——未分配利润"

C. 涉及损益的调整事项，如果发生在该企业资产负债表日所属年度（即报告年度）所得税汇算清缴前，应调整报告年度应纳税所得额、应纳所得税额

D. 涉及利润分配的事项，直接在"利润分配——未分配利润"科目核算

6. 资产负债表日至财务报告批准报出日之间发生的调整事项在进行调整处理时，下列能调整的项目是（　　　）。

①涉及损益的事项　　　　　　　②涉及利润分配的事项
③涉及应交税费的事项　　　　　④涉及现金收支的事项

A. ①②③　　　　B. ②③④　　　　C. ①③④　　　　D. ②④

7. 下列哪个项目在"以前年度损益调整"科目的借方反映（　　　）。

A. 调增本期销售费用

B. 调整以前年度损益而相应减少财务费用

C. 调整以前年度损益而相应增加的投资收益

D. 调整以前年度损益而需调增的资产减值损失

8. 2011 年 12 月 31 日，甲公司对一起未决诉讼确认的预计负债为 1 000 万元，2012 年 2 月 10 日，法院对该起诉讼判决，甲公司应赔偿乙公司 500 万元，甲公司和乙公司均不再上诉。甲公司的所得税率为 25%，按净利润 10% 提取法定盈余公积，2011 年度财务报告批准报出日为 2012 年 4 月 10 日，预计未来期间能够取得足够的应纳税所得额用以抵扣暂时性差异，不考虑其他因素，该事项导致甲公司 2011 年 12 月 31 日资产负债表"未分配利润"项目"期末余额"调整增加的金额为（　　　）万元。

A. 330　　　　B. 337.5　　　　C. 340　　　　D. 343

9. 甲公司 2011 年 12 月 10 日向乙公司销售一批商品并确认收入实现，2012 年 2 月 10 日，乙公司因产品质量原因将上述商品退货。甲公司 2011 年财务会计报告批准报出日为 2012 年 4 月 20 日。甲公司对此项退货业务正确的处理方法是（　　　）。

A. 作为资产负债表日后事项中的调整事项处理

B. 作为资产负债表日后事项中的非调整事项处理

C. 冲减 2012 年 1 月份相关收入、成本和税金等相关项目

D. 冲减 2012 年 2 月份相关收入、成本和税金等相关项目

10. 甲公司 2012 年 3 月发现 2011 年 7 月一项已经达到预定可使用状态的管理用固定资产未结转，同时漏提折旧，甲公司 2011 年财务报告尚未批准报出，该调整事项正确的处理方法是（　　　）。

A. 作为 2012 年 3 月当期正常业务处理

B. 登记 2012 年 3 月的固定资产及折旧费用等相关科目，调整 2011 年度报表相关项目的年初余额和上年金额

C. 登记"固定资产"及"以前年度损益调整"等相关科目，调整 2011 年度报表
相关项目年末余额、本期金额，调整 2012 年 3 月报表期初余额和上年金额

D. 登记"固定资产"及"以前年度损益调整"等相关项目，调整 2012 年报表
年初余额和上年金额

11. 甲公司 2011 年 10 月份与乙公司签订一项供销合同，由于甲公司未按合同发货，致
使乙公司发生重大经济损失。甲公司被乙公司提起诉，至 2011 年 12 月 31 日法院尚未判决。
甲公司 2011 年 12 月 31 日在资产负债表中的"预计负债"项目反映了 200 万元的赔偿款。
2012 年 2 月 6 日经法院判决，甲公司需偿付乙公司经济损失 300 万元。甲公司不再上诉，
并假定赔偿款已经支付。甲公司 2011 年度财务会计报告批准报出日为 2012 年 3 月 31 日，
不考虑所得税因素，则报告年度资产负债表中有关项目调整正确处理方法是（　　）。

A. "预计负债"项目调增 100 万元；"其他应付款"项目 0 万元

B. "预计负债"项目调减 200 万元；"其他应付款"项目调增 300 万元

C. "预计负债"项目调增 100 万元；"其他应付款"项目调增 300 万元

D. "预计负债"项目调减 300 万元；"其他应付款"项目调增 100 万元

12. 甲公司 2011 年度财务报告批准报出日为 2012 年 4 月 10 日。该公司在 2012 年
1 月 1 日～4 月 10 日发生的下列事项中，属于资产负债表日后调整事项的是（　　）。

A. 甲公司在一起历时半年的诉讼中败诉，支付赔偿金 50 万元，该公司在上年
末已确认预计负债 30 万元

B. 因遭受水灾上年购入的存货发生毁损 100 万元

C. 甲公司董事会提出 2011 年度利润分配方案为每 10 股送 3 股股票股利

D. 甲公司支付 2011 年度财务报告审计费 40 万元

13. 如果报告年度资产负债表日及以前售出的商品，在年度资产负债表日至财务会
计报告批准报出日之间发生退回，应当（　　）。

A. 冲减退回当月的销售收入

B. 计入退回当月的财务费用

C. 作为资产负债表日后调整事项

D. 作为资产负债表日后非调整事项

14. 下列关于资产负债表日后事项的表述中，说法正确的是（　　）。

A. 资产负债表日后事项期间证实某项资产在资产负债表日已经减值属于资产
负债表日后非调整事项

B. 资产负债表日后事项涵盖的期间是资产负债表日的次日至财务报表实际对
外报出日止的一段时间

C. 企业在资产负债表日后事项期间支付报告年度财务报表审计费用属于调整
事项

D. 在资产负债表日后事项期间对工程完工进度作出修改属于调整事项

15. 2011 年甲公司为乙公司的 500 万元债务提供 70%的担保，乙公司因到期无力偿
还债务被起诉，至 2011 年 12 月 31 日，法院尚未作出判决。甲公司根据有关情况预计很
可能承担部分担保责任，2012 年 2 月 6 日甲公司财务报告批准报出之前法院作出判决，

甲公司承担全部担保责任，需为乙公司偿还债务的 70%，甲公司已执行，以下有关甲公司处理不正确的是（　　　）。

　　A. 2011 年 12 月 31 日对此或有负债作出披露

　　B. 2011 年 12 月 31 日确认预计负债

　　C. 2011 年 12 月 31 日对此预计负债作出披露

　　D. 2012 年 2 月 6 日按照资产负债表日后调整事项处理，调整会计报表相关项目

## 二、多项选择题

1. 下列于年度资产负债表日到财务报告批准报出日之间发生的事项中，不属于资产负债表日后事项的有（　　　）。

　　A. 股票和债券的发行　　　　　　　　B. 计提生产用机器设备折旧

　　C. 固定资产和无形资产发生严重减值　　D. 地震造成重大损失

2. 关于资产负债表日后事项涵盖的期间，下列说法错误的是（　　　）。

　　A. 资产负债表日后事项涵盖的期间是指资产负债表日后至注册会计师出具审计报告日之间的时间

　　B. 资产负债表日后事项涵盖的期间是指资产负债表日后至财务报告实际对外公布日之间的时间

　　C. 资产负债表日后事项涵盖的期间是指资产负债表日后至财务报告批准报出日之间的时间

　　D. 资产负债表日后事项涵盖的期间是指资产负债表日后至完成财务报告编制日之间的时间

3. 下列说法中，正确的是（　　　）。

　　A. 涉及损益的事项，通过"以前年度损益调整"科目核算

　　B. 涉及利润分配的事项，直接在"利润分配——未分配利润"科目核算

　　C. 不涉及损益以及利润分配的事项，调整相关科目

　　D. 调整事项处理的步骤包括事项性质的判断、事项账务处理以及调整会计报表相关数字

4. 下列项目中，不应通过"以前年度损益调整"科目核算的有（　　　）。

　　A. 资产负债表日后事项期间由于产品质量问题，对报告年度销售的商品给予一定的销售折让

　　B. 将固定资产折旧方法由年限平均法改为双倍余额递减法

　　C. 发现上年度误将费用化的借款费用予以资本化

　　D. 投资性房地产的后续计量由成本模式改为公允价值模式

5. 2012 年 3 月 20 日，甲公司发现 2011 年一项重大会计差错，在 2011 年度财务报告批准报出前，甲公司作出的下列会计处理中不正确的是（　　　）。

　　A. 不需调整 2011 年财务报表相关数据，将其作为 2012 年 2 月份的业务进行处理

　　B. 调整 2011 年财务报表期初数、期末数和上年数

　　C. 调整 2012 年财务报表期初数和上年数

　　D. 调整 2011 年财务报表期末数和本年数

6．资产负债表日至财务报告批准报出日之间发生的下列事项，属于资产负债表日后非调整事项的有（　　）。

A．发现报告年度财务报表存在严重舞弊

B．董事会通过报告年度现金股利利润分配预案

C．法院判决赔偿的金额与资产负债表日预计的相关负债的金额不一致

D．因自然灾害导致资产发生重大损失

7．甲公司于 2012 年 1 月 1 日～1 月 10 日资产负债表日后事项期间做了以下会计处理事项，其中正确的有（　　）。

A．1 月 5 日得到新证据，补提资产负债表日的资产减值准备

B．对某项已于 2011 年 7 月 1 日完工尚未办理竣工决算，但已启用的在建工程暂估转入固定资产并补提折旧

C．1 月 8 日接到通知，对已经结案的诉讼调整相关预计负债

D．1 月 3 日债权单位对甲公司提起诉讼，甲公司将该事件在报表附注中披露

8．资产负债表日后发生的非调整事项，应在财务报表附注中披露的有（　　）。

A．资产负债表日后非调整事项的内容

B．资产负债表日后非调整事项的性质

C．资产负债表日后非调整事项可能对财务状况造成的影响

D．资产负债表日后非调整事项可能对经营成果造成的影响

9．资产负债表日后发生的调整事项，应当如同资产负债表所属期间发生的事项一样，做出相关账务处理，并对资产负债表日已编制的财务报表作相应的调整。这里的财务报表包括（　　）。

A．资产负债表　　　　　　　　B．利润表

C．现金流量表正表　　　　　　D．现金流量表补充资料的内容

10．下列说法正确的有（　　）。

A．资产负债表日后发生的调整事项如涉及现金收支项目的，均不调整报告年度资产负债表的货币资金项目和现金流量表正表各项目数字

B．资产负债表日后事项中的调整事项，涉及损益的事项，通过"以前年度损益调整"科目核算，然后将"以前年度损益调整"的余额转入"本年利润"科目

C．资产负债表日后事项中的调整事项，涉及损益的事项，直接在"利润分配——未分配利润"科目核算

D．资产负债表日后事项期间发生的"已证实资产发生减值损失"，可能是调整事项，也可能是非调整事项

**三、判断题**

1．资产负债表日后事项是指资产负债表日至财务报告实际对外公布日之间发生的有利或不利事项。　　　　　　　　　　　　　　　　　　　　　　　　（　　）

2．甲公司 2012 年年末有一批存货，在 2012 年资产负债表日未计提存货跌价准备，资产负债表日后期间因市场环境发生突变，市价大幅下跌。这种情况属于资产负债表日

后调整事项。　　　　　　　　　　　　　　　　　　　　　　（　　）

　　3. 资产负债表日仅指会计年度末，不包括会计中期期末。　　（　　）

　　4. 资产负债表日后事项涵盖的期间是自资产负债表日次日起到财务报告批准报出日止的一段时间。　　　　　　　　　　　　　　　　　　（　　）

　　5. 资产负债表日后事项的内容包括调整事项和非调整事项。　（　　）

　　6. 所有的调整事项均通过"以前年度损益调整"科目核算。　（　　）

　　7. 资产负债表日后发生的非调整事项，是表明资产负债表日后发生的情况的事项，对财务报高使用者具有重大影响，应当调整资产负债表日的财务报表。（　　）

　　8. 按准则规定，资产负债表日后非调整事项不一定全部披露。（　　）

　　9. 对资产负债表日后事项中的非调整事项，只进行账务处理，不需要披露。
　　　　　　　　　　　　　　　　　　　　　　　　　　　　　（　　）

　　10. 企业在资产负债表日至财务报告批准报出日之间发生的资产价格重大变化，应在财务报表附注中披露，但不需要对报告期的财务报表进行调整。（　　）

## 四、简答题

　　1. 什么是资产负债表日后事项？资产负债表日后事项涵盖的期间包括什么？

　　2. 资产负债表日后事项的内容包括哪些？

　　3. 什么是资产负债表日后事项的调整事项？简要说明调整事项的特点和内容。

　　4. 什么是资产负债表日后事项的非调整事项？简要说明非调整事项的特点和内容。

　　5. 调整事项的处理原则是什么？

## 五、计算分录题

　　1. 腾达公司在 2011 年 9 月份与甲公司签订一项供销合同，合同中约定腾达公司应该在 2011 年 10 月向甲公司发货。由于腾达公司未能按合同发货导致甲公司发生重大经济损失。2011 年 12 月，腾达公司对该诉讼事项确认的预计负债为 1 200 万元，2012 年 2 月 17 日，经法院判决，腾达需偿付甲公司经济损失 1 800 万元。甲公司不再上诉，并假定赔偿款已经支付。腾达公司财务报告批准报出日为 2012 年 4 月 2 日，预计未来期间能够取得足够的应纳税所得额以抵扣可抵扣的暂时性差异，所得税税率为 25%，按净利润的 10% 提取法定盈余公积，提取法定盈余公积后不再做其他分配。

　　**要求**：判断事项性质并作出账务处理。

　　2. 腾达公司 2011 年 6 月销售给甲公司一批产品，价款为 35.1 万元（含增值税），甲公司于 9 月收到所购物资并验收入库。按合同规定，甲公司应在收到货款两个月内付款。由于甲公司财务状况不佳，到 2011 年 12 月 31 日仍未付款，腾达公司在 2011 年 12 月 31 日编制财务报表时，已为该项应收账款提取了 5% 的坏账准备。12 月 31 日，腾达公司资产负债表上应收账款金额为 10 万元。腾达公司于 2012 年 2 月 20 日（所得税汇算清缴前）收到法院通知，甲公司已宣告破产清算，无力偿还所欠部分货款。腾达公司预计可收回金额为应收账款的 40%。

　　**要求**：判断事项性质并作出会计处理。

　　3. 腾达公司 2011 年 8 月 9 日销售一批商品给甲公司，取得含税销售收入为 585 万元。腾达公司发出商品后，按照正常情况已确认收入，并结转成本 400 万元。2011 年 12

月 31 日，该笔货款尚未收到，腾达公司没有对应收账款计提坏账准备，2012 年 3 月 12 日，由于质量问题，该批货物被退回。腾达公司在 2012 年 3 月 18 日完成 2011 年度所得税的汇算清缴。

**要求**：判断事项性质并作出账务处理。

4. 腾达公司 2012 年 2 月在 2011 年度财务会计报告批准报出前发现一台管理用的 AA 设备未提折旧，属于重大差错。AA 设备系 2009 年 12 月接受甲公司捐赠取得，根据腾达公司旧政策，AA 设备 2010 年应计提折旧 5.5 万元，2011 年应计提折旧 6 万元。假定腾达公司按净利润 10% 提取法定盈余公积，不考虑所得税等其他因素。

**要求**：计算腾达公司在 2011 年度资产负债表"未分配利润"项目"年末数"应调减的金额，并作出相应的调整分录。

## 六、综合题

腾达公司每年 4 月 1 日对外公布财务报告，该公司按净利润的 10% 计提盈余公积。2012 年 1 月和 2 月发生如下涉及 2011 年度的有关交易和事项：

（1）1 月 3 日，甲公司就其 2011 年 9 月购入腾达公司的 3 000 台 A 电子产品存在质量问题，致函要求腾达公司给予价值折让。经协商，腾达公司同意给予每台 0.01 万元的价格折让，折让款项作为甲公司今后购货的预付款。腾达公司销售该批电子产品的价格为每台 0.12 万元，成本为每台 0.1 万元. 腾达公司在 2011 年 9 月发出该批商品时已确认了销售收入。

（2）1 月 15 日，乙公司就其 2011 年 8 月购入的腾达公司的两台大型电子设备存在质量问题要求退货。经检验，这两台大型电子设备确实存在质量问题，腾达公司同意乙公司退货。腾达公司 1 月 18 日收到乙公司开具的红字增值税专用发票。腾达公司该大型电子设备的销售价格为每台 400 万元，成本为每台 300 万元。腾达公司于 1 月 20 日向乙公司支付退货款 639 万元。

（3）1 月 26 日，腾达公司收到丙公司清算组的通知，丙公司破产财产已不足以支付职工工资、清算费用以及有优先受偿权的债权。丙公司应付腾达公司账款 800 万元，这些账款均未设定担保。2011 年 12 月 31 日之前丙公司已进入破产清算程序，根据清算组当时提供的资料，丙公司的破产财产在支付职工工资、清算费用以及具有优先受偿权的债权后，其余普通债权尚可得到 50% 的偿付。据此，腾达公司于 2011 年 12 月 31 日对应收丙公司账款计提了 400 万元的坏账准备。

（4）1 月 27 日，丁公司起诉腾达公司产品质量案判决，法院一审判决腾达公司赔偿丁公司 200 万元的经济损失。腾达公司和丁公司均表示不再上诉。2 月 1 日，腾达公司向丁公司支付了该赔偿款。该诉讼案件系腾达公司 2011 年 7 月销售给丁公司的 B 设备在使用过程中发生损毁所致。丁公司于 2011 年 9 月提起诉讼，2011 年 12 月 31 日，法院对该案尚未作出判决，腾达公司估计很可能赔偿 180 万元，并于当年 12 月 31 日确认了 180 万元的预计负债。

**要求**：指出上述资料中的资产负债表日后事项属于调整事项还是非调整事项，并对调整事项进行会计处理。

# 能力训练题

1. 腾达公司适用的增值税率为 17%，销售价格中均不含增值税额；所得税采用资产负债表债务法核算，适用的所得税率为 25%（假定不考虑增值税和所得税以外的其他相关税费，并假设除下列各项外，无其他纳税调整事项）。2011 年度的财务会计报告于 2012 年 4 月 30 日批准报出。该公司 2011 年度的一些交易和事项按以下所述方法进行会计处理后的净利润为 8 000 万元。该公司 2011 年和 2012 年度发生的一些交易和事项及其会计处理如下：

（1）从 2010 年 1 月 1 日开始计提折旧的部分设备的技术性能已不能满足生产经营需要，需更新设备，而现有的这部分设备的预计使用年限已大大超过了尚可使用年限，因此，腾达公司从 2012 年 1 月 1 日起将这部分设备的折旧年限缩短了三分之二，同时将折旧方法由直线法改为年数总和法。这部分设备的账面原价合计为 600 万元，净残值率为 5%，原预计使用年限均为 20 年。腾达公司对此项变更采用追溯调整法进行会计处理。

（2）2012 年 2 月 8 日，因产品质量原因，腾达公司收到退回 2011 年度销售的甲商品（销售时已收到现金存入银行），并收到税务部门开具的进货退出证明单。该批商品原销售价格 2 000 万元，销售成本为 1 600 万元。腾达公司调整了 2012 年度销售收入、销售成本和增值税销项税额。

（3）2011 年 12 月 10 日与丙公司发生经济诉讼事项，经咨询有关法律顾问，估计很可能支付 450 万元的赔偿款。经与丙公司协商，在 2012 年 4 月 4 日双方达成协议，由腾达公司支付给丙公司 450 万元赔偿款，丙公司撤回起诉。赔偿款已于当日支付。腾达公司在编制 2011 年度财务会计报告时，将很可能支付的赔偿款 450 万元计入了利润表，并在资产负债表上作为负债处理。在对外公布的 2011 年度的财务会计报告中，将实际支付的赔偿款调整了 2011 年度资产负债表的货币资金及相关负债项目的年末数，并在现金流量表正表中调增了经营活动的现金流出 450 万元（假设税法允许此项赔偿款在应纳税所得额前扣除）。

（4）获知 2012 年 3 月 20 日丁公司发生火灾，腾达公司应收账款中的 50 万元预计不能收回。腾达公司据此作为坏账损失，调整了 2011 年度利润表、资产负债表的相关项目，并在会计报表附注中予以说明。

（5）腾达公司董事会于 2012 年 2 月 28 日提出分派股票股利方案。公司对该事项在会计报表附注中作了相关披露，但未调整会计报表相关项目的金额。

**要求：**

（1）根据会计准则规定，说明腾达公司上述交易和事项的会计处理哪些是正确的，哪些是不正确的。

（2）对上述交易和事项不正确的会计处理，简要说明不正确的理由和正确的会计处理（不需要做会计分录）。

2. 探索式讨论：资产负债表日后事项调整事项和非调整事项如何影响财务报告使用者进行决策？

# 参 考 文 献

财政部. 2006. 企业会计准则. 北京：经济科学出版社.

财政部. 2006. 企业会计准则：应用指南. 北京：中国财政经济出版社.

财政部会计司编写组. 2008. 企业会计准则讲解. 北京：人民出版社.

财政部会计资格评价中心. 2011. 中级会计实务. 北京：经济科学出版社.

陈立军, 崔凤鸣. 2007. 中级财务会计习题与案例. 大连：东北财经大学出版社.

刘永泽. 2011. 中级财务会计. 3 版. 大连：东北财经大学出版社.

马建威. 2012. 中级财务会计. 北京：机械工业出版社.

汤湘希. 2012. 中级财务会计. 武汉：武汉大学出版社.

王秀丽, 史玉光. 2010. 中级财务会计. 2 版. 北京：中信出版社.

中国注册会计师协会. 2011. 会计. 北京：中国财政经济出版社.